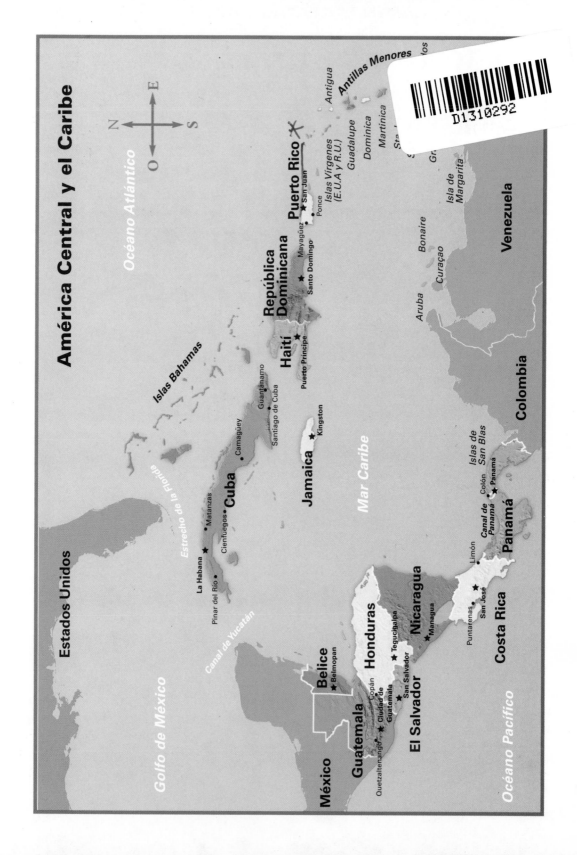

América Central y el Caribe

N E
O S

Océano Atlántico

Estados Unidos

Golfo de México

Islas Bahamas

Estrecho de la Florida

Canal de Yucatán

México

Cuba

La Habana
Pinar del Río
Matanzas
Cienfuegos
Camagüey
Santiago de Cuba
Guantánamo

Jamaica
Kingston

Mar Caribe

Haití
Puerto Príncipe

República Dominicana
Santo Domingo
Mayagüez
Ponce

Puerto Rico
San Juan

Islas Vírgenes
(E.U.A y R.U.)

Antillas Menores
Antigua

Guadalupe
Dominica
Martinica
Sta.

Océano Pacífico

Belice
Belmopan

Guatemala
Quetzaltenango
Ciudad de Guatemala
Copán

El Salvador
San Salvador

Honduras
Tegucigalpa

Nicaragua
Managua

Costa Rica
Limón
Puntarenas
San José

Panamá
Canal de Panamá
Colón
Panamá

Islas de San Blas

Aruba
Bonaire
Curaçao

Isla de Margarita

Venezuela

Colombia

¡VIVA!

Primer curso de lengua española

Philip Redwine Donley, Late
Austin Community College

José A. Blanco

VISTA
HIGHER LEARNING

Boston, Massachusetts

Publisher: José A. Blanco

President: Stephen Pekich

Editorial Director: Denise St. Jean

Art Director: Linda Jurras

Design Manager: Polo Barrera

Project Manager: Alicia Spinner

Staff Editor: Armando Brito, Sarah Kenney, Kristen Odlum

Contributing Writers and Editors: Diana Giraldo, Adriana Lavergne, Angélica Solares

Design, Production, and Manufacturing Team: Linde Gee; Niki Birbilis, Oscar Díez, Jonathan Gorey, Mauricio Henao; Gustavo Cinci

Technology Team: Andrew Paradise, Thomas Ziegelbauer

Cover image: Rafael López, *Key to the Heart*

Printed in the United States of America.

Student Text ISBN 1-59334-575-5

Instructor's Annotated Edition ISBN 1-59334-576-3

Library of Congress Card Number: 2004114833

1 2 3 4 5 6 7 8 9 VH 09 08 07 06 05

To Students and Instructors

Welcome to **¡VIVA!**, a compact, yet comprehensive introductory Spanish program, ideal for courses with limited contact hours or those in which instructors truly desire to complete their textbook in an academic year.

¡VIVA! provides students with an active learning experience focused on communicating in Spanish in the real world. In light of this, here are some of its features:

▶ Practical, high-frequency vocabulary for communicating in real-life situations

▶ Clear, concise grammar explanations that graphically highlight important concepts

▶ Guided activities to practice the target vocabulary and grammar so students feel confident communicating in Spanish

▶ Opportunities to interact in a variety of communicative situations in pairs, in small groups, or with the whole class

▶ Systematic development of reading, writing, and listening skills that integrates learning strategies and a process approach

▶ Presentation of important cultural aspects of the daily lives of Spanish speakers and coverage of the entire Spanish-speaking world

▶ A complete set of print and technology ancillaries to make learning and teaching Spanish easier and more efficient.

¡VIVA! also incorporates features unique to textbooks published by Vista Higher Learning that distinguish them from other college-level introductory Spanish textbooks:

▶ Original, user-friendly graphic design and layout that both support and facilitate language learning

▶ A visually dramatic and more cohesive way of integrating video with the student textbook

▶ An abundance of illustrations, photos, charts, and graphs, all specifically chosen or created to help students learn

▶ A highly structured, easy-to-navigate lesson organization, revolving around color-coded sections that appear either completely on one page or on logical spreads of two facing pages.

¡VIVA! has sixteen lessons, and each lesson is organized exactly in the same manner. In addition, a special **¡Vivan los países hispanos!** section appears after every two lessons.

All of us at Vista Higher Learning hope students and instructors alike enjoy the **¡VIVA!** program.

TABLE OF CONTENTS

| | **PREPARACIÓN** | **ESCENAS** |

TABLE OF CONTENTS

	PREPARACIÓN	ESCENAS

GRAMÁTICA	LECTURA	¡VIVAN LOS PAÍSES HISPANOS!

VIDEO

VIDEO

| | PREPARACIÓN | ESCENAS |

GRAMÁTICA	**LECTURA**	**¡VIVAN LOS PAÍSES HISPANOS!**

	PREPARACIÓN	**ESCENAS**

xi

LESSON OPENERS

outline the content and goals
of each lesson.

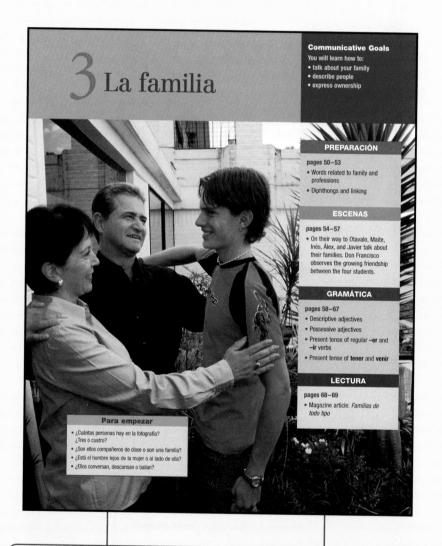

3 La familia

Communicative Goals
You will learn how to:
• talk about your family
• describe people
• express ownership

PREPARACIÓN
pages 50–53
• Words related to family and professions
• Diphthongs and linking

ESCENAS
pages 54–57
• On their way to Otavalo, Maite, Inés, Álex, and Javier talk about their families. Don Francisco observes the growing friendship between the four students.

GRAMÁTICA
pages 58–67
• Descriptive adjectives
• Possessive adjectives
• Present tense of regular –er and –ir verbs
• Present tense of tener and venir

LECTURA
pages 68–69
• Magazine article: *Familias de todo tipo*

Para empezar
• ¿Cuántas personas hay en la fotografía? ¿Tres o cuatro?
• ¿Son ellos compañeros de clase o son una familia?
• ¿Está el hombre lejos de la mujer o al lado de ella?
• ¿Ellos conversan, descansan o bailan?

Para empezar Jump-start activities allow you to use the Spanish you know to talk about the photos.

Lesson organization Each lesson's content is organized in major sections that are color-coded for easy navigation.

PREPARACIÓN

introduces meaningful vocabulary central to the lesson theme.

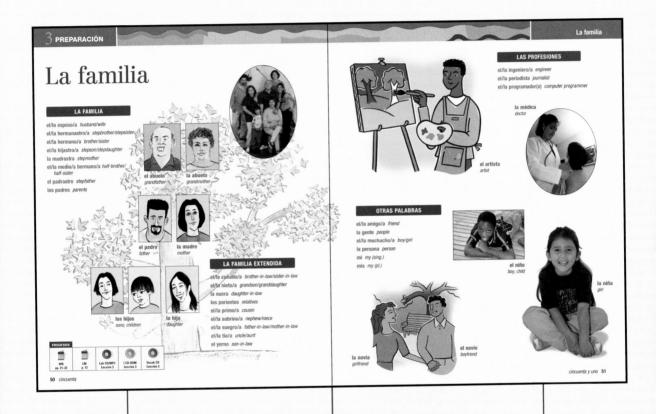

Art High-frequency vocabulary is presented with dynamic, full-color photos and illustrations.

Recursos boxes, whose icons are color-coded to match the print and technology supplements they represent, let you know exactly what ancillaries you can use to reinforce and expand on every section of every lesson. See page xxviii for a legend of the recursos boxes.

Vocabulary Important theme-related vocabulary appears in easy-to-reference Spanish-English lists.

PREPARACIÓN

practices vocabulary in meaningful contexts.

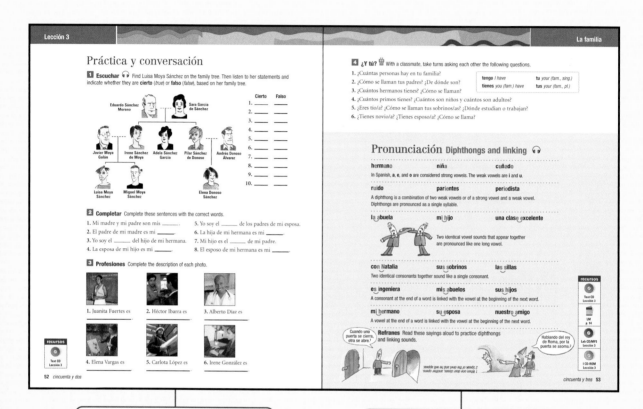

Práctica y conversación practice always begins with listening activities that allow you to recognize and understand the new vocabulary in real-life contexts, before you have to use it orally or in writing. Drawings and photos are often used to facilitate your comprehension.

Practice continues with guided, meaningful activities that reinforce the new vocabulary in diverse and engaging formats.

Practice concludes with activities that get you using the words and expressions creatively for self-expression in interactions with a partner, a small group, or the entire class.

Pronunciación explains the sounds and pronunciation of Spanish in **Lecciones 1–9**. **Ortografía** focuses on topics related to Spanish spelling in **Lecciones 10–16**.

ESCENAS

tells the story of four students traveling in Ecuador.

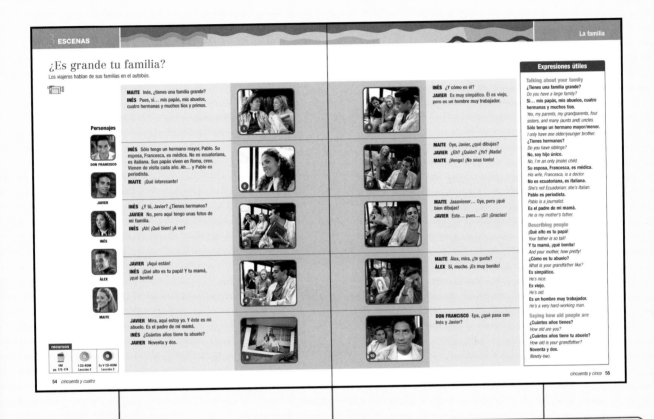

Personajes The photo-based conversations take place among a cast of recurring characters—four college students on vacation in Ecuador and the bus driver who accompanies them.

Escenas Video The photo-based **Escenas** conversations appear in the textbook's video program. To learn more about the video, turn to pages xxiv and xxv.

Expresiones útiles organizes new, active words and expressions by language function so you can focus on using them for real-life, practical purposes.

Conversations Taken from the **Escenas** video, the conversations re-enter vocabulary from **Preparación**. They also preview structures from the upcoming **Gramática** section in context *and* in a comprehensible way.

ESCENAS

¿Qué piensas? reinforces the *Escenas* conversations.

Lección 3

¿Qué piensas?

1 ¿Cierto o falso? Indicate whether each sentence is **cierto** or **falso**. Correct the false statements.

Cierto	Falso	
———	———	1. Inés tiene una familia grande.
		————————————————
———	———	2. Pablo, el hermano de Inés, es médico.
		————————————————
———	———	3. La cuñada de Inés es italiana.
		————————————————
———	———	4. Javier no tiene hermanos.
		————————————————
———	———	5. El abuelo de Javier es muy perezoso (*lazy*).
		————————————————
———	———	6. Javier habla del padre de su (*his*) padre.
		————————————————

2 Adivinar Read these sentences and guess which video character is being described. Each name is used twice.

JAVIER   **INÉS**   **MAITE**

1. Tiene cuatro hermanas y muchos tíos y primos. —————
2. Su abuelo tiene noventa y dos años, pero es muy trabajador. —————
3. Ella dice que (*says that*) Javier dibuja muy bien. —————
4. Ella tiene muchas preguntas para (*for*) sus amigos. —————
5. Su mamá es muy bonita. —————
6. Su cuñada es médica. —————

3 Sus familias With a partner, use these questions to talk about your families.

• ¿Es grande o pequeña (*small*) tu (*your*) familia? ¿Cuántas personas hay en tu familia?

• ¿Tienes muchos tíos y primos? ¿Dónde viven?

• ¿Tienes un(a) tío/a o un(a) primo/a favorito/a? ¿Cómo es?

56 *cincuenta y seis*

¿Qué piensas? provides guided exercises to check your understanding of the **Escenas** conversations and communicative activities to allow you to react to them in a personalized way.

ESCENAS

Exploración provides cultural information related to the *Escenas* episode.

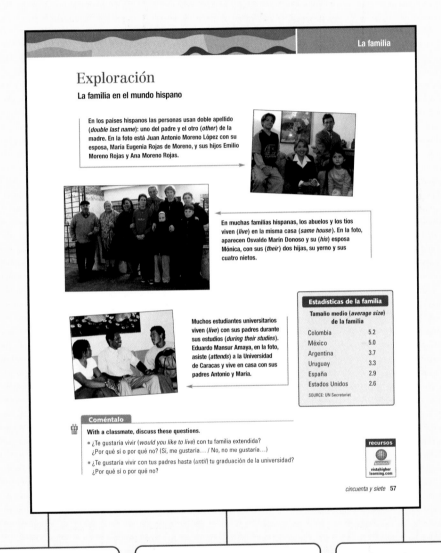

La familia

Exploración

La familia en el mundo hispano

En los países hispanos las personas usan doble apellido (*double last name*): uno del padre y el otro (*other*) de la madre. En la foto está Juan Antonio Moreno López con su esposa, María Eugenia Rojas de Moreno, y sus hijos Emilio Moreno Rojas y Ana Moreno Rojas.

En muchas familias hispanas, los abuelos y los tíos viven (*live*) en la misma casa (*same house*). En la foto, aparecen Osvaldo Marín Donoso y su (*his*) esposa Mónica, con sus (*their*) dos hijas, su yerno y sus cuatro nietos.

Muchos estudiantes universitarios viven (*live*) con sus padres durante sus estudios (*during their studies*). Eduardo Mansur Amaya, en la foto, asiste (*attends*) a la Universidad de Caracas y vive en casa con sus padres Antonio y María.

Estadísticas de la familia

Tamaño medio (*average size*) de la familia	
Colombia	5.2
México	5.0
Argentina	3.7
Uruguay	3.3
España	2.9
Estados Unidos	2.6

SOURCE: UN Secretariat

Coméntalo

With a classmate, discuss these questions.

- ¿Te gustaría vivir (*would you like to live*) con tu familia extendida? ¿Por qué sí o por qué no? (Sí, me gustaría… / No, no me gustaría…)
- ¿Te gustaría vivir con tus padres hasta (*until*) tu graduación de la universidad? ¿Por qué sí o por qué no?

recursos

vistahigher learning.com

cincuenta y siete **57**

Dynamic photos bring to life important facets of the cultural topic.

Photo captions expand on the cultural points, spotlighting important and intriguing facts.

Coméntalo gives you the opportunity to discuss and react to the cultural information.

GRAMÁTICA

presents grammar clearly and concisely.

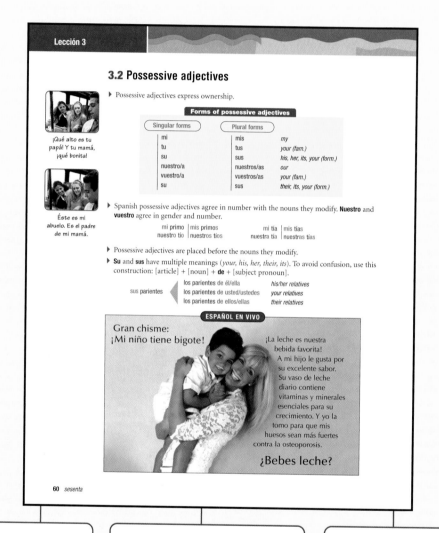

Lección 3

3.2 Possessive adjectives

▶ Possessive adjectives express ownership.

¡Qué alto es tu papá! Y tu mamá, ¡qué bonita!

Éste es mi abuelo. Es el padre de mi mamá.

Forms of possessive adjectives

Singular forms	Plural forms	
mi	mis	my
tu	tus	your (fam.)
su	sus	his, her, its, your (form.)
nuestro/a	nuestros/as	our
vuestro/a	vuestros/as	your (fam.)
su	sus	their, its, your (form.)

▶ Spanish possessive adjectives agree in number with the nouns they modify. **Nuestro** and **vuestro** agree in gender and number.

mi primo	mis primos		mi tía	mis tías
nuestro tío	nuestros tíos		nuestra tía	nuestras tías

▶ Possessive adjectives are placed before the nouns they modify.

▶ **Su** and **sus** have multiple meanings (*your, his, her, their, its*). To avoid confusion, use this construction: [article] + [noun] + **de** + [subject pronoun].

sus parientes

los parientes de él/ella	*his/her relatives*
los parientes de usted/ustedes	*your relatives*
los parientes de ellos/ellas	*their relatives*

ESPAÑOL EN VIVO

Gran chisme:
¡Mi niño tiene bigote!

¡La leche es nuestra bebida favorita! A mi hijo le gusta por su excelente sabor. Su vaso de leche diario contiene vitaminas y minerales esenciales para su crecimiento. Y yo la tomo para que mis huesos sean más fuertes contra la osteoporosis.

¿Bebes leche?

60 *sesenta*

Straightforward explanations get you moving swiftly through the grammar you will need to start communicating in Spanish.

Graphics intensive Design Photos from the **Escenas** Video consistently integrate the video episode with the grammar explanations. Additional photos, drawings, charts, and diagrams enliven the presentation.

Español en vivo incorporates authentic documents, like advertisements and movie posters, into the grammar explanations, highlighting the use of the grammar point in a real-life context.

GRAMÁTICA

provides varied types of directed and communicative practice.

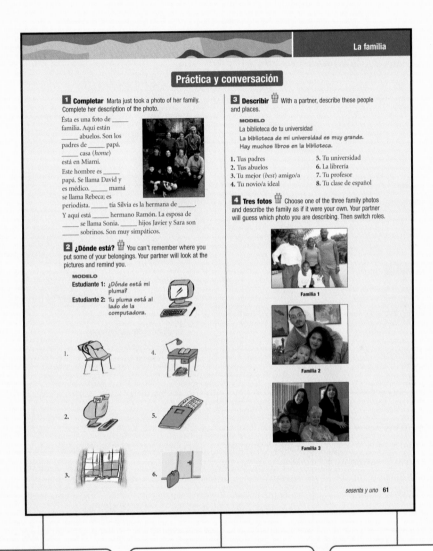

La familia

Práctica y conversación

1 Completar Marta just took a photo of her family. Complete her description of the photo.

Ésta es una foto de _____ familia. Aquí están _____ abuelos. Son los padres de _____ papá. _____ casa (*home*) está en Miami.

Este hombre es _____ papá. Se llama David y es médico. _____ mamá se llama Rebeca; es periodista. _____ tía Silvia es la hermana de _____. Y aquí está _____ hermano Ramón. La esposa de _____ se llama Sonia. _____ hijos Javier y Sara son _____ sobrinos. Son muy simpáticos.

2 ¿Dónde está? You can't remember where you put some of your belongings. Your partner will look at the pictures and remind you.

MODELO
Estudiante 1: ¿Dónde está mi pluma?
Estudiante 2: Tu pluma está al lado de la computadora.

1.
2.
3.
4.
5.
6.

3 Describir With a partner, describe these people and places.

MODELO
La biblioteca de tu universidad
La biblioteca de mi universidad es muy grande.
Hay muchos libros en la biblioteca.

1. Tus padres
2. Tus abuelos
3. Tu mejor (*best*) amigo/a
4. Tu novio/a ideal
5. Tu universidad
6. La librería
7. Tu profesor
8. Tu clase de español

4 Tres fotos Choose one of the three family photos and describe the family as if it were your own. Your partner will guess which photo you are describing. Then switch roles.

Familia 1

Familia 2

Familia 3

sesenta y uno **61**

Guided Practice Práctica y conversación begins with a wide range of guided exercises in contexts that combine current and previously learned vocabulary with the current grammar point.

Open-ended practice Práctica y conversación ends with opportunities for creative expression using the lesson's grammar and vocabulary. Activities take place with a partner, in small groups, or with the whole class.

Icons provide on-the-spot visual cues for pair, and small-group activities. For a legend explaining all of the icons used in the student text, see page xxviii.

GRAMÁTICA

Ampliación develops language skills as it synthesizes the lesson's grammar and vocabulary.

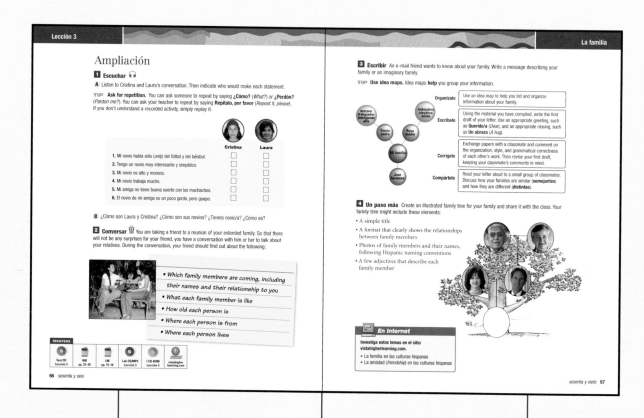

Escuchar uses a recorded conversation or narration to develop your listening skills in Spanish and checks your understanding of what you heard.

Escribir provides a writing topic and takes you step-by-step through the writing process, including planning, writing a first draft, peer review, and correcting your work.

Un paso más engages you in a project in which you research and create a tangible product such as a radio broadcast, a brochure, or a Web page.

Conversar focuses on developing your oral communication skills through realistic, practical role-plays and situations.

Tips present valuable on-the-spot listening and writing strategies to help you carry out the accompanying activities more easily and effectively.

En Internet lists relevant topics you can research on the Web.

LECTURA

develops reading skills in the context of the lesson theme.

Antes de leer presents helpful reading strategies and pre-reading activities to build your reading abilities in Spanish.

Readings are specifically related to the lesson theme and recycle the vocabulary and grammar you have learned. **Lecciones 13–16** feature literary selections so you can experience reading works by well-known authors in Spanish.

Coméntalo activities encourage you to discuss and to apply the material in the reading to your own life.

Después de leer includes exercises to check your comprehension of the reading.

VOCABULARIO

summarizes all the active vocabulary in each lesson.

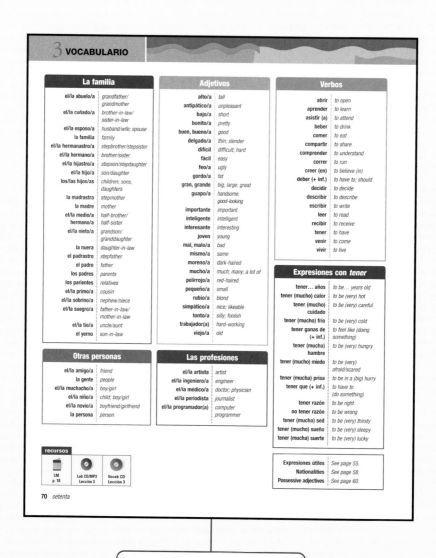

3 VOCABULARIO

La familia

el/la abuelo/a	grandfather/grandmother
el/la cuñado/a	brother-in-law/sister-in-law
el/la esposo/a	husband/wife; spouse
la familia	family
el/la hermanastro/a	stepbrother/stepsister
el/la hermano/a	brother/sister
el/la hijastro/a	stepson/stepdaughter
el/la hijo/a	son/daughter
los/las hijos/as	children; sons; daughters
la madrastra	stepmother
la madre	mother
el/la medio/a hermano/a	half-brother/half-sister
el/la nieto/a	grandson/granddaughter
la nuera	daughter-in-law
el padrastro	stepfather
el padre	father
los padres	parents
los parientes	relatives
el/la primo/a	cousin
el/la sobrino/a	nephew/niece
el/la suegro/a	father-in-law/mother-in-law
el/la tío/a	uncle/aunt
el yerno	son-in-law

Otras personas

el/la amigo/a	friend
la gente	people
el/la muchacho/a	boy/girl
el/la niño/a	child; boy/girl
el/la novio/a	boyfriend/girlfriend
la persona	person

Adjetivos

alto/a	tall
antipático/a	unpleasant
bajo/a	short
bonito/a	pretty
buen, bueno/a	good
delgado/a	thin; slender
difícil	difficult; hard
fácil	easy
feo/a	ugly
gordo/a	fat
gran, grande	big, large; great
guapo/a	handsome; good-looking
importante	important
inteligente	intelligent
interesante	interesting
joven	young
mal, malo/a	bad
mismo/a	same
moreno/a	dark-haired
mucho/a	much; many; a lot of
pelirrojo/a	red-haired
pequeño/a	small
rubio/a	blond
simpático/a	nice; likeable
tonto/a	silly; foolish
trabajador(a)	hard-working
viejo/a	old

Las profesiones

el/la artista	artist
el/la ingeniero/a	engineer
el/la médico/a	doctor; physician
el/la periodista	journalist
el/la programador(a)	computer programmer

Verbos

abrir	to open
aprender	to learn
asistir (a)	to attend
beber	to drink
comer	to eat
compartir	to share
comprender	to understand
correr	to run
creer (en)	to believe (in)
deber (+ inf.)	to have to; should
decidir	to decide
describir	to describe
escribir	to write
leer	to read
recibir	to receive
tener	to have
venir	to come
vivir	to live

Expresiones con *tener*

tener… años	to be… years old
tener (mucho) calor	to be (very) hot
tener (mucho) cuidado	to be (very) careful
tener (mucho) frío	to be (very) cold
tener ganas de (+ inf.)	to feel like (doing something)
tener (mucha) hambre	to be (very) hungry
tener (mucho) miedo	to be (very) afraid/scared
tener (mucha) prisa	to be in a (big) hurry
tener que (+ inf.)	to have to (do something)
tener razón	to be right
no tener razón	to be wrong
tener (mucha) sed	to be (very) thirsty
tener (mucho) sueño	to be (very) sleepy
tener (mucha) suerte	to be (very) lucky

Expresiones útiles	See page 55.
Nationalities	See page 58.
Possessive adjectives	See page 60.

recursos

LM p. 18 | Lab CD/MP3 Lección 3 | Vocab CD Lección 3

Recorded vocabulary The **recursos** box at the bottom of the page highlight that the active lesson vocabulary is recorded for convenient study on both the Lab Audio Program and the Vocabulary CDs.

¡VIVAN LOS PAÍSES HISPANOS!

presents the nations of the Spanish-speaking world.

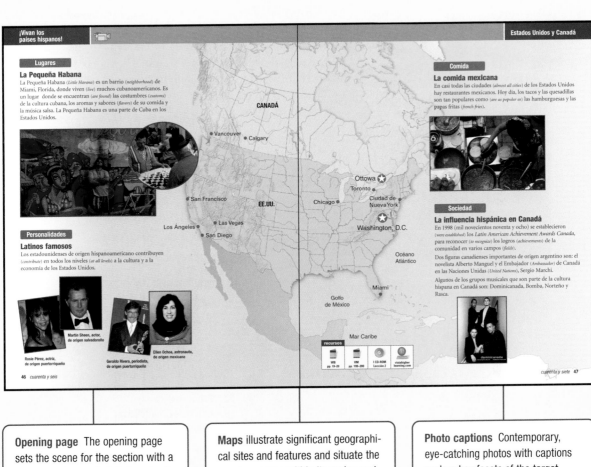

Opening page The opening page sets the scene for the section with a dramatic photo and statistics about the location.

Maps illustrate significant geographical sites and features and situate the country or area within its region and the world.

Photo captions Contemporary, eye-catching photos with captions explore key facets of the target location's culture such as history, fine arts, foods, celebrations, and traditions.

¿Qué aprendiste? activities check your understanding of key ideas.

En Internet suggests related topics for you to investigate further on the Web.

Cultural video A video segment for each featured country lets you experience the sights, and sounds of the Spanish-speaking world.

ESCENAS VIDEO

Fully integrated with your textbook, the **Escenas** Video contains fifteen episodes. The episodes present the adventures of four college students who are studying at the **Universidad de San Francisco** in Quito, Ecuador. They each decide to spend their vacation break on a bus tour of the Ecuadorian countryside with the ultimate goal of hiking up a volcano. The video, shot in various locations in Ecuador, tells their story and the story of Don Francisco, the tour bus driver who accompanies them.

The **Escenas** section in each textbook lesson is actually an abbreviated version of the dramatic episode featured in the video. Therefore, each **Escenas** section can be done before you see the corresponding video episode, after it, or as a section that stands alone in its own right.

The cast

Here are the main characters you will meet when you watch the **Escenas** Video:

 From Ecuador,
Inés Ayala Loor

 From Spain,
María Teresa (Maite)
Fuentes de Alba

 From Mexico,
Alejandro (Álex)
Morales Paredes

 From Puerto Rico,
Javier Gómez Lozano

 And, also from Ecuador,
don Francisco
Castillo Moreno

As you watch each video episode, you will first see a live segment in which the characters interact using vocabulary and grammar you are studying. As the video progresses, the live segments carefully combine new vocabulary and grammar with previously taught language. You will then see a **Resumen** section in which one of the main video characters recaps the live segment, emphasizing the grammar and vocabulary you are studying within the context of the episode's key events.

In addition, in most of the video episodes, there are brief pauses to allow the characters to reminisce about their home country. These flashbacks—montages of real-life images shot in Spain, Mexico, Puerto Rico, and various parts of Ecuador—connect the theme of the video to everyday life in various parts of the Spanish-speaking world.

¡VIVAN LOS PAÍSES HISPANOS! VIDEO

The **¡Vivan los países hispanos!** Video is integrated with the **¡Vivan los países hispanos!** section in each lesson of **¡VIVA!** Each segment is 2–3 minutes long and consists of documentary footage from each of the countries featured. The images were specially chosen for interest level and visual appeal, while the all-Spanish narrations were carefully written to reflect the vocabulary and grammar covered in the textbook.

As you watch the video segments, you will experience a diversity of images and topics: cities, monuments, traditions, festivals, archaeological sites, geographical wonders, and more. You will be transported to each Spanish-speaking country including the United States and Canada, thereby having the opportunity to expand your cultural perspectives with information directly related to the content of **¡VIVA!**

¡VIVAN LOS PAÍSES HISPANOS! VIDEO

Table of Contents

ICONS AND RECURSOS BOXES

Icons Familiarize yourself with these icons that appear throughout **¡VIVA!**

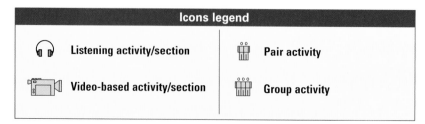

Recursos boxes let you know exactly what print and technology ancillaries you can use to reinforce and expand on every section of the lessons in your textbook. They even include page numbers when applicable. The colors of the icons match those of the actual ancillaries, making it easier for you to use the complete program. See the next page for a description of the ancillaries.

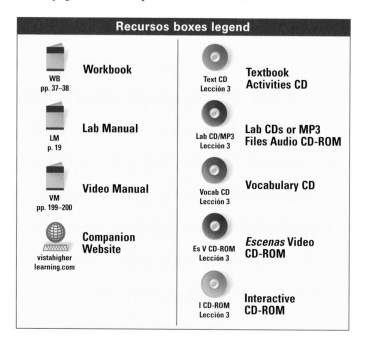

STUDENT ANCILLARIES

Workbook/Video Manual
The Workbook activities provide additional practice of the vocabulary and grammar in each textbook lesson, as well as activities for the **¡Vivan los países hispanos!** sections. The Video Manual includes previewing, viewing, and post-viewing activities to help you understand and explore the segments of both the **Escenas** and the **¡Vivan los países hispanos!** Videos.

Lab Manual
The Lab Manual activities for each textbook lesson focus on building your listening comprehension, speaking, and pronunciation skills in Spanish.

Lab Audio Program
Available on sixteen audio CDs or one MP3 Files Audio CD-ROM, the Lab Program contains the recordings to be used in conjunction with the activities of the Lab Manual.

Web-SAM (Quia)
Incorporating the **Escenas** and **¡Vivan los países hispanos!** Videos, as well as the complete Lab Audio Program, the Web-SAM delivers the Workbook, Video Manual, and Lab Manual online with automatic scoring. Instructors have access to powerful classroom management and gradebook tools that allow in-depth tracking of students' scores, customization of activities, and easy exporting of grades to Blackboard and WebCT courses.

Textbook Activities CDs*
The Textbook Activities CDs contain the audio recordings for the listening activities in the **Preparación, Pronunciación,** and **Ampliación** sections in each lesson of the student text.

Vocabulary CDs*
The Vocabulary CDs contain recordings of the active vocabulary in each lesson of the student text.

Escenas Video CD-ROM*
This CD-ROM provides the complete **Escenas** Video with Spanish and English videoscripts, note-taking capabilities, and easy-to-use video viewing controls.

Interactive CD-ROMs*
These CD-ROMs contain multimedia practice of the language and culture presented in each textbook lesson, practice quizzes with autoscoring and feedback, and useful reference tools. All modules of the **Escenas** and **¡Vivan los países hispanos!** Videos are also included.

VHL Intro Spanish Pocket Dictionary & Language Guide*
The Pocket Dictionary & Language Guide is a portable reference containing all of **¡VIVA!**'s active vocabulary—plus additional useful expressions, lists of frequently-used topical vocabulary, and verb conjugations—all packaged in one handy, easy-to-carry volume.

Companion Website*
(www.vistahigherlearning.com)
The **¡VIVA!** Website provides Internet activities and additional readings for every textbook lesson, as well as activities for every **¡Vivan los países hispanos!** section. Among the resources included are links to the entire Spanish-speaking world and an entryway to the **¡VIVA!** Web-SAM.

*Free with purchase of a new Student Text

INSTRUCTOR ANCILLARIES

In addition to the student ancillaries, all of which are available to the instructor, the following supplements are also available.

Instructor's Annotated Edition

The Instructor's Annotated Edition (IAE) provides a wealth of information designed to support classroom teaching. The IAE contains answers to exercises over-printed on the page, cultural and lexical information, suggestions for implementing and extending student activities, and cross-references to student and instructor ancillaries.

Instructor's Resource Manual

The Instructor's Resource Manual (IRM) offers materials that reinforce and expand on the lessons in the student text. It includes a supplementary reproducible list of vocabulary for each lesson, teaching suggestions and expansion activities for the **Gramática** sections and selected **Preparación** sections in the student textbook, English equivalents of the **Escenas** photo captions, tapescripts of the Lab Audio Program and Textbook Activities CDs, and videoscripts of the **Escenas** and **¡Vivan los países hispanos!** Video Programs.

Workbook/Video Manual/Lab Manual Answer Key

This component contains answer keys for all activities with discrete answers in the Workbook, Video Manual, and Lab Manual.

Escenas VHS Video

This text-specific video is closely integrated into the **Escenas** and **Gramática** sections of each textbook lesson. It contains dramatic episodes, cultural shots, and unique summary features. See pages xxiv–xxv for more information.

¡Vivan los países hispanos! VHS Video

Complementing and extending the **¡Vivan los países hispanos!** sections that occur after every even-numbered textbook lesson, this video consists of authentic footage from the twenty-one Spanish-speaking countries, including the United States and Canada. See pages xxvi–xxvii for more information.

Escenas and *¡Vivan los países hispanos!* DVDs

The **Escenas** and **¡Vivan los países hispanos!** Videos are also available on DVD.

Testing Program

The Testing Program contains versions A and B of the following: a test for each of the textbook's sixteen lessons, semester exams for Lessons 1–8 and 9–16, and quarter exams for Lessons 1–6, 7–11, and 12–16. All tests and exams include sections on listening comprehension, vocabulary, grammar, and communication. Listening scripts, answer keys, suggestions for oral tests, and an audio CD of the listening sections are also provided.

Testing Program Audio CD

This CD contains the listening passages to be used in conjunction with the listening sections on the tests and exams. Scripts for the passages are located in the printed Testing Program and on the Test Files CD-ROM.

Test Generator BROWNSTONE

The Test Generator provides a test bank of the entire **¡VIVA!** Testing Program on CD-ROM and includes a robust online testing component. Instructors can modify existing tests, create their own tests, and randomly generate new tests. Test items with discrete answers are automatically scored, and all grades are easily exported to WebCT and Blackboard.

Test Files CD-ROM

This CD-ROM contains the tests, exams, listening scripts, and answer keys of the printed Testing Program as Microsoft Word® files. Instructors may customize the materials to suit their curricula and/or teaching styles.

Overhead Transparencies

The Overhead Transparencies include maps of the Spanish-speaking world, drawings to reinforce vocabulary presented in the textbook's **Preparación** sections, and other useful illustrations for presenting or practicing concepts such as telling time.

VHL WebLinks for WebCT and Blackboard users

VHL WebLinks gives students direct access to online activities and other course content specially created for **¡VIVA!** through their WebCT or Blackboard courses.

Companion Website

(www.vistahigherlearning.com)
The **¡VIVA!** website supports instructors with a wide range of online resources—cultural information and links, lyrics to the music on the **Escenas** Video, a professional center, course syllabi, lesson plans, and more—that directly correlate to the textbook and go beyond it.

¡VIVA! REVIEWERS

On behalf of its authors and editors, Vista Higher Learning expresses its sincere appreciation to the more than eighty college professors nationwide who reviewed **AVENTURAS**, the parent program from which **¡VIVA!** is derived. We are grateful for their ideas and detailed comments, all of which were invaluable to **AVENTURAS** and **¡VIVA!** in their final published forms.

We also extend a thank you to the professors and students who have been using **AVENTURAS**. We appreciate their faith in our programs and value the input they share with us. That input plays a crucial role in the development of all our programs.

Finally, we extend a special thank you to the following teaching professionals who provided in-depth reviews of **AVENTURAS** based on the everyday use of the materials in their classrooms. Their practical comments and constructive ideas were critical in helping us to fine-tune **¡VIVA!**

Ellen Aramburu
University of Missouri, Rolla, MO

Lisa Barboun
Coastal Carolina University, SC

Berta Bilbao
Biola University, CA

Jeff DiIuglio
Curry College, MA

Miguel González-Abellas
Washburn University, KS

Marie Karam
University of Scranton, PA

Ilia Lively
Central Piedmont Community College, NC

Carolina Moctezuma
Cabrini College, PA

Anna Montoya
Florida Institute of Technology, FL

Peregrina Pereiro
Washburn University, KS

José A. Sandoval
Des Moines Area Community College, IA

Gabriela Segal
Arcadia University, PA

Charlene Suscavage
University of Southern Maine, ME

Henry Thurston-Griswold
Juniata College, PA

María Luisa Torres
Coastal Carolina University, SC

Rebecca Williams
Coastal Carolina University, SC

1 Hola, ¿qué tal?

Communicative Goals

You will learn how to:
- use greetings, farewells, courtesy expressions and numbers
- identify yourself and others
- tell time

Para empezar

- Guess what the people in the photo are saying:
  a. Por favor. b. Hola. c. amigo
- Most likely they would also say:
  a. Gracias. b. fiesta c. Buenos días.

Hola, ¿qué tal?

SALUDOS Y DESPEDIDAS

Buenas noches. *Good evening; good night.*

Buenas tardes. *Good afternoon.*

Hasta la vista. *See you later.*

Hasta pronto. *See you soon.*

Hasta mañana. *See you tomorrow.*

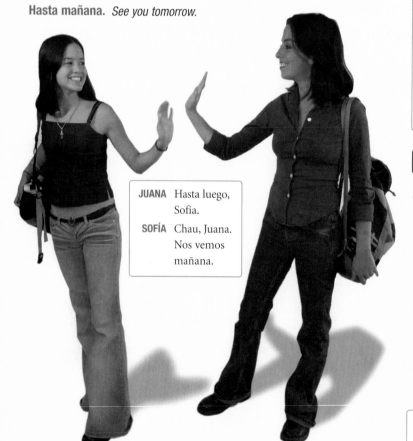

JUANA	Hasta luego, Sofía.
SOFÍA	Chau, Juana. Nos vemos mañana.

SEÑORA	Hola, señor Lara. ¿Cómo está usted?
SEÑOR	Muy bien, gracias. ¿Y usted, señora Salas?
SEÑORA	Bien, gracias.
SEÑOR	Hasta luego, señora Salas. Saludos al señor Salas.
SEÑORA	Adiós.

¿CÓMO ESTÁS?

¿Cómo estás? (*familiar*) *How are you?*

No muy bien. *Not very well.*

¿Qué pasa? *What's happening?; what's going on?*

CARLOS	¿Qué tal, Roberto?
ROBERTO	Regular. ¿Y tú?
CARLOS	Bien. ¿Qué hay de nuevo?
ROBERTO	Nada.

PRESENTACIONES

¿Cómo te llamas (tu)? *What's your name? (fam.)*

¿Cómo se llama usted? *What's your name? (form.)*

Le presento a… *I would like to introduce (name) to you. (form.)*

Te presento a… *I would like to introduce (name) to you. (fam.)*

Éste es… *This is… (masculine)*

Ésta es… *This is… (feminine)*

LAURA	Buenos días. Me llamo Laura.
ESTEBAN	Buenos días. Me llamo Esteban. Mucho gusto.
LAURA	El gusto es mío. ¿De dónde eres?
ESTEBAN	Soy de los Estados Unidos, de Texas.

SUSANA	Leti, éste es el señor Garza.
LETICIA	Encantada.
SEÑOR GARZA	Igualmente. ¿De dónde es usted, señora?
LETICIA	Soy de Puerto Rico. ¿Y usted?
SEÑOR GARZA	De México.

EXPRESIONES DE CORTESÍA

Por favor. *Please.*

De nada. *You're welcome.*

No hay de qué. *You're welcome.*

Lo siento. *I'm sorry.*

Muchas gracias. *Thank you very much; thanks a lot.*

¡Muchas gracias!

Práctica y conversación

1 **¿Lógico o ilógico?** 🎧 Listen to each conversation and indicate whether the conversation is logical or illogical.

	1.	**2.**	**3.**	**4.**	**5.**	**6.**
Lógico						
Ilógico						

2 **Una fiesta** 🎧 Margarita is having an all-day party to celebrate her twentieth birthday. Listen to the conversations and indicate whether each guest is arriving (**Llega**) or leaving (**Sale**).

	Llega	Sale		Llega	Sale
1. Ramiro	_____	_____	**4.** Vicente	_____	_____
2. Sra. Sánchez	_____	_____	**5.** Profesor Lado	_____	_____
3. Luisa	_____	_____	**6.** Sr. Torres	_____	_____

3 **Escoger** For each expression, write a word or phrase that expresses a similar idea.

MODELO

¿Cómo estas? ___¿Qué tal?___

1. De nada. _____

2. Encantado. _____

3. Adiós. _____

4. Te presento a Antonio. _____

5. ¿Qué hay de nuevo? _____

6. Mucho gusto. _____

4 **Ordenar** With a classmate, put this scrambled conversation in order. Then act it out.

—Muy bien, gracias. Soy Rosabel.

—Soy de Ecuador. ¿Y tú?

—Mucho gusto, Rosabel.

—Hola. Me llamo Carlos. ¿Cómo estás?

—Soy de Argentina.

—Igualmente. ¿De dónde eres, Carlos?

CARLOS _____

ROSABEL _____

CARLOS _____

ROSABEL _____

CARLOS _____

ROSABEL _____

recursos

Text CD
Lección 1

5 Conversaciones  With a partner, make up a conversation in Spanish for each photo.

Pronunciación The Spanish alphabet 🎧

The Spanish alphabet consisted of 29 letters until 1994, when the **Real Academia Española** (*Royal Spanish Academy*) removed **ch** (**che**) and **ll** (**elle**). You may still see **ch** and **ll** listed as separate letters in reference works printed before 1994. The Spanish letter, **ñ** (**eñe**), doesn't appear in the English alphabet. The letters **k** (**ka**) and **w** (**doble ve**) are used only in words of foreign origin.

Letra	Nombre(s)	Ejemplos	Letra	Nombre(s)	Ejemplos
a	a	adiós	n	ene	nacionalidad
b	be	bien, problema	ñ	eñe	mañana
c	ce	cosa, cero	o	o	once
d	de	diario, nada	p	pe	profesor
e	e	estudiante	q	cu	qué
f	efe	foto	r	ere	regular, señora
g	ge	gracias, Gerardo, regular	s	ese	señor
h	hache	hola	t	te	tú
i	i	igualmente	u	u	usted
j	jota	Javier	v	ve	vista, nuevo
k	ka, ca	kilómetro	w	doble ve	walkman
l	ele	lápiz	x	equis	existir, México
m	eme	mapa	y	i griega, ye	yo
			z	zeta, ceta	zona

Refranes Read these sayings aloud.

Ver es creer.[1]

En boca cerrada no entran moscas.[2]

1 Seeing is believing. 2 Silence is golden.

Todos a bordo

Los cuatro estudiantes, don Francisco y la señora Ramos se reúnen *(meet)* en la universidad.

Personajes

DON FRANCISCO

JAVIER

INÉS

ÁLEX

MAITE

SRA. RAMOS

SRA. RAMOS Buenos días, chicos. Yo soy Isabel Ramos de la agencia Ecuatur.

DON FRANCISCO Y yo soy don Francisco, el conductor.

SRA. RAMOS Bueno, ¿quién es María Teresa Fuentes de Alba?

MAITE ¡Soy yo!

SRA. RAMOS Ah, bien. Aquí tienes los documentos de viaje.

MAITE Gracias.

SRA. RAMOS ¿Javier Gómez Lozano?

JAVIER Aquí… Soy yo.

SRA. RAMOS Y tú eres Inés Ayala Loor, ¿verdad?

INÉS Sí, yo soy Inés.

SRA. RAMOS Y tú eres Alejandro Morales Paredes, ¿no?

ÁLEX Sí, señora.

INÉS Hola. Soy Inés.

MAITE Encantada. Yo me llamo Maite. ¿De dónde eres?

INÉS Soy de Ecuador, de Portoviejo. ¿Y tú?

MAITE De España. Soy de Madrid, la capital. Oye, ¿qué hora es?

INÉS Son las diez y tres minutos.

JAVIER ¿Qué tal? Me llamo Javier.

ÁLEX Mucho gusto, Javier. Yo soy Álex. ¿De dónde eres?

JAVIER De Puerto Rico. ¿Y tú?

ÁLEX Yo soy de México.

DON FRANCISCO Bueno, chicos, ¡todos a bordo!

INÉS Con permiso.

ÁLEX Perdón.

DON FRANCISCO ¿Y los otros?

SRA. RAMOS Son todos.

DON FRANCISCO Está bien.

Expresiones útiles

Identifying yourself and others

¿Cómo se llama usted?
What's your name?

Yo soy don Francisco, el conductor.
I'm Don Francisco, the driver.

¿Cómo te llamas?
What's your name?

Me llamo Javier.
My name is Javier.

¿Quién es… ?
Who is… ?

Aquí… Soy yo.
Here… That's me.

Tú eres… , ¿verdad?/¿no?
You are… , right?/no?

Saying what time it is

¿Qué hora es?
What time is it?

Es la una. / Son las dos.
It's one o'clock. / It's two o'clock.

Son las diez y tres minutos.
It's 10:03.

Saying "excuse me"

Con permiso.
Pardon me; excuse me.
(to request permission)

Perdón.
Pardon me; excuse me.
(to get someone's attention or to ask forgiveness)

When starting a trip

¡Todos a bordo!
All aboard!

¡Buen viaje!
Have a good trip!

Getting a friend's attention

Oye…
Listen…

¿Qué piensas?

1 Completar Complete this conversation.

INÉS   Hola. ¿Cómo te __llama__?

MAITE   __me__ llamo __~~__. ¿Y __tu__?

INÉS   Inés. Mucho __gusto__

MAITE   _____ gusto _____ mío.

INÉS   ¿De dónde _____?

MAITE   _____ de _____. ¿Y _____?

INÉS   Del _____.

2 ¿Cierto o falso? Indicate if each statement is **cierto** (*true*) or **falso** (*false*). Then correct the false statements.

Cierto	Falso	
_____	_____	**1.** Javier y Álex son pasajeros (*passengers*).
_____	_____	**2.** Javier Gómez Lozano es el conductor.
_____	_____	**3.** Inés Ayala Loor es de la agencia Ecuatur.
_____	_____	**4.** Inés es de Ecuador.
_____	_____	**5.** Maite es de España.
_____	_____	**6.** Javier es de Puerto Rico.
_____	_____	**7.** Álex es de Ecuador.

3 Conversar Using these cues, have a conversation with someone you just met at an airport.

• Greet each other.

• Find out each other's names.

• Ask each other how you are feeling today.

• Find out where each of you is from.

• Wish each other a good trip and say goodbye.

Exploración

Los saludos

Daniel y Juan se dan un abrazo (*give each other a hug*).

El señor Rivas y la señora Casas se dan la mano (*shake hands*).

Rita le da un beso a su abuela (*kisses her grandmother*).

Observaciones

- **Darse la mano**
  Hispanics generally shake hands when they meet for the first time.

- **El abrazo**
  Hispanic men often greet men they know well with an **abrazo**—a quick hug and a pat on the back.

- **El beso**
  Hispanic women often greet friends and loved ones with a brief kiss on one or both cheeks.

Coméntalo

With a classmate, discuss these questions.

- How do you greet a person you don't know well?
- How do you greet your friends?
- How do you greet your parents?

recursos

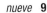

vistahigher learning.com

1.1 Nouns and articles

la chica

la pasajera

el chico

el conductor

▸ Nouns identify people, animals, places, or things. All Spanish nouns have gender (masculine or feminine) and number (singular or plural).

▸ Usually, nouns referring to males are masculine and nouns referring to females are feminine.

Masculine		Feminine		Masculine		Feminine	
el hombre	the man	la mujer	the woman	el pasajero	the passenger	la pasajera	the passenger
el chico	the boy	la chica	the girl	el conductor	the driver	la conductora	the driver
				el profesor	the teacher	la profesora	the teacher

▸ Most nouns ending in **–o**, **–ma**, and **–s** are masculine. Most nouns ending in **–a**, **–ción**, and **–dad** are feminine.

Masculine		Feminine	
el cuaderno	the notebook	la cosa	the thing
el diario	the diary	la escuela	the school
el diccionario	the dictionary	la grabadora	the tape recorder
el número	the number	la maleta	the suitcase
el video	the video	la mochila	the backpack
el problema	the problem	la palabra	the word
el programa	the program	la lección	the lesson
el autobús	the bus	la conversación	the conversation
el país	the country	la nacionalidad	the nationality
		la comunidad	the community

▸ Some nouns have identical masculine and feminine forms. The definite article (**el** or **la**) indicates the gender of these words.

Masculine		Feminine	
el turista	the tourist	la turista	the tourist
el joven	the young man	la joven	the young woman
el estudiante	the student	la estudiante	the student

Plural of nouns

▸ Nouns that end in a vowel form the plural by adding **–s**. Nouns that end in a consonant add **–es**. Nouns that end in **–z** change the **–z** to **–c**, then add **–es**.

SINGULAR	PLURAL	SINGULAR	PLURAL
el chico	los chicos	el país	los países
la palabra	las palabras	el lápiz	los lápices

▸ The masculine plural form may refer to a mixed-gender group.

1 pasajero + 2 pasajeras = 3 pasajeros

¡ojo!

El lápiz (*pencil*), **el mapa** (*map*), and **el día** (*day*) are masculine. **La mano** (*hand*) is feminine.

• • •

When a singular noun has an accent mark on the last syllable, the accent is dropped from the plural form:

la lección →
las lecciones

el autobús →
los autobuses

Spanish articles

Spanish has four forms that are equivalent to the English definite article *the*. Spanish also has four forms that are equivalent to the English indefinite article, which, according to context, may mean *a*, *an*, or *some*.

Spanish articles

Definite articles

MASCULINE		FEMININE	
el diccionario	*the dictionary*	la computadora	*the computer*
los diccionarios	*the dictionaries*	las computadoras	*the computers*

Indefinite articles

un pasajero	*a (one) passenger*	una fotografía	*a (one) photograph*
unos pasajeros	*some passengers*	unas fotografías	*some photographs*

Práctica y conversación

1 Singular y plural Make the singular words plural and the plural words singular.

1. el turista _____
2. la cosa _____
3. la mujer _____
4. la mochila _____
5. los países _____
6. el problema _____
7. unos hombres _____
8. unos diarios _____
9. un pasajero _____
10. una escuela _____

2 Identificar For each photo, provide the noun and the appropriate definite and indefinite articles.

MODELO
Las maletas, unas maletas.

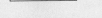

1. _____

2. _____

3. _____

4. _____

3 Clasificar With a partner, identify the photos in Spanish and supply the definite and indefinite articles. Then indicate whether the photos represent objects or persons.

¿Qué es/son? ¿Objeto(s) o persona(s)?

1. _____ _____   3. _____ _____   5. _____ _____

2. _____ _____   4. _____ _____   6. _____ _____

4 Charadas In groups, play a game of charades. Individually, think of two nouns for each charade—for example, a boy using a computer (**un chico**; **una computadora**). The first person to guess correctly acts out the next charade.

1.2 Numbers 0–30

Numbers 0–30							
0 cero	4 cuatro	8 ocho	12 doce	16 dieciséis	20 veinte	24 veinticuatro	28 veintiocho
1 uno	5 cinco	9 nueve	13 trece	17 diecisiete	21 veintiuno	25 veinticinco	29 veintinueve
2 dos	6 seis	10 diez	14 catorce	18 dieciocho	22 veintidós	26 veintiséis	30 treinta
3 tres	7 siete	11 once	15 quince	19 diecinueve	23 veintitrés	27 veintisiete	

¡ojo!

The numbers **16–19** and **21–29** can also be written as three words, as in **diez y seis** and **veinte y uno**. **Uno** and **veintiuno** are used when counting (**uno, dos, tres… veinte, veintiuno, veintidós…**). They are also used after a noun, even if it is feminine (**la lección uno**).

▶ Before a masculine noun, **uno** shortens to **un**. Before a feminine noun, **uno** changes to **una**.

un hombre → veintiún hombres   una mujer → veintiuna mujeres

▶ To ask *how many*, use **¿Cuántos?** with a masculine noun and **¿Cuántas?** with a feminine one. **Hay** means both *there is* and *there are*. Use **¿Hay…?** to ask *is/are there…?* Use **no hay** to express *there is/are not*.

¿Hay chicas en la fotografía?
No, **no hay** chicas.
Are there girls in the picture?
No, there aren't any girls.

¿Cuántos chicos **hay?**
Hay cuatro.
How many guys are there?
There are four.

ESPAÑOL EN VIVO

Libro de cuentos: $ 12
Oso con pijama: $ 15
Árbol de Navidad: $ 30
La felicidad: no tiene precio

Hay ciertas cosas que el dinero no puede comprar,
para todo lo demás existe MasterCard.

MasterCard

Aceptada en más lugares de los que imaginas.

Práctica y conversación

1 Matemáticas Solve these math problems.

+ más – menos = es (singular)/son (plural)

MODELO   9 + 2 = Nueve más dos son once.

1. 3 + 10 = _trece_
2. 22 – 3 = _veintiuno_
3. 4 + 8 = _doce_
4. 17 + 13 = _treinta_
5. 22 + 1 = _veintitres_

6. 5 – 2 = _tres_
7. 11 + 12 = _veintitrés_
8. 10 – 10 = _cero_
9. 3 + 14 = _diecisiete_
10. 22 – 11 = _once_

2 ¿Cuántos hay? How many persons or things are there in these drawings?

MODELO

¿Cuántas maletas hay?
Hay cuatro maletas.

1. ¿Cuántos hombres hay? _uno_

4. ¿Cuántas fotografías hay? _cuatro_

2. ¿Cuántos chicos hay? _cinco_

5. ¿Cuántos turistas hay? _tres_

3. ¿Cuántas conductoras hay? _uno_

6. ¿Cuántas chicas hay? _catorce_

3 Describir Get together with a classmate and answer these questions about the photo.

1. ¿Cuántos conductores hay en la fotografía? _cero_

2. ¿Cuántas mujeres hay? _tres_

3. ¿Cuántos hombres hay? _tres_

4. ¿Cuántos pasajeros hay? _seis_

5. ¿Cuántos pasajeros son hombres? _tres_

6. ¿Cuántos autobuses hay? _uno_

4 En la clase With a classmate, take turns asking and answering these questions about your classroom.

1. ¿Cuántos estudiantes hay?
2. ¿Cuántos profesores hay?
3. ¿Cuántos hombres hay?
4. ¿Cuántas mujeres hay?
5. ¿Hay una computadora?
6. ¿Hay fotografías?
7. ¿Cuántos mapas hay?
8. ¿Hay diccionarios?
9. ¿Hay cuadernos?
10. ¿Cuántas grabadoras hay?
11. ¿Cuántas mochilas hay?
12. ¿Hay chicos?

1.3 Present tense of **ser** (*to be*)

Subject pronouns

Subject pronouns

	Singular forms		Plural forms	
FIRST PERSON	yo	*I*	nosotros / nosotras	*we (masculine)* / *we (feminine)*
SECOND PERSON	tú / usted (Ud.)	*you (familiar)* / *you (formal)*	vosotros / vosotras / ustedes (Uds.)	*you (masc., fam.)* / *you (fem., fam.)* / *you (form.)*
THIRD PERSON	él / ella	*he* / *she*	ellos / ellas	*they (masc.)* / *they (fem.)*

▸ A subject pronoun replaces the name or title of a person or thing and acts as the subject of a verb.

Carlos es estudiante. → Él es estudiante.

▸ Spanish has two subject pronouns that mean *you* (singular). Use **tú** when talking to friends, family members, and small children. Use **usted** when talking to someone with whom you have a more formal relationship, such as an employer or a professor, or to someone who is older than you.

The present tense of **ser**

ser (*to be*)

Singular forms		Plural forms	
yo	soy *(I am)*	nosotros/as	somos *(we are)*
tú	eres *(you are)*	vosotros/as	sois *(you are)*
Ud./él/ella	es *(you are; he/she is)*	Uds./ellos/ellas	son *(you/they are)*

▸ Use **ser** to identify people and things.

▸ There is no Spanish equivalent of the English subject pronoun *it.*

¿Quién **es** ella?	**Es** Inés Ayala Loor.	¿Qué **es**?	**Es** una computadora.
Who is she?	*She's Inés Ayala Loor.*	*What is it?*	*It's a computer.*

▸ Use **ser** to express possession, along with **de. De** combines with **el** to form the contraction **del.**[1] Note that Spanish does not use [*apostrophe*]+ *s* to indicate possession.

¿**De** quién **es**?	**Es** el diario **de** Maite.	¿**De** quiénes **son**?	**Son** los lápices **del** chico.
Whose is it?	*It's Maite's diary.*	*Whose are they?*	*They are the boy's pencils.*

---

[1] **De** does not form contractions with **la, los,** or **las.**

▸ Use **ser** to express origin, along with **de**.

¿**De** dónde **es** Inés?
Where is Inés from?

Es de Ecuador.
She's from Ecuador.

▸ Use **ser** to talk about someone's occupation.[2]

Don Francisco **es** conductor.
Don Francisco is a driver.

Isabel **es** profesora.
Isabel is a teacher.

---

[2] Spanish does not use **un** or **una** after **ser** when mentioning a person's occupation, unless the occupation is accompanied by an adjective.

Práctica y conversación

1 **En el dormitorio** Using the items in the word bank, ask your partner questions about Susana's dorm room.

¿Cuántas?
¿Cuántos?
¿De dónde?
¿De quién?
¿Qué?
¿Quién?

2 **¿Qué es?** Ask your partner what each object is and to whom it belongs.

MODELO
Estudiante 1: ¿Qué es?
Estudiante 2: Es una grabadora.

Estudiante 1: ¿De quién es?
Estudiante 2: Es del profesor.

1.

2.

3.

4.

3 **¿Quién es?** With a partner, take turns asking who these people are and where they are from.

MODELO
Estudiante 1: ¿Quién es?
Estudiante 2: Es Jennifer López.

Estudiante 1: ¿De dónde es?
Estudiante 2: Es de Nueva York.

**Jennifer López
Nueva York**

**Gloria Estefan
Cuba**

**Carlos Santana
México**

**Shakira
Colombia**

4 **Personas famosas** Pretend to be a person from Spain, Mexico, Puerto Rico, Cuba, or the United States who is famous in one of these professions. Your classmates will try to guess who you are.

actor	actor	cantante	singer	escritor(a)	writer
actriz	actress	deportista	athlete	músico/a	musician

MODELO
Estudiante 3: ¿Eres de Cuba?
Estudiante 1: Sí.
Estudiante 2: ¿Eres mujer?
Estudiante 1: No. Soy hombre.
Estudiante 3: ¿Eres músico?
Estudiante 1: No. Soy actor.
Estudiante 2: ¿Eres Andy García?
Estudiante 1: ¡Sí! ¡Sí!

Andy García

1.4 Telling time

▶ Use numbers with the verb **ser** to tell time. To ask what time it is, use **¿Qué hora es?**
To say what time it is, use **es la** with **una** and **son las** with other hours.

 Es la una.

 Son las cuatro.

▶ Express time from the hour to the half hour by adding minutes.

 Son las dos **y diez**.

 Son las ocho **y veinte**.

▶ Use **y cuarto** or **y quince** to say that it's fifteen minutes past the hour.
Use **y media** or **y treinta** to say that it's thirty minutes past the hour.

 Son las cuatro **y cuarto**.

 Son las nueve **y media**.

▶ To express time from the half-hour to the hour in Spanish, subtract minutes or a
portion of an hour from the next hour.

 Son las nueve **menos diez**.

 Son las once **menos quince**.

Time-telling expressions

▶ Here are some useful phrases related to time-telling.

¿Qué hora es?
What time is it?

Son las nueve de la mañana.
It's 9 a.m. (in the morning).

Son las cuatro de la tarde.
It's 4 p.m. (in the afternoon).

Son las diez de la noche.
It's 10 p.m. (at night).

Son las once **en punto.**
It's 11 o'clock on the dot (sharp).

Es **el mediodía.**
It's noon.

Es **la medianoche.**
It's midnight.

¿A qué hora es la clase?
(At) what time is the class?

La clase es **a la una.**
The class is at one o'clock.

La clase es **a las dos.**
The class is at two o'clock.

Práctica y conversación

1 Emparejar Match each watch with the correct statement.

Dos menos quince   *seis y media*   *seite*

tres y cinco

1. Son las ocho menos veinticinco de la mañana.
2. Es la una menos diez de la mañana.
3. Son las tres y cinco de la mañana.
4. Son las dos menos cuarto de la tarde.
5. Son las seis y media de la mañana.
6. Son las once y veinte de la noche.

2 ¿Qué hora es? With a partner, answer the questions using the clocks as a guide.

MODELO

Estudiante 1: Son las siete de la noche en Los Ángeles.

Estudiante 2: ¿Qué hora es en San Antonio?

| Miami | San Antonio | Denver | Los Ángeles |

1. Son las cuatro en punto de la tarde en Los Ángeles. ¿Qué hora es en Miami?

   es la siete

2. Son las once de la mañana en San Antonio. ¿Qué hora es en Los Ángeles?

   es la cuarto

3. Son las siete de la noche en Denver. ¿Qué hora es en Los Ángeles?

   es la cinco

4. Son las dos y media de la tarde en Los Ángeles. ¿Qué hora es en Miami?

   es la siete

3 En la televisión With a partner, take turns asking and answering questions about these television listings.

MODELO

Estudiante 1: ¿A qué hora es el documental *Las computadoras*?

Estudiante 2: Es a las nueve en punto de la noche.

TV Hoy
Programación

11:00 am	Telenovela: *Cuatro viajeros y un autobús*
12:00 pm	Película: *El cóndor* (drama)
2:00 pm	Telenovela: *Dos mujeres y dos hombres*
3:00 pm	Programa juvenil: *Fiesta*
3:30 pm	Telenovela: *¡Sí, sí, sí!*
4:00 pm	Telenovela: *El diario de la Sra. González*
5:00 pm	Telenovela: *Tres mujeres*
6:00 pm	Noticias
7:00 pm	Especial musical: *Música folklórica de México*
7:30 pm	La naturaleza: *Jardín secreto*
8:00 pm	Noticiero: *Veinticuatro horas*
9:00 pm	Documental: *Las computadoras*
10:00 pm	Telecomedia: *Don Paco y doña Tere*
11:00 pm	Película: *Pedro Páramo*

4 Entrevista Use the following questions to interview a classmate.

1. ¿Qué hora es?
2. ¿A qué hora es la clase de español?
3. ¿A qué hora es el programa *60 Minutes*?
4. ¿A qué hora es el programa *Nightline*?
5. ¿Hay una fiesta el sábado (*on Saturday*)? ¿A qué hora es?
6. ¿Hay un concierto el sábado? ¿A qué hora es?

Ampliación

1 Escuchar 🎧

A Listen to the conversation between Srta. Martínez and a traveler. Then fill in the missing information on the form.

TIP **Listen for words you know.** Listening for familiar words and phrases will help you follow a conversation.

Aero Tur

Número de pasajeros
1. ☐

Nombre (*first name*) del pasajero
2. ☐

Apellido (*last name*) del pasajero
3. ☐

Destino
4. ☐

Número de maletas
5. ☐

B When does this conversation take place? How do you know?

2 Conversar

With two classmates, act out an interview between school newspaper reporters and a visiting **profesor de literatura**. After introducing themselves, the reporters should find out the following information.

- The professor's name
- Where the professor is from
- What time the professor's class starts
- How many students are in the class

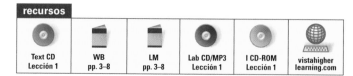

recursos

Text CD Lección 1	WB pp. 3–8	LM pp. 3–8	Lab CD/MP3 Lección 1	I CD-ROM Lección 1	vistahigher learning.com

3 Escribir Write a list of names, numbers, addresses, and websites that will help you in your study of Spanish. Use the plan below to guide you in your writing.

TIP Write in Spanish. Use grammar and vocabulary that you know. Also, look at your textbook for examples of style, format, and expressions in Spanish.

Organízalo	Make a list of campus resources and contact information. Then explore Web resources and jot down a few addresses.
Escríbelo	Using the material you have compiled, write the first draft of your list.
Corrígelo	Exchange papers with a classmate and comment on the organization, style, and grammatical correctness of each other's work. Then revise your first draft, keeping your classmate's comments in mind.
Compártelo	Share your list with two new classmates. If they found resources you didn't mention, add them to your list. Store your list with your other study aids.

4 Un paso más Prepare a presentation about how Hispanic cultures have influenced an American city. Include the following in your presentation:

• An introduction of yourself in Spanish

• A general description of the city

• Examples of how Hispanic cultures have influenced the city

• Photos, drawings, and charts to make your presentation more interesting.

SAN ANTONIO

En Internet

Investiga estos temas en el sitio vistahigherlearning.com.

• Ciudad de Nueva York
• Ciudad de Miami
• Ciudad de Los Ángeles

Antes de leer

Cognates are words that share similar meanings and spellings in two or more languages. The Spanish words **computadora**, **problema**, and **programa** are examples of cognates.

When you read in Spanish, look for cognates and use them to get the general meaning of what you're reading. But watch out for false cognates such as **librería**, which means *bookstore*, not *library*.

Laura, a university student, made a list of important names and numbers she needed to remember. Look for cognates while you read her list.

For now, read the phone numbers one digit at a time. The period (.) is called **punto** and the "at" symbol (@) is called **arroba**.

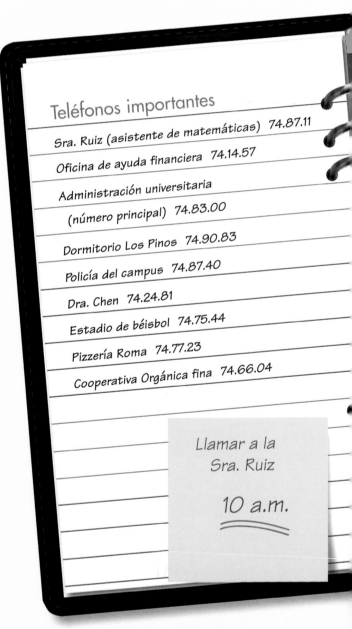

Teléfonos importantes

Sra. Ruiz (asistente de matemáticas) 74.87.11

Oficina de ayuda financiera 74.14.57

Administración universitaria
(número principal) 74.83.00

Dormitorio Los Pinos 74.90.83

Policía del campus 74.87.40

Dra. Chen 74.24.81

Estadio de béisbol 74.75.44

Pizzería Roma 74.77.23

Cooperativa Orgánica fina 74.66.04

Llamar a la
Sra. Ruiz

10 a.m.

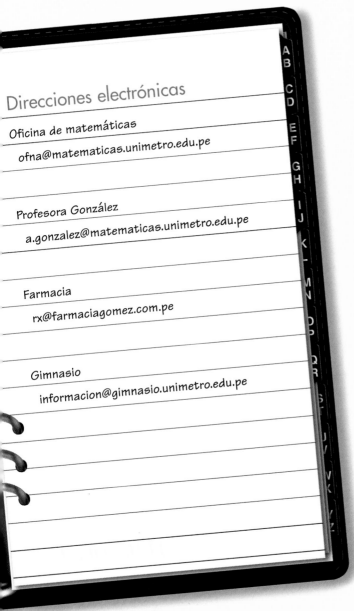

Direcciones electrónicas

Oficina de matemáticas

ofna@matematicas.unimetro.edu.pe

Profesora González

a.gonzalez@matematicas.unimetro.edu.pe

Farmacia

rx@farmaciagomez.com.pe

Gimnasio

informacion@gimnasio.unimetro.edu.pe

Después de leer

¿Comprendiste?

Indicate whether each statement is **cierto** (*true*) or **falso** (*false*).

Cierto Falso

✓ ____ **1.** Professor González works in the math department.

____ ____ **2.** If Laura wanted to get a student loan, she would call 74.83.00.

____ ____ **3.** Laura never eats pizza.

____ ____ **4.** If Laura needed to report a crime, she would dial 74.87.40.

____ ____ **5.** To find out the price of organic apples, Laura would dial 74.66.04.

✓ ____ **6.** Laura would call 74.75.44 to get a baseball ticket.

Coméntalo

Think about the names, phone numbers, and e-mail addresses that Laura keeps in her address book. If you were preparing a similar address book, what names, telephone numbers, and e-mail addresses would you include?

Saludos

Hola.	Hello; Hi.
Buenos días.	Good morning.
Buenas tardes.	Good afternoon.
Buenas noches.	Good evening; Good night.

Despedidas

Adiós.	Good-bye.
Nos vemos.	See you.
Hasta luego.	See you later.
Hasta la vista.	See you later.
Hasta pronto.	See you soon.
Hasta mañana.	See you tomorrow.
Saludos a…	Greetings to…
Chau.	Bye.

¿Cómo está?

¿Cómo está usted?	How are you? (form.)
¿Cómo estás?	How are you? (fam.)
¿Qué hay de nuevo?	What's new?
¿Qué pasa?	What's happening?; What's going on?
¿Qué tal?	How are you?; How is it going?
(Muy) bien, gracias.	(Very) well, thanks.
Nada.	Nothing.
No muy bien.	Not very well.
Regular.	So-so; OK.

Expresiones de cortesía

De nada.	You're welcome.
Lo siento.	I'm sorry.
(Muchas) gracias.	Thank you (very much); Thanks (a lot).
No hay de qué.	You're welcome.
Por favor.	Please.

Títulos

señor (Sr.)	Mr.; sir
señora (Sra.)	Mrs.; ma'am
señorita (Srta.)	Miss

Presentaciones

¿Cómo se llama usted?	What's your name? (form.)
¿Cómo te llamas (tú)?	What's your name? (fam.)
Me llamo…	My name is…
¿Y tú?	And you? (fam.)
¿Y usted?	And you? (form.)
Mucho gusto.	Pleased to meet you.
El gusto es mío.	The pleasure is mine.
Encantado/a.	Delighted; Pleased to meet you.
Igualmente.	Likewise.
Éste/Ésta es…	This is…
Le presento a…	I would like to introduce (name) to you. (form.)
Te presento a…	I would like to introduce (name) to you. (fam.)

Países

Ecuador	Ecuador
España	Spain
Estados Unidos (EE.UU.)	United States
México	Mexico
Puerto Rico	Puerto Rico

Verbos

ser	to be

¿De dónde es?

¿De dónde es usted?	Where are you from? (form.)
¿De dónde eres?	Where are you from? (fam.)
Soy de…	I'm from…

Otras expresiones

¿Cuánto(s)/a(s)?	How many?
¿De quién…?	Whose…? (sing.)
¿De quiénes…?	Whose…? (plural)
(No) Hay	There is (not); there are (not)
¿Qué es?	What is it?
¿Quién es…?	Who is…?

Sustantivos

el autobús	bus
la capital	capital city
la chica	girl
el chico	boy
la computadora	computer
la comunidad	community
el/la conductor(a)	driver; chauffeur
la conversación	conversation
la cosa	thing
el cuaderno	notebook
el día	day
el diario	diary
el diccionario	dictionary
la escuela	school
el/la estudiante	student
la foto(grafía)	photograph
la grabadora	tape recorder
el hombre	man
el/la joven	youth; young person
el lápiz	pencil
la lección	lesson
la maleta	suitcase
la mano	hand
el mapa	map
la mochila	backpack
la mujer	woman
la nacionalidad	nationality
el número	number
el país	country
la palabra	word
el/la pasajero/a	passenger
el problema	problem
el/la profesor(a)	teacher
el programa	program
el/la turista	tourist
el video	video

Expresiones útiles	See page 7.
Numbers 0–30	See page 12.
Subject Pronouns	See page 14.
Time expressions	See page 16.

2 Las clases

Communicative Goals

You will learn how to:
- talk about people, places, classes
- express likes and dislikes
- chat with a new friend
- talk about prices

Para empezar

- ¿Cuántos chicos hay en la foto? ¿Dos o tres?
- ¿Cuántos hombres y cuántas mujeres?
- ¿Qué hora es?
  a. La una de la tarde. b. Las dos de la mañana.
  c. Es la medianoche.

Las clases

el laboratorio
laboratory

LUGARES

la cafetería *cafeteria*
la librería *bookstore*
la residencia estudiantil *dormitory*
la universidad *university*

el estadio
stadium

la biblioteca
library

la química
chemistry

LOS CURSOS

la administración *business administration*
de empresas
el arte *art*
la biología *biology*
la clase *class*
la contabilidad *accounting*
los cursos *courses*
el español *Spanish*
la física *physics*
la historia *history*

el inglés *English*
las lenguas extranjeras *foreign languages*
las matemáticas *mathematics*
el periodismo *journalism*
la psicología *psychology*
la sociología *sociology*

la computación
computer science

la geografía
geography

recursos				
WB pp. 9–10	LM p. 7	Lab CD/MP3 Lección 2	I CD-ROM Lección 2	Vocab CD Lección 2

EN LA CLASE

el borrador *eraser*

el examen *test; exam*

el horario *schedule*

la mesa *table*

el papel *paper*

la pizarra *blackboard*

la pluma *pen*

la prueba *test; quiz*

la puerta *door*

el semestre *semester*

la silla *chair*

la tarea *homework*

la tiza *chalk*

el trimestre *trimester; quarter*

la ventana *window*

el reloj
clock; watch

el libro
book

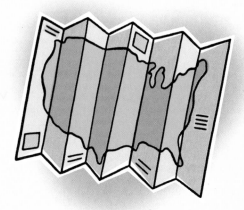

el mapa
map

el escritorio
desk

PERSONAS

el/la compañero/a de clase
classmate

el/la compañero/a de cuarto
roommate

el/la estudiante *student*

LOS DÍAS DE LA SEMANA

lunes *Monday*

martes *Tuesday*

miércoles *Wednesday*

jueves *Thursday*

viernes *Friday*

sábado *Saturday*

domingo *Sunday*

el día *day*

la semana *week*

Hoy es… *Today is…*

el profesor
teacher; professor

Práctica y conversación

1 Mis clases 🎧 Listen and fill in the calendar with María's class schedule. Then complete the sentences below.

Estudiante: María			Semestre Nº 1		
	lunes	martes	miércoles	jueves	viernes
AM					
PM					

1. Éste es el primer (*first*) _____ de María en la universidad.
2. El horario de María es de cuatro _____.
3. La clase de _____ es el lunes a las diez y media de la mañana.
4. La clase de _____ es el martes a las dos y quince de la tarde.
5. La clase de periodismo es el _____ a las once de la mañana.
6. La clase de _____ es el jueves a las tres y media de la tarde.
7. María estudia (*studies*) en la _____ los viernes.

2 Cursos What is the subject matter of each class?

MODELO
la cultura de España, los verbos
Es la clase de español.

Frida Kahlo

El río Amazonas

1. los microbios, los animales
   _____

2. George Washington, Martin Luther King, Jr.
   _____

3. la geometría, la trigonometría
   _____

4. Frida Kahlo, Leonardo da Vinci
   _____

5. África, el río Amazonas
   _____

3 Analogías Use these words to complete the analogies. Two words will not be used.

1. dos ←→ cuatro ⊜ martes ←→ _____
2. hoy ←→ mañana ⊜ viernes ←→ _____
3. EE.UU. ←→ mapa ⊜ hora ←→ _____
4. inglés ←→ lengua ⊜ miércoles ←→ _____
5. maleta ←→ turista ⊜ mochila ←→ _____
6. pluma ←→ papel ⊜ tiza ←→ _____

día	miércoles
estudiante	pizarra
jueves	reloj
martes	sábado

recursos

Text CD
Lección 2

4 **Entrevistas** Use these questions to interview two classmates. Then share the results of your interviews with the class.

1. ¿Cómo te llamas?
2. ¿Cómo estás hoy?
3. ¿De dónde eres?
4. ¿Cuántos cursos tomas?
5. ¿Cuándo tomas…?
6. ¿A qué hora es la clase de…?
7. ¿Quién es el/la profesor(a)?
8. ¿Qué hora es ahora (*now*)?

Pronunciación Spanish vowels

a **e** **i** **o** **u**

Spanish vowels are never silent; they are always pronounced in a short, crisp way without the glide sounds used in English.

Álex	**clase**	**nada**	**encantada**

The letter **a** is pronounced like the *a* in *father*, but shorter.

el	**ene**	**mesa**	**elefante**

The letter **e** is pronounced like the *e* in *they*, but shorter.

Inés	**chica**	**tiza**	**señorita**

The letter **i** sounds like the *ee* in *beet*, but shorter.

hola	**con**	**libro**	**don Francisco**

The letter **o** is pronounced like the *o* in *tone*, but shorter.

uno	**regular**	**saludos**	**gusto**

The letter **u** sounds like the *oo* in *room*, but shorter.

Refranes Practice the vowels by reading these sayings aloud.

Del dicho al hecho hay un gran trecho.[1]

Cada loco con su tema.[2]

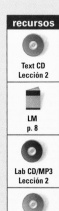

1 Easier said than done.
2 To each his own.

¿Qué clases tomas?

Maite, Inés, Javier y Álex hablan de las clases.

Personajes

JAVIER

INÉS

ÁLEX

MAITE

ÁLEX Hola Ricardo… Aquí estamos en la Mitad del Mundo. ¿Qué tal las clases en la UNAM?

MAITE Es exactamente como las fotos en los libros de geografía.

INÉS ¡Sí! ¿También tomas tú geografía?

MAITE Yo no. Yo tomo inglés y literatura. También tomo una clase de periodismo.

MAITE Muy buenos días. María Teresa Fuentes, de Radio Andina FM 93. Hoy estoy con estudiantes de la Universidad San Francisco de Quito. ¡A ver! La señorita que está cerca de la ventana… ¿Cómo te llamas y de dónde eres?

INÉS Hola. Me llamo Inés Ayala Loor y soy del Ecuador, de Portoviejo.

MAITE Encantada. ¿Qué clases tomas en la universidad?

INÉS Tomo geografía, inglés, historia, sociología y arte.

MAITE Tomas muchas clases, ¿no?

INÉS Pues sí, me gusta estudiar mucho.

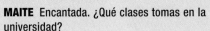

MAITE ¿En qué clase hay más chicos?

INÉS Bueno, eh... en la clase de historia.

MAITE ¿Y más chicas?

INÉS En la de sociología hay más chicas, casi un ochenta y cinco por ciento.

MAITE Y tú, joven, ¿cómo te llamas y de dónde eres?

JAVIER Me llamo Javier Gómez y soy de San Juan, Puerto Rico.

MAITE ¿Tomas muchas clases este semestre?

JAVIER Sí, tomo tres.

MAITE ¿Te gustan las computadoras, Javier?

JAVIER No me gustan nada. Me gusta mucho más el arte... y, sobre todo, me gusta dibujar.

ÁLEX ¿Cómo que no? ¿No te gustan las computadoras?

ÁLEX Pero si son muy interesantes, hombre.

JAVIER Sí, ¡muy interesantes!

Expresiones útiles

Talking about classes

¿Qué tal las clases en la UNAM?
How are classes going at UNAM?

Tomas muchas clases, ¿no?
You're taking lots of classes, aren't you?

Pues sí.
Well, yes.

¿En qué clase hay más chicos?
In which class are there more guys?

En la clase de historia.
In history class.

Talking about likes/dislikes

¿Te gusta estudiar?
Do you like to study?

Sí, me gusta mucho. Pero también me gusta mirar la televisión.
Yes, I like it a lot. But I also like to watch television.

¿Te gustan las computadoras?
Do you like computers?

Sí, me gustan muchísimo.
Yes, I like them very much.

No, no me gustan nada.
No, I don't like them at all.

Talking about location

Aquí estamos en...
Here we are at/in...

¿Dónde está la señorita?
Where is the young woman?

Está cerca de la ventana.
She's near the window.

Expressing hesitation

A ver...
Let's see...

Bueno...
Well...

¿Qué piensas?

1 Escoger Choose the answer that best completes each sentence.

1. Maite toma (*is taking*) ____ en la universidad.
   a. geografía, inglés y periodismo b. inglés, periodismo y arte
   c. periodismo, inglés y literatura

2. Inés toma sociología, geografía, ____.
   a. inglés, historia y arte   b. periodismo, computación y arte
   c. historia, literatura y biología

3. Javier toma ____ clases este semestre.
   a. cuatro b. tres   c. dos

4. A Javier le gusta ____ y sobre todo, le gusta ____.
   a. la sociología; el arte   b. la literatura; dibujar
   c. el arte; dibujar

INÉS

JAVIER

MAITE

2 Completar These sentences are similar to things said in the **Escenas** episode. Complete each sentence with the correct word(s).

1. Maite, Javier, Inés y yo estamos en _____.
2. Hay fotos impresionantes de la Mitad del Mundo en los libros de _____.
3. Me llamo María Teresa Fuentes. Estoy aquí con estudiantes de _____.
4. Hay muchos chicos en _____.
5. No me gustan las computadoras. Me gusta más _____.

3 Conversar Use the following guidelines to have a conversation with a partner.

• Greet each other.
• Ask each other where you are from.
• Find out what each of you likes to study.
• Find out how many classes each of you is taking.
• Find out which classes each of you likes and dislikes.
• Say goodbye.

Exploración

Las universidades hispanas

Estadísticas universitarias	
Principales universidades del mundo hispano	**Número de estudiantes**
1. Universidad Nacional Autónoma de México (México)	255.000
2. Universidad de Buenos Aires (Argentina)	206.700
3. Universidad Complutense de Madrid (España)	140.000
4. Universidad Autónoma de Santo Domingo (República Dominicana)	100.000

La Universidad de Salamanca, fundada en el siglo XIII (*thirteenth century*), es una de las universidades preeminentes de Europa. Ofrece muchos cursos y clases de español para extranjeros (*foreigners*).

La Universidad Nacional Autónoma de México (UNAM), con unos 255.000 (doscientos cincuenta y cinco mil) estudiantes, es una de las más grandes del mundo (*biggest in the world*).

Fundada en 1821 (mil ochocientos veintiuno), la Universidad de Buenos Aires (UBA) es un importante centro de estudios sociales y científicos. La UBA ayudó (*helped*) en la formación de tres científicos que ganaron (*won*) el Premio Nobel.

Coméntalo

With a classmate, discuss the following questions.

- ¿Cuál (*which*) es la universidad más grande en tu ciudad (*city*) o estado (*state*)?
- ¿Te gustaría (*would you like*) estudiar español en Salamanca? (Sí, me gustaría… / No, no me gustaría…)

recursos

vistahigher
learning.com

2.1 The present tense of regular –ar verbs

▸ To create the forms of regular verbs, drop the infinitive endings (–ar, –er, –ir). Then add the endings of the different subject pronouns. The chart below demonstrates how to conjugate regular –ar verbs.

estudiar (to study)

yo	estudio	I study
tú	estudias	you (fam.) study
Ud./él/ella	estudia	you (form.) study; he/she studies
nosotros/as	estudiamos	we study
vosotros/as	estudiáis	you (fam.) study
Uds./ellos/ellas	estudian	you (form.)/they study

Common –ar verbs

bailar	to dance	descansar	to rest	explicar	to explain	preguntar	to ask (a question)
buscar	to look for	desear	to want; to wish	hablar	to talk; to speak	preparar	to prepare
caminar	to walk	dibujar	to draw	llegar	to arrive	regresar	to return
cantar	to sing	enseñar	to teach	llevar	to carry	terminar	to end; to finish
comprar	to buy	escuchar	to listen	mirar	to look (at); to watch	tomar	to take; to drink
contestar	to answer	esperar	to wait (for); to hope	necesitar	to need	trabajar	to work
conversar	to talk	estudiar	to study	practicar	to practice	viajar	to travel

¿Tomas muchas
clases este
semestre?

Sí, tomo tres.

▸ The Spanish present tense can be translated in several ways. Note the following examples.

Ana **trabaja** en la cafetería.
Ana works in the cafeteria.
Ana is working in the cafeteria.
Ana does work in the cafeteria.

Paco **viaja** a Madrid mañana.
Paco travels to Madrid tomorrow.
Paco is traveling to Madrid tomorrow.
Paco does travel to Madrid tomorrow.

Using verbs in Spanish

▸ When two verbs are used together with no change of subject, the second verb is generally in the infinitive.

Deseo hablar con Maite.
I want to speak with Maite.

Necesito comprar lápices.
I need to buy pencils.

▸ To make a sentence negative, use **no** before the conjugated verb.

Yo **no** miro la televisión.
I don't watch television.

Ella **no** desea bailar.
She doesn't want to dance.

▸ Subject pronouns are often omitted because the verb endings indicate who the subject is.

¿Habl**as** español?
Do you speak Spanish?

No, no habl**o** español.
No, I don't speak Spanish.

▶ Subject pronouns are occasionally used for clarification.

¿Qué enseñan **ellos**?	**Él** enseña arte y **ella** enseña química.
What do they teach?	*He teaches art and she teaches chemistry.*

▶ Sometimes subject pronouns are used for emphasis.

¿Quién desea trabajar hoy?	**Yo** no deseo trabajar.
Who wants to work today?	*I don't want to work.*

Práctica y conversación

1 **¿Te gusta… ?** Get together with a classmate and take turns asking each other if you like these activities.

¿Te gusta… ?		Sí, me gusta/No, no me gusta
Do you like… ?	▶	*Yes, I like/No, I don't like*

MODELO

Estudiante 1: ¿Te gusta tomar el autobús?
Estudiante 2: Sí, me gusta tomar el autobús. /
No, no me gusta tomar el autobús.

	Sí	No		Sí	No
bailar	___ ___		estudiar	___ ___	
cantar	___ ___		mirar la televisión	___ ___	
dibujar	___ ___		trabajar	___ ___	

2 **Completar** Complete the conversation with a partner.

JUAN ¡Hola, Linda! ¿Qué tal las clases?

LINDA Bien. _____ [tomar] tres clases: química, biología y computación. Y tú, ¿cuántas clases _____ [tomar]?

JUAN _____ [tomar] cuatro: sociología, biología, arte y literatura. Yo _____ [tomar] biología a las cuatro. ¿Y tú?

LINDA Lily, Alberto y yo _____ [tomar] biología a las diez.

JUAN ¿_____ [estudiar] ustedes mucho?

LINDA Sí, Alberto y yo _____ [estudiar] dos horas todos los días (*every day*).

JUAN ¿Lily no _____ [estudiar] con ustedes?

LINDA No, ella _____ [estudiar] con Arturo.

3 **Describir** With a partner, describe what the people in the photos are doing.

MODELO
Manuela baila.

Manuela

Hector

Ernesto

1. _____   3. _____

Mariana y Tina

Mario y Celia

2. _____   4. _____

4 **Entrevista** Use these questions to interview a classmate.

1. ¿Qué clases tomas?
2. ¿A qué hora terminan las clases?
3. ¿Qué llevas a la clase de español?
4. ¿Cuántas lenguas hablas?
5. ¿Estudias en la biblioteca o en la residencia estudiantil?
6. ¿Necesitas estudiar hoy para un examen?
7. ¿Miras mucho la televisión?
8. ¿Te gusta viajar? ¿Viajas mucho?

2.2 Forming questions in Spanish

¿Dibujas mucho?

▶ You can form a question by raising the pitch of your voice at the end of a sentence. In writing, be sure to use an upside-down question mark (¿) at the beginning of a question and a regular question mark (?) at the end.

Statement	Question
Miguel busca un mapa.	¿Miguel busca un mapa?
Miguel is looking for a map.	*Is Miguel looking for a map?*

▶ You can also form a question by putting the subject after the verb. The subject may even be placed at the end of the sentence.

Statement	Question
SUBJECT VERB	VERB SUBJECT
Ustedes trabajan los sábados.	¿**Trabajan ustedes** los sábados?
You work on Saturdays.	*Do you work on Saturdays?*
SUBJECT VERB	VERB SUBJECT
Carlota regresa a las seis.	¿**Regresa** a las seis **Carlota**?
Carlota returns at six.	*Does Carlota return at six?*

▶ Questions can also be formed by adding ¿no? or ¿verdad? at the end of a statement.

Las computadoras son muy interesantes, ¿no?

Statement	Question
Ella regresa a las seis.	Ella regresa a las seis, ¿**verdad**?
She returns at six.	*She returns at six, right?*

▶ The following interrogative words are used to form questions in Spanish.

Interrogative words

¿Cómo?	*How?*	¿Qué?	*What?; Which?*	¿De dónde?	*From where?*	¿Cuántos/as?	*How many?*
¿Cuál?, ¿Cuáles?	*Which?; Which one(s)?*	¿Dónde?	*Where?*	¿Por qué?	*Why?*	¿Quién?, ¿Quiénes?	*Who?*
¿Cuándo?	*When?*	¿Adónde?	*Where (to)?*	¿Cuánto/a?	*How much?*		

¡ojo!

Interrogative words always carry a written accent mark.

• • •

The answer to the question **¿por qué?** is **porque**, which is written as one word without an accent.

¿por qué? *why?*
porque *because*

▶ Use interrogative words in questions that require more than a simple *yes* or *no* answer.

¿**Cuándo** descansan ustedes?	¿**Adónde** caminamos?	¿**Qué** clases tomas?
When do you rest?	*Where are we walking to?*	*What classes are you taking?*

▶ In questions that contain interrogative words, the pitch of your voice falls at the end of the sentence.

¿**Cómo** llegas a la escuela?	¿**Por qué** necesitas estudiar?
How do you get to school?	*Why do you need to study?*

Práctica y conversación

1 **En el centro estudiantil** Use the cues to ask questions about what's going on at the student center.

MODELO

Ernesto / estudiar con Sara

¿Estudia Ernesto con Sara? /

¿Estudia con Sara Ernesto?

1. Sandra / hablar con su compañera de cuarto

_____

_____

2. La profesora Soto / buscar una mesa

_____

_____

3. Jaime / preparar la tarea

_____

_____

4. Jorge y Leticia / trabajar en la cafetería

_____

_____

5. Los chicos / escuchar música por la radio

_____

_____

2 **Una conversación** Irene and Manolo are chatting (quietly!) in the library. Complete their conversation with the appropriate questions.

IRENE   _____

MANOLO   Bien, gracias. _____

IRENE   Muy bien. _____

MANOLO   Son las nueve.

IRENE   _____

MANOLO   Estudio historia.

IRENE   _____

MANOLO   Porque hay un examen mañana.

IRENE   _____

MANOLO   Sí, me gusta mucho la clase.

IRENE   _____

MANOLO   El profesor Padilla enseña la clase.

IRENE   _____

MANOLO   No, no tomo psicología este semestre.

3 **Encuesta** Change the phrases in the first column into questions and use them to survey two or three classmates. Then report the results of your survey to the class.

Actividades	Nombres
1. Estudiar contabilidad	_____
2. Tomar una clase de sociología	_____
3. Dibujar bien	_____
4. Cantar bien	_____
5. Bailar bien	_____
6. Escuchar jazz	_____
7. Necesitar comprar un reloj	_____
8. Tomar el autobús a la escuela	_____
9. Llevar una mochila a clase	_____
10. Desear viajar a España	_____

4 **Entrevista** Imagine that you are a reporter for the school newspaper. Use these questions and write three of your own to interview a classmate about student life.

1. ¿Dónde estudias? ¿Cuándo?
2. ¿Quién es tu profesor favorito?
3. ¿Cuántas clases tomas?
4. ¿Necesitas estudiar más (*more*)?
5. ¿Cómo llegas a la escuela?
6. ¿Trabajas? ¿Dónde?
7. ¿Qué programas miras en la televisión?
8. ¿_____?
9. ¿_____?
10. ¿_____?

2.3 The present tense of **estar**

Hola, Ricardo. Aquí estamos en la Mitad del Mundo.

▶ In Lesson 1, you learned how to conjugate and use the verb **ser** (*to be*). You will now learn a second verb which means *to be*, the verb **estar**.

▶ Although **estar** ends in **–ar**, it does not follow the pattern of regular **–ar** verbs. The **yo** form (**estoy**) is irregular. Also, all forms but the **yo** and **nosotros/as** forms have an accented **á**. As you will see, **ser** and **estar** are used in different ways.

estar (*to be*)		
yo	estoy	*I am*
tú	estás	*you (fam.) are*
Ud./él/ella	está	*you (form.) are; he/she is*
nosotros/as	estamos	*we are*
vosotros/as	estáis	*you (fam.) are*
Uds./ellos/ellas	están	*you (form.)/they are*

Hoy estoy con estudiantes de la universidad.

Uses of *ser* and *estar*

Uses of estar

LOCATION

Estoy en Ecuador.
I am in Ecuador.

Inés está al lado de Javier.
Inés is next to Javier.

HEALTH

Álex está enfermo hoy.
Álex is sick today.

WELL–BEING

¿Cómo estás, Maite?
How are you, Maite?

Estoy muy bien, gracias.
I'm very well, thank you.

Uses of ser

IDENTITY

Hola, soy Maite.
Hello, I'm Maite.

OCCUPATION

Soy estudiante.
I'm a student.

ORIGINS

¿Eres de España?
Are you from Spain?

Sí, soy de España.
Yes, I'm from Spain.

TIME-TELLING

Son las cuatro.
It's four o'clock.

¡A ver! La señorita que está cerca de la ventana...

Estar with prepositions of locations

Prepositions of location			
al lado de	*next to; beside*	delante de	*in front of*
a la derecha de	*to the right of*	detrás de	*behind*
a la izquierda de	*to the left of*	encima de	*on top of*
en	*in; on; at*	entre	*between; among*
cerca de	*near*	lejos de	*far from*
con	*with*	sobre	*on; over*
debajo de	*below; under*		

Aquí estoy con cuatro estudiantes de la universidad...

▶ **Estar** is often used with certain prepositions to describe the location of a person or an object.

La cafetería está **al lado de** la biblioteca.
The cafeteria is beside the library.

El estadio no está **lejos de** la librería.
The stadium isn't far from the bookstore.

Los libros están **encima del** escritorio.
The books are on top of the desk.

Estamos **entre** amigos.
We are among friends.

Práctica y conversación

1 **Completar** Complete this phone conversation between Daniela and her mother with the correct forms of **ser** or **estar**.

MAMÁ   Hola, Daniela. ¿Cómo ___*está*___?

DANIELA Hola, mamá. ___*muy*___bien. ¿Dónde ___*estás*___ papá? ¡Ya (*already*) _____ las ocho de la noche!

MAMÁ   No _____ aquí. _____ en la oficina.

DANIELA Y Andrés y Margarita, ¿dónde _____ ellos?

MAMÁ   _____ en el restaurante García con Martín.

DANIELA ¿Quién _____ Martín?

MAMÁ   _____ un compañero de clase. _____ de México.

DANIELA Y el restaurante García, ¿dónde _____?

MAMÁ   _____ cerca de la Plaza Mayor, en San Modesto.

DANIELA Gracias, mamá. Voy (*I'm going*) al restaurante. ¡Hasta pronto!

2 **¿Dónde está… ?** You are having trouble finding several things in the school bookstore. Look at the drawing and ask the clerk (your partner) where the items are located.

MODELO
Estudiante 1: ¿Dónde están las mochilas?
Estudiante 2: Las mochilas están debajo de las computadoras.

3 **¿Dónde estás… ?** Find out where your partner is at these times.

1. ¿Dónde estás los viernes al mediodía?
2. ¿Dónde estás los miércoles a las nueve y cuarto de la mañana?
3. ¿Dónde estás los lunes a las once y diez de la mañana?
4. ¿Dónde estás los jueves a las doce y media de la tarde?

4 **La Ciudad Universitaria** You and your partner are at the **Facultad de Bellas Artes** (*School of Fine Arts*). Take turns asking each other where other buildings on the campus map are located.

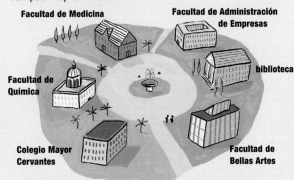

Facultad de Medicina
Facultad de Administración de Empresas
biblioteca
Facultad de Química
Colegio Mayor Cervantes
Facultad de Bellas Artes

1. ¿Está lejos la biblioteca de la Facultad (*school*) de Bellas Artes?
2. ¿Dónde está la Facultad de Medicina?
3. ¿Está la Facultad de Administración de Empresas a la derecha de la biblioteca?
4. ¿Dónde está el Colegio Mayor Cervantes?
5. ¿Está la Facultad de Administración de Empresas detrás del Colegio Mayor Cervantes?
6. ¿Dónde está la Facultad de Química?

2.4 Numbers 31–100

Numbers 31–100			
31 *treinta y uno*	36 *treinta y seis*	41 *cuarenta y uno*	80 *ochenta*
32 *treinta y dos*	37 *treinta y siete*	42 *cuarenta y dos*	90 *noventa*
33 *treinta y tres*	38 *treinta y ocho*	50 *cincuenta*	100 *cien, ciento*
34 *treinta y cuatro*	39 *treinta y nueve*	60 *sesenta*	
35 *treinta y cinco*	40 *cuarenta*	70 *setenta*	

¿En qué clase hay más chicas?

En la de sociología... casi un ochenta y cinco por ciento.

▶ The word **y** is used in most numbers from **31** through **99**.

Hay **ochenta y cinco** exámenes.
There are eighty-five exams.

Hay **cuarenta y dos** estudiantes.
There are forty-two students.

▶ With numbers that end in **uno** (31, 41, etc.), **uno** becomes **un** before a masculine noun and **una** before a feminine noun.

Hay **treinta y un** chicos.
There are thirty-one guys.

Hay **treinta y una** chicas.
There are thirty-one girls.

▶ **Cien** is used before nouns and in counting. The words **un**, **una**, and **uno** are never used before **cien** in Spanish. **Ciento** is used for numbers over one hundred.

¿Cuántos libros hay?
How many books are there?

Hay **cien** libros.
There are one hundred books.

¿Cuántas sillas hay?
How many chairs are there?

Hay **ciento diez** sillas.
There are one hundred ten chairs.

ESPAÑOL EN VIVO

CONTENIDO

37 Correo
42 Mi álbum de fotos
56 Salud
57 Dinero
59 Amor
61 Familia
62 Educación
69 Mi cocina
74 Música
82 Horóscopo

59 Cuestionario
¿Dónde buscas el amor?

62 Encuesta
Entrevistamos a 100 estudiantes de la universidad para preguntarles cuáles son los cursos más importantes para su futuro profesional.

74 Rock en Español

Conversamos con la cantante mexicana Paulina Rubio sobre su nuevo álbum.

Práctica y conversación

1 **Baloncesto** Provide these basketball scores in Spanish.

OHIO STATE	MICHIGAN
85	74

1. ochentacinco

DUKE	VIRGINIA
78	64

4. _____

FLORIDA	FLORIDA STATE
100	92

2. cien, noventados

KENTUCKY	TENNESSEE
63	57

5. _____

STANFORD	UCLA
58	49

3. _____

TEXAS	OKLAHOMA
91	86

6. _____

2 **Números de teléfono** You are a telephone operator in Spain. Give the appropriate phone numbers and addresses when callers ask for them.

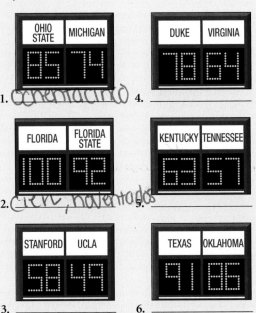

122 **MORALES – NAYA**

Morales Ballesteros, José	Venerable Centenares, 22	(91) 944-6662
Morales Benito, Francisco	Plaza Ahorro, 16	(91) 773-1216
Morales Borrego, Flora	Mayor, 51	(91) 634-3211
Morales Calvo, Emilio	Villafuerte, 49	(91) 472-2350
Morales Campos, María Josefa	Toledo, 35	(91) 419-7660
Morales Cid, Pedro	Rosal, 98	(91) 773-1382
Morales Conde, Ángel	Alameda, 67	(91) 944-3915
Morales de la Iglesia, Juliana	Buenavista, 80	(91) 834-5238
Morales Fraile, María Rosa	Plaza March, 74	(91) 834-3371

MODELO

Estudiante 1: ¿Cuál es el número de teléfono de José Morales Ballesteros, por favor?

Estudiante 2: Es el noventa y uno, noventa y cuatro, cuatro, sesenta y seis, sesenta y dos.

3 **Precios (prices)** With a partner, take turns asking how much the items in the ad cost.

MODELO

Estudiante 1: Deseo comprar papel. ¿Cuánto cuesta (how much does it cost)?

Estudiante 2: Un paquete cuesta (costs) cuatro dólares y cuarenta y un centavos.

$4,41 paquete
$5,59 caja
$36
$19,50
$4,98
$5,31 caja
$87

4 **Entrevista** Find out the telephone numbers and e-mail addresses of four classmates.

MODELO

Estudiante 1: ¿Cuál es tu (your) número de teléfono?

Estudiante 2: Es el 6-35-19-51.

Estudiante 1: ¿Y tu dirección de correo electrónico (e-mail address)?

Estudiante 2: Es jota-Smith-arroba (at)-pe-ele-punto-e-de-u (jsmith@pl.edu).

Ampliación

1 Escuchar

A Listen to Armando and Julia's conversation. Then list the classes each person is taking.

TIP Listen for cognates. Cognates are words that have similar spellings and meanings in two or more languages. Listening for cognates will help you increase your comprehension.

Armando

1. _____
2. _____
3. _____
4. _____
5. _____

Julia

1. _____
2. _____
3. _____
4. _____
5. _____

B ¿Cuántas clases toman Armando y Julia? ¿Cuántas clases tomas tú? ¿Qué clases te gustan y qué clases no te gustan?

2 Conversar
Greet a classmate, find out how he or she is, and get to know your classmate better by asking these questions.

- ¿Cómo te llamas?
- ¿De dónde eres?
- ¿Qué clases tomas?
- ¿Cuántas horas estudias cada día (each day) y dónde?
- ¿Cuál es tu número de teléfono?

3 **Escribir** Write a description of yourself to post on a website in order to meet Spanish-speaking people.

TIP **Brainstorm.** Spend ten to fifteen minutes writing down ideas about the topic you are going to write about. The more ideas you write down, the more you'll have to choose from later when you start to organize your thoughts.

¡Hola!
Me llamo Alicia
Roberts. Estudio
matemáticas en la
Universidad de
Nueva York.

Organízalo Make a list of things you would like people to know about you, including your name, your major, where you go to school, what you're studying, where you work, and your likes and dislikes.

Escríbelo Using the material you have compiled, write the first draft of your description.

Corrígelo Exchange papers with a classmate and comment on the organization, style, and grammatical correctness of each other's work. Then revise your first draft, keeping your classmate's comments in mind.

Compártelo Read your descriptions aloud in small groups. Point out the three best features of each description.

4 **Un paso más** Create a poster that will encourage students to study in a university in a Spanish-speaking country. The poster might include these elements:

• A simple title
• Photos of university locations
• A campus map
• A short summary of the university's programs
• Photos of the town where the university is located.

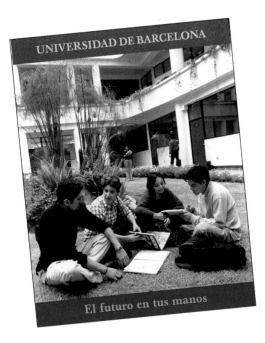

UNIVERSIDAD DE BARCELONA

El futuro en tus manos

En Internet

Investiga estos temas en el sitio vistahigherlearning.com.

• Las universidades en España
• Las universidades en América Latina y en el Caribe

Antes de leer

Examina el texto

Recognizing the format of a document can help you to predict its content. For instance, invitations and classified ads follow an easily identifiable format, which usually gives you a general idea of the information they contain. Glance at the document on this page and identify it based on its format.

Cognados

With a classmate, make a list of cognates in the text and guess their English meanings. What do the cognates reveal about the content of the document?

Piénsalo

If you guessed that this text is a brochure from a university, you are correct. You can now infer that the document contains information on courses, departments, and the university campus.

UAM

LA MEJOR UNIVERSIDAD DE EUROPA
Universidad Autónoma de Madrid

En el campus de la UAM hay ocho facultades:

- Ciencias
- Derecho
- Medicina
- Psicología
- Filosofía y Letras
- Ciencias Económicas y Empresariales
- Escuela Técnica Superior de Computación
- Facultad de Educación

Toma cursos de:

- Antropología aplicada
- Microbiología
- Contabilidad
- Derecho Privado
- Ecología
- Economía general
- Filosofía antigua
- Física general
- Geografía
- Historia contemporáne
- Computación
- Literatura
- Matemáticas
- Psicología social
- Química
- Sociología

Después de leer

¿Comprendiste?

Indicate whether each statement is **cierto** (*true*) or **falso** (*false*).

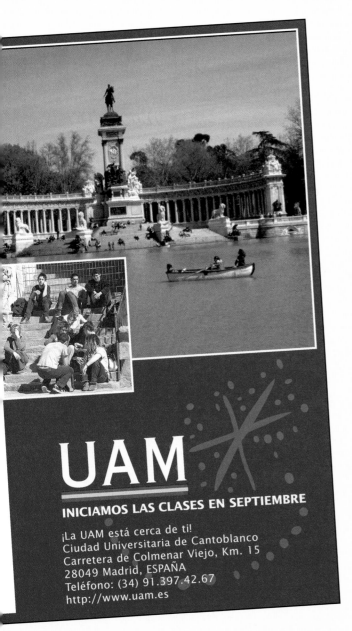

INICIAMOS LAS CLASES EN SEPTIEMBRE

¡La UAM está cerca de ti!
Ciudad Universitaria de Cantoblanco
Carretera de Colmenar Viejo, Km. 15
28049 Madrid, ESPAÑA
Teléfono: (34) 91.397.42.67
http://www.uam.es

Cierto	Falso	
_____	_____	1. La Universidad Autónoma de Madrid está en Europa.
_____	_____	2. En la UAM hay diez facultades.
_____	_____	3. Filosofía y Letras es un curso.
_____	_____	4. Es posible estudiar microbiología en la UAM.
_____	_____	5. Hay cursos de literatura china en la UAM.
_____	_____	6. Hay una facultad de psicología en la UAM.
_____	_____	7. En la UAM, las clases se inician en septiembre.
_____	_____	8. La UAM está en la carretera de Cantoblanco.

Preguntas

1. ¿Hay clases de contabilidad en la UAM?
   _____

2. ¿Es posible estudiar medicina en la UAM?
   _____

3. ¿En qué facultad hay clases de economía general?
   _____

4. ¿En qué facultad hay clases de microbiología?
   _____

5. ¿En qué facultad hay clases de literatura?
   _____

Coméntalo

Look at the ad and answer the following questions.
Does your university offer the same courses?
Are you taking any of those courses?
Would you be interested in studying
at the UAM? Why or why not?

mejor *best*   derecho *law*   carretera *highway*

La clase y la universidad

el borrador	eraser
la clase	class
el/la compañero/a de clase	classmate
el/la compañero/a de cuarto	roommate
el escritorio	desk
el/la estudiante	student
el libro	book
el mapa	map
la mesa	table
el papel	paper
la pizarra	blackboard
la pluma	pen
el/la profesor(a)	teacher; professor
la puerta	door
el reloj	clock; watch
la silla	chair
la tiza	chalk
la ventana	window
la biblioteca	library
la cafetería	cafeteria
el estadio	stadium
el laboratorio	laboratory
la librería	bookstore
la residencia estudiantil	dormitory
la universidad	university
el curso	course
el examen	test; exam
el horario	schedule
la prueba	test; quiz
el semestre	semester
la tarea	homework
el trimestre	trimester; quarter

Verbos

bailar	to dance
buscar	to look for
caminar	to walk
cantar	to sing
comprar	to buy
contestar	to answer
conversar	to talk; to chat
descansar	to rest
desear	to want; to wish
dibujar	to draw
enseñar	to teach
escuchar	to listen
esperar	to wait (for); to hope
estar	to be
estudiar	to study
explicar	to explain
hablar	to talk; to speak
llegar	to arrive
llevar	to carry
mirar	to look (at); to watch
necesitar	to need
practicar	to practice
preguntar	to ask (a question)
preparar	to prepare
regresar	to return
terminar	to end; to finish
tomar	to take; to drink
trabajar	to work
viajar	to travel

Otras palabras

porque	because

Los cursos

la administración de empresas	business administration
el arte	art
la biología	biology
la computación	computer science
la contabilidad	accounting
el español	Spanish
la física	physics
la geografía	geography
la historia	history
el inglés	English
las lenguas extranjeras	foreign languages
las matemáticas	mathematics
el periodismo	journalism
la psicología	psychology
la química	chemistry
la sociología	sociology

Los días de la semana	See page 25.
Expresiones útiles	See page 29.
Interrogative words	See page 34.
Prepositions of location	See page 36.
Numbers 31–100	See page 38.

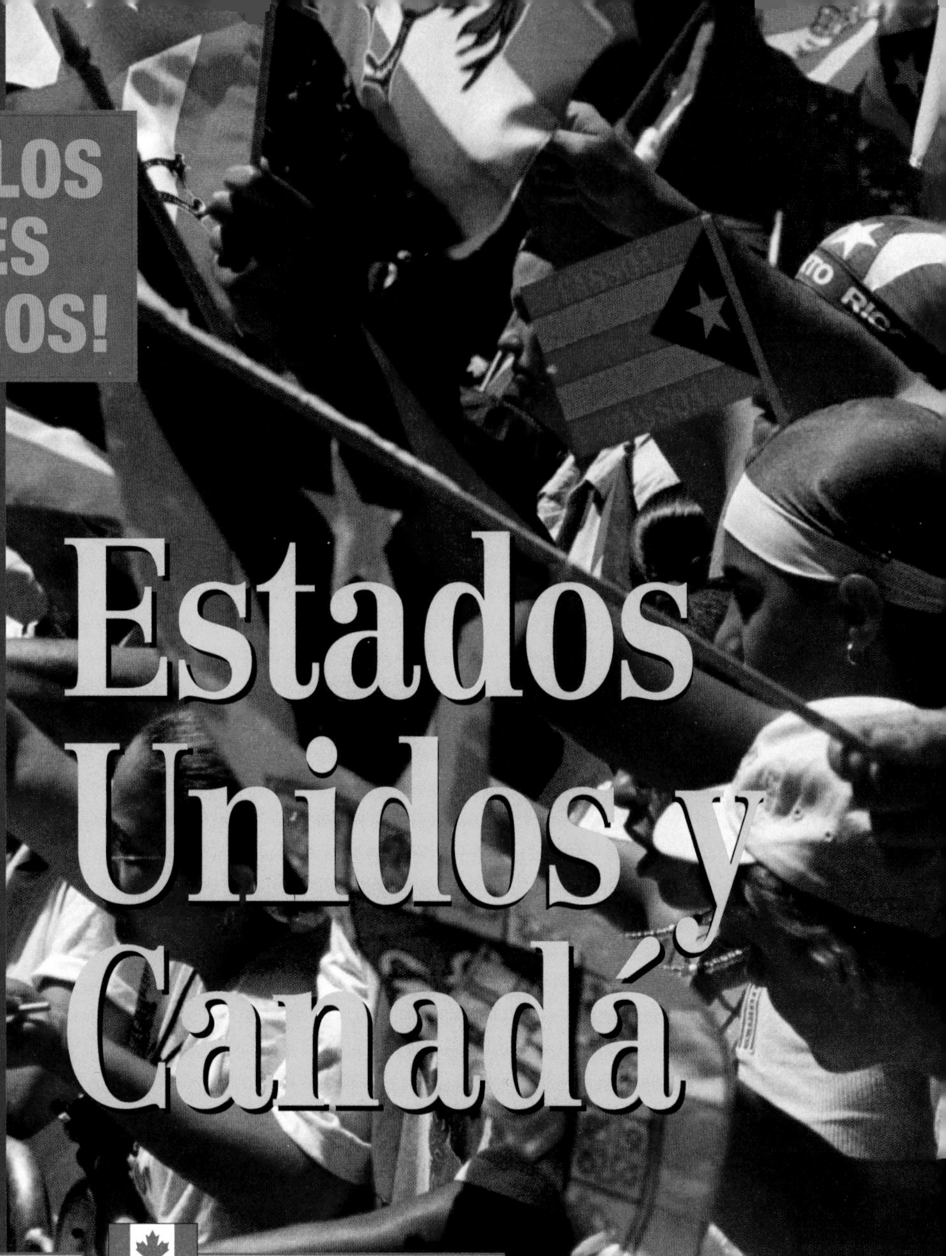

¡VIVAN LOS PAÍSES HISPANOS!

Todos los años (*every year*), en el mes de junio, Nueva York organiza un gran desfile (*great parade*) en honor a los puertorriqueños.

Estados Unidos y Canadá

Estados Unidos

Población de origen hispano: 39.000.000

País de origen de hispanos en EE.UU.:

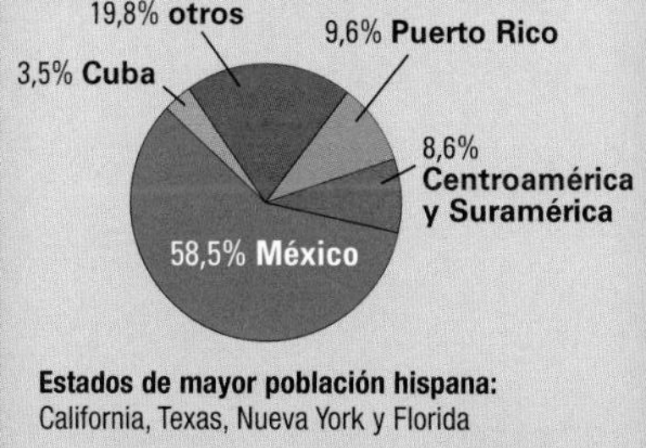

19,8% otros
9,6% Puerto Rico
3,5% Cuba
8,6% Centroamérica y Suramérica
58,5% México

Estados de mayor población hispana: California, Texas, Nueva York y Florida

SOURCE: U.S. Census Bureau

Canadá

Población de origen hispano: 300.000

País de origen de hispanos en Canadá:

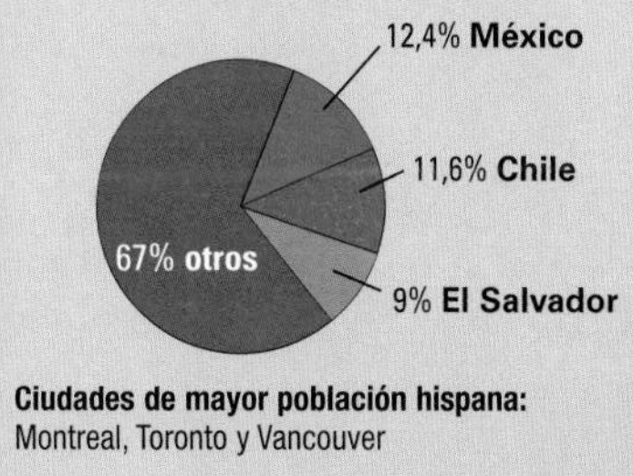

12,4% México
11,6% Chile
67% otros
9% El Salvador

Ciudades de mayor población hispana: Montreal, Toronto y Vancouver

SOURCE: Statistics Canada

Lugares

La Pequeña Habana

La Pequeña Habana (*Little Havana*) es un barrio (*neighborhood*) de Miami, Florida, donde viven (*live*) muchos cubanoamericanos. Es un lugar donde se encuentran (*are found*) las costumbres (*customs*) de la cultura cubana, los aromas y sabores (*flavors*) de su comida y la música salsa. La Pequeña Habana es una parte de Cuba en los Estados Unidos.

Personalidades

Latinos famosos

Los estadounidenses de origen hispanoamericano contribuyen (*contribute*) en todos los niveles (*at all levels*) a la cultura y a la economía de los Estados Unidos.

CANADÁ

Vancouver

Calgary

San Francisco

EE.UU.

Las Vegas

Los Ángeles

San Diego

Rosie Pérez, actriz,
de origen puertorriqueño

Martin Sheen, actor,
de origen salvadoreño

Geraldo Rivera, periodista,
de origen puertorriqueño

Ellen Ochoa, astronauta,
de origen mexicano

Ottawa ⭐

Toronto

Chicago

Ciudad de
Nueva York

Washington, D.C.

Océano
Atlántico

Miami

Golfo
de México

Mar Caribe

recursos

| WB | VM | I CD-ROM | vistahigher |
| pp. 19–20 | pp. 199–200 | Lección 2 | learning.com |

Comida

La comida mexicana

En casi todas las ciudades (*almost all cities*) de los Estados Unidos
hay restaurantes mexicanos. Hoy día, los tacos y las quesadillas
son tan populares como (*are as popular as*) las hamburguesas y las
papas fritas (*french fries*).

Sociedad

La influencia hispánica en Canadá

En 1998 (mil novecientos noventa y ocho) se establecieron
(*were established*) los *Latin American Achievement Awards Canada*,
para reconocer (*to recognize*) los logros (*achievements*) de la
comunidad en varios campos (*fields*).

Dos figuras canadienses importantes de origen argentino son: el
novelista Alberto Manguel y el Embajador (*Ambassador*) de Canadá
en las Naciones Unidas (*United Nations*), Sergio Marchi.

Algunos de los grupos musicales que son parte de la cultura
hispana en Canadá son: Dominicanada, Bomba, Norteño y
Rasca.

dominicanada

¿Qué aprendiste?

1 **¿Cierto o falso?** Indicate whether the following statements are true or false, based on what you have learned about Latinos in the USA.

Cierto	Falso	
———	———	**1.** Los mexicanos son el grupo hispano más grande (*biggest*) de los EE.UU.
———	———	**2.** En Florida no hay muchas personas de origen hispano.
———	———	**3.** En Texas hay muchos latinos.
———	———	**4.** La Pequeña Habana está en la isla de Cuba.
———	———	**5.** Martin Sheen es un policía en Los Ángeles.
———	———	**6.** Geraldo Rivera es de origen hispano.
———	———	**7.** Muchos puertorriqueños viven (*live*) en Nueva York.
———	———	**8.** A los estadounidenses, no les gustan los tacos.
———	———	**9.** Los chilenos son el grupo hispano más grande de Canadá.
———	———	**10.** Dominicanada es un grupo musical de Canadá.

2 **Preguntas** Answer the following questions.

1. ¿Hay muchos hispanos en tu (*your*) comunidad? ¿De dónde son?

2. ¿Quién es Ellen Ochoa?

3. ¿En qué estados de los Estados Unidos hay más habitantes hispanos?

4. ¿Te gustan los restaurantes mexicanos? ¿Por qué?

5. ¿En qué ciudades de Canadá hay muchos latinos?

6. ¿Cuál es la población de origen hispano en Canadá?

En Internet

Busca más información sobre estos temas en el sitio vistahigherlearning.com. Presenta la información a tus compañeros/as de clase.

- El Día de los puertorriqueños
- La Pequeña Habana
- Rosie Pérez
- *Latin American Achievement Awards Canada*

3 La familia

Communicative Goals

You will learn how to:
- talk about your family
- describe people
- express ownership

PREPARACIÓN

pages 50–53
- Words related to family and professions
- Diphthongs and linking

ESCENAS

pages 54–57
- On their way to Otavalo, Maite, Inés, Álex, and Javier talk about their families. Don Francisco observes the growing friendship between the four students.

GRAMÁTICA

pages 58–67
- Descriptive adjectives
- Possessive adjectives
- Present tense of regular **–er** and **–ir** verbs
- Present tense of **tener** and **venir**

LECTURA

pages 68–69
- Magazine article: *Familias de todo tipo*

Para empezar

- ¿Cuántas personas hay en la fotografía? ¿Tres o cuatro?
- ¿Son ellos compañeros de clase o son una familia?
- ¿Está el hombre lejos de la mujer o al lado de ella?
- ¿Ellos conversan, descansan o bailan?

La familia

LA FAMILIA

el/la **esposo/a** *husband/wife*

el/la **hermanastro/a** *stepbrother/stepsister*

el/la **hermano/a** *brother/sister*

el/la **hijastro/a** *stepson/stepdaughter*

la **madrastra** *stepmother*

el/la **medio/a hermano/a** *half-brother/ half-sister*

el **padrastro** *stepfather*

los **padres** *parents*

el abuelo
grandfather

la abuela
grandmother

el padre
father

la madre
mother

los hijos
sons; children

la hija
daughter

LA FAMILIA EXTENDIDA

el/la **cuñado/a** *brother-in-law/sister-in-law*

el/la **nieto/a** *grandson/granddaughter*

la **nuera** *daughter-in-law*

los **parientes** *relatives*

el/la **primo/a** *cousin*

el/la **sobrino/a** *nephew/niece*

el/la **suegro/a** *father-in-law/mother-in-law*

el/la **tío/a** *uncle/aunt*

el **yerno** *son-in-law*

---

recursos

| WB pp. 21–22 | LM p. 13 | Lab CD/MP3 Lección 3 | I CD-ROM Lección 3 | Vocab CD Lección 3 |

el artista
artist

LAS PROFESIONES

el/la ingeniero/a *engineer*
el/la periodista *journalist*
el/la programador(a) *computer programmer*

la médica
doctor

OTRAS PALABRAS

el/la amigo/a *friend*
la gente *people*
el/la muchacho/a *boy/girl*
la persona *person*
mi *my (sing.)*
mis *my (pl.)*

el niño
boy; child

la niña
girl

el novio
boyfriend

la novia
girlfriend

Práctica y conversación

1 Escuchar 🎧 Find Luisa Moya Sánchez on the family tree. Then listen to her statements and indicate whether they are **cierto** (*true*) or **falso** (*false*), based on her family tree.

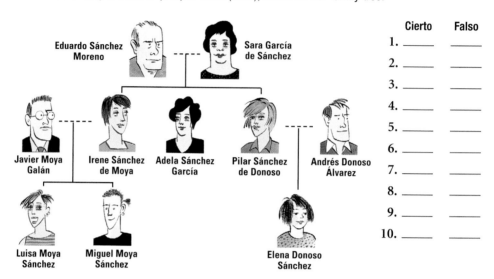

Eduardo Sánchez Moreno

Sara García de Sánchez

Javier Moya Galán

Irene Sánchez de Moya

Adela Sánchez García

Pilar Sánchez de Donoso

Andrés Donoso Álvarez

Luisa Moya Sánchez

Miguel Moya Sánchez

Elena Donoso Sánchez

	Cierto	Falso
1.	_____	_____
2.	_____	_____
3.	_____	_____
4.	_____	_____
5.	_____	_____
6.	_____	_____
7.	_____	_____
8.	_____	_____
9.	_____	_____
10.	_____	_____

2 Completar Complete these sentences with the correct words.

1. Mi madre y mi padre son mis _____.

2. El padre de mi madre es mi _____.

3. Yo soy el _____ del hijo de mi hermana.

4. La esposa de mi hijo es mi _____.

5. Yo soy el _____ de los padres de mi esposa.

6. La hija de mi hermana es mi _____.

7. Mi hijo es el _____ de mi padre.

8. El esposo de mi hermana es mi _____.

3 Profesiones Complete the description of each photo.

1. Juanita Fuertes es
_____.

2. Héctor Ibarra es
_____.

3. Alberto Díaz es
_____.

4. Elena Vargas es
_____.

5. Carlota López es
_____.

6. Irene González es
_____.

4 **¿Y tú?** With a classmate, take turns asking each other the following questions.

1. ¿Cuántas personas hay en tu familia?
2. ¿Cómo se llaman tus padres? ¿De dónde son?
3. ¿Cuántos hermanos tienes? ¿Cómo se llaman?
4. ¿Cuántos primos tienes? ¿Cuántos son niños y cuántos son adultos?
5. ¿Eres tío/a? ¿Cómo se llaman tus sobrinos/as? ¿Dónde estudian o trabajan?
6. ¿Tienes novio/a? ¿Tienes esposo/a? ¿Cómo se llama?

tengo *I have*	**tu** *your (fam., sing.)*
tienes *you (fam.) have*	**tus** *your (fam., pl.)*

Pronunciación Diphthongs and linking

hermano   **niña**   **cuñado**

In Spanish, **a**, **e**, and **o** are considered strong vowels. The weak vowels are **i** and **u**.

ruido   **parientes**   **periodista**

A diphthong is a combination of two weak vowels or of a strong vowel and a weak vowel. Diphthongs are pronounced as a single syllable.

la abuela   **mi hijo**   **una clase excelente**

Two identical vowel sounds that appear together are pronounced like one long vowel.

con Natalia   **sus sobrinos**   **las sillas**

Two identical consonants together sound like a single consonant.

es ingeniera   **mis abuelos**   **sus hijos**

A consonant at the end of a word is linked with the vowel at the beginning of the next word.

mi hermano   **su esposa**   **nuestro amigo**

A vowel at the end of a word is linked with the vowel at the beginning of the next word.

Refranes Read these sayings aloud to practice diphthongs and linking sounds.

Cuando una puerta se cierra, otra se abre.[1]

Hablando del rey de Roma, por la puerta se asoma.[2]

1 When one door closes, another opens.
2 Speak of the devil and he will appear.

recursos

Text CD
Lección 3

LM
p. 14

Lab CD/MP3
Lección 3

I CD-ROM
Lección 3

¿Es grande tu familia?

Los viajeros hablan de sus familias en el autobús.

MAITE Inés, ¿tienes una familia grande?

INÉS Pues, sí… mis papás, mis abuelos, cuatro hermanas y muchos tíos y primos.

Personajes

DON FRANCISCO

INÉS Sólo tengo un hermano mayor, Pablo. Su esposa, Francesca, es médica. No es ecuatoriana, es italiana. Sus papás viven en Roma, creo. Vienen de visita cada año. Ah… y Pablo es periodista.

MAITE ¡Qué interesante!

JAVIER

INÉS ¿Y tú, Javier? ¿Tienes hermanos?

JAVIER No, pero aquí tengo unas fotos de mi familia.

INÉS ¡Ah! ¡Qué bien! ¡A ver!

INÉS

JAVIER ¡Aquí están!

INÉS ¡Qué alto es tu papá! Y tu mamá, ¡qué bonita!

ÁLEX

JAVIER Mira, aquí estoy yo. Y éste es mi abuelo. Es el padre de mi mamá.

INÉS ¿Cuántos años tiene tu abuelo?

JAVIER Noventa y dos.

MAITE

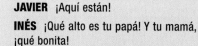

recursos

VM
pp. 173–174

I CD-ROM
Lección 3

Es V CD-ROM
Lección 3

INÉS ¿Y cómo es él?

JAVIER Es muy simpático. Él es viejo, pero es un hombre muy trabajador.

MAITE Oye, Javier, ¿qué dibujas?

JAVIER ¿Eh? ¿Quién? ¿Yo? ¡Nada!

MAITE ¡Venga! ¡No seas tonto!

MAITE Jaaavieeer… Oye, pero ¡qué bien dibujas!

JAVIER Este… pues… ¡Sí! ¡Gracias!

MAITE Álex, mira, ¿te gusta?

ÁLEX Sí, mucho. ¡Es muy bonito!

DON FRANCISCO Epa, ¿qué pasa con Inés y Javier?

Expresiones útiles

Talking about your family

¿Tienes una familia grande?
Do you have a large family?

Sí… mis papás, mis abuelos, cuatro hermanas y muchos tíos.
Yes, my parents, my grandparents, four sisters, and many (aunts and) uncles.

Sólo tengo un hermano mayor/menor.
I only have one older/younger brother.

¿Tienes hermanos?
Do you have siblings?

No, soy hijo único.
No, I'm an only (male) child.

Su esposa, Francesca, es médica.
His wife, Francesca, is a doctor.

No es ecuatoriana, es italiana.
She's not Ecuadorian; she's Italian.

Pablo es periodista.
Pablo is a journalist.

Es el padre de mi mamá.
He is my mother's father.

Describing people

¡Qué alto es tu papá!
Your father is so tall!

Y tu mamá, ¡qué bonita!
And your mother, how pretty!

¿Cómo es tu abuelo?
What is your grandfather like?

Es simpático.
He's nice.

Es viejo.
He's old.

Es un hombre muy trabajador.
He's a very hard-working man.

Saying how old people are

¿Cuántos años tienes?
How old are you?

¿Cuántos años tiene tu abuelo?
How old is your grandfather?

Noventa y dos.
Ninety-two.

¿Qué piensas?

1 **¿Cierto o falso?** Indicate whether each sentence is **cierto** or **falso**. Correct the false statements.

Cierto   Falso

_____   _____   **1.** Inés tiene una familia grande.

_____

_____   _____   **2.** Pablo, el hermano de Inés, es médico.

_____

_____   _____   **3.** La cuñada de Inés es italiana.

_____

_____   _____   **4.** Javier no tiene hermanos.

_____

_____   _____   **5.** El abuelo de Javier es muy perezoso (*lazy*).

_____

_____   _____   **6.** Javier habla del padre de su (*his*) padre.

_____

2 **Adivinar** Read these sentences and guess which video character is being described. Each name is used twice.

JAVIER   **INÉS**   **MAITE**

1. Tiene cuatro hermanas y muchos tíos y primos. _____

2. Su abuelo tiene noventa y dos años, pero es muy trabajador. _____

3. Ella dice que (*says that*) Javier dibuja muy bien. _____

4. Ella tiene muchas preguntas para (*for*) sus amigos. _____

5. Su mamá es muy bonita. _____

6. Su cuñada es médica. _____

3 **Sus familias** With a partner, use these questions to talk about your families.

• ¿Es grande o pequeña (*small*) tu (*your*) familia? ¿Cuántas personas hay en tu familia?

• ¿Tienes muchos tíos y primos? ¿Dónde viven?

• ¿Tienes un(a) tío/a o un(a) primo/a favorito/a? ¿Cómo es?

Exploración

La familia en el mundo hispano

En los países hispanos las personas usan doble apellido (*double last name*): uno del padre y el otro (*other*) de la madre. En la foto está Juan Antonio Moreno López con su esposa, María Eugenia Rojas de Moreno, y sus hijos Emilio Moreno Rojas y Ana Moreno Rojas.

En muchas familias hispanas, los abuelos y los tíos viven (*live*) en la misma casa (*same house*). En la foto, aparecen Osvaldo Marín Donoso y su (*his*) esposa Mónica, con sus (*their*) dos hijas, su yerno y sus cuatro nietos.

Muchos estudiantes universitarios viven (*live*) con sus padres durante sus estudios (*during their studies*). Eduardo Mansur Amaya, en la foto, asiste (*attends*) a la Universidad de Caracas y vive en casa con sus padres Antonio y María.

Estadísticas de la familia

Tamaño medio (*average size*) de la familia	
Colombia	5.2
México	5.0
Argentina	3.7
Uruguay	3.3
España	2.9
Estados Unidos	2.6
SOURCE: UN Secretariat	

Coméntalo

With a classmate, discuss these questions.

- ¿Te gustaría vivir (*would you like to live*) con tu familia extendida? ¿Por qué sí o por qué no? (Sí, me gustaría… / No, no me gustaría…)
- ¿Te gustaría vivir con tus padres hasta (*until*) tu graduación de la universidad? ¿Por qué sí o por qué no?

3.1 Descriptive adjectives

▸ Descriptive adjectives describe nouns. In Spanish, most adjectives agree in gender and number with the nouns or pronouns they describe.

▸ Adjectives that end in **–o** and **–or** have four forms.

Masculine	Feminine		Masculine	Feminine
el chico alto	la chica alta		el hombre trabajador	la mujer trabajadora
los chicos altos	las chicas altas		los hombres trabajadores	las mujeres trabajadoras

> **¡ojo!**
>
> Adjectives that refer to nouns of different genders use the masculine plural form.
>
> Paco es alt**o**.
> Ana es alt**a**.
> → Paco y Ana son alt**os**.

▸ Adjectives that end in **–e** or a consonant have the same masculine and feminine forms.

Masculine	Feminine		Masculine	Feminine
el chico inteligente	la chica inteligente		el chico joven	la chica joven
los chicos inteligentes	las chicas inteligentes		los chicos jóvenes	las chicas jóvenes

Common adjectives

alto/a	tall	fácil	easy	interesante	interesting	pelirrojo/a	red-haired
antipático/a	unpleasant	feo/a	ugly	joven	young	pequeño/a	small
bajo/a	short	gordo/a	fat	malo/a	bad	rubio/a	blond
bonito/a	pretty	grande	large; great	mismo/a	same	simpático/a	nice; likeable
bueno/a	good	guapo/a	handsome	moreno/a	dark-haired	tonto/a	silly; foolish
delgado/a	thin; slender	importante	important	mucho/a	much; many; a lot of	trabajador(a)	hard-working
difícil	hard; difficult	inteligente	intelligent			viejo/a	old

▸ Adjectives of nationality are formed like other descriptive adjectives. Note that adjectives of nationality that end in a consonant add **–a** to form the feminine.

Masculine	Feminine		Masculine	Feminine
Toño es mexicano.	Gloria es mexicana.		Héctor es español.	Sara es española.
Ellos son mexicanos.	Ellas son mexicanas.		Ellos son españoles.	Ellas son españolas.

Some adjectives of nationality

alemán, alemana	German	estadounidense	from the United States	inglés, inglesa	English
canadiense	Canadian			mexicano/a	Mexican
ecuatoriano/a	Ecuadorian	francés, francesa	French	norteamericano/a	(North) American
español(a)	Spanish	japonés, japonesa	Japanese	puertorriqueño/a	Puerto Rican

▸ Adjectives generally follow the nouns they modify.

La muchacha **rubia** es de España.
The blond girl is from Spain.

¿Cómo se llama la mujer **ecuatoriana**?
What is the Ecuadorian woman's name?

▸ Adjectives of quantity are placed before the modified noun.

Hay **muchos** estudiantes.
There are many students.

Hablo con **dos** turistas.
I am talking with two tourists.

▶ **Bueno/a** and **malo/a** can be placed before or after a noun. Before a masculine singular noun, the forms are shortened: **bueno → buen; malo → mal.**

José es un **buen** amigo.
José es un amigo **bueno**.
José is a great friend.

Hoy es un **mal** día.
Hoy es un día **malo**.
Today is a bad day.

▶ When **grande** appears before a singular noun, it is shortened to **gran**. **Grande** also changes its definition depending on its position: **gran** = *great*, but **grande** = *big, large*.

Mandela es un **gran** hombre.
Mandela is a great man.

La familia de Inés es **grande**.
Inés's family is large.

Práctica y conversación

1 Emparejar Read the descriptions and match them with the photos.

1. __ Mateo es moreno.
2. __ Henri es francés.
3. __ Luisa es rubia.
4. __ Andrés hace el (*acts*) tonto.
5. __ Tanya es vieja.
6. __ Raquel es pelirroja.

A

B

C

D

E

F

2 Completar Look at the photo of Amanda's family and imagine their personalities. Complete the sentences with appropriate adjectives.

1. Mi familia es _____.
2. Mis abuelos son _____.
3. Mi padre se llama Julio. Él es _____.
4. Mi madre es _____.
5. Mi hermana Rosa es _____.
6. Y mi hermano es muy _____.

3 Describir With a partner, take turns describing each photo. Tell your partner whether you agree (**Estoy de acuerdo**) or disagree (**No estoy de acuerdo**) with the descriptions.

MODELO
Estudiante 1: Los Ángeles es muy bonita.
Estudiante 2: No estoy de acuerdo. Es muy fea.

Los Ángeles

Celia Cruz

La torre (*tower*) Sears

Salma Hayek

Enrique Iglesias

Santa Fe, Nuevo México

Nelly Furtado

4 Anuncio personal Write a personal ad that describes your ideal mate. Compare your ad with a classmate's.

> **SOY ALTA**, morena y bonita. Estudio arte en la universidad. Busco un chico similar. Mi novio ideal es alto, moreno, inteligente y muy simpático.

3.2 Possessive adjectives

¡Qué alto es tu papá! Y tu mamá, ¡qué bonita!

Éste es mi abuelo. Es el padre de mi mamá.

▶ Possessive adjectives express ownership.

Forms of possessive adjectives

Singular forms	Plural forms	
mi	mis	my
tu	tus	your (fam.)
su	sus	his, her, its, your (form.)
nuestro/a	nuestros/as	our
vuestro/a	vuestros/as	your (fam.)
su	sus	their, its, your (form.)

▶ Spanish possessive adjectives agree in number with the nouns they modify. **Nuestro** and **vuestro** agree in gender and number.

mi primo	mis primos		mi tía	mis tías
nuestro tío	nuestros tíos		nuestra tía	nuestras tías

▶ Possessive adjectives are placed before the nouns they modify.

▶ **Su** and **sus** have multiple meanings (*your, his, her, their, its*). To avoid confusion, use this construction: [article] + [noun] + **de** + [subject pronoun].

sus parientes	los parientes de él/ella	*his/her relatives*
	los parientes de usted/ustedes	*your relatives*
	los parientes de ellos/ellas	*their relatives*

ESPAÑOL EN VIVO

Gran chisme:
¡Mi niño tiene bigote!

¡La leche es nuestra bebida favorita! A mi hijo le gusta por su excelente sabor. Su vaso de leche diario contiene vitaminas y minerales esenciales para su crecimiento. Y yo la tomo para que mis huesos sean más fuertes contra la osteoporosis.

¿Bebes leche?

Práctica y conversación

1 Completar Marta just took a photo of her family. Complete her description of the photo.

Ésta es una foto de _____ familia. Aquí están _____ abuelos. Son los padres de _____ papá. _____ casa (*home*) está en Miami.

Este hombre es _____ papá. Se llama David y es médico. _____ mamá se llama Rebeca; es periodista. _____ tía Silvia es la hermana de _____.
Y aquí está _____ hermano Ramón. La esposa de _____ se llama Sonia. _____ hijos Javier y Sara son _____ sobrinos. Son muy simpáticos.

2 ¿Dónde está? You can't remember where you put some of your belongings. Your partner will look at the pictures and remind you.

MODELO
Estudiante 1: ¿Dónde está mi pluma?
Estudiante 2: Tu pluma está al lado de la computadora.

1.

4.

2.

5.

3.

6.

3 Describir With a partner, describe these people and places.

MODELO
La biblioteca de tu universidad
La *biblioteca de mi universidad es muy grande.*
Hay muchos libros en la biblioteca.

1. Tus padres
2. Tus abuelos
3. Tu mejor (*best*) amigo/a
4. Tu novio/a ideal
5. Tu universidad
6. La librería
7. Tu profesor
8. Tu clase de español

4 Tres fotos Choose one of the three family photos and describe the family as if it were your own. Your partner will guess which photo you are describing. Then switch roles.

Familia 1

Familia 2

Familia 3

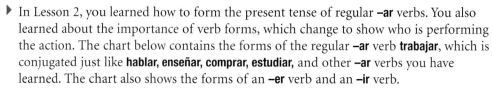

3.3 Present tense of regular –er and –ir verbs

Inés y Javier comen.

▸ In Lesson 2, you learned how to form the present tense of regular **–ar** verbs. You also learned about the importance of verb forms, which change to show who is performing the action. The chart below contains the forms of the regular **–ar** verb **trabajar**, which is conjugated just like **hablar, enseñar, comprar, estudiar,** and other **–ar** verbs you have learned. The chart also shows the forms of an **–er** verb and an **–ir** verb.

Maite escribe.

▸ **–Ar, –er,** and **–ir** verbs have very similar endings. Study the following chart to detect the patterns that make it easier for you to learn the forms of these verbs and to use them to communicate in Spanish.

	trabajar	**comer**	**escribir**
	to work	*to eat*	*to write*
yo	trabajo	como	escribo
tú	trabajas	comes	escribes
Ud./él/ella	trabaja	come	escribe
nosotros/as	trabajamos	comemos	escribimos
vosotros/as	trabajáis	coméis	escribís
Uds./ellos/ellas	trabajan	comen	escriben

Present tense of –*ar*, –*er*, and –*ir* verbs

Eugenio y Lilia **corren** *en el parque.*

▸ The **yo** forms of all three types of verbs end in **–o.**

trabajo	como	escribo

▸ The endings for **–ar** verbs begin with **–a,** except for the **yo** form.

hablo	habla	habláis
hablas	hablamos	hablan

▸ The endings for **–er** verbs begin with **–e,** except for the **yo** form.

como	come	coméis
comes	comemos	comen

Ramón **escribe** *una carta.*

▸ **–Er** and **–ir** verbs have the exact same endings, except in the **nosotros/as** and **vosotros/as** forms.

nosotros	comemos escribimos	vosotros	coméis escribís

Common –er and –ir verbs

–er verbs

aprender	to learn	correr	to run
beber	to drink	creer (en)	to believe (in)
comer	to eat	deber (+ inf.)	should, ought to; must
comprender	to understand	leer	to read

–ir verbs

abrir	to open	describir	to describe
asistir (a)	to attend	escribir	to write
compartir	to share	recibir	to receive
decidir	to decide	vivir	to live

Práctica y conversación

1 Emparejar Susana is describing her family. Complete each sentence with the correct verb form.

1. Mi familia y yo _____ [vivir] en Montevideo, Uruguay.
2. Mi hermano Alfredo es muy inteligente. Él _____ [asistir] a clases de lunes a viernes.
3. Los martes Alfredo y yo _____ [correr] en el parque José Batlle y Ordoñez.
4. Mis padres _____ [comer] mucho; ellos son un poco gordos.
5. Yo _____ [creer] que (that) mis padres _____ [deber] comer menos.

2 Completar Juan is talking about what he and his friends do after school. Complete his sentences.

MODELO
Yo __leo__ en la biblioteca.

1. Nosotros _____ en el restaurante.

2. Sofía y Eugenio _____ café.

3. Elena _____ en su diario.

4. Susana y Bárbara _____ unas fotos.

3 Entrevista Use these questions to interview a classmate. Then report the results of your interview to the class.

1. ¿Dónde comes al mediodía? ¿Comes mucho?
2. ¿Debes comer más (more) o menos (less)?
3. ¿Dónde vives?
4. ¿Con quién vives?
5. ¿Cuándo asistes a tus clases?
6. ¿Cuál es tu clase favorita? ¿Por qué?
7. ¿Qué cursos debes tomar el próximo (next) semestre?
8. ¿Lees The National Enquirer? ¿Qué periódicos (newspapers) leen tus padres?
9. ¿Recibes muchos mensajes electrónicos (e-mails)? ¿De quién?
10. ¿Escribes poemas o cuentos (stories)?

4 Encuesta Walk around the class and ask your classmates if they do (or should do) the things mentioned on the questionnaire. Try to find at least two people for each item.

Actividad	Nombres
4. Asistir a conciertos de rock	_____
2. Correr todos los días (every day)	_____
3. Comprender chino	_____
4. Deber ser más (more) trabajador(a)	_____
5. Deber estudiar para (for) un examen	_____
6. Deber hablar más en la clase	_____
7. Beber un litro de agua al día	_____
8. Aprender contabilidad	_____

3.4 Present tense of **tener** and **venir**

Tengo cuatro hermanas y un hermano mayor.

▶ The verbs **tener** (*to have*) and **venir** (*to come*) are frequently used. You will have to learn each form individually because most of the forms are irregular.

Present tense of *tener* and *venir*						
tener *to have*			**venir** *to come*			
yo	tengo	nosotros/as	tenemos	yo	vengo	nosotros/as	venimos
tú	tienes	vosotros/as	tenéis	tú	vienes	vosotros/as	venís
Ud./él/ella	tiene	Uds./ellos/ellas	tienen	Ud./él/ella	viene	Uds./ellos/ellas	vienen

¡ojo!

To express an obligation, use **tener que** (*to have to*) + [infinitive].

—¿**Tienes que** estudiar hoy?
Do you have to study today?

—Sí, **tengo que** estudiar física.
Yes, I have to study physics.

• • •

To ask people if they feel like doing something, use **tener ganas de** (*to feel like*) + [infinitive].

—¿**Tienes ganas de** comer?
Do you feel like eating?

—No, **tengo ganas de** dormir.
No, I feel like sleeping.

▶ Note that the **yo** forms are irregular:

tengo   vengo

▶ The **nosotros** and **vosotros** forms are regular:

tenemos   venimos
tenéis   venís

▶ In the second person singular and the third person singular and plural forms, there is also an **e:ie** stem change.

INFINITIVE	VERB STEM	VERB FORM	
tener	ten-	tú	tienes
		Ud./él/ella	tiene
		Uds./ellos/ellas	tienen
venir	ven-	tú	vienes
		Ud./él/ella	viene
		Uds./ellos/ellas	vienen

▶ In certain expressions, Spanish uses the construction **tener** + [noun] instead of **ser** or **estar** to express the English equivalent *to be* + [adjective].

Expressions with *tener*					
tener... años	*to be ... years old*	tener (mucha) hambre	*to be (very) hungry*	tener razón	*to be right*
tener (mucho) calor	*to be (very) hot*			no tener razón	*to be wrong*
tener (mucho) cuidado	*to be (very) careful*	tener (mucho) miedo	*to be (very) afraid/scared*	tener (mucha) sed	*to be (very) thirsty*
				tener (mucho) sueño	*to be (very) sleepy*
tener (mucho) frío	*to be (very) cold*	tener (mucha) prisa	*to be in a (big) hurry*	tener (mucha) suerte	*to be (very) lucky*

Práctica y conversación

1 Completar Complete the sentences with the forms of **tener** or **venir**.

1. Hoy nosotros _____ una reunión familiar.
2. Todos (*all*) mis parientes _____, excepto mi tío Ricardo y mi tía Luisa.
3. Él no _____ porque vive en Guayaquil.
4. Mi prima Inés y su novio no _____ hasta las ocho porque ella _____ que trabajar.
5. En las fiestas mis sobrinos siempre (*always*) _____ ganas de cantar y bailar.
6. Después de (*after*) las fiestas, mi madre siempre dice que mis sobrinos son muy simpáticos. Creo que ella _____ razón. Ellos son simpáticos.

2 Describir Describe these people using **tener** expressions.

1. _____   4. _____

2. _____   5. _____

3. _____   6. _____

3 ¿Sí o no? With a partner, discuss whether these statements apply to you.

MODELO
Estudiante 1: ¿Tiene tu madre cincuenta años?
Estudiante 2: No, tiene cuarenta y dos años.

	Sí	No
1. Mi padre tiene 57 años.	____	____
2. Mis padres vienen mucho a la universidad.	____	____
3. Vengo a clase a la medianoche.	____	____
4. Tengo dos pruebas hoy.	____	____
5. Mis amigos vienen mucho a mi casa (*house*).	____	____
6. Tengo muchos problemas con mi novio/a.	____	____
7. Tengo sed.	____	____
8. Tengo miedo de comer sushi.	____	____
9. Tengo que estudiar los domingos.	____	____
10. Tengo una familia grande.	____	____

4 Entrevista Use these questions to interview a classmate.

1. ¿Cuántos años tienes? ¿Y tus hermanos?
2. ¿Cuándo vienes a la clase de español?
3. ¿Tienes que estudiar hoy? ¿Por qué?
4. ¿Siempre (*always*) tienes razón?
5. ¿Tienes muchas fiestas en tu casa (*house*)? ¿Quiénes vienen a tus fiestas?
6. ¿Tienes sueño? ¿Por qué?
7. ¿Qué tienes ganas de hacer (*what do you feel like doing*) el sábado?
8. ¿De qué tienes miedo? ¿Por qué?
9. ¿Cuándo vienen tus amigos a tu casa?
10. ¿Qué periódico (*newspaper*) lees?

Ampliación

1 Escuchar 🎧

A Listen to Cristina and Laura's conversation. Then indicate who would make each statement.

TIP **Ask for repetition.** You can ask someone to repeat by saying **¿Cómo?** (*What?*) or **¿Perdón?** (*Pardon me?*). You can ask your teacher to repeat by saying **Repítalo, por favor** (*Repeat it, please*). If you don't understand a recorded activity, simply replay it.

	Cristina	Laura
1. Mi novio habla sólo (*only*) del fútbol y del béisbol.	☐	☐
2. Tengo un novio muy interesante y simpático.	☐	☐
3. Mi novio es alto y moreno.	☐	☐
4. Mi novio trabaja mucho.	☐	☐
5. Mi amiga no tiene buena suerte con los muchachos.	☐	☐
6. El novio de mi amiga es un poco gordo, pero guapo.	☐	☐

B ¿Cómo son Laura y Cristina? ¿Cómo son sus novios? ¿Tienes novio/a? ¿Cómo es?

2 Conversar

You are taking a friend to a reunion of your extended family. So that there will not be any surprises for your friend, you have a conversation with him or her to talk about your relatives. During the conversation, your friend should find out about the following:

- Which family members are coming, including their names and their relationship to you
- What each family member is like
- How old each person is
- Where each person is from
- Where each person lives

3 **Escribir** An e-mail friend wants to know about your family. Write a message describing your family or an imaginary family.

TIP **Use idea maps.** Idea maps **help** you group your information.

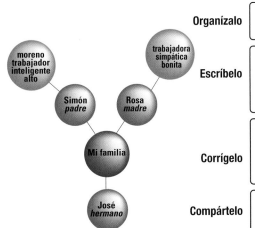

Organízalo Use an idea map to help you list and organize information about your family.

Escríbelo Using the material you have compiled, write the first draft of your letter. Use an appropriate greeting, such as **Querido/a** (*Dear*), and an appropriate closing, such as **Un abrazo** (*A hug*).

Corrígelo Exchange papers with a classmate and comment on the organization, style, and grammatical correctness of each other's work. Then revise your first draft, keeping your classmate's comments in mind.

Compártelo Read your letter aloud to a small group of classmates. Discuss how your families are similar (**semejantes**) and how they are different (**distintas**).

4 **Un paso más** Create an illustrated family tree for your family and share it with the class. Your family tree might include these elements:

• A simple title
• A format that clearly shows the relationships between family members
• Photos of family members and their names, following Hispanic naming conventions
• A few adjectives that describe each family member

En Internet

Investiga estos temas en el sitio vistahigherlearning.com.

• La familia en las culturas hispanas
• La amistad (*friendship*) en las culturas hispanas

Antes de leer

You do not need to understand every word you read in Spanish. When you come across words you have not learned, try to guess what they mean by looking at the context—the surrounding words and sentences. Look at this article about families and find a few words or phrases you do not know. Then guess what they mean, using the context as your guide.

Familias de todo tipo

◄ Hermana dedicada

Me llamo Isabel y tengo dieciocho años. Vivo con mi hermanito Daniel, mi padre Carlos y mi madre Estela. Estudio para programadora en la universidad. Soy muy buena para las computadoras. Por las tardes, le ayudo a Daniel a usar la computadora para hacer sus tareas. ¡Daniel aprende muy rápido!

Primas futbolistas ►

Me llamo Roberto Sandoval. Mi hija se llama Mónica y es una aficionada al fútbol. Los sábados y domingos ella juega al fútbol con su prima Carolina y juntas ven todos los partidos de fútbol en la televisión. Mónica y Carolina desean jugar en el equipo nacional. ¡Qué honor... dos primas en el equipo nacional!

MAYO DEL 2003

recursos

vistahigher
learning.com

Después de leer

¿Comprendiste?

Look at the magazine article and see how the words and phrases in the first box are used in context. Then find their translations in the second box.

1. ayudo _____	a. the oldest
2. aficionada _____	b. producer
3. la mayor _____	c. proud
4. el menor _____	d. they watch
5. orgullosa _____	e. I help
6. único _____	f. the youngest
	g. only
	h. fan

Preguntas

1. ¿Cuántas personas hay en la familia de Isabel?

_____

2. ¿Con quién vive Luis?

_____

3. ¿Quiénes desean jugar en el equipo nacional?

_____

4. ¿Cuántos hijos tiene Ángela?

_____

Coméntalo

¿Es similar tu familia a las familias del artículo? En tu opinión, ¿son ideales las familias del artículo? ¿Cómo es la familia ideal?

juega *plays*   jugar *to play*   juntas *together*
partidos *games*   equipo *team*   ven *they watch*   ni *nor*

Una madre ▶ orgullosa

Me llamo Ángela. Tengo dos hijos. Estoy muy orgullosa de ellos. La mayor se llama Lourdes y el menor José María. Lourdes tiene 18 años y José María tiene 15 años. Mis dos hijos son unos excelentes estudiantes. Lourdes toma clases de arquitectura y José María toma clases de italiano.

◀ Nieto único

Me llamo Luis y vivo con mi abuelo Artemio y mi abuela María. Soy su único nieto. No tengo hermanos ni primos. Mis abuelos trabajan mucho. Los fines de semana comemos con mis tías Carmen y Beatriz. Mis tías son muy cómicas.

MAYO DE 2003

La familia

el/la abuelo/a	grandfather/grandmother
el/la cuñado/a	brother-in-law/sister-in-law
el/la esposo/a	husband/wife; spouse
la familia	family
el/la hermanastro/a	stepbrother/stepsister
el/la hermano/a	brother/sister
el/la hijastro/a	stepson/stepdaughter
el/la hijo/a	son/daughter
los/las hijos/as	children; sons, daughters
la madrastra	stepmother
la madre	mother
el/la medio/a hermano/a	half-brother/half-sister
el/la nieto/a	grandson/granddaughter
la nuera	daughter-in-law
el padrastro	stepfather
el padre	father
los padres	parents
los parientes	relatives
el/la primo/a	cousin
el/la sobrino/a	nephew/niece
el/la suegro/a	father-in-law/mother-in-law
el/la tío/a	uncle/aunt
el yerno	son-in-law

Otras personas

el/la amigo/a	friend
la gente	people
el/la muchacho/a	boy/girl
el/la niño/a	child; boy/girl
el/la novio/a	boyfriend/girlfriend
la persona	person

Adjetivos

alto/a	tall
antipático/a	unpleasant
bajo/a	short
bonito/a	pretty
buen, bueno/a	good
delgado/a	thin; slender
difícil	difficult; hard
fácil	easy
feo/a	ugly
gordo/a	fat
gran, grande	big, large; great
guapo/a	handsome; good-looking
importante	important
inteligente	intelligent
interesante	interesting
joven	young
mal, malo/a	bad
mismo/a	same
moreno/a	dark-haired
mucho/a	much; many; a lot of
pelirrojo/a	red-haired
pequeño/a	small
rubio/a	blond
simpático/a	nice; likeable
tonto/a	silly; foolish
trabajador(a)	hard-working
viejo/a	old

Las profesiones

el/la artista	artist
el/la ingeniero/a	engineer
el/la médico/a	doctor; physician
el/la periodista	journalist
el/la programador(a)	computer programmer

Verbos

abrir	to open
aprender	to learn
asistir (a)	to attend
beber	to drink
comer	to eat
compartir	to share
comprender	to understand
correr	to run
creer (en)	to believe (in)
deber (+ inf.)	to have to; should
decidir	to decide
describir	to describe
escribir	to write
leer	to read
recibir	to receive
tener	to have
venir	to come
vivir	to live

Expresiones con *tener*

tener… años	to be… years old
tener (mucho) calor	to be (very) hot
tener (mucho) cuidado	to be (very) careful
tener (mucho) frío	to be (very) cold
tener ganas de (+ inf.)	to feel like (doing something)
tener (mucha) hambre	to be (very) hungry
tener (mucho) miedo	to be (very) afraid/scared
tener (mucha) prisa	to be in a (big) hurry
tener que (+ inf.)	to have to (do something)
tener razón	to be right
no tener razón	to be wrong
tener (mucha) sed	to be (very) thirsty
tener (mucho) sueño	to be (very) sleepy
tener (mucha) suerte	to be (very) lucky

Expresiones útiles	See page 55.
Nationalities	See page 58.
Possessive adjectives	See page 60.

4 El fin de semana

Communicative Goals

You will learn how to:
- talk about pastimes, weekend activities, and sports
- make plans and invitations
- say what you are going to do

PREPARACIÓN

pages 72–75
- Words related to pastimes and sports
- Places and activities in the city
- Word stress and accent marks

ESCENAS

pages 76–79
- Don Francisco informs the students that they have an hour of free time. Inés and Javier decide to walk through the city. Maite and Álex go to a park.

GRAMÁTICA

pages 80–89
- Present tense of **ir**
- Present tense of stem-changing verbs
- Verbs with irregular **yo** forms

LECTURA

pages 90–91
- Newspaper article: *Guía para el fin de semana*

Para empezar

- ¿Cómo son estas personas? ¿Gordas o flacas?
- ¿Son pelirrojas, morenas o rubias?
- ¿Son jóvenes o viejas?
- ¿Tienen calor o frío?
- ¿Crees que son amigos?

El fin de semana

pasear en bicicleta
to ride a bicycle

ACTIVIDADES Y DISTRACCIONES

escalar montañas *to climb mountains*

escribir una carta *to write a letter*

un mensaje electrónico
to write an e-mail

esquiar *to ski*

ir de excursión (a las montañas)
to go on a hike (in the mountains)

leer el periódico
to read the newspaper

el correo electrónico
to read e-mail

una revista *to read a magazine*

nadar en la piscina
to swim in the pool

pasear por la ciudad/el pueblo
to walk around the city/town

practicar deportes (m. pl.)
to practice sports

ver películas *to see movies*

visitar un monumento
to visit a monument

tomar el sol
to sunbathe

patinar (en línea)
to skate (in-line)

una (tarjeta) postal
a postcard

bucear
to scuba dive

recursos				
WB pp. 31–32	LM p. 19	Lab CD/MP3 Lección 4	I CD-ROM Lección 4	Vocab CD Lección 4

LOS DEPORTES

el baloncesto *basketball*
el ciclismo *cycling*
el esquí (acuático) *(water) skiing*
el fútbol americano *football*
el golf *golf*
el hockey *hockey*
la natación *swimming*
el tenis *tennis*
el vóleibol *volleyball*

el equipo *team*
el/la jugador(a) *player*
el partido *game*
la pelota *ball*
ganar *win*
ser aficionado/a (a) *to be a fan (of)*
deportivo/a *sports-related*

el/la excursionista
hiker

el fútbol
soccer

el béisbol
baseball

LUGARES

la casa *house*
el centro *downtown*
el cine *movie theater*
el gimnasio *gym, gymnasium*
el museo *museum*
el parque *park*
el restaurante *restaurant*

la iglesia
church

el café
café

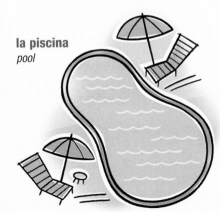
la piscina
pool

OTRAS PALABRAS

la diversión *entertainment; fun activity*
el fin de semana *weekend*
el lugar *place*
el pasatiempo *pastime, hobby*
los ratos libres *spare time*
el tiempo libre *free time*
favorito/a *favorite*
pasar el tiempo *to spend time*

Práctica y conversación

1 Una estudiante muy activa 🎧 Every day, Laura does many things. Number the drawings in the order in which you hear Laura mention them.

2 Tiempo libre Indicate whether each statement is **cierto** or **falso**.

Gustavo y Simón   **Las chicas**   **José**   **Don Fernando**

1. _____ Gustavo y Simón pasean en bicicleta.

2. _____ Las chicas juegan al fútbol.

3. _____ José hace una excursión a las montañas.

4. _____ Don Fernando lee en el parque.

5. _____ Maribel patina en línea.

6. _____ Doña Leonor pasea por la ciudad.

Maribel   **Doña Leonor**

3 Dos amigos Complete the conversation with the words given.

centro	piscina
gimnasio	semana
pasar	tiempo
pasatiempos	vóleibol

LUISA ¿Cómo te gusta _____ los ratos libres, Manuel?

MANUEL Bueno, Luisa, no tengo mucho _____ libre, pero los fines de _____ me gusta ver películas. Y tú, Luisa, ¿cuáles son tus _____ favoritos?

LUISA Voy al _____. Nado en la _____. Y los sábados juego al _____.

4 **¿Y tú?** Interview your partner using these questions.

1. ¿Te gustan los deportes? ¿Qué deportes practicas?
2. ¿Cuál es tu deporte favorito? ¿Por qué te gusta?
3. ¿Te gusta pasear en bicicleta? ¿Dónde paseas y con quién?
4. ¿Escribes muchos mensajes electrónicos? ¿Te gusta recibir mensajes electrónicos?
5. ¿Qué periódicos y revistas lees? ¿Por qué?

Pronunciación Word stress 🎧

pe-lí-cu-la   **e-di-fi-cio**   **ver**   **yo**

Every Spanish syllable contains at least one vowel. When two vowels (two weak vowels or one strong and one weak) are joined in the same syllable, they form a **diphthong**. A **monosyllable** is a word formed by a single syllable.

bi-blio-te-ca   **vi-si-tar**   **par-que**   **fút-bol**

The syllable of a Spanish word that is pronounced most emphatically is the "stressed" syllable.

pe-lo-ta   **pis-ci-na**   **ra-tos**   **ha-blan**

Words that end in **n, s,** or a **vowel** are usually stressed on the next-to-last syllable.

na-ta-ción   **pa-pá**   **in-glés**   **Jo-sé**

If words that end in **n, s,** or a **vowel** are stressed on the last syllable, they must carry an accent mark on the stressed syllable.

bai-lar   **es-pa-ñol**   **u-ni-ver-si-dad**   **tra-ba-ja-dor**

Words that do **not** end in **n, s,** or a **vowel** are usually stressed on the last syllable.

béis-bol   **lá-piz**   **ár-bol**   **Gó-mez**

If words that do **not** end in **n, s,** or a **vowel** are stressed on the next-to-last syllable, they must carry an accent mark on the stressed syllable.

Refranes Read these sayings aloud to practice word stress.

En la unión está la fuerza.[2]

Quien ríe de último, ríe mejor.[1]

1 He who laughs last laughs loudest.
2 In unity, there is strength.

recursos

Text CD
Lección 4

LM
p. 20

Lab CD/MP3
Lección 4

I CD-ROM
Lección 4

¡Vamos al parque!

Los estudiantes pasean por la ciudad y hablan de sus pasatiempos.

Personajes

DON FRANCISCO

JAVIER

INÉS

ÁLEX

MAITE

JOVEN

DON FRANCISCO Tienen una hora libre. Pueden explorar la ciudad, si quieren.

JAVIER Inés, ¿quieres ir a pasear por la ciudad?
INÉS Sí, vamos.

ÁLEX ¿Por qué no vamos al parque, Maite? Podemos hablar y tomar el sol.
MAITE ¡Buena idea! También quiero escribir unas postales.

MAITE ¿Eres aficionado a los deportes, Álex?
ÁLEX Sí, me gusta mucho el fútbol. Me gusta también nadar, correr e ir de excursión a las montañas.
MAITE Yo también corro mucho.

ÁLEX Oye, Maite, ¿por qué no jugamos al fútbol con él?
MAITE Mmm... No quiero. Voy a terminar de escribir unas postales.

ÁLEX ¡Maite!

MAITE ¡Dios mío!

JOVEN Mil perdones. Lo siento muchísimo.

MAITE ¡No es nada! Estoy bien.

ÁLEX Ya son las dos y treinta. Debemos regresar al autobús, ¿no?

MAITE Tienes razón.

ÁLEX Oye, Maite, ¿qué vas a hacer esta noche?

MAITE No tengo planes. ¿Por qué?

ÁLEX Eh, este... A veces salgo a correr por la noche. ¿Quieres venir a correr conmigo?

MAITE Sí, vamos. ¿A qué hora?

ÁLEX ¿A las seis?

MAITE Perfecto.

DON FRANCISCO Esta noche van a correr. ¡Y yo no tengo energía para pasear!

Expresiones útiles

Making invitations

¿Por qué no vamos al parque?
Why don't we go to the park?

¡Buena idea!
Good idea!

¿Por qué no jugamos al fútbol?
Why don't we play soccer?

Mmm... no quiero.
Hmm... I don't want to.

Lo siento, pero no puedo.
I'm sorry, but I can't.

¿Quieres pasear por la ciudad conmigo?
Do you want to walk around the city with me?

Sí, vamos.
Yes, let's go.

Making plans

¿Qué vas a hacer esta noche?
What are you going to do tonight?

No tengo planes.
I don't have any plans.

Talking about pastimes

¿Eres aficionado/a a los deportes?
Are you a sports fan?

Sí, me gustan todos los deportes.
Yes, I like all sports.

Sí, me gusta mucho el fútbol.
Yes, I like soccer a lot.

Apologizing

Mil perdones./Lo siento muchísimo.
I'm so sorry.

¿Qué piensas?

1 Ordenar Put the following events in order from 1 to 5.

_____ **a.** Álex y Maite deciden ir al parque.

_____ **b.** Álex y el joven juegan al fútbol.

_____ **c.** Maite y Álex vuelven al autobús.

_____ **d.** Maite decide escribir unas postales.

_____ **e.** El joven causa un accidente.

2 Pasatiempos Scan **Escenas** and indicate which pastimes the characters mention. Then indicate whether you participate in each pastime.

ÁLEX

_____
_____
_____

MAITE

_____
_____
_____

3 Preguntas Get together with a partner and take turns asking each other these questions.

1. ¿Qué desean hacer Inés y Javier?

_____

2. ¿Cuáles son los deportes favoritos de Álex?

_____

3. ¿Qué desea hacer Maite en el parque?

_____

4. ¿Qué desea hacer Álex en el parque?

_____

5. ¿Qué deciden hacer Álex y Maite esta noche?

_____

6. ¿Cuáles son tus pasatiempos favoritos?

_____

7. ¿Cuáles son los pasatiempos favoritos de tu mejor (_best_) amigo/a?

_____

Exploración

El fútbol: pasión de multitudes

La Copa Mundial de Fútbol (*World Cup*) es uno de los eventos más vistos en los países hispanos. Los aficionados celebran los triunfos de sus equipos con grandes fiestas en los centros de las ciudades.

El Real Madrid, equipo español, ha ganado (*has won*) la Copa de Europa nueve veces.

El fútbol es el deporte más popular en todo el mundo hispanohablante. El Estadio Azteca de la Ciudad de México tiene una capacidad de 106.000 (ciento seis mil) espectadores. Es el estadio más grande (*the biggest*) de los países hispanohablantes.

Estadísticas de la Copa Mundial	
Equipos ganadores	
Argentina	2
Uruguay	2
Equipos con más participaciones	
Argentina	13
México	12
Jugadores con más participaciones	
Antonio Carvajal, Méx.	5
Pedro Rocha, Uru.	4
Andoni Zubizarreta, Esp.	4
Mundiales sin un equipo suramericano en la final	6

Coméntalo

With a classmate, discuss these questions.

- ¿Te gusta el fútbol? Explica por qué.
- ¿Crees que el fútbol va a ser más (*is going to be more*) popular en los Estados Unidos?
- ¿Se juega (*do they play*) al fútbol en tu comunidad?

recursos

vistahigher learning.com

4.1 The present tense of **ir**

Voy a
escribir unas
postales.

Álex y Maite
van a volver al
autobús.

ir (*to go*)			
Singular forms		**Plural forms**	
yo	voy	nosotros/as	vamos
tú	vas	vosotros/as	vais
Ud./él/ella	va	Uds./ellos/ellas	van

▶ The verb **ir** (*to go*) is irregular in the present tense.

▶ **Ir** is often used with the preposition **a** (*to*). When **a** is followed by the article **el**, they form the contraction **al**. There is no contraction when **a** is followed by **la**, **las**, and **los**.

a + el = al

Voy al cine con María.
I'm going to the movies with María.

Ellos **van a** las montañas.
They are going to the mountains.

▶ The construction **ir a** + [infinitive] expresses actions that are going to happen in the future. It is equivalent to the English *to be going to* + [infinitive].

▶ **Vamos a** + [infinitive] can also express the idea of *let's (do something).*

Vamos a pasear.
Let's take a stroll.

¡Vamos a ver!
Let's see!

¡ojo!

Use **adónde** instead of **dónde** when asking a question with **ir**.

¿Adónde vas?
Where are you going?

¿Adónde van hoy?
Where are they going today?

Práctica y conversación

1 Adivina Roberto has gone to see Doña Imelda, a fortune teller. Using **ir a** + [infinitive], say what Doña Imelda predicts.

MODELO

Tu hermano Gabriel ___va a___ ir a Europa.

1. Tú _____ correr en el Maratón de Boston.
2. Tú y tu familia _____ escalar el monte Everest.
3. Tu hermano Pablo _____ jugar en la Liga Nacional de Fútbol.
4. Tu hermana Tina _____ recibir una carta misteriosa.
5. Tu hermana Rosario _____ patinar en los Juegos Olímpicos.
6. Tus padres _____ tomar el sol en Acapulco.
7. Tú _____ ver las pinturas (*paintings*) de tu amiga en el Museo Nacional de Arte.
8. ¡Y yo _____ ser muy, muy rica!

2 ¿Adonde vas? You and some friends are visiting Madrid. Work with a partner and ask each other which sites you will visit today. Use the clues provided in this map.

MODELO

Estudiante 1: ¿Adonde va Ricardo?
Estudiante 2: Va al Palacio Real.

3 Situaciones With a partner, say where you and your friends go in the following situations.

1. Cuando deseo descansar…
2. Cuando mi novio/a tiene que estudiar…
3. Si mis amigos necesitan practicar el español…
4. Si deseo hablar con unos amigos…
5. Cuando tengo dinero (*money*)…
6. Cuando mis amigos y yo tenemos hambre…
7. Si tengo tiempo libre…
8. Cuando mis amigos desean esquiar…
9. Si estoy de vacaciones (*on vacation*)…
10. Si quiero leer…

4 Encuesta Walk around the class and ask your classmates if they are going to do these activities today. Try to find at least two people for each item and write their names on the worksheet. Report your findings to the class.

Actividades	Nombres
1. Comer en un restaurante	_____
2. Mirar la televisión	_____
3. Leer una revista	_____
4. Escribir un mensaje electrónico	_____
5. Correr	_____
6. Ver una película	_____
7. Pasear en bicicleta	_____
8. Estudiar en la biblioteca	_____

5 Entrevista Interview two classmates to find out what they are going to do this weekend.

MODELO

Estudiante 1: ¿Adónde vas este (*this*) fin de semana?
Estudiante 2: Voy a Guadalajara con mis amigos.
Estudiante 1: ¿Y qué van a hacer (*to do*) ustedes en Guadalajara?
Estudiante 2: Vamos a visitar unos monumentos y unos museos de arte.

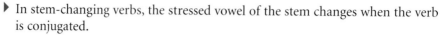

4.2 Stem-changing verbs: e → ie, o → ue

Álex empieza a
enviar mensajes.

▶ In stem-changing verbs, the stressed vowel of the stem changes when the verb is conjugated.

INFINITIVE	VERB STEM	STEM CHANGE	CONJUGATED FORM
empezar	empez–	empiez–	empiezo
volver	volv–	vuelv–	vuelvo

▶ In many verbs, such as **empezar** (*to begin*), the stem vowel changes from **e** to **ie**. Note that the **nosotros/as** and **vosotros/as** forms don't have a stem change.

empezar (e:ie)

Singular forms		Plural forms	
yo	empiezo	nosotros/as	empezamos
tú	empiezas	vosotros/as	empezáis
Ud./él/ella	empieza	Uds./ellos/ellas	empiezan

Álex y Maite vuelven
al autobús.

▶ In many other verbs, such as **volver** (*to return*), the stem vowel changes from **o** to **ue**. The **nosotros/as** and **vosotros/as** forms have no stem change.

volver (e:ue)

Singular forms		Plural forms	
yo	vuelvo	nosotros/as	volvemos
tú	vuelves	vosotros/as	volvéis
Ud./él/ella	vuelve	Uds./ellos/ellas	vuelven

¡ojo!

To help you identify stem-changing verbs, they will appear as follows throughout the text:

empezar (e:ie)

volver (o:ue)

Common stem-changing verbs

e:ie				o:ue			
cerrar	to close	pensar	to think	dormir	to sleep	poder	to be able to; can
comenzar	to begin	perder	to lose; to miss	encontrar	to find	recordar	to remember
empezar	to begin	preferir	to prefer	mostrar	to show	volver	to return
entender	to understand	querer	to want; to love				

Álex y el joven
juegan al fútbol.

▶ **Jugar** (*to play* a sport or a game) is the only Spanish verb that has a **u:ue** stem change. **Jugar** is followed by **a** + [definite article] when the name of a sport or game is mentioned.

▶ **Comenzar** and **empezar** require the preposition **a** when they are followed by an infinitive.

Comienzan a jugar a las siete.
They begin playing at seven.

Ana **empieza a** escribir una postal.
Ana starts to write a postcard.

▶ **Pensar** + [infinitive] means *to plan* or *to intend to do something.* **Pensar en** means *to think about someone or something.*

¿Piensan ir al gimnasio?
Are you planning to go to the gym?

¿En qué **piensas?**
What are you thinking about?

Práctica y conversación

1 Preferencias With a partner, take turns asking and answering questions about what these people want to do.

MODELO
Guillermo: estudiar / pasear en bicicleta
Estudiante 1: ¿Quiere estudiar Guillermo?
Estudiante 2: No, prefiere pasear en bicicleta.

1. **tú:** trabajar / dormir
   _____

2. **ustedes:** mirar la televisión / ir al cine
   _____

3. **tus amigos:** ir de excursión / descansar
   _____

4. **tú:** comer en la cafetería / ir a un restaurante
   _____

5. **Elisa:** ver una película / leer una revista
   _____

6. **María y su hermana:** tomar el sol / practicar el esquí
   _____

2 El día del partido Complete this game-day conversation between two friends with the appropriate verb forms. Then act it out with a partner.

PABLO Óscar, voy al centro ahora. ¿_____ [querer] venir?

ÓSCAR No, yo _____ [preferir] descansar un poco y ver la televisión.

PABLO ¡Qué perezoso (*how lazy*) eres!

ÓSCAR No, hombre. Es que estoy muy cansado. Oye, ¿a qué hora _____ [pensar] regresar? El partido de fútbol _____ [empezar] a las dos.

PABLO A la una. _____ [querer] ver el partido también.

ÓSCAR ¿_____ [pensar] que (*that*) nuestro equipo _____ [poder] ganar?

PABLO No, _____ [pensar] que vamos a _____ [perder]. Los jugadores del Guadalajara _____ [jugar] muy bien.

3 En la televisión Read the listing of sports events to be televised this weekend and choose the programs you want to watch. Compare your choices with a classmate and explain why you made them. Then agree on one program you will watch together on each day.

sábado
3:30 NATACIÓN
1   Copa Mundial (*World Cup*) de Natación
15:00 TENIS
8   Abierto (*Open*) Mexicano de Tenis: Alejandro Hernández (México) vs. Jacobo Díaz (España) Semifinales
16:00 FÚTBOL NACIONAL
3   Chivas vs. Monterrey
16:30 FÚTBOL AMERICANO PROFESIONAL
21   los Vaqueros de Dallas vs. los Leones de Detroit
20:00 BALONCESTO PROFESIONAL
16   los Knicks de Nueva York vs. los Toros de Chicago

domingo
13:00 GOLF
40   Audi Senior Classic: Lee Treviño, Jack Nicklaus, Arnold Palmer
14:30 VOLEIBOL
1   Campeonato (*Championship*) Nacional de México
16:00 BALONCESTO
3   Campeonato de Cimeba: los Correcaminos de Tampico vs. los Santos de San Luis Final
17:00 ESQUÍ ALPINO
19   Eslálom
18:30 FÚTBOL INTERNACIONAL
30   Copa América: México vs. Argentina. Ronda final
20:00 PATINAJE ARTÍSTICO
16   Exhibición mundial

4 Turistas You and two classmates are spending a long weekend in a new city. Talk about the things you want to do, then fill in the day-planner with the things you plan to do each day.

SÁBADO
8am
9
10
11
12pm
1
2
3
4
5
6
7
8

DOMINGO
8am
9
10
11
12pm

4.3 Stem-changing verbs: e → i

Le pido un favor
a un amigo.

▶ In some verbs, such as **pedir** (*to ask for; to request*), the stressed vowel in the stem changes from **e** to **i**, as shown in the diagram.

INFINITIVE	VERB STEM	STEM CHANGE	CONJUGATED FORM
pedir ▶	ped– ▶	pid– ▶	pido

▶ As with other stem-changing verbs you have learned, there is no stem change in the **nosotros/as** or **vosotros/as** forms in the present tense.

pedir (e:i)

Singular forms		Plural forms	
yo	pido	nosotros/as	pedimos
tú	pides	vosotros/as	pedís
Ud./él/ella	pide	Uds./ellos/ellas	piden

▶ The following are the most common **e:i** stem-changing verbs:

conseguir	repetir	seguir
to get; to obtain	*to repeat*	*to follow; to continue; to keep (doing something)*

Consiguen ver buenas películas.
They get to see good movies.

Repito la pregunta.
I repeat the question.

Sigue esperando.
He keeps waiting.

▶ The **yo** forms of **seguir** and **conseguir** have a spelling change as well as a stem change.

Sigo su plan.
I'm following their plan.

Consigo novelas en la librería.
I get novels at the bookstore.

ESPAÑOL EN VIVO

JUGAR CON EL AMOR PUEDE RESULTAR PELIGROSO.

ALGUIEN PUEDE PERDERLO TODO
Y VOLVER A EMPEZAR DE NUEVO.

UN MUNDO AZUL OSCURO

CONSEGUIR LO QUE QUIERES
PUEDE COSTARTE
MUCHO MÁS DE LO QUE PIENSAS

Práctica y conversación

1 **En la clase** You're teaching Spanish at an elementary school. Fill in the blanks to describe a typical day in your class.

1. Yo entro en la clase y _____ [cerrar] la puerta.
2. La clase _____ [comenzar] a las nueve en punto.
3. Yo _____ [pedir] la tarea del día anterior (*previous*).
4. Los estudiantes _____ [repetir] las palabras del vocabulario.
5. Pablo no _____ [seguir] mis instrucciones.
6. Pedro _____ [perder] su lápiz.
7. Otro estudiante _____ [encontrar] el lápiz de Pedro.
8. La clase termina y yo _____ [volver] a casa muy cansado/a.

2 **Combinar** Combine words from the columns to create sentences about yourself and people you know.

Yo	pedir muchos favores
Mi compañero/a de cuarto	dormir hasta el mediodía
Mi mejor (*best*) amigo/a	nunca (*never*) pedir perdón
Mi familia	nunca seguir las instrucciones del profesor
Mis amigos/as	siempre seguir las instrucciones del profesor
Mis amigos y yo	conseguir libros en Internet
Mis padres	poder hablar dos lenguas extranjeras
Mi hermano/a	repetir el vocabulario
Mi profesor(a) de español	siempre perder sus libros

3 **Las películas** Use these questions to interview a classmate.

1. ¿Prefieres las películas románticas, las películas de acción o las películas de horror? ¿Por qué?
2. ¿Dónde consigues información sobre (*about*) una película?
3. ¿Dónde consigues las entradas (*tickets*) para una película?
4. Para decidir qué películas vas a ver, ¿sigues las recomendaciones de los críticos?
5. ¿Qué cines en tu comunidad muestran las mejores (*best*) películas?
6. ¿Vas a ver una película esta semana? ¿A qué hora empieza la película?

4 **El fin de semana** Ask a classmate if he or she does these things on a weekend. Report the results to the class.

Actividad	Sí	No
1. Dormir hasta la una de la tarde	____	____
2. Pedir una pizza por teléfono	____	____
3. Jugar al tenis	____	____
4. Ir a un partido de fútbol/baloncesto/béisbol	____	____
5. Pasear	____	____
6. Ir a un museo	____	____
7. Escribir mensajes electrónicos	____	____
8. Patinar	____	____
9. Ir al gimnasio	____	____

4.4 Verbs with irregular **yo** forms

A veces salgo a
correr por la noche.

▶ In Spanish, several verbs have irregular **yo** forms in the present tense.

▶ The verbs **hacer** (*to do, to make*), **poner** (*to put, to place*), **salir** (*to leave*), **suponer** (*to suppose*), and **traer** (*to bring*) have **yo** forms that end in **–go**. The other forms are regular.

Verbs with irregular *yo* forms

	hacer	poner	salir	suponer	traer
yo	hago	pongo	salgo	supongo	traigo
tú	haces	pones	sales	supones	traes
Ud./él/ella	hace	pone	sale	supone	trae
nosotros/as	hacemos	ponemos	salimos	suponemos	traemos
vosotros/as	hacéis	ponéis	salís	suponéis	traéis
Uds./ellos/ellas	hacen	ponen	salen	suponen	traen

▶ **Salir de** is used to indicate that someone is leaving a particular place.

Hoy **salgo del** hospital.
Today I leave the hospital.

Sale de la clase a las cuatro.
He leaves class at four.

▶ **Salir para** is used to indicate someone's destination.

Mañana **salgo para** México.
Tomorrow I leave for Mexico.

Hoy **salen para** España.
Today they leave for Spain.

▶ **Salir con** means *to leave with someone or something*, or *to date someone*.

Alberto **sale con** su amigo.
Alberto is leaving with his friend.

Margarita **sale con** Guillermo.
Margarita is going out with Guillermo.

▶ The verb **ver** (*to see*) has an irregular **yo** form. The other forms of **ver** are regular.

▶ The verb **oír** (*to hear*) has an irregular **yo** form and a spelling change in the **tú, usted, él, ella, ustedes, ellos,** and **ellas** forms. The **nosotros/as** and **vosotros/as** forms have an accent mark.

Maite ve la pelota.

Oigo a unas personas en la otra sala.
I hear some people in the other room.

¿**Oyes** la música latina?
Do you hear the Latin music?

ver (to see)

Singular forms		Plural forms	
yo	veo	nosotros/as	vemos
tú	ves	vosotros/as	veis
Ud./él/ella	ve	Uds./ellos/ellas	ven

oír (to hear)

Singular forms		Plural forms	
yo	oigo	nosotros/as	oímos
tú	oyes	vosotros/as	oís
Ud./él/ella	oye	Uds./ellos/ellas	oyen

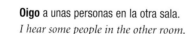

Práctica y conversación

1 Completar Complete this conversation with the appropriate verb forms. Then act it out with a partner.

ERNESTO David, ¿qué _____ [hacer] hoy?

DAVID Ahora estudio biología, pero esta noche _____ [salir] con Luisa. Vamos al cine. Queremos _____ [ver] la nueva (*new*) película de Almodóvar.

ERNESTO ¿Y Diana? ¿Qué _____ [hacer] ella?

DAVID _____ [salir] a comer con sus padres.

ERNESTO ¿Qué _____ [hacer] Andrés y Javier?

DAVID Tienen que _____ [hacer] las maletas. _____ [salir] para Monterrey mañana.

ERNESTO Pues, ¿qué _____ [hacer] yo?

DAVID _____ [suponer] que puedes estudiar.

ERNESTO No quiero estudiar. Mejor _____ [hacer] la tarea.

2 Describir Form complete sentences with the cues provided.

Fernán/poner

Yo/traer

Nosotras/ver

El estudiante/hacer

3 Oraciones Form sentences using the cues given.

MODELO

Tú / ? / los libros / debajo de / escritorio
Tú pones los libros debajo del escritorio.

1. Nosotros / ? / mucha / tarea
2. ¿Tú / ? / la radio?
3. Yo / no / ? / el problema
4. Marta / ? / una grabadora / clase
5. Los señores Marín / ? / su casa / siete
6. Yo / ? / que (*that*) / tú / ir / cine / ¿no?

4 Preguntas Get together with a classmate and ask each other these questions.

1. ¿A qué hora sales de tu residencia o de tu casa por la mañana? ¿A qué hora llegas a la universidad?
2. ¿A qué hora comienza la clase de español?
3. ¿Traes un diccionario a la clase de español? ¿Por qué? ¿Qué más traes?
4. ¿A qué hora salimos de la clase de español?
5. Cuando vuelves a la casa, ¿dónde pones tus libros? ¿Siempre (*always*) pones tus cosas en su lugar?
6. ¿Pones fotos de tu familia en tu casa? ¿De quiénes son las fotos?
7. ¿Cuándo estudias? ¿Haces la tarea cada (*each*) noche o prefieres ver la televisión?
8. ¿Oyes la radio cuando estudias?
9. ¿Qué vas a hacer mañana?
10. ¿Qué haces los fines de semana? ¿Sales con los amigos? ¿Adónde van?

5 Charadas In groups, play a game of charades. Each person should think of a phrase using **hacer**, **poner**, **salir**, **oír**, **traer**, or **ver** and act out the phrase. The first person to guess correctly acts out the next charade.

6 Situación Ask a classmate if he or she wants to go out. He or she will accept. Then find out what activities your classmate prefers so you can decide where you want to go. Finally, negotiate the place and the time for your date with your classmate.

Ampliación

1 Escuchar 🎧

A First you will hear José talking, then Anabela. Which person does each statement best describe?

TIP **Listen for general meaning.** You will be surprised at how much you can understand even if you don't know every word.

Descripción	José	Anabela
1. Es muy aficionado/a a los deportes.	☐	☐
2. Usa mucho la computadora.	☐	☐
3. Va mucho al cine.	☐	☐
4. Es una persona muy activa.	☐	☐
5. Le gusta descansar por la tarde.	☐	☐
6. Es una persona estudiosa.	☐	☐
7. Su deporte favorito es el ciclismo.	☐	☐
8. A veces va a ver un partido de béisbol.	☐	☐

B ¿Tienes más en común (*more in common*) con José o con Anabela? Explica tu respuesta.

2 Conversar

You are planning to visit a friend who lives in another state. Call your friend and discuss your plans, including the following information:

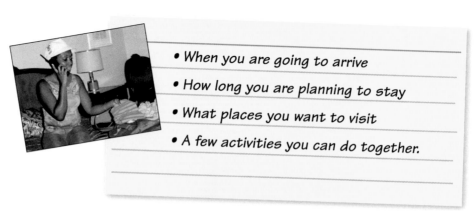

- When you are going to arrive
- How long you are planning to stay
- What places you want to visit
- A few activities you can do together.

3 Escribir Write a flyer describing the sports and recreational activities offered at your school.

TIP **Use bilingual dictionaries carefully.** Use a Spanish-English dictionary to look up words you don't know, but consider each entry carefully in order to find the best word for your needs.

Organízalo	List the activities you could include in the flyer. Use an idea map to organize them.
Escríbelo	Using your idea map, write the first draft of your flyer.
Corrígelo	Exchange papers with a classmate and comment on the organization, style, and grammatical correctness of each other's work. Then revise your first draft, keeping your classmate's comments in mind.
Compártelo	Exchange papers with a new partner. Note any words that are new to you, so you can look them up later. Then turn your paper in to your teacher.

4 Un paso más Prepare a radio broadcast of weekend sports events for a major city in the Spanish-speaking world. Include the following in your broadcast:

• An introduction of yourself and your program
• The location and time of each event
• A list of local sports events
• A brief sign-off.

 En Internet

Investiga estos temas en el sitio vistahigherlearning.com.

• Los deportes más (*most*) populares del mundo hispano
• Los pasatiempos más populares del mundo hispano

Antes de leer

The following article appeared in one of Mexico City's daily newspapers. Scan the headings and the visual elements of the article. Based on what you see, what do you think the reading is about?

Can you guess the meaning of the following cognates that appear in the article?

baladas	misticismo
concierto	naturaleza
exposición	realista
festival	recomendar
isla	romántico/a
majestuosidad	pintor
misterio	serenidad

GUÍA para el f

CINE

Festival de cine argenti

Para los aficionados al cine este fir semana comienza El Festival de argentino en el Cine Rex. muestran las últimas películas directores como Juan Campanella, Fito Páez, Gab Tagliavini y Aníbal Di Sa Recomendamos especialmente película *El hijo de la novia* del dire Juan José Campanella. Esta pel fue nominada para el Óscar c mejor película extranjera.

Fechas: 10–14 de marzo
Hora: 8:00 p.m.
Lugar: Cine Rex
Dirección: Calle del Espanto, 152

CONCIERTO

Canta Maribel Puértolas

Si quiere escuchar música, la cantante Maribel Puértolas va a ofrecer un concierto en el Café Los Amigos. Puértolas es de origen puertorriqueño y sus baladas están en el nuevo CD *Verano de amor*. Si quiere pasar una noche muy romántica con su novio o novia, recomendamos este concierto.

Fecha: 15 de marzo
Hora: 7:00 p.m.
Lugar: Café Los Amigos
Dirección: Avenida Bolívar, 345

de semana

EXPOSICIÓN
El pintor Tomás Sánchez

El Museo de Arte Moderno ofrece una exposición del pintor cubano Tomás Sánchez. Las obras de Sánchez son paisajes realistas de la naturaleza de la isla de Cuba. Las pinturas expresan la serenidad y majestuosidad de la selva tropical cubana, en una atmósfera de misterio y misticismo. Tomás Sánchez es tal vez uno de los pintores cubanos contemporáneos más conocidos.

Fechas: 12 de marzo – 8 de abril
Lugar: Museo de Arte Moderno
Dirección: Avenida Juárez, 248

últimas *latest* fue nominada para *was nominated for*
extranjera *foreign* cantante *singer* ofrecer *to offer*
verano *summer* paisajes *landscapes* selva *jungle*

Después de leer

¿Comprendiste?
Based on the article, are these statements **cierto** or **falso**?

Cierto	Falso	
_____	_____	**1.** El artículo presenta noticias sobre eventos deportivos.
_____	_____	**2.** La película *El hijo de la novia* fue nominada para un Óscar.
_____	_____	**3.** Maribel Puértolas es una cantante de baladas.
_____	_____	**4.** Las pinturas de Tomás Sánchez se exhiben en el Cine Rex.
_____	_____	**5.** Juan José Campanella es un director de cine argentino.
_____	_____	**6.** En el Café Los Amigos hay una exposición de arte.

Preguntas
Answer these questions based on the information provided in the reading.

1. ¿De dónde es Maribel Puértolas?

_____

2. ¿Qué clase de canciones (*songs*) canta ella?

_____

3. ¿Cómo son las pinturas de Tomás Sánchez?

_____

4. ¿Dónde está la exposición de Tomás Sánchez?

_____

5. ¿Qué película está dirigida por Juan José Campanella?

_____

6. ¿Dónde es el festival de cine?

_____

Coméntalo
Discuss with classmates which of the activities in the article you would each prefer to do on a weekend.

Verbos

cerrar (e:ie)	to close
comenzar (e:ie)	to begin
conseguir (e:i)	to get; to obtain
dormir (o:ue)	to sleep
empezar (e:ie)	to begin
encontrar (o:ue)	to find
entender (e:ie)	to understand
hacer	to do; to make
ir	to go
ir a (+ inf.)	to be going to do something
jugar (u:ue)	to play
mostrar (o:ue)	to show
oír	to hear
pedir (e:i)	to ask for; to request
pensar (e:ie)	to think
pensar (+ inf.)	to intend; to plan
pensar en	to think about
perder (e:ie)	to lose; to miss
poder (o:ue)	to be able to; can
poner	to put; to place
preferir (e:ie)	to prefer
querer (e:ie)	to want; to love
recordar (o:ue)	to remember
repetir (e:i)	to repeat
salir	to leave
seguir (e:i)	to follow; to continue; to keep (doing something)
suponer	to suppose
traer	to bring
ver	to see
volver (o:ue)	to return

Adjetivos

deportivo/a	sports-related
favorito/a	favorite

Las actividades

bucear	to scuba dive
escalar montañas (f. pl.)	to climb mountains
escribir una carta/ un mensaje electrónico/ una (tarjeta) postal	to write a letter an e-mail message a postcard
esquiar	to ski
ganar	to win
ir de excursión (a las montañas)	to go for a hike (in the mountains)
leer el correo electrónico/ un periódico/ una revista	to read e-mail a newspaper a magazine
nadar	to swim
pasar el tiempo	to spend time
pasear en bicicleta	to ride a bicycle
pasear por la ciudad/el pueblo	to walk around the city/town
patinar (en línea)	to skate (in-line)
practicar deportes (m. pl.)	to play sports
ser aficionado/a (a)	to be a fan (of)
tomar el sol	to sunbathe
ver películas (f. pl.)	to see movies
visitar un monumento	to visit a monument
la diversión	entertainment; fun activity
el/la excursionista	hiker
el fin de semana	weekend
el pasatiempo	pastime, hobby
los ratos libres	spare time
el tiempo libre	free time

Los deportes

el baloncesto	basketball
el béisbol	baseball
el ciclismo	cycling
el esquí (acuático)	(water) skiing
el fútbol	soccer
el fútbol americano	football
el golf	golf
el hockey	hockey
la natación	swimming
el tenis	tennis
el vóleibol	volleyball
el equipo	team
el/la jugador(a)	player
el partido	game
la pelota	ball

Los lugares

el café	café
la casa	house
el centro	downtown
el cine	movie theater
el gimnasio	gym; gymnasium
la iglesia	church
el lugar	place
el museo	museum
el parque	park
la piscina	swimming pool
el restaurante	restaurant

Expresiones útiles	See page 77.

Expresiones útiles : See page 77.

recursos

LM
p. 24

Lab CD/MP3
Lección 4

Vocab CD
Lección 4

¡VIVAN LOS PAÍSES HISPANOS!

En Acapulco, un hombre salta desde un acantilado (*cliff*) frente al océano Pacífico. El lugar se llama La Quebrada y miles de turistas lo visitan cada (*each*) día. ¿Te gustaría (*would you like*) visitarlo algún (*some*) día?

México

México

Área: 1.972.550 km^2 (761.603 millas^2)

Población: 110.139.000

Capital: México, D.F.–18.934.000

Ciudades importantes: Guadalajara, Monterrey, Puebla, Cancún, Ciudad Juárez

Moneda: peso mexicano

SOURCE: Population Division, UN Secretariat

Celebraciones

La independencia de México

El 16 de septiembre los mexicanos celebran la independencia de su país. A estas celebraciones se les llaman las fiestas patrias. En todas las ciudades se ponen decoraciones con los colores de la bandera (*flag*) mexicana y se hacen fiestas con mariachis, comida típica y bailes (*dances*) tradicionales.

ESTADOS UNIDOS

Ciudad Juárez

Río Bravo

Baja California

Golfo de California

MÉXICO

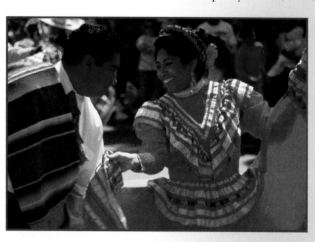

Arte

Diego Rivera y Frida Kahlo

Frida Kahlo y Diego Rivera son los pintores mexicanos más famosos. Casados (*married*) en 1929, los dos se interesaron (*became interested*) en las condiciones sociales de la gente indígena y de los campesinos (*farmers*) de su país. Puedes ver algunas de sus obras (*works*) en el Museo de Arte Moderno de la Ciudad de México.

Puerto Vallarta

Guad

Océano Pacífico

Historia

Los mayas

La cultura maya habitó (*inhabited*) la región del sur de México, la península de Yucatán y otros países de Centroamérica. Los mayas crearon (*created*) formidables ciudades con templos religiosos en forma de pirámide, que hoy día son visitados (*are visited*) por millones de turistas.

Comida

Las tortillas

La base de la comida mexicana es la tortilla, que está hecha (*is made from*) de maíz (*corn*) y de harina (*wheat flour*). Los tacos, las enchiladas y las quesadillas están hechos (*are made*) con tortillas y son tan populares en México como en los Estados Unidos. ¿Conoces un restaurante mexicano en tu comunidad?

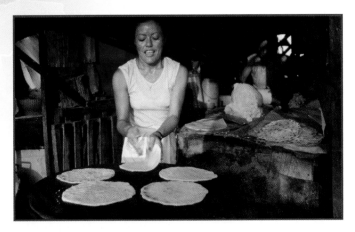

Grande

Monterrey

Golfo
de México

Península de
Yucatán

Mérida

Cancún

Bahía de
Campeche

Veracruz

Istmo de
Tehuantepec

BELICE

GUATEMALA

recursos

WB
pp. 41–42

VM
pp. 201–202

I CD-ROM
Lección 4

vistahigher
learning.com

noventa y cinco **95**

¿Qué aprendiste?

1 ¿Cierto o falso? Say whether the following statements are **cierto** or **falso**, based on what you've learned about Mexico.

Cierto   Falso

____   ____   **1.** La Quebrada está en México, D.F.

____   ____   **2.** Frida Kahlo es una pintora.

____   ____   **3.** El 16 de septiembre en México organizan una celebración religiosa.

____   ____   **4.** Los mayas inventaron (*invented*) las tortillas.

____   ____   **5.** En México celebran la independencia con las fiestas patrias.

____   ____   **6.** Los mexicanos hacen las tortillas con tomates.

____   ____   **7.** Diego Rivera fue (*was*) el esposo de Frida Kahlo.

____   ____   **8.** Puebla es la capital de México.

____   ____   **9.** La harina es la base de la comida mexicana.

____   ____   **10.** La moneda mexicana es el dólar mexicano.

2 Preguntas Answer the following questions, based on what you've learned about Mexico.

1. ¿Qué aspecto cultural te interesa más (*interests you most*) de México: el arte, la historia o la comida? Explica tu respuesta.

2. ¿Cómo celebran los mexicanos el día de la independencia de su país?

3. ¿Te gustan los cuadros de Diego Rivera y Frida Kahlo? Explica por qué.

4. ¿Por qué piensas que los mayas son importantes en la historia de México?

5. ¿Qué platos (*dishes*) típicos de México te gustan más? ¿Por qué?

6. ¿Por qué Diego Rivera y Frida Kahlo decidieron pintar (*decided to paint*) gente indígena y campesinos?

En Internet

Busca más información sobre estos temas en el sitio vistahigherlearning.com. Presenta la información a tus compañeros/as de clase.

- El 16 de septiembre en México
- Frida Kahlo y Diego Rivera
- Los mayas
- La comida mexicana

5 Las vacaciones

Para empezar

- ¿Los chicos en la foto, nadan, bucean o toman el sol?
- ¿Están ellos en el mar o en una piscina?
- ¿Quién tiene sueño? ¿El hombre o la mujer?
- ¿Cuántos años crees que tienen: veinte o treinta?
- ¿Es el mediodía o la medianoche?

Las vacaciones

el pasaporte
passport

la estación del tren
train station

LAS VACACIONES Y LOS VIAJES

el aeropuerto *airport*
la agencia de viajes *travel agency*
el/la agente de viajes *travel agent*
la estación de autobuses *bus station*
   del metro *subway station*
el/la inspector(a) de aduanas *customs officer*
el pasaje (de ida y vuelta) *(round-trip) ticket*
la tienda de campaña *tent*
el/la viajero/a *traveler*

¿QUÉ TIEMPO HACE?

¿Qué tiempo hace? *How's the
  weather?; what's the weather like?*
Está despejado. *It's clear.*
  (muy) nublado. *It's (very) cloudy.*
Hace buen/mal tiempo. *It's nice/bad
  weather.*
  (mucho) calor. *It's (very) hot.*
  fresco. *It's cool.*
  (mucho) frío. *It's (very) cold.*
  (mucho) sol. *It's (very) sunny.*
  (mucho) viento. *It's (very) windy.*
Hay (mucha) niebla. *It's (very) foggy.*

llover (o:ue) *to rain*
Llueve. *It's raining.*
nevar (e:ie) *to snow*
Nieva. *It's snowing.*

el botones
bellhop

EN EL HOTEL

el alojamiento *lodging*
la cabaña *cabin*
la cama *bed*
el/la empleado/a *employee*
la habitación *room*
  individual *single room*
  doble *double room*
el hotel *hotel*
el/la huésped *guest*
la pensión *boarding house*
el piso *floor (of a building)*
la planta baja *ground floor*

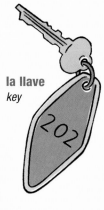

la llave
key

recursos

WB pp. 45–46	LM p. 25	Lab CD/MP3 Lección 5	I CD-ROM Lección 5	Vocab CD Lección 5

ir en motocicleta (f.)
to go by motorcycle

ACTIVIDADES

acampar *to camp*

confirmar una reservación *to confirm a reservation*

estar de vacaciones *to be on vacation*

hacer las maletas *to pack (one's suitcases)*

hacer turismo (m.) *to go sightseeing*

   un viaje *to take a trip*

   una excursión *to go on a hike, to go on a tour*

ir a la playa *to go to the beach*

ir de pesca *to go fishing*

   de vacaciones *to go on vacation*

ir en autobús (m.) *to go by bus*

   en auto(móvil) (m.) *to go by car*

   en avión (m.) *to go by plane*

   en barco (m.) *to go by boat*

   en taxi (m.) *to go by taxi*

pasar por la aduana *to go through customs*

pescar *to fish*

NÚMEROS ORDINALES

primer, primero/a *first*

segundo/a *second*

tercer, tercero/a *third*

cuarto/a *fourth*

quinto/a *fifth*

sexto/a *sixth*

séptimo/a *seventh*

octavo/a *eighth*

noveno/a *ninth*

décimo/a *tenth*

LAS ESTACIONES Y LOS MESES

el invierno *winter*

la primavera *spring*

el verano *summer*

el otoño *fall, autumn*

el año *year*

la estación *season*

el mes *month*

sacar fotos (f. pl.)
to take pictures

OTRAS PALABRAS Y EXPRESIONES

el ascensor *elevator*

el campo *countryside*

el equipaje *luggage*

la llegada *arrival*

el mar *ocean, sea*

la salida *departure; exit*

¿Cuál es la fecha de hoy? *What is today's date?*

Hoy es el primero (dos, tres,...) de marzo.
Today is March first (second, third,...).

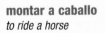

montar a caballo
to ride a horse

enero	*January*
febrero	*February*
marzo	*March*
abril	*April*
mayo	*May*
junio	*June*
julio	*July*
agosto	*August*
septiembre	*September*
octubre	*October*
noviembre	*November*
diciembre	*December*

Práctica y conversación

1 Escuchar 🎧 Indicate who would probably make each statement you hear. Each answer is used twice.

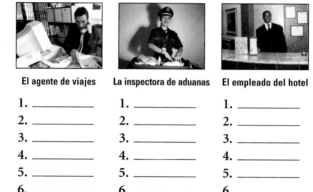

El agente de viajes	La inspectora de aduanas	El empleado del hotel
1. _____	1. _____	1. _____
2. _____	2. _____	2. _____
3. _____	3. _____	3. _____
4. _____	4. _____	4. _____
5. _____	5. _____	5. _____
6. _____	6. _____	6. _____

2 ¿Cierto o falso? 🎧 Listen to each sentence and indicate whether it is **cierto** or **falso**. Correct the false statements.

Cierto	Falso	
_____	_____	1. _____
_____	_____	2. _____
_____	_____	3. _____
_____	_____	4. _____
_____	_____	5. _____
_____	_____	6. _____
_____	_____	7. _____
_____	_____	8. _____

3 Contestar 👥 Answer these questions with a classmate.

MODELO
¿Cuál es el primer mes de la primavera?
Estudiante 1: ¿Cuál es el primer mes de la primavera?
Estudiante 2: Marzo.

1. ¿Cuál es la fecha de hoy?
2. ¿Qué estación es? ¿Te gusta esta (*this*) estación?
3. ¿Cuál es el segundo mes del verano?
4. ¿Cuál es el primer mes del invierno?
5. ¿Cuál es la cuarta estación del año?
6. ¿Prefieres el otoño o la primavera? ¿Por qué?
7. ¿Prefieres el mar o la montaña? ¿Por qué?
8. ¿Te gusta más el campo o la ciudad?
9. ¿Qué prefieres: el calor o el frío?
10. ¿En qué mes piensas ir de vacaciones este año? ¿Adónde quieres ir?

4 **Describir** With a partner, describe what these people are doing.

Enrique y Juan

Josefina

Ricardo

Don Luis

Amalia

El Sr. y la Sra. Montes

Pronunciación Spanish b and v 🎧

bueno	vóleibol	biblioteca	vivir

There is no difference in pronunciation between the Spanish letters **b** and **v**. However, each letter can be pronounced two different ways, depending on which letters appear next to them.

bonito	viajar	también	investigar

B and **v** are pronounced like the English hard **b** when they appear either as the first letter of a word, at the beginning of a phrase, or after **m** or **n**.

deber	novio	abril	cerveza

In all other positions, **b** and **v** have a softer pronunciation, which has no equivalent in English. Unlike the hard **b**, which is produced by tightly closing the lips and stopping the flow of air, the soft **b** is produced by keeping the lips slightly open.

bola	vela	Caribe	declive

In both pronunciations, there is no difference between **b** and **v**. The English _v_ sound, produced by friction between the upper teeth and lower lip, does not exist in Spanish. Instead, the soft **b** comes from friction between the two lips.

Verónica y su esposo cantan boleros.

When **b** or **v** begins a word, its pronunciation depends on the previous word. At the beginning of a phrase or after a word that ends in **m** or **n**, it is pronounced as a hard **b**.

Benito es de Boquerón pero vive en Victoria.

Words that begin with **b** or **v** are pronounced with a soft **b** if they appear immediately after a word that ends in a vowel or any consonant other than **m** or **n**.

> No hay mal que por bien no venga.[1]

> Hombre prevenido vale por dos.[2]

Refranes Read these sayings aloud to practice the **b** and the **v**.

1 Every cloud has a silver lining.
2 An ounce of prevention equals a pound of cure.

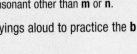

recursos

Text CD
Lección 5

LM
p. 26

Lab CD/MP3
Lección 5

I CD-ROM
Lección 5

Tenemos una reservación.

Don Francisco y los estudiantes llegan al hotel.

Personajes

DON FRANCISCO

JAVIER

INÉS

ÁLEX

MAITE

EMPLEADA

BOTONES

EMPLEADA ¿En qué puedo servirles?

DON FRANCISCO Mire, yo soy Francisco Castillo Moreno y tenemos una reservación a mi nombre.

EMPLEADA Mmm… No veo su nombre aquí. No está.

DON FRANCISCO ¿Está segura, señorita? Quizás la reservación está a nombre de la agencia de viajes, Ecuatur.

EMPLEADA Pues sí, aquí está… dos habitaciones dobles y una individual, de la ciento uno a la ciento tres… todas en las primeras cabañas.

DON FRANCISCO Gracias, señorita. Muy amable.

BOTONES Bueno, la habitación ciento dos… Por favor.

ÁLEX Hola, chicas. ¿Qué están haciendo?

MAITE Estamos descansando.

JAVIER Oigan, no están nada mal las cabañas, ¿verdad?

INÉS Y todo está muy limpio y ordenado.

ÁLEX Sí, es excelente.

MAITE Y las camas son tan cómodas.

recursos

VM pp. 177–178

I CD-ROM Lección 5

Es V CD-ROM Lección 5

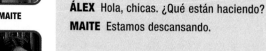

INÉS Oigan, yo estoy aburrida. ¿Quieren hacer algo?

JAVIER ¿Por qué no vamos a explorar la ciudad un poco más?

INÉS ¡Excelente idea! ¡Vamos!

MAITE No, yo no voy. Estoy cansada y quiero descansar un poco porque a las seis voy a correr con Álex.

ÁLEX Y yo quiero escribir un mensaje electrónico antes de ir a correr.

JAVIER Pues nosotros estamos listos, ¿verdad, Inés?

INÉS Sí, vamos.

MAITE Adiós.

INÉS & JAVIER ¡Chau!

ÁLEX Bueno, nos vemos a las seis.

MAITE Sí, hasta luego.

ÁLEX Adiós.

MAITE ¿Inés y Javier? Juntos otra vez.

Expresiones útiles

Talking to hotel personnel

¿En qué puedo servirles?
How can I help you?

Tenemos una reservación a mi nombre.
We have a reservation in my name.

Mmm… No veo su nombre. No está.
I don't see your name. It's not here.

¿Está seguro/a? Quizás/Tal vez está a nombre de Ecuatur.
Are you sure? Maybe it's in the name of Ecuatur.

Aquí está… dos habitaciones dobles y una individual.
Here it is, two double rooms and one single.

Aquí tienen las llaves.
Here are your keys.

Gracias, señorita. Muy amable.
Thank you, miss. Very kind/nice.

¿Dónde pongo las maletas?
Where do I put the suitcases?

Allí, encima de la cama.
There, on the bed.

Describing a hotel

No están nada mal las cabañas.
The cabins aren't bad at all.

Todo está muy limpio y ordenado.
Everything is very clean and orderly.

Es excelente/estupendo/ fabuloso/fenomenal.
It's excellent/stupendous/ fabulous/great.

Es increíble/magnífico/ maravilloso/perfecto.
It's incredible/magnificent/ marvelous/perfect.

Las camas son tan cómodas.
The beds are so comfortable.

Talking about how you feel

Estoy un poco aburrido/a/cansado/a.
I'm a little bored/tired.

¿Qué piensas?

1 **Ordenar** Put these events in the correct order.

_____ **a.** Las chicas descansan en su habitación.

_____ **b.** Javier e Inés deciden ir a explorar la ciudad.

_____ **c.** Don Francisco habla con la empleada del hotel.

_____ **d.** Javier, Maite, Inés y Álex hablan en la habitación de las chicas.

_____ **e.** El botones pone las maletas en la cama.

2 **Completar** Complete these sentences using the words below.

la agencia de viajes	descansar	habitación individual
las camas	el empleado	hacer las maletas
cansada	habitaciones dobles	las maletas

1. La reservación para el hotel está a nombre de _____.

2. Los estudiantes tienen dos _____.

3. Don Francisco tiene una _____.

4. Maite va a _____ porque está _____.

5. El botones lleva _____ a las habitaciones.

6. Las habitaciones son buenas y _____ son cómodas.

3 **Minidrama** With two or three classmates, prepare a skit with the following scenes:

Scene 1: You call your travel agent and make a hotel reservation for a specific date.

Scene 2: You go to the front desk at the hotel to check in and find out that there are problems with your reservation. You solve the problems and check in.

Scene 3: You find a bellhop to take your bags to your room.

Scene 4: Your bellhop shows you to your room and asks you where to put your bags. You tell the bellhop where to put them and thank him or her.

Exploración

El alojamiento

España tiene unos paradores impresionantes. Generalmente los paradores son castillos o palacios que reflejan la cultura de la región.

Hay muchos tipos de alojamiento para las personas que viajan a los países hispanos. Por ejemplo, hay muchos hoteles elegantes como el Hotel San Juan en San Juan, Puerto Rico. Está cerca de la playa y ofrece hermosas (*beautiful*) habitaciones y jardines (*gardens*) tropicales.

Muchos estudiantes prefieren los albergues juveniles (*youth hostels*) porque son baratos (*inexpensive*). Además, los huéspedes tienen la oportunidad de conocer (*meet*) a personas de todo el mundo (*around the world*).

Estadísticas de hoteles

Cadenas de hoteles más importantes:
- Sol Meliá (España)
- Posadas de México (México)
- N.H. Hoteles (España)

Hoteles más grandes del mundo hispano:
- Moon Palace Hotel (Cancún, México)
- Oasis Cancún Hotel (Cancún, México)
- Sheraton María Isabel Hotel & Towers (México, D.F.)
- Hilton (Caracas, Venezuela)
- Catalonia Bávaro Resort (República Dominicana)
- Caribe Hilton Hotel (San Juan, Puerto Rico)

Coméntalo

With a classmate, discuss these questions.

- Imagina que vas de vacaciones. ¿Prefieres estar en un hotel, un parador o en un albergue juvenil? ¿Por qué?
- ¿Hay un albergue juvenil en tu comunidad? ¿Hay un lugar similar a un parador?

recursos

vistahigher
learning.com

5.1 Estar with conditions and emotions

▶ **Estar** is used to talk about how you are and to say where nouns are located.

Estoy bien, gracias.
I'm fine, thanks.

Juan **está** en la biblioteca.
Juan is at the library.

▶ **Estar** is used with adjectives to describe the physical condition of nouns.

La puerta **está** cerrada.
The door is closed.

Todo **está** muy limpio.
Everything is very clean.

▶ **Estar** is also used with adjectives to describe how people feel.

Estoy
aburrida.

Estoy
cansada.

Adjectives that describe emotions and conditions					
abierto/a	open	contento/a	happy, content	nervioso/a	nervous
aburrido/a	bored; boring	desordenado/a	disorderly; messy	ocupado/a	busy
alegre	happy; joyful	enamorado/a (de)	in love (with)	ordenado/a	orderly
avergonzado/a	embarrassed	enojado/a	mad, angry	preocupado/a (por)	worried (about)
cansado/a	tired	equivocado/a	wrong; mistaken	seguro/a	sure; safe
cerrado/a	closed	feliz	happy	sucio/a	dirty
cómodo/a	comfortable	limpio/a	clean	triste	sad

ESPAÑOL EN VIVO

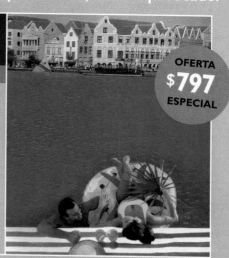

TÚ: en la ciudad. Estás muy ocupado, cansado y nervioso.
Si crees que el invierno es así para todos, estás equivocado.

CURAÇAO

Donde siempre es verano

OFERTA
$797
ESPECIAL

El paquete incluye:

• Pasaje de ida y vuelta

• Cómoda estancia de 5 días
en habitación doble

• Excursiones en barco a los
maravillosos lugares de la isla

**Consulte su
Agencia de Viajes.**

ELLOS: de vacaciones en Curaçao. Están felices y relajados.
¿Estás listo para hacer tus maletas?

Práctica y conversación

1 **Un viaje** Tere is going on a trip. Say how she, her family, and her friends are feeling.

Tere

cansado	está	estoy
enojado	estamos	felices
equivocados	están	nerviosa

1. Hoy yo _____ muy contenta porque mañana voy a hacer un viaje a Chicago.
2. También estoy _____ porque voy en avión.
3. Mis padres _____ preocupados porque voy sola (*alone*).
4. Mi amiga Patricia y yo _____ tristes porque ella no puede ir.
5. Es que Patricia _____ ocupada con sus clases.
6. Mi novio César está _____ porque no puede ir.
7. Mis hermanos Juan y Rafael están _____ porque no voy a estar en casa.
8. Todos (*they all*) piensan que voy a tener problemas. Creo que están _____.

2 **¿Dónde están y cómo están?** Indicate where these people are and how they feel.

Sebastián

1. Comodo

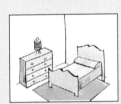
Olivia y Marco

3. enamorado

Mónica

2. Ocupada

El profesor Olmos

4. enojado

3 **Situaciones** With a partner, talk about how you feel in these situations.

1. Cuando estoy de vacaciones…
2. Cuando hago un examen…
3. Cuando estoy con la familia…
4. Cuando estoy en la clase de español…
5. Cuando llueve…
6. Cuando asisto a un funeral…
7. Cuando mi novio/a sale con otro/a chico/a…

4 **Describir** With a partner, describe the following people and places.

Anabela

Juan y Luisa

la habitación de Teresa

la habitación de César

5 **Preguntas** Use these questions to interview your partner.

1. ¿Estás ocupado/a este fin de semana? ¿Qué vas a hacer?
2. ¿Estás enamorado/a? ¿De quién?
3. ¿Qué haces cuando estás contento/a?
4. ¿Qué haces cuando estás aburrido/a?
5. ¿Qué haces cuando estás cansado/a?
6. ¿Qué haces cuando estás nervioso/a?

5.2 The present progressive

¿Qué están
haciendo?

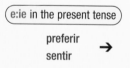

Estamos
descansando.

▸ Both Spanish and English have a present progressive tense, which consists of the present tense of the verb *to be* and the present particicple (the *–ing* form of the verb in English).

Los chicos **están jugando.**	**Estoy escribiendo** una postal.	**Estás mirando** la televisión.
The kids are playing.	*I am writing a postcard.*	*You are watching television.*

▸ The present progressive is formed with **estar** and the present participle of the main verb.

ESTAR + PRESENT PARTICIPLE

Están cantando.	**Estamos esperando.**	**Estoy comiendo.**	Ella **está trabajando.**
They are singing.	*We are waiting.*	*I am eating.*	*She is working.*

▸ The present participle of regular verbs is formed as follows:

INFINITIVE	STEM	ENDING	PRESENT PARTICIPLE
hablar	habl–	–ando	hablando
comer	com–	–iendo	comiendo
escribir	escrib–	–iendo	escribiendo

▸ When the stem of an **–er** or **–ir** verb ends in a vowel, the present participle ends in **–yendo**.

INFINITIVE	STEM	ENDING	PRESENT PARTICIPLE
leer	le–	–yendo	leyendo
oír	o–	–yendo	oyendo
traer	tra–	–yendo	trayendo

▸ The verbs **ir**, **poder**, and **venir** have irregular present participles (**yendo**, **pudiendo**, **viniendo**). Several other verbs have irregular present participles.

–*ir* stem-changing verbs

e:ie in the present tense	PRESENT PARTICIPLE	e:i in the present tense	PRESENT PARTICIPLE	o:ue in the present tense	PRESENT PARTICIPLE
preferir	prefiriendo	conseguir	consiguiendo	dormir →	durmiendo
sentir →	sintiendo	pedir →	pidiendo		
		seguir	siguiendo		

▸ The present progressive is used less in Spanish than in English. In Spanish, the present progressive emphasizes that an action is *in progress*.

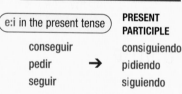

Ella todavía **está escuchando** música.
She is still listening to music.

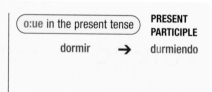

Javier **está dibujando** ahora mismo.
Javier is drawing right now.

▶ In English, the present progressive is used with actions that occur over time or in the future. In Spanish, the simple present tense is used.

Practican fútbol este verano.
They're playing soccer this summer.

Salgo hoy a las tres.
I'm leaving today at three.

Práctica y conversación

1 **De vacaciones** Mauricio and his family are vacationing. Complete his description of what everyone is doing right now.

1. Yo _____

4. Mi mamá _____

2. Mi hermana Elena _____

5. Mis hermanos _____

3. Mi papá _____

6. Mi abuela _____

2 **Un amigo preguntón** You are on summer vacation. A nosy friend calls you at all hours to see what you're doing. Look at the clocks and tell him.

MODELO
Estoy descansando. **6:30**PM

 1. _____

 3. _____

 2. _____

4. _____

3 **¿Qué están haciendo?** With a partner, say what these celebrities are doing right now, using the cues provided.

MODELO
Tiger Woods está jugando al golf.

Tiger Woods

Carlos Costa

Nomar Garciaparra

Marion Jones

Michelle Kwan

Carlos Santana

Christina Aguilera

4 **Describir** With a partner, describe what's going on in this picture.

5.3 Comparing **ser** and **estar**

Soy Francisco Castillo Moreno. Yo soy de la agencia Ecuatur.

Su nombre no está en mi lista.

▶ **Ser** and **estar** both mean *to be*, but are used for different purposes.

Uses of *ser*

Nationality and place of origin	Los Gómez son peruanos. Luisa es de Cuzco.	**Possession**	Las postales son de Maite.
Profession or occupation	Adela es ingeniera. Any y yo somos médicos.	**What something is made of**	Las llaves son de metal.
Traits of people and things	Sus padres son amables. El hotel es muy grande.	**Date and time**	¿Qué hora es? Son las tres. ¿Qué día es hoy? Hoy es lunes. Hoy es el dos de abril.
Generalizations	Es necesario trabajar.	**Where or when events occur**	La fiesta es en mi casa. El concierto es a las ocho.

Uses of *estar*

Location or spatial relationships	El hotel no está lejos. Álex está en el cine.	**Emotional states**	Silvio está aburrido. Estoy contenta con el viaje.
Health	¿Cómo estás? Estoy enfermo.	**Certain weather expressions**	Está despejado. Está nublado.
Physical states and conditions	El conductor está cansado. Las puertas están cerradas.	**Ongoing actions (progressive)**	Estamos buscando el museo. Chela está durmiendo.

Ser and estar with adjectives

▶ With many adjectives, both **ser** and **estar** can be used, but with different connotations. Statements with **ser** describe inherent, permanent qualities. **Estar** is used to describe temporary and changeable conditions.

Juan **es** nervioso.
Juan is nervous.

Juan **está** nervioso hoy.
Juan is nervous today.

Ana siempre **es** feliz.
Ana is always happy.

Ana **está** feliz hoy.
Ana is happy today.

▶ Some adjectives change in meaning depending on whether they are used with **ser** or **estar**.

With *ser*		With *estar*	
El chico **es listo**. *The boy is **smart**.*	Las peras **son verdes**. *The pears are **green**.*	El chico **está listo**. *The boy is **ready**.*	Las peras **están verdes**. *The pears are **not ripe**.*
La niña **es mala**. *The girl is **bad**.*	El gato **es muy vivo**. *The cat is **very lively**.*	La niña **está mala**. *The girl is **sick**.*	El gato **está vivo**. *The cat is **alive**.*
Él **es aburrido**. *He is **boring**.*	El puente **es seguro**. *The bridge is **safe**.*	Él **está aburrido**. *He is **bored**.*	Él no **está seguro**. *He's **not sure**.*

Práctica y conversación

1 Completar Complete this dialogue with **ser** and **estar**.

TINA ¡Hola, Ricardo! ¿Cómo _____?

RICARDO Hola, Tina. Bien, gracias. ¡Qué guapa _____ hoy!

TINA Gracias. _____ muy amable. Oye, ¿qué _____ haciendo? ¿_____ ocupado?

RICARDO No, sólo _____ escribiendo un mensaje electrónico a mi amigo Sancho.

TINA ¿De dónde _____ él?

RICARDO Sancho _____ de Ponce, pero ahora él y su familia _____ de vacaciones en Nueva York.

TINA Y… ¿cómo _____ Sancho?

RICARDO _____ moreno y un poco bajo. También _____ muy listo. Quiere _____ ingeniero.

2 En el aeropuerto What do the people in the picture look like? How are they feeling? What are they doing?

1. El señor Matadero _____ .
2. El señor Delgado _____ .
3. Luis _____ .
4. Dolores _____ .
5. Anita _____ .
6. La señora Ortiz _____ .
7. El señor Campo _____ .

3 Advinar Using the questions below as a guide, describe a few classmates to your partner. Don't mention their names. Your partner should guess which classmate you are describing. For a challenge, describe a couple of celebrities and your partner will guess their identities.

1. ¿Cómo es? _____
2. ¿Cómo está? _____
3. ¿De dónde es? _____
4. ¿Dónde está? _____
5. ¿Qué está haciendo? _____

4 Describir With a partner, describe the people in the drawing. Your descriptions should answer these questions.

1. ¿Quiénes son? _____ .
2. ¿Dónde están? _____ .
3. ¿Cómo son? _____ .
4. ¿Cómo están? _____ .
5. ¿Qué están haciendo? _____ .
6. ¿Qué estación es? _____ .
7. ¿Qué tiempo hace? _____ .
8. ¿Qué hora es? _____ .

5.4 Direct object nouns and pronouns

¿Dónde pongo
las maletas?

Puede ponerlas
encima de la cama.

▶ A direct object receives the action of the verb directly and generally follows the verb. In this example, the direct object answers the question *what is Maite writing*?

SUBJECT	VERB	DIRECT OBJECT NOUN
Maite	está escribiendo	unas postales.
Maite	*is writing*	*some postcards.*

▶ When a direct object noun is a person or a pet, it is preceded by the word **a**. The "personal **a**" has no English equivalent.

Marta busca **a** sus amigos.
Marta looks for her friends.

Escucho **al** profesor.
I listen to the professor.

Hay muchos
lugares interesantes
por aquí. ¿Quieren
ir a verlos?

Direct object pronouns

Singular forms				Plural forms		
me	*me*	lo	*you (m., form.); him; it (m.)*	nos	*us*	los	*you (m., form.); them (m.)*
te	*you (fam.)*	la	*you (f., form.); her; it (f.)*	os	*you (fam.)*	las	*you (f., form.); them (f.)*

▶ Direct object pronouns replace direct object nouns. Like English, Spanish sometimes uses a direct object pronoun to avoid repetition.

DIRECT OBJECT	DIRECT OBJECT PRONOUN	DIRECT OBJECT	DIRECT OBJECT PRONOUN
Ella hace las maletas.	Ella **las** hace.	Él tiene el carro.	Él **lo** tiene.

▶ In affirmative sentences, direct object pronouns generally appear before the conjugated verb. In negative sentences, the pronoun is placed between the word **no** and the verb.

Katia tiene las llaves.	Katia **las** tiene.	Él **no** practica el tenis.	Él **no lo** practica.

▶ In the present progressive and in infinitive constructions, the direct object pronoun can be placed before the conjugated form, or attached to the present participle or infinitive.

Vamos a hacer las maletas.	**Las** vamos a hacer. / Vamos a hacer**las**.	Quiero ver el estadio.	**Lo** quiero ver. / Quiero ver**lo**.

▶ When a pronoun is attached to the present participle, an accent mark is added to maintain the proper stress.

Están buscando la llave.	**La** están buscando. / Están buscándo**la**.

Práctica y conversación

1 Seleccionar Choose the correct response.

1. ¿El artista quiere dibujarte con tu mamá?

   a. Sí, quiere dibujarlos mañana.

   b. Sí, nos quiere dibujar mañana.

   c. Sí, quiere dibujarte mañana.

2. ¿Quién tiene los pasajes?

   a. Yo lo tengo.

   b. Rita las lleva al aeropuerto.

   c. Mónica los tiene.

3. ¿Vas a llevar a tu hermana a la playa?

   a. No, no voy a llevarlas.

   b. No, no voy a llevarte.

   c. No, no voy a llevarla.

4. ¿Vas a hacer las maletas?

   a. Sí, voy a hacerla.

   b. Sí, voy a hacerlas.

   c. Sí, los voy a hacer.

5. ¿Quién tiene la llave de nuestra habitación?

   a. Yo no la tengo.

   b. Amalia los tiene.

   c. Yo lo tengo.

6. ¿Me puedes llevar al partido de fútbol?

   a. No, no las puedo llevar.

   b. Sí, los puedo llevar.

   c. Sí, te puedo llevar.

2 ¿Qué estás haciendo? 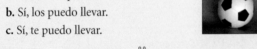 A classmate has called to find out what you are doing to prepare for your trip to Cancún. Answer his or her questions.

MODELO

buscar tu cámara

Estudiante 1: ¿Estás buscando tu cámara?

Estudiante 2: No, no estoy buscándola.

Estudiante 1: ¿Cuándo la vas a buscar?

Estudiante 2: Voy a buscarla mañana (el lunes, a los dos, etc.).

1. preparar los documentos de viaje

2. confirmar tus reservaciones

3. buscar tu pasaje

4. hacer tus maletas

3 Entrevista 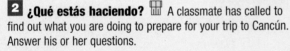 Use these questions to interview a classmate. Your classmate should respond using direct object pronouns.

1. ¿Quién prepara la comida (*food*) en tu casa?

2. ¿Visitas mucho a tus abuelos?

3. ¿Cuándo ves a tus amigos?

4. ¿Estudias español todos los días?

5. ¿Traes tu libro a clase? ¿Y tu cuaderno?

6. ¿Cuándo vas a hacer la tarea de la clase de español?

7. ¿Ves mucho la televisón? ¿Cuándo vas a ver tu programa favorito?

8. ¿Tienes las llaves de tu casa? ¿De tu carro (*car*)?

4 En un café Get together with a partner and take turns asking each other questions about the drawing.

MODELO

Estudiante 1: ¿Quién está leyendo el mapa?

Estudiante 2: El Sr. Torres está leyéndolo.

Ampliación

1 Escuchar 🎧

A Listen to the weather report by Hernán Jiménez and indicate which of these phrases are correct.

TIP **Listen for key words.** Listening for key words and phrases will help you identify the subject and main ideas, as well as some of the details.

Santo Domingo

___ **1.** hace sol

___ **2.** va a hacer frío

___ **3.** una mañana de mal tiempo

___ **4.** va a estar nublado

___ **5.** buena tarde para tomar el sol

___ **6.** buena mañana para ir a la playa

San Francisco de Macorís

___ **1.** hace frío

___ **2.** hace sol

___ **3.** va a nevar

___ **4.** va a llover

___ **5.** hay niebla

___ **6.** buen día para excursiones

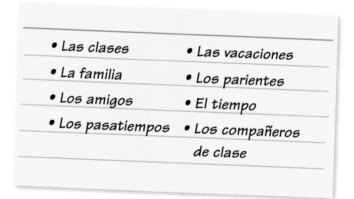

B ¿Qué tiempo hace en Santo Domingo ahora? ¿Y en San Francisco de Macorís? ¿Qué tiempo hace en tu ciudad?

2 Conversar 🎭 Get together with a classmate you don't know very well and ask each other questions using **ser, estar,** and other verbs. Be sure to ask about the following topics.

- Las clases
- La familia
- Los amigos
- Los pasatiempos
- Las vacaciones
- Los parientes
- El tiempo
- Los compañeros de clase

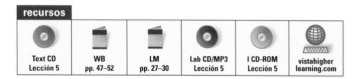

recursos

| Text CD Lección 5 | WB pp. 47–52 | LM pp. 27–30 | Lab CD/MP3 Lección 5 | I CD-ROM Lección 5 | vistahigher learning.com |

3 Escribir Write a tourist brochure for a hotel or resort.

TIP Make an outline. Separate topics and subtopics in order to provide a framework for the information you want to present.

Descripción del sitio (con foto)
A. Playa Grande
1. Playas seguras y limpias
2. Ideal para tomar el sol y descansar
B. El hotel
1. Abierto los 365 días del año
2. Piscina grande

Organízalo Jot down the most attractive aspects of your hotel or resort. Then, organize your ideas into an outline.

Escríbelo Using the outline you have compiled, write the first draft of your brochure.

Corrígelo Exchange papers with a classmate and comment on the brochure's completeness, organization, grammatical correctness, and level of interest. Then revise your first draft, keeping your classmate's comments in mind.

Compártelo Swap brochures with a classmate. After you have read the brochure, name the three aspects of the hotel or resort that appeal to you most or least.

4 Un paso más Create a real or simulated website to promote a travel package to a resort in a Spanish-speaking country. Include images whenever possible. Your website should consist of the following pages:

- A home page with a general description of the tour and links to your other pages
- A page describing the means of transportation
- A page describing hotels and accommodations
- A page about the locations to be visited
- A page detailing activities available to travelers.

En Internet

Investiga estos temas en el sitio vistahigherlearning.com.

- Balnearios (*resorts*) de España
- Balnearios de América del Sur
- Balnearios de México, Centroamérica y el Caribe

Antes de leer

By scanning for specific information, you can learn a great deal about a text without reading it word for word. For example, you can scan a document to identify its format, to find cognates, or to find specific facts.

Examinar el texto

Scan the reading selection for cognates and write a few of them down.

1. _____

2. _____

3. _____

4. _____

5. _____

Based on the cognates you found, what do you think this document is about?

_____

_____

Preguntas

Read the following questions. Then scan the document again to look for answers to the questions.

1. What is the format of the reading selection?

_____

2. What place is the document about?

_____

3. What are some of the visual cues this document provides? What do they tell you about the content of the document?

_____

_____

4. Who produced the document, and what do you think the document is for?

_____

_____

recursos

vistahigher
learning.com

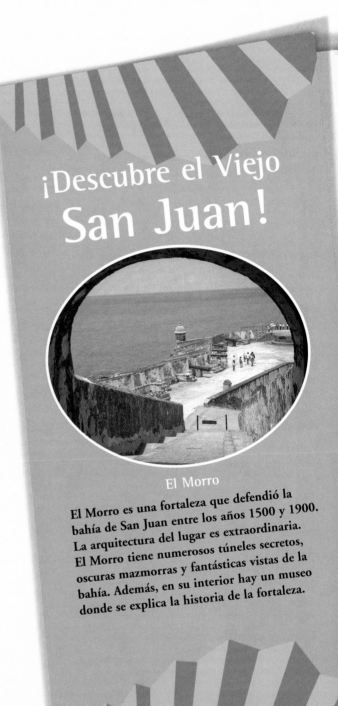

¡Descubre el Viejo San Juan!

El Morro

El Morro es una fortaleza que defendió la bahía de San Juan entre los años 1500 y 1900. La arquitectura del lugar es extraordinaria. El Morro tiene numerosos túneles secretos, oscuras mazmorras y fantásticas vistas de la bahía. Además, en su interior hay un museo donde se explica la historia de la fortaleza.

La Iglesia de San José

La Iglesia de San José está en el norte de la ciudad, en la famosa plaza del mismo nombre. Esta iglesia es una construcción de 1532. De hecho, es la iglesia más antigua de la isla y un excelente ejemplo de la arquitectura gótica española del siglo XVI.

El Museo Pablo Casals

Pablo Casals es un famoso violonchelista español, que vivió los últimos años de su vida, de 1956 a 1973, en la isla de Puerto Rico. El Museo Pablo Casals es un interesante edificio del siglo XVIII. En su interior hay muchos objetos personales del músico, como su chelo, su piano y una gran cantidad de manuscritos y fotografías.

Hermosos hoteles y cafés

El Viejo San Juan ofrece unos hoteles impresionantes, con habitaciones lujosas y vistas increíbles de la ciudad y del mar. Cerca de los hoteles hay cafés muy agradables, donde los viajeros pueden conversar y escuchar diferentes estilos de música.

Después de leer

¿Comprendiste?

Indicate whether each statement is **cierto** or **falso**.

Cierto | Falso

_____ _____ 1. El Morro es una fortaleza en la bahía de San Juan.

_____ _____ 2. El Viejo San Juan no tiene hoteles buenos.

_____ _____ 3. El Museo Pablo Casals tiene artículos del famoso violonchelista.

_____ _____ 4. La Iglesia de San José tiene un museo.

_____ _____ 5. El Museo Pablo Casals es un edificio del siglo XVIII.

_____ _____ 6. La Iglesia de San José es de estilo moderno.

Preguntas

1. ¿Dónde pasa Pablo Casals los últimos años de su vida?

2. Describe la arquitectura de la Iglesia de San José.

3. ¿Qué podemos hacer en los cafés del Viejo San Juan?

4. ¿Qué hay en el interior de El Morro?

5. ¿Dónde está la Iglesia de San José?

Coméntalo

Imagina que vas de vacaciones al Viejo San Juan. ¿En qué mes del año deseas ir? ¿Por qué? ¿Quieres visitar los lugares mencionados aquí? ¿Por qué?

mazmorras *dungeons* además *besides* se explica *they explain; (something) is explained* de hecho *in fact* más antigua *oldest* siglo *century* edificio *building* lujosas *luxurious*

Los viajes y las vacaciones

el aeropuerto	airport
la agencia de viajes	travel agency
el/la agente de viajes	travel agent
la estación de autobuses, del metro, del tren	bus, subway, train station
el/la inspector(a) de aduanas	customs inspector
el pasaje (de ida y vuelta)	(round-trip) ticket
el pasaporte	passport
la tienda de campaña	tent
el/la viajero/a	traveler
acampar	to camp
confirmar una reservación	to confirm a reservation
estar de vacaciones	to be on vacation
hacer las maletas	to pack (one's suitcases)
hacer turismo (m.)	to go sightseeing
hacer un viaje	to take a trip
hacer una excursión	to go on a hike, to go on a tour
ir a la playa	to go to the beach
ir de pesca	to go fishing
ir de vacaciones	to go on vacation
ir en autobús (m.), auto(móvil) (m.), avión (m.), barco (m.), motocicleta (f.), taxi (m.)	to go by bus, car, plane, boat, motorcycle, taxi
montar a caballo	to ride a horse
pasar por la aduana	to go through customs
pescar	to fish
sacar fotos (f. pl.)	to take pictures

En el hotel

el alojamiento	lodging
el/la botones	bellhop
la cabaña	cabin
la cama	bed
el/la empleado/a	employee
la habitación individual, doble	single, double room
el hotel	hotel
el/la huésped	guest
la llave	key
la pensión	boarding house
el piso	floor (of a building)
la planta baja	ground floor

Adjetivos

abierto/a	open
aburrido/a	bored; boring
alegre	happy, joyful
amable	nice; friendly
avergonzado/a	embarrassed
cansado/a	tired
cerrado/a	closed
cómodo/a	comfortable
contento/a	happy, content
desordenado/a	disorderly; messy
enamorado/a (de)	in love (with)
enojado/a	mad, angry
equivocado/a	wrong; mistaken
feliz	happy
limpio/a	clean
listo/a	ready; smart
malo/a	bad; sick
nervioso/a	nervous
ocupado/a	busy
ordenado/a	orderly
preocupado/a (por)	worried (about)
seguro/a	sure; safe
sucio/a	dirty
triste	sad
verde	green; ripe
vivo/a	lively; alive

¿Qué tiempo hace?

¿Qué tiempo hace?	How's the weather?; What's the weather like?
Está despejado.	It's clear.
Está (muy) nublado.	It's (very) cloudy.
Hace buen/mal tiempo.	It's nice/bad weather.
Hace (mucho) calor.	It's (very) hot.
Hace fresco.	It's cool.
Hace (mucho) frío.	It's (very) cold.
Hace (mucho) sol.	It's (very) sunny.
Hace (mucho) viento.	It's (very) windy.
Hay (mucha) niebla.	It's (very) foggy.
llover (o:ue)	to rain
Llueve.	It's raining.
nevar (e:ie)	to snow
Nieva.	It's snowing.

Otras palabras y expresiones

el ascensor	elevator
el campo	countryside
el equipaje	luggage
la llegada	arrival
el mar	ocean, sea
la salida	departure; exit
ahora mismo	right now
todavía	yet; still
¿Cuál es la fecha de hoy?	What is today's date?
Hoy es el primero (dos, tres,...) de marzo.	Today is March first (second, third,...).

Las estaciones y los meses	See page 99.
Números ordinales	See page 99.
Expresiones útiles	See page 103.
Direct object pronouns	See page 112.

See page 99. · See page 99. · See page 103. · See page 112.

recursos

LM
pp. 30

Lab CD/MP3
Lección 5

Vocab CD
Lección 5

6 ¡De compras!

Communicative Goals

You will learn how to:
- discuss how much things cost
- talk about clothing
- talk to salespeople

PREPARACIÓN

pages 120–123
- Words related to shopping
- Colors and other adjectives
- Pronouncing **d** and **t**

ESCENAS

pages 124–127
- Inés and Javier go to an open-air market. Inés browses the market and eventually buys a purse for her sister, as well as a shirt and a hat for herself. Javier buys a sweater for the hike in the mountains.

GRAMÁTICA

pages 128–137
- Numbers 101 and higher
- Preterite tense of regular verbs
- Indirect object pronouns
- Demonstrative adjectives and pronouns

LECTURA

pages 138–139
- Newspaper Advertisement: *El Palacio de la Ganga*

Para empezar

- ¿Crees que está comprando algo el hombre?
- ¿Crees que el empleado es amable?
- ¿Es delgado? ¿Es moreno?
- ¿Quién lleva bluejeans: el empleado o el cliente?
- ¿Qué tiempo crees que hace: frío o calor?

¡De compras!

DE COMPRAS

el almacén *department store*

la caja *cash register*

el centro comercial *shopping mall*

el/la cliente/a *client*

el/la dependiente/a *clerk*

el mercado (al aire libre) *(open-air) market*

la rebaja *sale*

la tienda *shop, store*

el/la vendedor(a) *salesperson*

costar (o:ue) *to cost*

gastar *to spend (money)*

hacer juego (con) *to match*

ir de compras *to go shopping*

llevar *to wear*

regatear *to bargain*

usar *to wear; to use*

vender *to sell*

el precio (fijo)
(fixed, set) price

el dinero
money

la tarjeta de crédito
credit card

recursos				
WB pp. 53–54	LM p. 31	Lab CD/MP3 Lección 6	I CD-ROM Lección 6	Vocab CD Lección 6

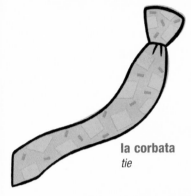

la corbata
tie

Ponerse – put on
llevar – to wear
Usar – to wear
Probar – to taste it to try
Comprar – to buy
Donar – to donate

LA ROPA

el abrigo *coat*	**las medias** *pantyhose, stockings*
los bluejeans *jeans*	
la blusa *blouse*	**los pantalones** *pants*
la bolsa *bag; purse*	**cortos** *shorts*
las botas *boots*	**el par** *pair*
los calcetines *socks*	**la ropa** *clothing, clothes*
la camisa *shirt*	**interior** *underwear*
la camiseta *t-shirt*	**las sandalias** *sandals*
la cartera *wallet*	**el sombrero** *hat*
la chaqueta *jacket*	**el suéter** *sweater*
el cinturón *belt*	**el traje** *suit*
la falda *skirt*	**de baño** *bathing suit*
los guantes *gloves*	**el vestido** *dress*
el impermeable *raincoat*	**los zapatos de tenis** *sneakers*

las gafas (de sol)
sunglasses

los zapatos
shoes

LOS COLORES

amarillo/a *yellow*

anaranjado/a *orange*

blanco/a *white*

rojo/a *red*

gris *gray*

rosado/a *pink*

negro/a *black*

morado/a *purple*

café *brown*

azul *blue*

verde *green*

ADJETIVOS

barato/a *cheap*

bueno/a *good*

cada *each*

caro/a *expensive*

corto/a *short*

elegante *elegant*

hermoso/a *beautiful*

largo/a *long*

loco/a *crazy*

nuevo/a *new*

otro/a *other; another*

pobre *poor*

rico/a *rich*

Práctica y conversación

1 **Escuchar** Listen to Juanita and Vicente talk about what they're packing for their vacations. Indicate who is packing each item. If both are packing an item, write both names. If neither is packing an item, write an X.

Vicente

Juanita

Artículo	Nombre(s)	Artículo	Nombre(s)
1. abrigo	_____	7. gafas de sol	_____
2. zapatos de tenis	_____	8. camisetas	_____
3. impermeable	_____	9. traje de baño	_____
4. chaqueta	_____	10. botas	_____
5. sandalias	_____	11. pantalones cortos	_____
6. bluejeans	_____	12. suéter	_____

2 **Anita la contraria** Your friend Anita always contradicts you. Indicate how she would respond to each sentence.

MODELO   El suéter nuevo de Tina es muy hermoso.
             No, su suéter es muy feo.

1. Las sandalias de Rufino están sucias. _____

2. El impermeable de don José es muy grande. _____

3. La corbata del Sr. Garza es larga. _____

4. Los trajes de Mauricio son bonitos. _____

5. Los zapatos de tenis de Noelia son nuevos. _____

6. El cinturón de Amalia es caro. _____

3 **Preguntas** Answer these questions with a classmate.

1. ¿De qué color es el suéter?

2. ¿De qué color es la corbata?

3. ¿De qué color es la planta?

4. ¿De qué color es la rosa de Texas?

5. ¿De qué color es la casa donde vive el presidente de EE.UU.?

6. ¿De qué color es una cebra?

4 **Entrevista** Use these questions to interview a classmate. Then report your findings to the class.

1. ¿Adónde vas para (*in order to*) comprar ropa? ¿Por qué?

2. En tu opinión, ¿es importante comprar frecuentemente ropa nueva?

3. ¿Cuánto dinero gastas en ropa cada mes? ¿Cada año?

4. Cuando vas de compras, ¿buscas rebajas?

5. ¿Regateas cuando compras ropa?

6. ¿Prefieres pagar en efectivo (*cash*) o con una tarjeta de crédito?

Pronunciación The consonants d and t

¿**D**ón**d**e?	ven**d**er	na**d**ar	ver**d**a**d**

Like **b** and **v**, the Spanish **d** can also have a hard sound or a soft sound, depending on which letters appear next to it.

Don	**d**inero	tien**d**a	fal**d**a

At the beginning of a phrase and after **n** or **l**, the letter **d** is pronounced with a hard sound. This sound is similar to the English *d* in *dog*, but a little softer and duller. The tongue should touch the back of the upper teeth, not the roof of the mouth.

me**d**ias	ver**d**e	vesti**d**o	huéspe**d**

In all other positions, **d** has a soft sound. It is similar to the English *th* in *there*, but a little softer.

Don **D**iego no tiene el **d**iccionario.

When **d** begins a word, its pronunciation depends on the previous word. At the beginning of a phrase or after a word that ends in **n** or **l**, it is pronounced as a hard **d**.

Doña **D**olores es **d**e la capital.

Words that begin with **d** are pronounced with a soft **d** if they appear immediately after a word that ends in a vowel or any consonant other than **n** or **l**.

traje	pan**t**alones	**t**arjeta	**t**ienda

When pronouncing the Spanish **t**, the tongue should touch the back of the upper teeth, not the roof of the mouth. Unlike the English **t**, no air is expelled from the mouth.

Refranes Read these sayings aloud to practice the **d** and the **t**.

En la variedad está el gusto.[1]

Aunque la mona se vista de seda, mona se queda.[2]

1 Variety is the spice of life.

2 You can't make a silk purse out of a sow's ear.

¡Qué ropa más bonita!

Javier e Inés van de compras al mercado.

Personajes

JAVIER

INÉS

EL VENDEDOR

INÉS Javier, ¡qué ropa más bonita! A mí me gusta esa camisa blanca y azul. Debe ser de algodón. ¿Te gusta?

JAVIER Yo prefiero la camisa de la izquierda, la gris con rayas rojas. Hace juego con mis botas marrones.

INÉS Está bien, Javier. Mira, necesito comprarle un regalo a mi hermana Graciela. Acaba de empezar un nuevo trabajo…

JAVIER ¿Tal vez una bolsa?

VENDEDOR Esas bolsas son típicas de las montañas. ¿Le gustan?

INÉS Sí. Quiero comprarle una a mi hermana.

INÉS Me gusta aquélla. ¿Cuánto cuesta?

VENDEDOR Ésa cuesta ciento sesenta mil sucres. ¡Es de muy buena calidad!

INÉS Uy, demasiado cara. Quizás otro día.

recursos

| VM pp. 179–180 | I CD-ROM Lección 6 | Es V CD-ROM Lección 6 |

VENDEDOR Buenas tardes, joven. ¿Le puedo servir en algo?

JAVIER Sí. Voy a ir de excursión a las montañas y necesito un buen suéter.

VENDEDOR ¿Qué talla usa usted?

JAVIER Uso talla grande.

VENDEDOR Éstos son de talla grande.

JAVIER ¿Qué precio tiene ése?

VENDEDOR ¿Le gusta este suéter? Le cuesta ciento cincuenta mil sucres.

JAVIER Quiero comprarlo. Pero, señor, no soy rico. ¿Ciento veinte mil sucres?

VENDEDOR Bueno, para usted… sólo ciento treinta mil sucres.

JAVIER Está bien, señor.

JAVIER Acabo de comprarme un suéter. Y tú, ¿qué compraste?

INÉS Compré esta bolsa para mi hermana.

INÉS También compré una camisa y un sombrero. ¿Qué tal me veo?

JAVIER ¡Guapa, muy guapa!

Expresiones útiles

Talking about clothing

¡Qué ropa más bonita!
What pretty clothes!

Me gusta esta/esa camisa blanca de rayas negras.
I like this/that white shirt with black stripes.

Está de moda.
It's in fashion.

Debe ser de algodón/lana/seda.
It must be cotton/wool/silk.

Es de cuadros/lunares/rayas.
It's plaid/polka-dotted/striped.

Me gusta este/ese suéter.
I like this/that sweater.

Es de muy buena calidad.
It's very good quality.

¿Qué talla lleva/usa usted?
What size do you wear?

Llevo/uso talla grande.
I wear a large.

¿Qué número calza usted?
What (shoe) size do you wear?

Calzo el treinta y seis.
I wear a size six.

Talking about shopping

¿Cuánto cuesta?
How much does it cost?

Sólo cuesta noventa mil sucres.
It only costs ninety thousand sucres.

Demasiado caro/a.
Too expensive.

Es una ganga.
It's a bargain.

¿Qué compró usted/él/ella?
What did you (form.)/he/she buy?

Compré esta bolsa para mi hermana.
I bought this bag for my sister.

¿Qué compraste?
What did you buy?

Acabo de comprarme un sombrero.
I just bought myself a hat.

¿Qué piensas?

1 **¿Cierto o falso?** Indicate whether each sentence is **cierto** or **falso**. Correct the false statements.

Cierto	Falso	
_____	_____	**1.** A Inés le gusta la camisa verde y amarilla.
_____	_____	**2.** Javier necesita comprarle un regalo a su hermana.
_____	_____	**3.** Las bolsas del mercado son típicas de las montañas.
_____	_____	**4.** Javier busca un traje de baño en el mercado.
_____	_____	**5.** Inés compró un sombrero, un suéter y una bolsa.
_____	_____	**6.** Javier regatea con el vendedor.

2 **Contestar** Answer these questions about the **Escenas** episode.

1. Inés quiere comprarle un regalo a su hermana. ¿Por qué?

_____

2. ¿Cuánto cuesta la bolsa típica de las montañas?

_____

3. ¿Por qué necesita Javier un buen suéter?

_____

4. ¿Cuánto cuesta el suéter que compra Javier?

_____

5. ¿Cuántas cosas compró Inés en el mercado?

_____

6. ¿Qué talla usa Javier?

_____

3 **Conversar** With a classmate, role-play a conversation in which the salesperson greets a customer in an open-air market and offers assistance. The customer is looking for a particular item of clothing. The salesperson and the customer discuss colors and sizes and negotiate a price.

Exploración

De compras en los países hispanos

Las tiendas pequeñas son muy populares en los países hispanos. El nombre de muchas de estas tiendas se refiere al producto que venden. Por ejemplo, una tienda que vende zapatos es una zapatería y una tienda que vende libros es una librería.

Los mercados al aire libre son muy importantes en el mundo hispano. En ellos se venden muchos productos como ropa, comida (*food*) y libros. En estos mercados tienes que pagar en efectivo (*cash*), pero puedes regatear. El Rastro en Madrid es un mercado muy conocido (*well-known*).

Muchas ciudades grandes, como la Ciudad de México, Caracas y Madrid, tienen centros comerciales que ofrecen tiendas exclusivas, restaurantes y música en vivo (*live music*).

Datos interesantes

- El centro comercial Larcomar en Lima, Perú, está situado sobre un espléndido acantilado (*cliff*).
- En los pueblos pequeños las tiendas generalmente cierran durante la hora del almuerzo (*lunch*).
- El Centro Sambil en Caracas, Venezuela, es el centro comercial más grande de Suramérica. Tiene una terraza, con restaurantes y cafés, que ofrece una vista espectacular de la ciudad.

Coméntalo

Con un(a) compañero/a, contesta las siguientes preguntas.

- ¿Conoces alguna tienda que tiene un nombre similar al producto que vende?
- Piensa en los artículos que te gusta comprar. ¿Dónde prefieres comprarlos?
- ¿Hay un mercado al aire libre o un centro comercial en tu comunidad?

6.1 Numbers 101 and higher

Le cuesta
ciento cincuenta
mil sucres.

Pero, señor,
no soy rico. ¿Ciento
veinte mil sucres?

Bueno, para
usted... sólo ciento
treinta mil sucres.

▶ Note that Spanish uses a period, rather than a comma, to indicate thousands and millions.

Numbers 101 and higher					
101	ciento uno	700	setecientos/as	5.000	cinco mil
200	doscientos/as	800	ochocientos/as	100.000	cien mil
300	trescientos/as	900	novecientos/as	200.000	doscientos mil
400	cuatrocientos/as	1.000	mil	550.000	quinientos cincuenta mil
500	quinientos/as	1.100	mil cien	1.000.000	un millón (de)
600	seiscientos/as	2.000	dos mil	8.000.000	ocho millones (de)

▶ The numbers **200** through **999** agree in gender with the nouns they modify.

324 tiendas
trescient**as** veinticuatro tiendas

605 clientes
seiscient**os** cinco clientes

873 habitaciones
ochocient**as** setenta y tres habitaciones

990 euros
novecient**os** noventa euros

500 mujeres
quinient**as** mujeres

257 estudiantes
doscient**os** cincuenta y siete estudiantes

▶ **Mil** can mean *a thousand* or *one thousand*. The plural form **miles** is rarely used. The plural form of **un millón** (*a million* or *one million*) is **millones**, which has no accent.

1.000 dólares
mil dólares

2.000.000 de pesos
dos millones de pesos

1.000 aviones
mil aviones

1.000.000 de personas
un millón de personas

5.000 bicicletas
cinco mil bicicletas

1.000.000 de aficionados
un millón de aficionados

▶ In Spanish, years are not expressed as pairs of 2-digit numbers as they are in English (*1979, nineteen seventy-nine*):

1945
mil novecientos cuarenta y cinco

2005
dos mil cinco

1898
mil ochocientos noventa y ocho

1220
mil doscientos veinte

▶ When **millón** or **millones** is used before a noun, place **de** between the two.

1.000.000 **de** hombres = un **millón de** hombres
12.000.000 **de** aviones = doce **millones de** aviones
15.000.000 **de** personas = quince **millones de** personas

Práctica y conversación

1 **Completar** Complete these sequences in Spanish.

1. 100, 120, 140, … 200

_____

_____

2. 5.000, 10.000, 15.000, … 30.000

_____

_____

3. 50.000, 100.000, 150.000, … 300.000

_____

_____

4. 100.000.000, 200.000.000, 300.000.000, … 900.000.000

_____

_____

2 **Resolver** Read the math problems aloud and solve them.

MODELO

$$300$$
$$+ 400$$
$$\overline{700}$$

Trescientos más cuatrocientos son setecientos.

(+ mas   – menos   = es (*singular*)/son (*plural*))

1. 150
   + 150

   _____

5. 3.000
   + 753

   _____

2. 43.000
   – 10.000

   _____

6. 200.000
   + 350.000

   _____

3. 20.000
   +   555

   _____

7. 1.000.000
   –   75.000

   _____

4. 32.000
   – 30.000

   _____

8. 800.000
   + 175.000

   _____

3 **¿Cuándo?**  With a partner, look at the timeline and say when these events occur.

1914–1918	1939–1945	1968	1969	1997
Primera Guerra Mundial	Segunda Guerra Mundial	Martin Luther King Jr. es asesinado.	Los astronautas llegan a la Luna.	El *Pathfinder* llega al planeta Marte.

1. La Primera Guerra Mundial comienza.
2. El *Pathfinder* llega al planeta Marte.
3. Martin Luther King Jr. es asesinado.
4. La Primera Guerra Mundial termina.
5. La Segunda Guerra Mundial termina.
6. Los astronautas llegan a la Luna (*moon*).
7. La Segunda Guerra Mundial comienza.

4 **¿Cuánto cuesta?** Ask your partner how much each item costs.

MODELO

Estudiante 1: ¿Cuánto cuestan las gafas de sol?
Estudiante 2: Cuarenta mil pesos.

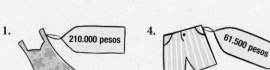

40.000 pesos

1.  210.000 pesos

4. 61.500 pesos

2. 160.150 pesos

5. 84.450 pesos

3.  48.200 pesos

6.  22.790 pesos

6.2 The preterite tense of regular verbs

▸ The preterite is used to talk about actions or states completed in the past.

¿Qué
compraste?

Compré
esta bolsa.

Preterite of –ar, –er, and –ir verbs		
	comprar	vender	escribir
yo	compré *I bought*	vendí *I sold*	escribí *I wrote*
tú	compraste	vendiste	escribiste
usted/él/ella	compró	vendió	escribió
nosotros/as	compramos	vendimos	escribimos
vosotros/as	comprasteis	vendisteis	escribisteis
ustedes/ellos/ellas	compraron	vendieron	escribieron

▸ The preterite endings for regular **–er** and **–ir** vebs are identical. Also, note that all **yo** and **usted/él/ella** forms have accents on the last syllable.

▸ Note that the **nosotros/as** forms of regular **–ar** and **–ir** verbs in the preterite are identical to the present tense forms. The context will help you tell the difference.

En invierno **compramos** suéteres.
In the winter we buy sweaters.

Anoche **compramos** unas sandalias.
Last night we bought some sandals.

Escribimos poemas en clase.
We write poems in class.

Ya **escribimos** dos veces al presidente.
We already wrote to the president twice.

▸ **–Ar** and **–er** verbs that have a stem change in the present tense do *not* have a stem change in the preterite.

INFINITIVE	PRESENT	PRETERITE
cerrar (e:ie)	Ana cierra la puerta.	Ana cerró la puerta.
volver (o:ue)	Memo vuelve a las dos.	Memo volvió a las dos.
jugar (u:ue)	Él juega al fútbol.	Él jugó al fútbol.
pensar (e:ie)	Pienso mucho.	Pensé mucho.

¡ojo!

Acabar de + [infinitive] is used to say that something has just occurred. Note that **acabar** is in the present tense in this construction:

Acabo de comprar un suéter.
I just bought a sweater.

Acabas de ir de compras.
You just went shopping.

▸ Verbs that end in **–car**, **–gar**, and **–zar** have a spelling change in the **yo** form of the preterite. All the other forms are regular.

buscar ➔ busqué   llegar ➔ llegué   empezar ➔ empecé

▸ **Creer**, **leer**, and **oír** have spelling changes in the preterite.

creer | creí, creíste, creyó, creímos, creísteis, creyeron
leer | leí, leíste, leyó, leímos, leísteis, leyeron
oír | oí, oíste, oyó, oímos, oísteis, oyeron

▸ **Ver** is regluar in the preterite, but none of its forms has an accent.

ver ➔ vi, viste, vio, vimos, visteis, vieron

Words commonly used with the preterite

anoche	*last night*	ayer	*yesterday*	la semana pasada	*last week*
anteayer	*the day before yesterday*	de repente	*suddenly*	una vez	*once; one time*
		desde... hasta...	*from... until...*	dos veces	*twice; two times*
el año pasado	*last year*	pasado/a	*(adj.) last; past*	ya	*already*

Useful phrases

¿Qué hiciste?	*What did you (fam., sing.) do?*	¿Qué hizo él/ella?	*What did he/she do?*
¿Qué hizo usted?	*What did you (form., sing.) do?*	¿Qué hicieron ellos/ellas?	*What did they do?*
¿Qué hicieron ustedes?	*What did you (form., pl.) do?*		

Práctica y conversación

1 Preguntas A pesky friend keeps asking you questions. Respond that you already did or have just done what he/she asks.

MODELO

leer la lección
Estudiante 1: ¿Leíste la lección?
Estudiante 2: Sí, ya la leí./Sí, acabo de leerla.

1. lavar (*to wash*) la ropa
2. encontrar tu tarjeta de crédito
3. comprar los suéteres
4. ver la película *La momia* (*The Mummy*)

2 ¿Qué hicieron? Combine words from each list to talk about things you and others did.

MODELO

Yo leí un buen libro la semana pasada.

¿Quién?	¿Qué?	¿Cuándo?
yo	ver la televisión	anoche
mi compañero/a de cuarto	hablar con un(a) chico/a guapo/a	anteayer
mis amigos y yo	estudiar español	ayer
mis padres	comprar ropa	la semana pasada
mi abuelo/a	leer un buen libro	el año pasada
el/la profesor(a)	bailar en el centro comercial	una vez
el/la presidente/a		dos veces

3 Nuestras vacaciones You took these photos on a vacation with friends. Use the pictures to tell your partner about the trip.

4 ¿Qué hiciste ayer? Get together with a partner and take turns asking each other what you did yesterday, the day before yesterday, and last week.

6.3 Indirect object pronouns

SUBJECT	INDIRECT OBJECT	VERB	DIRECT OBJECT	INDIRECT OBJECT
Roberto	le	prestó	cien pesos	a Luisa.
Roberto		*loaned*	*100 pesos*	*to Luisa.*

¿Le puedo servir en algo?

▶ An indirect object is the noun or pronoun that answers the question *to whom or for whom* an action is done. In the example above, the indirect object answers this question: **¿A quién le prestó Roberto cien pesos?** *To whom did Roberto loan 100 pesos?*

Indirect object pronouns

Singular forms		Plural forms	
me	*(to, for) me*	nos	*(to, for) us*
te	*(to, for) you (fam.)*	os	*(to, for) you (fam.)*
le	*(to, for) you (form.);*	les	*(to, for) you (form.);*
	(to, for) him; (to, for) her		*(to, for) them*

Sí, necesito comprarme un buen suéter.

▶ The indirect object pronoun and the indirect object noun (to which the pronoun refers) are often used in the same sentence. This is done to emphasize or clarify *to whom* the pronoun refers. The indirect object pronoun is often used without its indirect object noun when the person for whom the action is being done is known.

Iván **le** prestó un lápiz **a Rico**.
Iván loaned a pencil to Rico.

También **le** prestó papel.
He also loaned him paper.

▶ Since **le** and **les** have multiple meanings, **a** + [noun] or **a** + [pronoun] are often used to clarify to whom the pronouns refer.

Unclear: Ella **les** vendió ropa.
Yo **le** presté una camisa.

Clearer: Ella **les** vendió ropa **a ellos**.
Yo **le** presté una camisa **a Luis**.

▶ Indirect object pronouns usually precede the conjugated verb. In negative phrases, place the pronoun between **no** and the conjugated verb.

Le compré un abrigo.
I bought him a coat.

No le compré nada.
I didn't buy him anything.

▶ When an infinitive or present participle follows the conjugated verb, the indirect object pronoun may be placed before the conjugated verb, or attached to the infinitive or present participle. When a pronoun is attached to a present participle, an accent mark is added.

Estoy mostrándo**les** las fotos.
Les estoy mostrando las fotos.
I'm showing them the photos.

¿Vas a comprar**le** un regalo?
¿**Le** vas a comprar un regalo?
Are you going to buy a gift for her?

▶ The irregular verbs **dar** (*to give*) and **decir** (*to say; to tell*) often occur with object pronouns.

Dar and decir

dar					decir				
yo	doy		vosotros/as	dais	yo	digo		vosotros/as	decís
tú	das		Uds./ellos/ellas	dan	tú	dices		Uds./ellos/ellas	dicen
Ud./él/ella	da		Present Participle	dando	Ud./él/ella	dice		Present Participle	diciendo
nosotros/as	damos				nosotros/as	decimos			

Ella **me da** regalos.　Voy a **darle** un beso.　**Te digo** la verdad.　No **digo** mentiras.
She gives me gifts.　*I'm going to give her a kiss.*　*I'm telling you the truth.*　*I don't tell lies.*

Práctica y conversación

1 **Completar** Complete Emilio's description of his family's holiday shopping.

1. Yo _____ compré una cartera a mi padre.
2. Mi prima _____ compró una corbata muy fea.
3. Mis tíos _____ compraron guantes a mis padres.
4. A mi mamá yo _____ compré un suéter azul.
5. A nosotros mis abuelos _____ compraron regalos.
6. Y yo _____ compré una camiseta bonita a mi novia.

2 **Minidiálogos** Supply the missing words.

ESPOSO ¿Vas a comprarme una cartera? ¿Un cinturón?
ESPOSA No, _____ ropa interior.

• • •

ALFREDO ¿_____ tu bicicleta?
RAMÓN No, no te puedo prestar mi bicicleta. Lo siento.

• • •

ELISA ¿_____ una tarjeta postal a Maripili?
NACHO No, estoy escribiéndoles una tarjeta postal a Laura y Enrique. ¿Por qué?

3 **Describir** With a partner, describe what's happening in these photos based on the cues provided. Use indirect object pronouns.

1. escribir / mensaje　　　3. mostrar / fotos

2. pedir / llaves　　　4. vender / suéter

4 **¡Somos ricos!** You and your classmates are very rich and want to spend money on your loved ones. In groups of three, discuss what each person is buying for family and friends.

MODELO
Estudiante 1: Quiero comprarle un vestido a mi mamá.
Estudiante 2: Y yo voy a darles un carro nuevo a mis padres y una blusa a mi amiga.
Estudiante 3: Voy a comprarles una casa a mis padres. Pero a mis amigos no les voy a dar nada.

6.4 Demonstrative adjectives and pronouns

Me gusta
este vestido.

¡Pero **esos** zapatos
son horrendos!

▶ Demonstrative adjectives demonstrate or point out nouns. Demonstrative adjectives precede the nouns they modify and agree with them in gender and number.

este vestido	**esos** zapatos	**aquella** tienda	**aquellas** bolsas
this dress	*those shoes*	*that store (over there)*	*those bags (over there)*

Demonstrative adjectives

Singular forms		Plural forms		
MASCULINE	FEMININE	MASCULINE	FEMININE	
este	esta	estos	estas	*this; these*
ese	esa	esos	esas	*that; those*
aquel	aquella	aquellos	aquellas	*that; those (over there)*

▶ The demonstrative adjectives **este**, **esta**, **estos**, and **estas** are used to point out nouns that are close to both the speaker and the listener.

▶ The demonstrative adjectives **ese**, **esa**, **esos**, and **esas** are used to point out nouns that are not close to the speaker. The objects may, however, be close to the listener.

▶ The demonstrative adjectives **aquel**, **aquella**, **aquellos**, and **aquellas** are used to point out nouns that are far away from both the speaker and the listener..

▶ Demonstrative pronouns are identical to demonstrative adjectives, except that they carry an accent mark on the stressed vowel. They agree in number and gender with the corresponding noun.

¿Qué pantalón te
gusta?

Me gusta **éste**.

No me gusta **este** suéter. Prefiero **ése**.	Ella quiere comprar **esa** bolsa, no **aquélla**.
I don't like this sweater. I prefer that one.	*She wants to buy that purse, not that one over there.*

Demonstrative pronouns

Singular forms		Plural forms		
MASCULINE	FEMININE	MASCULINE	FEMININE	
éste	ésta	éstos	éstas	*this one; these*
ése	ésa	ésos	ésas	*that one; those*
aquél	aquélla	aquéllos	aquéllas	*that one; those (over there)*

¿Cuáles tiendas son
tus favoritas?

Mis favoritas son
aquéllas.

▶ There are three neuter forms: **esto**, **eso**, and **aquello**. These forms refer to unidentified or unspecified nouns, situations, and ideas. They do not change in gender or number and never carry an accent mark.

¿Qué es **esto**?	**Eso** es interesante.	**Aquello** es bonito.
What's this?	*That's interesting.*	*That's pretty.*

Práctica y conversación

1 En un almacén Gabriel and María are at a department store. Complete their conversation.

MARÍA No me gustan _____ (*those*) pantalones. Voy a comprar _____ (*these*).

GABRIEL Yo prefiero _____ (*those over there*).

MARÍA Sí, me gustan a mí también. ¿Qué piensas de _____ (*these*) cinturones?

GABRIEL _____ (*these*) cuestan demasiado (*too much*).

MARÍA También busco un vestido elegante. ¿Te gusta _____ (*this one*)?

GABRIEL No, es muy feo. ¿Necesitas una falda nueva? _____ (*this one*) es bonita.

MARÍA No, no necesito una falda. Vamos, Gabriel. Me gusta _____ (*this*) almacén, pero _____ (*that one over there*) es mejor (*better*).

2 ¿De qué color es? Use demonstrative adjectives and pronouns to discuss the colors of your classmates' clothing.

rojo/a	amarillo/a	azul	verde

anaranjado/a	blanco/a	café	negro/a

MODELO
Estudiante 1: ¿Esos zapatos son azules?
Estudiante 2: No, ésos son verdes. Aquéllos son azules.
Estudiante 1: Y esa camiseta, ¿es roja?
Estudiante 2: No, ésa es blanca. Aquélla es roja.

3 Nuestros compañeros Get together with a partner and take turns asking each other questions about the people around you.

¿A qué hora… ?	¿Cuántos años tiene(n)… ?
¿Cómo es/son… ?	¿De dónde es/son… ?
¿Cómo se llama… ?	¿De quién es/son… ?
¿Cuándo… ?	¿Qué clases toma(n)… ?

MODELO
Estudiante 1: ¿De dónde es ese chico?
Estudiante 2: Es de Nueva York. ¿De dónde es esa chica?
Estudiante 1: Creo que es de Los Ángeles. ¿Qué clases toma aquella chica?
Estudiante 2: Ella toma inglés, español y arte.

4 En una tienda You and a classmate are in a small clothing store. Look at the illustration, then have a conversation about what you see around you.

MODELO
Estudiante 1: ¿Te gusta esa chaqueta que está debajo de las camisas?
Estudiante 2: No, prefiero aquélla que está al lado de los pantalones. ¿Dónde están los zapatos?
Estudiante 1: Están en el centro de la tienda.

Ampliación

1 Escuchar 🎧

A Listen to Marisol and Alicia's conversation. Make a list of the clothing items that each person mentions, then note if she actually purchased it.

TIP **Listen for linguistic cues.** Listening for the verb endings of conjugated verbs will help you identify when an event occurs—in the past, present, or future. Verb endings also give clues as to who is participating in the action.

Marisol

1. _____ ☐
2. _____ ☐
3. _____ ☐
4. _____ ☐

Alicia

1. _____ ☐
2. _____ ☐
3. _____ ☐
4. _____ ☐

B ¿Crees que la moda (*fashion*) es importante para Alicia? ¿Y para Marisol? ¿Por qué? En tu opinión, ¿es importante estar a la moda (*to be in fashion*)?

2 Conversar 👥 With a classmate, take turns playing the roles of a shopper and a clerk in a clothing store. Use the following guidelines.

- The shopper talks about the clothing he/she is looking for as a gift, mentions for whom the clothes are intended, and says what he/she bought for the same person last year.
- The clerk recommends items.
- The shopper asks how much items cost.

3 **Escribir** Write a report for the school newspaper about an interview you conducted with a student concerning his or her shopping habits and clothing preferences.

TIP **Reporting an interview.** You may transcribe the interview verbatim, simply summarize it, or summarize it with occasional speaker quotes. Your report will be more interesting if you include a title and introduction, and end with a conclusion.

Organízalo	Use an idea map to organize the interview questions and develop an outline for your report. Then brainstorm a title for your report.
Escríbelo	Using your outline as a guide, write the first draft of your report.
Corrígelo	Exchange papers with a classmate and comment on the report's title, introduction, conclusion, organization, level of interest, and correctness. Then revise your first draft, with your classmate's comments in mind.
Compártelo	Exchange reports in groups of four. Give a superlative title to each report on the basis of its strongest points, for example, "best use of Spanish" or "most interesting questions."

4 **Un paso más** Develop a business plan to open a store in a Spanish–speaking country.

- Decide which products you are going to sell and select an appealing name for your store.
- Choose a location for your store.
- Include a visual presentation of your products.
- Itemize your products' prices and your expected profits.
- Explain why you think your store will be successful.

En Internet

Investiga estos temas en el sitio
vistahigherlearning.com.

- Tiendas y almacenes famosos
- La moneda de los países hispanos

Antes de leer

Skimming involves quickly reading through a document to absorb its general meaning. This strategy allows you to understand the main ideas without having to read word for word. Skim the reading selection to get its general meaning.

Examinar el texto

Look at the format of the reading selection. How is it organized? What does the organization of the document tell you about its content?

Buscar cognados

Scan the reading selection to locate cognates and write a few of them down. Based on the cognates, what is the reading selection about?

1. _____
2. _____
3. _____
4. _____
5. _____
6. The reading selection is about _____ .

Impresiones generales

Now skim the reading selection to understand its general meaning. Jot down your impressions. What new information did you learn about the document by skimming it? Based on all the information you now have, answer these questions.

1. Who produced this document?
2. What is its purpose?
3. Who is its intended audience?

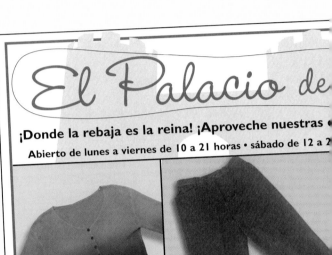

El Palacio de

¡Donde la rebaja es la reina! ¡Aproveche nuestras

Abierto de lunes a viernes de 10 a 21 horas • sábado de 12 a 2

Suéter de algodón para mujeres/todas las tallas Rebajados de 3.450,00 PESOS A SÓLO 2.760,00 PESOS

Pantalones formales para caballeros/colores gris, negro y azul con el 30% de rebaja, de 5.200,00 PESOS A SÓLO 3.640,00 PES

Hermosas **blusas** de seda para damas/tallas mediana y grande Rebajadas de 2.030,00 PESOS al increíble precio de 1.450,00 PESOS

Elegantes **chaquetas** para caballeros/colores café, negro, azul y verde con rebaja del 25%, de 5.370,00 PESOS A SÓLO 4.027,50 PESOS

GANGA

Aceptamos todas las tarjetas de crédito.

...las largas para mujeres/
...es café, morado, azul y gris
...das de 2.468,00 PESOS
...O 1.974,00 PESOS

Baratos **trajes de baño**
para hombres en amarillo, blanco,
azul, verde y morado
Con rebaja del 40%, de 1.384,00
PESOS A SÓLO **830,40** PESOS

...o **modelo de botas**
...mujeres
...eros 35 a 38
...ados de 3.370,00 PESOS
...O 2.596,00 PESOS

Zapatos de tenis
Para hombres
Números 40 a 45
rebajados de 2.976,00 PESOS A
SÓLO 2.315,00 PESOS

el palacio *palace* la reina *queen* aproveche *take advantage of*
abierto *open* caballeros *gentlemen* damas *ladies*

Después de leer

¿Comprendiste?

Indicate whether each statement is **cierto** or **falso**.
Correct the false statements.

Cierto	Falso	
_____	_____	1. Con 4.000 pesos un cliente puede comprar un pantalón.
_____	_____	2. Normalmente las blusas de seda cuestan más de 2.000 pesos.
_____	_____	3. El Palacio de la Ganga abre a las diez de la mañana los domingos.
_____	_____	4. Una elegante chaqueta azul cuesta 4.027,50 pesos.
_____	_____	5. Los trajes de baño para hombre tienen una rebaja del veinticinco por ciento.
_____	_____	6. Hay rebaja de suéteres de algodón para hombres.
_____	_____	7. El Palacio de la Ganga acepta tarjetas de crédito.
_____	_____	8. El Palacio de la Ganga está abierto (*open*) los sábados.

Preguntas

1. ¿Cuánto cuestan los zapatos de tenis?

_____

2. ¿Hay rebaja de blusas de algodón?

_____

3. ¿Hay rebaja de ropa para niños en el Palacio de la Ganga?

_____

4. ¿Hay rebaja de minifaldas?

_____

Coméntalo

Imagina que vas a ir al Palacio de la Ganga. ¿Qué ropa vas a comprar? ¿Hay tiendas similares al Palacio de la Ganga en tu comunidad? ¿Cómo se llaman?

La ropa

el abrigo	coat
los bluejeans	jeans
la blusa	blouse
la bolsa	bag; purse
las botas	boots
los calcetines	socks
la camisa	shirt
la camiseta	t-shirt
la cartera	wallet
la chaqueta	jacket
el cinturón	belt
la corbata	tie
la falda	skirt
las gafas (de sol)	(sun)glasses
los guantes	gloves
el impermeable	raincoat
las medias	pantyhose, stockings
los pantalones	pants
los pantalones cortos	shorts
el par	pair
la ropa	clothing, clothes
la ropa interior	underwear
las sandalias	sandals
el sombrero	hat
el suéter	sweater
el traje	suit
el traje de baño	bathing suit
el vestido	dress
los zapatos	shoes
los zapatos de tenis	sneakers

Adjetivos

barato/a	cheap
bueno/a	good
cada	each
caro/a	expensive
corto/a	short
elegante	elegant
hermoso/a	beautiful
largo/a	long
loco/a	crazy
nuevo/a	new
otro/a	other; another
pobre	poor
rico/a	rich

Ir de compras

el almacén	department store
la caja	cash register
el centro comercial	shopping mall
el/la cliente/a	client
el/la dependiente/a	clerk
el dinero	money
el mercado (al aire libre)	(open-air) market
el precio (fijo)	(fixed, set) price
la rebaja	sale
la tarjeta de crédito	credit card
la tienda	shop, store
el/la vendedor(a)	salesperson
costar (o:ue)	to cost
gastar	to spend (money)
hacer juego (con)	to match
ir de compras	to go shopping
llevar	to wear
regatear	to bargain
usar	to wear; to use
vender	to sell

Otras palabras y expresiones

anoche	last night
anteayer	the day before yesterday
ayer	yesterday
de repente	suddenly
desde	from
hasta	until
pasado/a	(adj.) last; past
el año pasado	last year
la semana pasada	last week
una vez	once; one time
dos veces	twice; two times
ya	already
el beso	kiss
la mentira	lie
el regalo	gift
la verdad	truth
¿Qué hiciste?	What did you (fam.) do?
¿Qué hizo usted?	What did you (form., sing.) do?
¿Qué hizo él/ella?	What did he/she do?
¿Qué hicieron ustedes?	What did you (form., pl.) do?
¿Qué hicieron ellos/ellas?	What did they do?
acabar de (+ inf.)	to have just done something
dar	to give
decir	to say; to tell
prestar	to loan

Colors	See page 121.
Expresiones útiles	See page 125.
Numbers 101 and higher	See page 128.
Indirect object pronouns	See page 132.
Demonstrative adjectives and pronouns	See page 134.

¡VIVAN LOS PAÍSES HISPANOS!

El mar Caribe, de aguas cálidas (*warm*) y transparentes, está al este de América Central y rodea (*surrounds*) las Islas Antillas. Cuba, Puerto Rico y La República Dominicana son tres de estas islas. El Caribe goza de (*enjoys*) un clima tropical todo el año. Las plantas y animales del Caribe son muy variados y exóticos. Personas de todo el mundo (*world*) viajan al Caribe para disfrutar (*to enjoy*) del clima, la naturaleza y las hermosas playas.

El Caribe

Puerto Rico

Área: 8.959 km^2 (3.459 millas^2)
Población: 4.091.000
Capital: San Juan – 1.466.000
Ciudades principales: Caguas, Mayagüez, Ponce
Moneda: dólar estadounidense

SOURCE: Population Division, UN Secretariat

Cuba

Área: 110.860 km^2 (42.083 millas^2)
Población: 11.369.000
Capital: La Habana – 2.306.000
Ciudades principales: Santiago de Cuba, Camagüey, Holguín, Guantánamo
Moneda: peso cubano

SOURCE: Population Division, UN Secretariat

República Dominicana

Área: 48.730 km^2 (18.815 millas^2)
Población: 9.026.000
Capital: Santo Domingo – 2.889.000
Ciudades importantes: Santiago de los Caballeros, La Vega
Moneda: peso dominicano

SOURCE: Population Division, UN Secretariat

ESTADOS UNIDOS

Lugares

La Habana Vieja

La Habana Vieja es la parte antigua (*old*) de la capital de Cuba. Fue (*was*) declarada Patrimonio Cultural de la Humanidad por la UNESCO en 1982. Tiene muchas construcciones coloniales, como el Palacio de los Capitanes generales, que ahora es un museo. También hay calles estrechas (*narrow*) y casas antiguas con balcones.

ISLAS BAHAMAS

Estrecho de la Florida

★ La Habana

Cordillera de los Órganos

Isla de la Juventud

CUBA

Mar de las Antillas

Camagüey ●

Holguín ●

Sierra Maestra

Santiago de Cuba ●

Guantán

Deportes

El béisbol

El béisbol es un deporte muy popular en el Caribe. Los primeros países hispanos en tener una liga (*league*) de béisbol fueron (*were*) Cuba y México, en el siglo XIX. El béisbol es el deporte nacional de la República Dominicana. Pedro Martínez y Manny Ramírez son dos de los muchos beisbolistas dominicanos que alcanzaron (*achieved*) la fama en este deporte.

JAMAICA

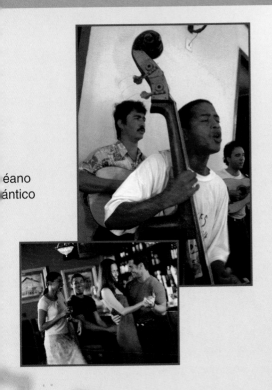

éano
ántico

Música

La salsa y el merengue

La música salsa nació en Nueva York entre los inmigrantes de Puerto Rico y Cuba. Esta música es muy rítmica y está hecha (*is made*) para bailar. Tiene ese nombre porque es la "salsa" (*sauce*) de las fiestas. Tres de los músicos de salsa más populares son Tito Puente, Willie Colón y Héctor Lavoe.

El merengue, una música tradicional de la República Dominicana, tiene sus raíces (*roots*) en el campo. Tradicionalmente, las canciones eran (*were*) historias de los problemas sociales de los campesinos (*country people*). El merengue también está hecho para bailar. Hay muchos músicos de merengue famosos internacionalmente. El dominicano Juan Luis Guerra es uno de ellos.

Monumentos

El Morro

El Morro es un fuerte (*fort*) que está en la bahía (*bay*) de San Juan, Puerto Rico. Lo hicieron los españoles en el siglo (*century*) XVI para defenderse de los piratas. Desde mil novecientos sesenta y uno, El Morro es un museo que atrae (*attracts*) a miles de turistas. También es el sitio más fotografiado de Puerto Rico. La arquitectura del fuerte es impresionante. Tiene túneles misteriosos, mazmorras (*dungeons*) y vistas (*views*) fabulosas de la bahía.

Puerto Plata

Santiago

Río Yuna

HAITÍ

LA REPÚBLICA DOMINICANA

Sierra de Neiba

San Pedro
de Macorís

Arecibo

San Juan

Fajardo

Sierra de Baoruco

Santo
Domingo

Mayagüez

Isla Culebra

Ponce

Isla de Vieques

PUERTO RICO

Mar Caribe

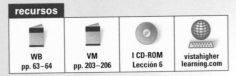

recursos			
WB pp. 63–64	VM pp. 203–206	I CD-ROM Lección 6	vistahigher learning.com

¿Qué aprendiste?

1 **¿Cierto o falso?** Indicate whether each sentence is **cierto** or **falso**.

Cierto   Falso

_____   _____   **1.** El mar Caribe está al Norte de América Central.

_____   _____   **2.** El área de Cuba es mayor que el área de Puerto Rico.

_____   _____   **3.** San Juan es la capital de Puerto Rico.

_____   _____   **4.** El Morro fue construido por los piratas en el siglo XVI.

_____   _____   **5.** El Morro es actualmente un museo.

_____   _____   **6.** La Habana Vieja es Patrimonio Cultural de la Humanidad.

_____   _____   **7.** La Habana Vieja es la parte nueva de la capital de Cuba.

_____   _____   **8.** Los primeros países hispanos en tener una liga de béisbol fueron Chile y Uruguay.

_____   _____   **9.** El béisbol es el deporte nacional de la República Dominicana.

_____   _____   **10.** La salsa nació en Nueva York.

_____   _____   **11.** El merengue tiene sus raíces en la ciudad.

_____   _____   **12.** Juan Luis Guerra es un cantante de merengue.

2 **Preguntas** Answer the following questions.

1. ¿Dónde está el mar Caribe? ¿Cómo son sus aguas?

2. ¿Cómo es la arquitectura del fuerte El Morro?

3. ¿Por qué crees que la Habana Vieja fue declarada Patrimonio Cultural de la Humanidad?

4. ¿En qué países del Caribe es popular el béisbol?

5. ¿En qué país nació la música salsa? ¿En qué país nació el merengue?

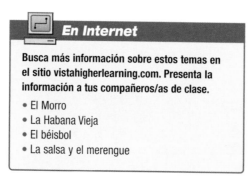

En Internet

Busca más información sobre estos temas en el sitio vistahigherlearning.com. Presenta la información a tus compañeros/as de clase.

• El Morro
• La Habana Vieja
• El béisbol
• La salsa y el merengue

7 La vida diaria

Communicative Goals

You will learn how to:
- tell where you went
- talk about daily routines and personal hygiene
- reassure someone

Para empezar

- ¿Ella lleva una camisa o un suéter?
- ¿De qué color son sus ojos? ¿Y su pelo?
- ¿Crees que ella está en su casa o en una tienda?
- ¿Crees que ella está aburrida o feliz?

La vida diaria

el espejo
mirror

LA HIGIENE PERSONAL

cepillarse el pelo *to brush one's hair*

ducharse *to shower*

lavarse la cara *to wash one's face*

las manos *to wash one's hands*

maquillarse *to put on makeup*

peinarse *to comb one's hair*

el baño *bathroom*

el champú *shampoo*

la crema de afeitar *shaving cream*

el maquillaje *makeup*

la rutina diaria *daily routine*

la toalla *towel*

el despertador
alarm clock

cepillarse los dientes
to brush one's teeth

afeitarse
to shave

el jabón
soap

bañarse
to bathe; to take a bath

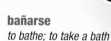

recursos

| WB pp. 65–66 | LM p. 37 | Lab CD/MP3 Lección 7 | I CD-ROM Lección 7 | Vocab CD Lección 7 |

POR LA MAÑANA Y POR LA NOCHE

acostarse (o:ue) *to lie down; to go to bed*
despertarse (e:ie) *to wake up*
vestirse (e:i) *to get dressed*

dormirse (o:ue)
to go to sleep; to fall asleep

levantarse
to get up

OTRAS PALABRAS Y EXPRESIONES

Se acuesta. *He/she goes to bed; you (form.) go to bed.*
Se afeita. *He/she shaves; you shave.*
Se cepilla los dientes. *He/she brushes his/her teeth; you brush your teeth.*
Se despierta. *He/she wakes up; you wake up.*
Se peina. *He/she combs his/her hair; you comb your hair.*
Se viste. *He/she gets dressed; you get dressed.*

ADVERBIOS Y PREPOSICIONES DE TIEMPO

antes (de) *before*
después *afterward; then*
después de *after*
durante *during*
entonces *then*
luego *afterward; then*
más tarde *later*
por la mañana *in the morning*
por la noche *at night*
por la tarde *in the afternoon; in the (early) evening*
por último *finally*

Se lava las manos.
She washes her hands.

Se ducha.
He takes a shower.

ciento cuarenta y siete **147**

Práctica y conversación

1 **¿Cierto o falso?** 🎧 Escucha las frases, mira las fotos e indica si cada frase es **cierta** o **falsa**.

	Cierto	Falso
1.	_____	_____
2.	_____	_____
3.	_____	_____
4.	_____	_____
5.	_____	_____
6.	_____	_____
7.	_____	_____
8.	_____	_____

1. 2. 3. 4.

5. 6. 7. 8.

2 **Escuchar** 🎧 Escucha las frases e indica si cada frase es **lógica** o **ilógica**.

	1.	2.	3.	4.	5.	6.
Lógico						
Ilógico						

3 **Identificar** Con un(a) compañero/a, indica las cosas que cada persona necesita.

MODELO

Manuel / vestirse

Estudiante 1: ¿Qué necesita Manuel para (*in order to*) vestirse?
Estudiante 2: Necesita una camiseta y unos pantalones.

1. Daniel / acostarse   **3.** Raúl / despertarse   **5.** Mercedes / lavarse la cara

2. Leonardo / afeitarse   **4.** Sofía / lavarse el pelo   **6.** Yolanda / maquillarse

4 **Describir**  Trabajen en parejas (*pairs*) para describir la rutina diaria de dos o tres de estas personas. Pueden usar las palabras de la lista.

antes	después	durante el día	luego	primero
antes de	después de	entonces	por último	

1. mi mejor (*best*) amigo/a
2. nuestro/a profesor(a) de español
3. mi padre/madre
4. mi compañero/a de cuarto

5. Gabriel García Márquez
6. Jennifer López
7. Ricky Martin
8. el presidente de los Estados Unidos

Pronunciación The consonant r 🎧

ropa   **rutina**   **rico**   **Ramón**

In Spanish, **r** has a strong trilled sound at the beginning of a word. No English words have a trill, but English speakers often produce a trill when they imitate the sound of a motor.

gustar   **durante**   **primero**   **crema**

In any other position, **r** has a weak sound similar to the English *tt* in *better* or the English *dd* in *ladder*. In contrast to English, the tongue touches the roof of the mouth behind the teeth.

pizarra   **corro**   **marrón**   **aburrido**

The letter combination **rr**, which only appears between vowels, always has a strong trilled sound.

caro   **carro**   **pero**   **perro**

Between vowels, the difference between the strong trilled **rr** and the weak **r** is very important, as a mispronunciation could lead to confusion between two different words.

Refranes Lee en voz alta los refranes, prestando atención a la **r** y a la **rr**.

Perro que ladra no muerde.[1]

No se ganó Zamora en una hora.[2]

1 *The dog's bark is worse than its bite.*
2 *Rome wasn't built in a day.*

recursos

Text CD
Lección 7

LM
p. 38

Lab CD/MP3
Lección 7

I CD-ROM
Lección 7

¡Jamás me levanto temprano!

Álex y Javier hablan de sus rutinas diarias.

JAVIER Hola, Álex. ¿Qué estás haciendo?

ÁLEX Nada… Sólo estoy leyendo mi correo electrónico. ¿Adónde fueron?

Personajes

DON FRANCISCO

JAVIER Inés y yo fuimos a un mercado. Fue muy divertido. Mira, compré este suéter. Me encanta. No fue barato, pero es chévere, ¿no?

ÁLEX Sí, es ideal para las montañas.

ÁLEX

JAVIER ¡Qué interesantes son los mercados al aire libre! Me gustaría volver, pero ya es tarde. Oye, Álex, ¿sabes que mañana tenemos que levantarnos temprano?

ÁLEX Ningún problema.

JAVIER

JAVIER ¿Seguro? Pues yo jamás me levanto temprano. Nunca oigo el despertador cuando estoy en casa y mi mamá se enoja mucho.

ÁLEX Tranquilo, Javier. Yo tengo una solución.

ÁLEX Cuando estoy en casa en la Ciudad de México, siempre me despierto a las seis en punto. Me ducho en cinco minutos y luego me cepillo los dientes. Después me afeito, me visto y ¡listo! ¡Me voy!

recursos

VM
pp. 181–182

I CD-ROM
Lección 7

Es V CD-ROM
Lección 7

JAVIER ¡Increíble! ¡Álex, el superhombre!

ÁLEX Oye, Javier, ¿por qué no puedes levantarte temprano?

JAVIER Es que por la noche no quiero dormir, sino dibujar y escuchar música. Por eso es difícil despertarme por la mañana.

JAVIER El autobús no sale hasta las ocho y media. ¿Vas a levantarte mañana a las seis también?

ÁLEX No, pero tengo que levantarme a las siete menos cuarto porque voy a correr.

JAVIER Ah, ya… ¿Puedes despertarme después de correr?

ÁLEX Éste es el plan para mañana. Me levanto a las siete menos cuarto y corro por treinta minutos. Vuelvo, me ducho, me visto y a las siete y media te despierto. ¿De acuerdo?

JAVIER ¡Absolutamente ninguna objeción!

DON FRANCISCO Hola, chicos. Mañana salimos temprano, a las ocho y media… ni un minuto antes ni un minuto después.

ÁLEX No se preocupe, don Francisco. Todo está bajo control.

DON FRANCISCO Bueno, pues, hasta mañana.

DON FRANCISCO ¡Ay, los estudiantes! Siempre se acuestan tarde. ¡Qué vida!

Expresiones útiles

Telling where you went

¿Adónde fuiste/fue usted?
Where did you (sing.)/(form.) go?

Fui a un mercado.
I went to a market.

¿Adónde fueron ustedes?
Where did you (pl.) go?

Fuimos a un mercado. Fue muy divertido.
We went to a market. It was a lot of fun.

Talking about morning routine

(Jamás) Me levanto temprano/tarde.
I (never) get up early/late.

Nunca oigo el despertador.
I never hear the alarm clock.

Es difícil/fácil despertarme.
It's hard/easy for me to wake up.

Cuando estoy en casa, siempre me despierto a las seis en punto.
When I'm at home, I always wake up at six on the dot.

Me ducho y luego me cepillo los dientes.
I take a shower and then I brush my teeth.

Después me afeito y me visto.
Afterward, I shave and get dressed.

Reassuring someone

Ningún problema.
No problem.

No te preocupes. / No se preocupe.
Don't worry.

¿Qué piensas?

1 **¿Cierto o falso?** Indica si las frases son **ciertas** o **falsas**. Corrige (*correct*) las frases falsas.

Cierto   Falso

_____   _____   **1.** Álex siempre se despierta a las seis cuando está en casa.

_____

_____   _____   **2.** Álex está mirando la televisión.

_____

_____   _____   **3.** El suéter que Javier acaba de comprar es caro, pero es muy bonito.

_____

_____   _____   **4.** A Javier le gusta mucho dibujar y escuchar música por la noche.

_____

_____   _____   **5.** Javier cree que los mercados al aire libre son aburridos.

_____

_____   _____   **6.** El autobús va a salir hoy a las siete y media en punto.

_____

_____   _____   **7.** Álex va a nadar por la mañana.

_____

_____   _____   **8.** Javier siempre oye el despertador cuando está en casa.

_____

2 **Los planes de Álex** Ordena correctamente los planes que tiene Álex para mañana. Si hay algo (*something*) que Álex no menciona, escribe una **X**.

_____ **a.** Voy a lavarme las manos.

_____ **b.** Voy a vestirme.

_____ **c.** Voy a correr por media hora.

_____ **d.** Voy a acostarme temprano.

_____ **e.** Voy a despertar a mi amigo a las siete y media.

_____ **f.** Voy a volver a la habitación.

_____ **g.** Voy a levantarme a las siete menos cuarto.

_____ **h.** Voy a ducharme.

3 **Conversación** En parejas (*pairs*), conversen sobre sus rutinas diarias.

MODELO

Estudiante 1: ¿Prefieres levantarte temprano o tarde?
Estudiante 2: Prefiero levantarme tarde... muy tarde.

Estudiante 1: ¿A qué hora te levantas?
Estudiante 2: A las once. ¿Y tú?

Exploración

La vida diaria

Alejandra Arce de Valera vive en Barcelona, España. Va a la oficina a las ocho de la mañana y trabaja hasta las cinco. Durante la mañana ella y dos o tres colegas (*colleagues*) descansan de quince a treinta minutos. Pero no se quedan en la oficina para descansar; van a un café para relajarse (*relax*), tomar un café (*have a cup of coffee*) y conversar.

Margarita Benítez Morales vive en Caracas, Venezuela. Trabaja en casa cuidando de (*taking care of*) sus hijas. ¡Pero Margarita no se queda (*doesn't stay*) en el sofá mirando la televisión! Durante un día típico, prepara tres comidas (*meals*), arregla la casa (*straightens the house*), va de compras, juega con las niñas y les lee varios cuentos (*stories*).

Luis Romero Reyes tiene diecinueve años y es estudiante de la Universidad Nacional Autónoma de México (UNAM). En un día típico se levanta temprano, asiste a una clase y estudia en la biblioteca. Va a su casa para comer al mediodía, pero después vuelve al campus para asistir a las clases de la tarde.

Observaciones

• La costumbre de la siesta (un descanso de dos o tres horas durante el día) no es hoy tan común como (*as common as*) antes. Cuando España entró en la Unión Europea, por ejemplo, muchas empresas (*businesses*) eliminaron la siesta para tener el mismo horario que los otros países.

Coméntalo

Con un(a) compañero/a, contesta las siguientes preguntas.

• Piensa en la rutina diaria de tu familia y de tus amigos/as. ¿Es similar a la rutina diaria de Alejandra Arce de Valera, Margarita Benítez Morales y Luis Romero Reyes?

• ¿Descansas un poco durante un día típico? ¿Cuándo y dónde descansas?

recursos

vistahigher
learning.com

7.1 Reflexive verbs

Me ducho, me cepillo los dientes, me visto y ¡listo!

¡Ay, los estudiantes! ¡Siempre se acuestan tarde!

▶ A reflexive verb is used to indicate that the subject does something to or for himself or herself. Reflexive verbs always use reflexive pronouns.

SUBJECT   REFLEXIVE VERB

Carlos   **se afeita** todos los días.

Reflexive verbs

lavarse
to wash oneself

yo	me lavo	*I wash (myself)*	nosotros/as	nos lavamos	*we wash (ourselves)*
tú	te lavas	*you wash (yourself)*	vosotros/as	os laváis	*you wash (yourself)*
usted	se lava	*you wash (yourself)*	ustedes	se lavan	*you wash (yourself)*
él/ella	se lava	*he/she washes (himself/herself)*	ellos/ellas	se lavan	*they wash (themselves)*

▶ The pronoun **se** attached to an infinitive identifies it as a reflexive verb, as in **lavarse** (*to wash oneself*) and **levantarse** (*to get up*).

▶ Reflexive pronouns follow the same rules for placement as object pronouns. They are placed before the conjugated verb, or attached to the infinitive or present participle. When a pronoun is attached to the participle, an accent mark is added.

José **se** levanta temprano.
José gets up early.

José **se** va a levantar temprano.
José va a levantar**se** temprano.
José is going to get up early.

Carlos **se** afeita.
Carlos shaves.

Carlos está afeitándo**se**.
Carlos **se** está afeitando.
Carlos is shaving.

Common reflexive verbs

acordarse (de) (o:ue)	to remember	ducharse	to shower	ponerse	to put on
acostar (o:ue)	to go to bed	enojarse (con)	to get angry (with)	ponerse + [adj.]	to become + [adj.]
afeitarse	to shave			preocuparse (por)	to worry (about)
bañarse	to bathe; to take a bath	irse	to go away; to leave	probarse (o:ue)	to try on
cepillarse	to brush	lavarse	to wash oneself	quedarse	to stay, to remain
despedirse (de) (e:ie)	to say goodbye (to)	levantarse	to get up	quitarse	to take off
		llamarse	to be called/named	sentarse (e:ie)	to sit down
despertarse (e:ie)	to wake up	maquillarse	to put on makeup	sentirse (e:ie)	to feel
dormirse (o:ue)	to go to sleep	peinarse	to comb one's hair	vestirse (e:i)	to get dressed

▶ Most Spanish verbs can be reflexive. If the verb acts on the subject, use the reflexive form. If it acts on something else, use the non-reflexive form.

Lola **lava** los platos
Lola washes dishes

Lola **se lava** la cara.
Lola washes her face.

▶ Reflexive verbs and their non-reflexive counterparts sometimes have different meanings.

acordar	**acordarse**	**levantar**	**levantarse**
to agree	*to remember*	*to lift*	*to get up*

Práctica y conversación

1 Emparejar Empareja las fotos con las frases que siguen.

1.

4.

2.

5.

3.

6.

_____ **a.** Julia se enoja.

_____ **b.** Juan y Enrique se despiden.

_____ **c.** Manuela baña a su hija.

_____ **d.** Estela se pone los calcetines.

_____ **e.** El abuelo despierta a sus nietas.

_____ **f.** Ramón se cepilla los dientes.

2 Conversaciones Completa las conversaciones.

MARIO Tú _____ [lavar / lavarse] los platos ayer, ¿no?

TOMÁS Sí, los _____ [lavar / lavarse] en la noche.

• • •

BEATRIZ ¿Normalmente _____ [duchar / ducharse] antes de ir a clase?

DAVID Sí, _____ [duchar / ducharse] por la mañana.

• • •

MAMÁ ¿Anoche _____ [acostar / acostarse] a los niños a las ocho?

PAPÁ No, los _____ [acostar / acostarse] a las diez.

• • •

ANA Yo _____ [sentir / sentirse] nerviosa hoy.

PATRICIA Bueno… tú siempre (*always*) _____ [sentir / sentirse] nerviosa antes de un examen.

3 Charadas Piensa en una frase con un verbo reflexivo y dramatízala en frente de dos o tres compañeros/as. La primera persona que adivina (*guesses*) la frase dramatiza la próxima (*next*) charada.

4 Entrevista Prepara un horario con las actividades que hiciste (*you did*) anoche. Después en parejas, comparen las actividades y tomen apuntes (*notes*) de lo que hizo el/la compañero/a.

6 pm.	En el Centro Comercial. Me he probado un vestido bien bonito.
7 pm.	En la cafetería con Luis. ¡Siempre se pone tan pesado!
7.30 pm.	Cine con Javier. Muy aburrido. Casi me duermo.
9 pm.	Cena en el restaurante "El cangrejo".
11 pm.	Fiesta de Antonio. Me despido de mis amigos.
2 am.	Me acuesto. No me duermo hasta muy tarde.

ciento cincuenta y cinco **155**

7.2 Indefinite and negative words

Yo siempre
me despierto
a las seis.

Yo jamás me
levanto temprano.
Nunca oigo el
despertador.

▶ Indefinite words, like *someone* or *something*, refer to people and things that are not specific. Negative words, like *no one* or *nothing*, deny the existence of people and things or contradict statements.

Indefinite and negative words

Indefinite words		Negative words	
algo	something; anything	nada	nothing; not anything
alguien	someone; anyone	nadie	no one; not anyone
alguno/a(s), algún	some; any	ninguno/a, ningún	no; none; not any
o... o	either... or	ni... ni	neither... nor
siempre	always	nunca, jamás	never
también	also; too	tampoco	neither; not either

▶ There are two ways to form negative sentences in Spanish. You can place the negative word before the verb, or you can place **no** before the verb and the negative word after the verb.

Nadie está en casa.	Ellos **no** se enojan **nunca**.	**Ninguno** me gusta.	**Nada** me despierta.
No está **nadie** en casa.	Ellos **nunca** se enojan.	**No** me gusta **ninguno**.	**No** me despierta **nada**.
Nobody is at home.	*They never get angry.*	*I don't like any.*	*Nothing wakes me.*

▶ In Spanish, sentences frequently contain two or more negative words. Once a sentence is negative, all indefinite ideas must be expressed in the negative.

Ella **no** tiene **ninguna** idea.
She doesn't have any idea.

Nunca te pido **nada**.
I never ask you for anything.

Jamás me preocupo por **nada**.
I never worry about anything.

Tampoco me despido de **nadie**.
I don't say goodbye to anyone either.

▶ **Alguien** and **nadie** are often used with the personal **a**. The personal **a** is also used before **alguno/a**, **algunos/as**, and **ninguno/a** when these words refer to people.

Carlos, ¿ves **a alguien** allí?
Carlos, do you see someone there?

¿Oyes **a alguno** de los chicos?
Do you hear any of the boys?

No, no veo **a nadie**.
No, I don't see anyone.

No, no oigo **a ninguno**.
No, I don't hear any of them.

▶ Although **pero** and **sino** both mean *but*, they are not interchangeable. **Sino** is used when the first part of a sentence is negative and the second part contradicts it. In this context, **sino** means *but rather* or *on the contrary*. **Pero** is used in all other cases.

No se acuesta temprano, **sino** tarde.
*He doesn't get up early, **but rather** late.*

Canto, **pero** nunca en público.
*I sing, **but** never in public.*

No queremos irnos, **sino** quedarnos.
*We don't want to leave, **but rather** stay.*

Me desperté a las once, **pero** estoy cansada.
*I woke up at eleven, **but** I'm tired.*

Práctica y conversación

1 **La familia de Margarita González Arjona** Completa las frases con **pero** o **sino**.

MODELO

Mi abuela es aburrida, _____pero_____ amable.

1. No me ducho por la mañana, _____ por la noche.

2. A mí no me gusta nadar, _____ correr.

3. Mi hermana María Luisa es alta, _____ delgada.

4. Mi hermano Emilio no es moreno, _____ rubio.

5. Mis padres y mis tíos no se acuestan temprano, _____ tarde.

6. Mi primo Manuel es inteligente, _____ no es interesante.

7. Mi madre y yo siempre nos despertamos temprano, _____ nunca estamos cansadas.

8. Mi amiga Mariana es pequeña, _____ fuerte.

2 **Completar** Completa la conversación de Aurelio y Ana María con palabras negativas.

AURELIO Ana María, ¿encontraste algún regalo para Eliana?

ANA MARÍA _____

AURELIO ¿Viste a algunas amigas en el centro comercial?

ANA MARÍA _____

AURELIO ¿Quieres ir al teatro o al cine esta noche?

ANA MARÍA _____

AURELIO ¿Quieres salir a comer?

ANA MARÍA _____

AURELIO ¿Hay algo interesante en la televisión esta noche?

ANA MARÍA _____

AURELIO ¿Tienes algún problema?

ANA MARÍA _____

AURELIO ¿Eres siempre tan antipática?

ANA MARÍA _____

3 **Quejas**  Con un(a) compañero/a, prepara una lista de las quejas (*complaints*) comunes de los estudiantes universitarios.

MODELO

¡Nadie me entiende!

¡Jamás puedo levantarme tarde!

Ahora preparen una lista de las quejas que los padres tienen de sus hijos.

MODELO

¡Nunca limpian sus habitaciones!

¡No se lavan las manos tampoco!

4 **Anuncios**  Mira el anuncio (*ad*). Con un(a) compañero/a, prepara otro anuncio usando expresiones indefinidas o negativas.

¿Buscas algún producto especial?

¡Siempre hay algo para todos en las tiendas García!

7.3 Preterite of **ser** and **ir**

¿Adónde fueron ustedes?

Fuimos a un mercado. Fue muy divertido.

▶ The preterite forms of **ir** (*to go*) and **ser** (*to be*) are irregular, so you will need to memorize them. None of these forms has an accent mark.

Preterite of *ser* and *ir*		
	ser	ir
	to be	*to go*
yo	fui	fui
tú	fuiste	fuiste
usted/él/ella	fue	fue
nosotros/as	fuimos	fuimos
vosotros/as	fuisteis	fuisteis
ustedes/ellos/ellas	fueron	fueron

▶ The preterite forms of **ser** and **ir** are identical. The context clarifies which of the two verbs is being used.

Lina **fue** a ver una película.
Lina went to see a film.

Fui a Barcelona el año pasado.
I went to Barcelona last year.

La película **fue** muy interesante.
The film was very interesting.

Fue un viaje maravilloso.
It was a wonderful trip.

ESPAÑOL EN VIVO

Fue una experiencia increíble.

Cuando fui a Caldea, me olvidé de todo. Fui para despedirme de todas mis preocupaciones y descubrir los efectos calmantes del agua de las lagunas. Después de bañarme en las aguas termales, se me fueron el cansancio y el estrés. Fueron unas vacaciones extraordinarias.

caldea ≋

SIEMPRE TE ESTAMOS ESPERANDO.

Práctica y conversación

1 **Conversación** Andrés y Laura están chismeando (*gossiping*). Completa su conversación con el pretérito de **ser** e **ir**.

ANDRÉS Cristina y Vicente _____ novios, ¿no?

LAURA Sí, pero ahora no salen. Anoche Cristina _____ a comer con Luis y la semana pasada ellos _____ al partido de fútbol.

ANDRÉS ¿Ah, sí? Mercedes y yo _____ al partido y no los vimos.

LAURA ¿_____ tú con Mercedes? Y después del partido, ¿adónde _____ ustedes?

ANDRÉS _____ al café Paraíso y vimos a Vicente con otra chica.

LAURA ¿Él _____ al café Paraíso con otra chica? ¡Qué horror!

2 **Frases** Forma frases con los siguientes elementos. Usa el pretérito.

Sujetos	Verbos	Actividades
yo		a un restaurante
tú		en autobús a Nueva York
mis amigos		estudiante(s)
nosotros/as		a una discoteca en Buenos Aires
ustedes	(no) ir	por avión a Europa
Antonio Banderas	(no) ser	a casa muy tarde
Gloria Estefan		a la playa con su novio/a
		dependiente/a en una tienda

3 **Preguntas** En parejas, túrnense (*take turns*) para hacerse las siguientes preguntas.

1. ¿Adónde fuiste de vacaciones este año?
2. ¿Con quién fuiste de vacaciones?
3. ¿Cómo fueron tus vacaciones?
4. ¿Fuiste de compras esta semana? ¿Qué compraste?
5. ¿Cómo se llama la última (*last*) película que viste?
6. ¿Cuándo fuiste a ver esta película?
7. ¿Cómo fue la película?
8. ¿Adónde fuiste durante el fin de semana? ¿Por qué?

4 **El fin de semana pasado** En parejas, hablen de lo que hicieron (*you did*) ustedes el fin de semana pasado por la mañana, por la tarde y por la noche. Luego reporten la información a la clase.

	Yo	Mi compañero/a
Por la mañana	_____	_____
	_____	_____
	_____	_____
Por la tarde	_____	_____
	_____	_____
	_____	_____
Por la noche	_____	_____
	_____	_____
	_____	_____

5 **Personas famosas** En grupos pequeños, cada estudiante debe pensar en una persona famosa del pasado. Luego, los otros miembros del grupo tienen que hacer preguntas usando el pretérito hasta que adivinen (*they guess*) la identidad de la persona. Por ejemplo, pueden hacer preguntas acerca de (*about*) su profesión, su nacionalidad, su personalidad o su apariencia (*appearance*) física.

7.4 Gustar and verbs like gustar

▶ **Me gusta(n)** and **te gusta(n)** express the concepts of *I like* and *you* (fam.) *like*. The literal meaning of **gustar** is *to be pleasing to (someone)*.

Me gusta ese champú.
That shampoo is pleasing to me.
I like that shampoo.

¿Te gustan los deportes?
Are sports pleasing to you?
Do you like sports?

▶ **Me gusta(n)** and similar constructions require an indirect object pronoun. In Spanish, the object or thing being liked (**el champú**) is the subject of the sentence. The person who likes the object is an indirect object that answers the question *to whom is the shampoo pleasing?*

I. O. PRONOUN	SUBJECT	SUBJECT		DIRECT OBJECT
Me gusta	ese champú.	I	like	that shampoo.

▶ **Gustar** and similar verbs are usually used in the **Ud./él/ella** and **Uds./ellos/ellas** forms. When the object or person liked is singular, the form **gusta** is used. When two or more objects or persons are liked, **gustan** is used.

| SINGULAR | ▶ | me, te, le | ▶ | gusta / gustó | ▶ | la película / el concierto |
| PLURAL | ▶ | nos, os, les | ▶ | gustan / gustaron | ▶ | las papas fritas / los helados |

Me gusta el suéter
que compraste.

Me gustan el arte
y la música.

▶ To express what someone likes or does not like to do, the singular form **gusta** is used, followed by one or more infinitives.

Me gusta levantarme tarde.
I like to get up late.

Me gusta comer y **dormir**.
I like to eat and sleep.

▶ The construction **a** + [personal pronoun] (**a mí, a ti, a usted, a él, a ella, a nosotros/as, a vosotros/as, a ustedes, a ellos, a ellas.**) clarifies or emphasizes the people who are pleased. **A** + [noun] can also be used.

A mí me gusta levantarme temprano. ¿Y **a ti**?
I like to get up early. How about you?

Al profesor le gustó el libro.
The teacher liked the book.

▶ Here is a list of common verbs used in the same way as **gustar**.

Verbs like gustar

aburrir	to bore	fascinar	to fascinate	molestar	to bother; to annoy
encantar	to like very much; to love (objects)	importar	to be important to; to matter	quedar	to be left over; to fit (clothing)
faltar	to lack; to need	interesar	to be interesting to; to interest		

¡ojo!

To express the English equivalent of would like (something or to do something), use the construction [i.o. pronoun] + **gustaría(n)**.

Nos gustaría ver esa película.
We would like to see that movie.

Me gustarían unos días sin clases.
I would like a few days without class.

▶ **Faltar** and **quedar** express what someone lacks or has left. Also, **quedar** is used to talk about how clothing fits or looks on someone.

Le falta dinero.	**Me faltan** dos pesos.	**Nos quedan** cinco libros.	La falda **te queda** bien.
He/she is short of money.	*I need two pesos.*	*We have five books left.*	*The skirt looks good on you.*

Práctica y conversación

1 **Describir** Describe los dibujos con uno de los siguientes verbos: **aburrir, encantar, faltar, interesar, molestar,** y **quedar.**

1. A Mauricio / libros
_____

2. A ellos / bailar
_____

3. A Lorena / despertador
_____

4. A él / camisa
_____

2 **Completar** Completa las siguientes frases.

1. _____ Adela _____ [gustar] las canciones (*songs*) de Enrique Iglesias.

2. A mis amigos _____ [encantar] la música de Gloria Estefan.

3. _____ nosotros _____ [fascinar] los grupos de pop latino.

4. Creo que a Elena _____ [interesar] más la bachata.

5. ¿A _____ te _____ [faltar] dinero para el concierto de Carlos Santana?

6. Sí. Sólo _____ [quedar] cinco dólares.

3 **Preguntas** En parejas, túrnense (*take turns*) para hacer y contestar estas preguntas.

1. ¿Te gusta levantarte temprano o tarde? ¿Por qué?
2. ¿A tu compañero/a de cuarto le gusta levantarse temprano o tarde?
3. ¿Te molesta cuando tu compañero/a de cuarto se levanta muy temprano?
4. ¿Te gusta acostarte temprano o tarde?
5. ¿Prefiere tu compañero/a de cuarto acostarse temprano o tarde?
6. ¿Te gusta bañarte o ducharte?
7. ¿Qué te gusta de esta universidad? ¿Qué te molesta?
8. ¿Te interesan más las ciencias o las humanidades? ¿Por qué?
9. ¿Te aburren las películas románticas?
10. ¿Te molesta cuando alguien llega tarde a una cita (*appointment*)?

4 **Encuesta** Pregúntales a dos o tres compañeros/as qué cosas o actividades les encantan, les aburren o les molestan.

Nombre	Le encanta(n)	Le aburre(n)	Le molesta(n)
_____	_____	_____	_____
_____	_____	_____	_____
_____	_____	_____	_____
_____	_____	_____	_____

Ampliación

1 Escuchar 🎧

A Escucha la entrevista entre Carolina y Julián, teniendo en cuenta (*taking into account*) lo que ya sabes sobre este tipo de situación. Elige la opción que completa correctamente cada oración.

TIP **Use background information.** Use what you already know about a topic to help you guess the meaning of unknown words or linguistic structures.

1. Julián es
   a. político.   **b.** deportista profesional.
   c. artista de cine.

2. El público de Julián quiere saber de
   a. sus películas.   **b.** su vida.   **c.** su novia.

3. Julián habla de
   a. sus viajes y sus rutinas.   **b.** sus parientes y amigos.
   c. sus comidas favoritas.

4. Julián
   a. se levanta y se acuesta a horas diferentes todos los días.
   b. tiene una rutina diaria.   **c.** no quiere hablar de su vida.

B ¿Crees que Julián siempre ha sido (*has been*) rico? ¿Por qué? ¿Qué piensas de Julián como persona?

2 Conversar 👥 Túrnense (*take turns*) para hacerse estas preguntas.

- ¿A qué hora te levantaste ayer? ¿Usaste un despertador?
- ¿Cuántas veces te cepillaste los dientes ayer?
- ¿Adónde fuiste ayer después de las clases?
- ¿Te gusta mirar la televisión antes de acostarte?
- ¿A qué hora te acostaste anoche?

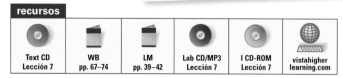

3 **Escribir** Escribe una composición en la que describes tu rutina diaria en algún lugar interesante de tu propia invención (en una isla desierta, en el Polo Norte, en el desierto, etc.). Considera los elementos básicos de tu rutina: ¿Dónde vas a dormir? ¿Cómo te vas a bañar?

TIP **Use adverbs to sequence events.** You can use adverbs and adverbial phrases as transitions between the introduction, the body, and the conclusion of a narrative.

Organízalo	Utiliza estos adverbios para planear la secuencia de tu composición: **primero, después, entonces, más tarde** y **al final**. Escribe unas notas sobre la introducción a tu narración. Recuerda: **¿qué?, ¿quién?, ¿cuándo?, ¿dónde?, ¿cómo?** y **¿por qué?**
Escríbelo	Utiliza tus notas para escribir el primer borrador de la composición.
Corrígelo	Intercambia tu composición con un(a) compañero/a. Comenta sobre la introducción, la secuencia de eventos, el nivel de interés y los errores de gramática o de ortografía. Revisa el primer borrador según las indicaciones de tu compañero/a.
Compártelo	Intercambia tu composición con otro/a compañero/a. Lee su trabajo y en otra hoja de papel dibuja las escenas que describe, utilizando los adverbios que introducen la narración. Tu compañero/a puede usar los dibujos para presentar la composición a la clase.

4 **Un paso más** Planea un viaje a un lugar famoso del mundo hispano. Utiliza elementos visuales en tu proyecto.

- Prepara un folleto (*pamphlet*) para presentar el itinerario de cada uno de los días del viaje e indica la hora para cada actividad.
- Describe la rutina diaria de un viajero típico.
- Describe el país, la historia del lugar y también las actividades programadas para el viaje.
- Comenta sobre los restaurantes, el transporte y los hoteles.

En Internet

Investiga estos temas en el sitio vistahigherlearning.com.

- Lugares de interés en España y Suramérica
- Lugares de interés en México, Centroamérica, y el Caribe

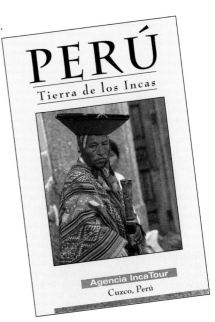

PERÚ
Tierra de los Incas

Agencia IncaTour
Cuzco, Perú

Antes de leer

Predicting content from the title will help you increase your reading comprehension in Spanish. We can usually predict the content of a newspaper article in English from its headline, for example.

Examinar el texto

Lee el título de la lectura y haz tres predicciones sobre el contenido. Escribe tus predicciones en una hoja de papel.

Compartir

Comparte tus ideas con un(a) compañero/a de clase.

Cognados

Escribe una lista de cuatro cognados que encuentres en la lectura.

1. _____
2. _____
3. _____
4. _____

¿Qué te dicen los cognados sobre el tema de la lectura?

15 de octubre

¡Una mañana desastrosa!

—Me levanté de la cama a las seis y med

Esta mañana me levanté de la cama a las seis media y corrí a despertar a mis dos hijas. —Yo Dolores, van a perder el autobús de la escue —les grité. Pero ellas no se despertaron. Jamá despiertan temprano. Siempre se sientan a v televisión por la noche y se acuestan muy ta

—Corrimos para llegar a la parada del autobús.

Yolanda y Dolores salieron de la casa sin cepillarse los dientes, pero eso no importa. Por lo menos se acordaron de ponerse las botas y el abrigo antes de irse. Corrimos para llegar a la parada del autobús de la escuela, que pasa a las siete de la mañana.

—Nunca llegó el aut

Esperamos media hora, pero nunca llegó el auto Regresamos a casa. Llam por teléfono a la escuel pero nadie contestó. Tomamos el automóvil salimos de casa.

—¡Por fin se despertaron mis hijas!

¡Por fin se despertaron! Medio dormidas y medio enojadas, ellas entraron al baño para lavarse la cara y peinarse. Luego volvieron a su habitación para vestirse. Yo fui a la cocina para prepararles el desayuno. A mis hijas les encanta comer un buen desayuno, pero hoy les di cereales y les preparé dos sándwiches para el almuerzo.

—¡Hoy es sábado!

Llegamos a la escuela antes de las ocho y entonces me di cuenta de que hoy es sábado. ¡Y los sábados no hay clases!

Después de leer

¿Comprendiste?
Selecciona la respuesta (*answer*) correcta.

1. ¿Quién es el/la narrador(a)?
   a. el padre de las chicas b. Yolanda
   c. Dolores

2. ¿A qué hora se despertó el papá?
   a. a las seis de la mañana b. a las seis y media
   c. a las siete y media

3. ¿Qué comieron las chicas antes de salir de la casa?
   a. un sándwich b. cereales
   c. dos sándwiches

4. ¿Cómo fueron las chicas a la escuela?
   a. Corrieron. b. Fueron en autobús.
   c. Fueron en automóvil.

Preguntas

1. ¿Por qué nunca se despiertan temprano las chicas?
   _____

2. ¿Se bañaron las chicas esta mañana?
   _____

3. ¿A qué hora llega generalmente el autobús?
   _____

4. ¿A qué hora llegó el autobús hoy?
   _____

5. ¿Por qué no contestó nadie cuando llamaron a la escuela?
   _____

Coméntalo

¿Qué crees que le dicen Yolanda y Dolores a su papá después de volver de la escuela? Imagina que eres el papá. ¿Cómo respondes a lo que te dicen las chicas?

grité *I shouted* medio dormidas y medio enojadas *half asleep and half mad*
desayuno *breakfast* almuerzo *lunch* sin *without* di *I gave* parada *stop*
llamamos por teléfono *we called on the phone* me di cuenta de que *I realized that*

Los verbos reflexivos

acordarse (de) (o:ue)	to remember
acostarse (o:ue)	to lie down; to go to bed
afeitarse	to shave
bañarse	to bathe; to take a bath
cepillarse el pelo	to brush one's hair
cepillarse los dientes	to brush one's teeth
despedirse (de) (e:i)	to say goodbye (to)
despertarse (e:ie)	to wake up
dormirse (o:ue)	to go to sleep; to fall asleep
ducharse	to shower, to take a shower
enojarse (con)	to get angry (with)
irse	to go away; to leave
lavarse la cara	to wash one's face
lavarse las manos	to wash one's hands
levantarse	to get up
llamarse	to be called; to be named
maquillarse	to put on makeup
peinarse	to comb one's hair
ponerse	to put on
ponerse + [adj.]	to become + [adj.]
preocuparse (por)	to worry (about)
probarse (o:ue)	to try on
quedarse	to stay; to remain
quitarse	to take off
sentarse (e:ie)	to sit down
sentirse (e:ie)	to feel
vestirse (e:i)	to get dressed

Adverbios y preposiciones de tiempo

antes (de)	before
después	afterward; then
después de	after
durante	during
entonces	then
luego	afterward; then
más tarde	later
por último	finally

Gustar y verbos similares

aburrir	to bore
encantar	to like very much; to love (inanimate objects)
faltar	to lack; to need
fascinar	to fascinate
gustar	to be pleasing to; to like
importar	to be important to; to matter
interesar	to be interesting to; to interest
me gustaría(n)…	I would like…
molestar	to bother; to annoy
quedar	to be left over; to fit (clothing)

En el baño

el baño	bathroom
el champú	shampoo
la crema de afeitar	shaving cream
el espejo	mirror
el jabón	soap
el maquillaje	makeup
la toalla	towel

Otras palabras y expresiones

el despertador	alarm clock
por la mañana	in the morning
por la noche	at night
por la tarde	in the afternoon; in the (early) evening
la rutina diaria	daily routine

Expresiones útiles	See page 151.
Indefinite and negative words	See page 156.

recursos

LM p. 42	Lab CD/MP3 Lección 7	Vocab CD Lección 7

8 ¡A comer!

Para empezar

- ¿Están los muchachos en un mercado al aire libre?
- ¿Crees que las frutas son caras o baratas?
- ¿De qué color es el suéter del empleado?
- ¿Crees que el cliente está contento?
- ¿Te gusta esta fotografía?

¡A comer!

el camarero
waiter

EN UN RESTAURANTE

el plato (principal) *(main) dish*

la sección de (no) fumadores *(non) smoking section*

el almuerzo *lunch*

la cena *dinner*

la comida *food; meal*

el desayuno *breakfast*

almorzar (o:ue) *to have lunch*

cenar *to have dinner*

desayunar *to have breakfast*

pedir (e:i) *to order (food)*

probar (o:ue) *to taste; to try*

recomendar (e:ie) *to recommend*

servir (e:i) *to serve*

el menú
menu

los entremeses
hors d'oeuvres

CARNES Y MARISCOS

el atún *tuna*

los camarones *shrimp*

la carne *meat*

la carne de res *beef*

la chuleta de cerdo *pork chop*

la hamburguesa *hamburger*

el jamón *ham*

la langosta *lobster*

el pavo *turkey*

el pescado *fish*

la salchicha *sausage*

el salmón *salmon*

el bistec
steak

LOS SABORES

agrio/a *sour*

delicioso/a *delicious*

dulce *sweet*

picante *hot, spicy*

rico/a *tasty; delicious*

sabroso/a *tasty; delicious*

salado/a *salty*

el pollo (asado)
(roast) chicken

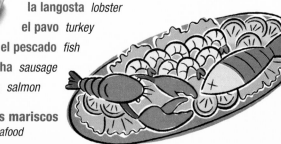

los mariscos
seafood

LAS FRUTAS

la banana *banana*
el limón *lemon*
la manzana *apple*
la naranja *orange*
las uvas *grapes*

las frutas
fruit

GRANOS Y VERDURAS

las arvejas *peas*
la cebolla *onion*
los frijoles *beans*
la lechuga *lettuce*
el maíz *corn*
la papa/patata *potato*
el tomate *tomato*
la zanahoria *carrot*

los champiñones
mushrooms

las verduras
vegetables

OTRAS COMIDAS

el aceite *oil*
el ajo *garlic*
el arroz *rice*
el azúcar *sugar*
los cereales *cereal; grain*
la ensalada *salad*
el huevo *egg*
la mantequilla *butter*
la margarina *margarine*
la mayonesa *mayonnaise*
el pan (tostado) *(toasted) bread*
las papas/patatas fritas *French fries*
el queso *cheese*
la sal *salt*
la sopa *soup*
el vinagre *vinegar*

la pimienta
pepper

el sándwich
sandwich

BEBIDAS

la bebida *drink*
la cerveza *beer*
el jugo (de fruta) *(fruit) juice*
la leche *milk*
el refresco *soft drink*
el té (helado) *(iced) tea*
el vino (blanco/tinto) *(white/red) wine*

el café
coffee

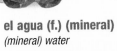

el agua (f.) (mineral)
(mineral) water

Práctica y conversación

1 **¿Lógico o ilógico?** 🎧 Escucha las frases e indica si son **lógicas** o **ilógicas**.

	1.	2.	3.	4.	5.	6.	7.	8.
Lógico								
Ilógico								

2 **¿Qué pide Nora?** 🎧 Escucha la conversación entre Nora y el camarero en un restaurante. Luego indica las comidas y bebidas que Nora pide.

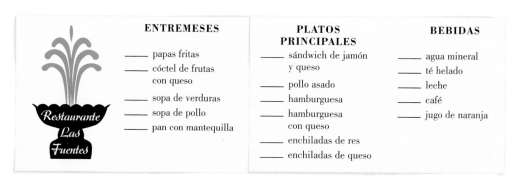

ENTREMESES

—— papas fritas
—— cóctel de frutas
    con queso
—— sopa de verduras
—— sopa de pollo
—— pan con mantequilla

Restaurante Las Fuentes

PLATOS PRINCIPALES

—— sándwich de jamón
    y queso
—— pollo asado
—— hamburguesa
—— hamburguesa
    con queso
—— enchiladas de res
—— enchiladas de queso

BEBIDAS

—— agua mineral
—— té helado
—— leche
—— café
—— jugo de naranja

3 **¿Qué es?** Identifica estas comidas. Luego indica si son **carnes**, **frutas**, **verduras**, **bebidas** o **condimentos**.

MODELO
Un limón:
es una fruta.

1. _____ 2. _____ 3. _____

4. _____ 5. _____ 6. _____ 7. _____ 8. _____

4 **Completar** Completa las frases con las palabras correctas.

1. El hombre que sirve la comida en un restaurante es el _____.

2. Camarero, ¿puedo ver el _____, por favor?

3. El bistec y el jamón son dos tipos de _____.

4. El té helado, el café y el refresco son ejemplos de _____.

5. El condimento blanco que pongo en mi café es el _____.

6. Las tres comidas principales del día son el _____, el almuerzo y la cena.

5 **Conversación** En grupos, contesten las preguntas.

1. ¿Desayunas? ¿Qué comes y bebes por la mañana?

2. ¿A qué hora, dónde y con quién almuerzas?

3. ¿Cuáles son las comidas típicas de tu almuerzo?

4. ¿A qué hora, dónde y con quién cenas?

5. ¿Qué comidas prefieres para la cena?

6. ¿Cuáles son las comidas y bebidas más frecuentes en tu dieta?

Pronunciación ll, ñ, c, and z

| po**ll**o | **ll**ave | e**ll**a | cebo**ll**a |

Most Spanish speakers pronounce the letter **ll** like the *y* in *yes*.

| ma**ñ**ana | se**ñ**or | ba**ñ**o | ni**ñ**a |

The letter **ñ** is pronounced much like the *ny* in *canyon*.

| **c**afé | **c**olombiano | **c**uando | ri**c**o |

Before **a**, **o**, or **u**, the Spanish **c** is pronounced like the *c* in *car*.

| **c**ereales | deli**c**ioso | condu**c**ir | cono**c**er |

Before **e** or **i**, the Spanish **c** is pronounced like the *s* in *sit*. (In parts of Spain, **c** before **e** or **i** is pronounced like the *th* in *think*.)

| **z**eta | **z**anahoria | almuer**z**o | cerve**z**a |

The Spanish **z** is pronounced like the *s* in *sit*. (In parts of Spain, **z** before a vowel is pronounced like the *th* in *think*.)

Refranes Lee los refranes en voz alta.

Panza llena, corazón contento.[2]

Las apariencias engañan.[1]

1 Looks can be deceiving.
2 A full belly makes a happy heart.

¿Qué tal la comida?

Don Francisco y los estudiantes van al restaurante El Cráter.

Personajes

DON FRANCISCO

JAVIER

INÉS

ÁLEX

MAITE

DOÑA RITA

CAMARERO

JAVIER ¿Sabes dónde estamos?

INÉS Mmm, no sé. Oiga, don Francisco, ¿sabe usted dónde estamos?

DON FRANCISCO Estamos cerca de Cotacachi.

ÁLEX ¿Dónde vamos a almorzar, don Francisco? ¿Conoce un buen restaurante en Cotacachi?

DON FRANCISCO Pues, conozco a doña Rita Perales, la dueña del mejor restaurante de la ciudad, el restaurante El Cráter.

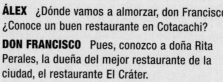

DOÑA RITA Hombre, don Paco, ¿usted por aquí?

DON FRANCISCO Sí, doña Rita… y hoy le traigo clientes. Le presento a Maite, Inés, Álex y Javier. Los llevo a las montañas para ir de excursión.

DOÑA RITA ¡Bienvenidos al restaurante El Cráter! Están en muy buenas manos… don Francisco es el mejor conductor del país. Y no hay nada más bonito que nuestras montañas. Pero, si van a ir de excursión, deben comer bien. Vengan, chicos, por aquí.

JAVIER ¿Qué nos recomienda usted?

DOÑA RITA Bueno, las tortillas de maíz son riquísimas. La especialidad de la casa es el caldo de patas… ¡tienen que probarlo! El lomo a la plancha es un poquito más caro que el caldo, pero es sabrosísimo. También les recomiendo el ceviche de camarón y la fuente de fritada.

recursos

VM pp. 183–184

I CD-ROM Lección 8

Es V CD-ROM Lección 8

MAITE Voy a tomar un caldo de patas y un lomo a la plancha.

JAVIER Para mí las tortillas de maíz y el ceviche de camarón.

ÁLEX Yo también quisiera las tortillas de maíz y el ceviche de camarón.

INÉS Voy a pedir caldo de patas y lomo a la plancha.

DON FRANCISCO Yo quiero tortillas de maíz y una fuente de fritada, por favor.

DOÑA RITA Y de tomar, les recomiendo el jugo de piña, frutilla y mora. ¿Se lo traigo a todos?

TODOS Sí, perfecto.

CAMARERO ¿Qué plato pidió usted?

MAITE Un caldo de patas y lomo a la plancha.

DOÑA RITA ¿Qué tal la comida? ¿Rica?

JAVIER Rica, no. ¡Riquísima!

ÁLEX Sí, y nos la sirvieron tan rápidamente.

MAITE Una comida deliciosa, gracias.

DON FRANCISCO Hoy es el cumpleaños de Maite…

DOÑA RITA ¡Ah! Tenemos unos pasteles que están como para chuparse los dedos…

Expresiones útiles

Finding out where you are

¿Sabe usted/Sabes dónde estamos?
Do you know where we are?

Estamos cerca de Cotacachi.
We're near Cotacachi.

Talking about people and places

¿Conoce usted/Conoces un buen restaurante?
Do you know a good restaurant?

Sí, conozco varios.
Yes, I know several.

¿Conoce/Conoces a doña Rita?
Do you know Doña Rita?

Sí, es la dueña del restaurante.
Yes, she's the owner of the restaurant.

Ordering food

¿Qué le puedo traer?
What can I bring you?

Voy a tomar/pedir un caldo de patas y un lomo a la plancha.
I am going to have/to order the beef soup and grilled flank steak.

Para mí las tortillas de maíz y el ceviche de camarón, por favor.
Corn tortillas and lemon-marinated shrimp for me, please.

Yo también quisiera…
I also would like…

Y de tomar, el jugo de piña, frutilla y mora.
And to drink, pineapple-strawberry-blackberry juice.

¿Qué plato pidió usted?
What did you order?

Yo pedí un caldo de patas.
I ordered the beef soup.

Talking about food

¿Qué tal la comida?
How is the food?

¡Riquísima!/Muy rica, gracias.
Extremely delicious! Very tasty, thanks.

¿Qué piensas?

1 **En el restaurante** Escoge la respuesta (*answer*) que completa cada oración.

1. Inés va a pedir

   a. las tortillas de maíz y la fuente de fritada (*mixed grill*).
   b. el ceviche y el caldo de patas.   c. el caldo de patas y el lomo a la plancha.

2. Doña Rita es

   a. la hermana de don Francisco.   b. la dueña del restaurante.
   c. una camarera que trabaja en El Cráter.

3. Don Francisco lleva a los estudiantes a

   a. cenar.   b. desayunar.   c. almorzar.

4. Doña Rita les recomienda a los viajeros

   a. el caldo de patas y el lomo a la plancha.
   b. el bistec, las verduras frescas y el vino tinto.   c. unos pasteles (*cakes*).

2 **Preguntas** Contesta las preguntas.

1. ¿Dónde comieron don Francisco y los estudiantes? _____

2. Según (*according to*) doña Rita, ¿por qué deben comer bien los viajeros? _____
_____

3. ¿Cuál es la especialidad del restaurante? _____

4. ¿Qué pidió Maite? _____

5. ¿Qué pidió Álex? _____

6. ¿Qué tomaron todos? _____

7. ¿Cuándo es el cumpleaños (*birthday*) de Maite? _____

8. ¿Qué tal son los pasteles (*cakes*) en El Cráter? _____

3 **Dos situaciones**

1. Prepara con un(a) compañero/a una conversación en la
que le preguntas si conoce algún buen restaurante en su
comunidad. Tu compañero/a responde que sí conoce un
restaurante donde sirven comida deliciosa. Lo/La invitas
a cenar y él/ella acepta. Determinan la hora para verse
en el restaurante y se despiden.

2. Trabaja con un(a) compañero/a para representar una
conversación entre un(a) cliente/a y un(a) camarero/a en
un restaurante. El/La camarero/a te pregunta qué te puede servir y tú preguntas cuál
es la especialidad del restaurante. El/La camarero/a te lo dice y te recomienda algunos
platos del menú. Tú pides entremeses, un plato principal y una bebida. El/La camarero/a
te da las gracias y luego te sirve la comida.

Exploración

La comida hispana

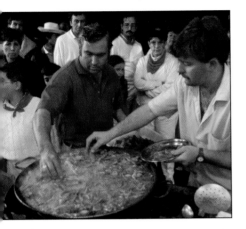

El asado es la barbacoa (*barbecue*) argentina. Un asado típico consiste en chorizos (*sausages*) y otras carnes a la parrilla (*grilled*). Según los argentinos, el secreto de un buen asado es el corte (*cut*) de la carne y el control del fuego (*fire*).

La paella es el plato típico de España. Tradicionalmente se prepara al aire libre. Los ingredientes principales son: arroz, mariscos, pescado, carne y verduras.

El ceviche es una comida muy popular en Perú y Ecuador. En su preparación, se combina el jugo de limón con pescado o mariscos crudos (*raw*).

Observaciones

- Hay cerca de 4.000 variedades de papa.
- La palabra *papa* es de origen quechua (la lengua de los incas).
- En el Perú, hay 35 variedades de maíz, más que en ningún otro país del mundo.
- En Madrid, España, el restaurante más antiguo es la Casa Botín, fundado en el año 1725.

Coméntalo

Con un(a) compañero/a, contesta las siguientes preguntas.

- ¿Te gustaría probar los platos mencionados en esta página?
- Describe los platos tradicionales de tu región o comunidad. ¿Los preparas con frecuencia en tu casa? ¿Son fáciles o difíciles de preparar?

8.1 Preterite of stem-changing verbs

Perdón, ¿quiénes
pidieron las
tortillas de maíz?

¿Y qué plato pidió
usted?

▶ As you know, **–ar** and **–er** stem-changing verbs have no stem change in the preterite.
–Ir stem-changing verbs, however, do have a stem change.

Preterite of *–ir* stem-changing verbs

	servir e→i	morir (*to die*) o→u
yo	serví *I served*	morí *I died*
tú	serviste	moriste
usted/él/ella	sirvió	murió
nosotros/as	servimos	morimos
vosotros/as	servisteis	moristeis
ustedes/ellos/ellas	sirvieron	murieron

▶ Stem-changing **–ir** verbs, in the preterite only, have an **e** to **i** or **o** to **u** stem change in the
Ud./él/ella and **Uds./ellos/ellas** forms.

INFINITIVE	VERB STEM	STEM CHANGE	PRETERITE
pedir	ped–	pid–	pidió, pidieron
dormir	dor–	dur–	durmió, durmieron

ESPAÑOL EN VIVO

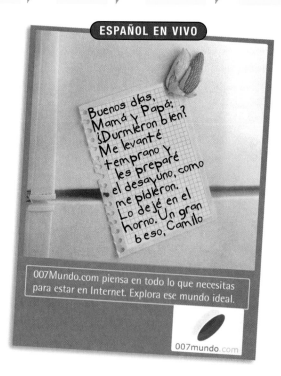

Buenos días,
Mamá y Papá:
¿Durmieron bien?
Me levanté
temprano y
les preparé
el desayuno, como
me pidieron.
Lo dejé en el
horno. Un gran
beso, Camilo

007Mundo.com piensa en todo lo que necesitas
para estar en Internet. Explora ese mundo ideal.

007mundo.com

Práctica y conversación

1 ¡Pobre Sr. Suárez! Completa las frases.

1. Los señores Suárez llegaron al restaurante a las ocho y _____ [seguir] al camarero a una mesa.

2. El señor Suárez _____ [pedir] una chuleta de cerdo. La señora Suárez decidió probar los camarones.

3. El camarero _____ [repetir] el pedido (*the order*).

4. La comida tardó mucho (*took a long time*) en llegar y los señores Suárez casi (*almost*) _____ [dormirse] esperándola.

5. A las nueve el camarero les _____ [servir] la comida.

6. Después de comer la chuleta de cerdo, el señor Suárez _____ [sentirse] muy mal.

7. De repente, el señor Suárez se _____ [morir].

8. ¡Pobre señor Suárez! ¿Por qué no _____ [pedir] los camarones?

2 El camarero loco Indica lo que los clientes pidieron y lo que el camarero loco les sirvió.

MODELO

Claudia / hamburguesa

Claudia pidió una hamburguesa, pero el camarero le sirvió zanahorias.

1. Juan y Rafael / té helado

3. Laura / arroz

2. Nosotros / papas fritas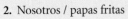

4. Margarita / salmón

3 Preguntas Usa estas preguntas para entrevistar a tu compañero.

¿Te acostaste tarde o temprano anoche?   Me acosté tarde, a la una de la mañana.

1. ¿Te acostaste tarde o temprano anoche? ¿A qué hora te dormiste? ¿Dormiste bien?

2. ¿A qué hora te despertaste esta mañana? ¿A qué hora te levantaste?

3. ¿Llegaste a tiempo (*on time*) a la clase de español?

4. ¿Cuándo empezaste a estudiar español?

5. ¿Se durmió alguien en alguna de tus clases la semana pasada? ¿En qué clase?

6. ¿Quién preparó anoche la cena en tu casa? ¿Y quién la sirvió?

4 Una cena romántica En grupos, describan la cena romántica de Eduardo y Rosa. Usen la foto y las preguntas como guía (*as a guide*).

- ¿Adónde salieron a cenar?
- ¿Qué pidieron?
- ¿Les sirvieron rápidamente (*quickly*) la comida?
- ¿Les gustó la comida?
- ¿Cuánto costó?
- ¿Van a volver otra vez a ese restaurante en el futuro?

8.2 Double object pronouns

▸ In previous lessons you learned that direct and indirect object pronouns replace nouns. You'll now learn how to use direct and indirect object pronouns together.

INDIRECT OBJECT PRONOUNS			DIRECT OBJECT PRONOUNS	
me	nos		lo	los
te	os	+		
le (se)	les (se)		la	las

Y de tomar, les recomiendo el jugo de piña... ¿Se lo traigo a todos?

▸ When direct and indirect object pronouns are used together, the indirect object pronoun goes before the direct object pronoun.

I.O. D.O.	DOUBLE OBJECT PRONOUNS
El camarero me **muestra** el menú. *The waiter shows me the menu.*	El camarero me lo **muestra**. *The waiter shows it to me.*
Nos **sirven** los platos. *They serve us the dishes.*	Nos los **sirven**. *They serve them to us.*
Maribel te **pidió** una hamburguesa. *Maribel ordered a hamburger for you.*	Maribel te la **pidió**. *Maribel ordered it for you.*

Sí, perfecto.

▸ The indirect object pronouns **le** and **les** always change to **se** when they are used with **lo**, **los**, **la**, and **las**.

I.O. D.O.	DOUBLE OBJECT PRONOUNS
Le **escribí** la carta. *I wrote him the letter.*	Se la **escribí**. *I wrote it to him.*
Les **sirvió** los entremeses. *He served them the hors d'oeuvres.*	Se los **sirvió**. *He served them to them.*
Le **pedimos** un café. *We ordered him a coffee.*	Se lo **pedimos**. *We ordered it for him.*

Qué tal la comida, ¿rica?

Sí, y nos la sirvieron tan rápidamente.

▸ Because **se** has multiple meanings, Spanish speakers clarify to whom the pronoun refers by adding **a usted**, **a él**, **a ella**, **a ustedes**, **a ellos**, or **a ellas**.

¿El sombrero? Carlos **se** lo vendió **a ella**.
The hat? Carlos sold it to her.

¿Las verduras? Ellos **se** las compran **a usted**.
The vegetables? They buy them for you.

▸ Double object pronouns are placed before a conjugated verb. With infinitives and present participles, double object pronouns may be placed before the conjugated verb or attached to the end of the infinitive or present participle.

▶ When double object pronouns are attached to an infinitive or a present participle, an accent mark is added to maintain the original stress.

Me lo estoy comiendo.
Estoy comiéndo**melo**.
I am eating it.

Se la van a traer.
Van a traér**sela**.
They are going to bring it to you.

Práctica y conversación

1 **En un restaurante** Imagínate que trabajas de camarero/a en un restaurante. Indica lo que se dicen (*say to each other*) tú y tus clientes.

MODELO
Sra. Guzmán: Una hamburguesa, por favor.
Camarero/a: Enseguida (*right away*) se la traigo.

Sra. Guzmán

1. Tus compañeros/as de cuarto
2. Tu profesor(a) de español
3. Sr. Ramos

4. Tus padres
5. Srta. Salas
6. Dr. Cifuentes

2 **¿Quién?** La Sra. Cevallos está hablando sola de los planes para una cena. Cambia los sustantivos subrayados (*underlined nouns*) por pronombres de objeto directo.

MODELO
¿Quién va a traerme la carne del supermercado? [Mi esposo]
Mi *esposo va a traérmela.*/Mi *esposo me la va a traer.*

1. ¿Quién les mandó las invitaciones a los invitados (*guests*)? [Mi hija] _____
2. ¿Quién me puede comprar el pan? [Mi hijo]
_____
3. ¿Quién puede prestarme los platos que necesito? [Mi mamá] _____
4. ¡Los postres (*desserts*)! ¿Quién está preparándonos los postres? [Silvia y Renata] _____
5. Nos falta mantequilla. ¿Quién nos trae la mantequilla? [Mi cuñada] _____

3 **Contestar** Trabajen en parejas (*pairs*) y formulen preguntas usando las palabras interrogativas **¿Quién?** o **¿Cuándo?**

MODELO
nos enseña español
Estudiante 1: ¿Quién nos enseña español?
Estudiante 2: La profesora Castro nos lo enseña.

Preguntas	Respuestas
1. te escribe mensajes electrónicos	_____
2. me vas a prestar tu computadora	_____
3. les vende los libros de texto a los estudiantes	_____
4. le enseñó español al/a la profesor(a)	_____
5. te compró esa camiseta	_____
6. me vas a mostrar tu casa o apartamento	_____

4 **Preguntas** Contesta estas preguntas con un(a) compañero/a.

1. ¿Me prestas tu coche (*car*)?
2. ¿Me puedes comprar un coche nuevo?
3. ¿Quién te presta dinero cuando lo necesitas?
4. ¿Les prestas tu casa a tus amigos? ¿Por qué?
5. ¿Nos compras el almuerzo a mí y a los otros compañeros de clase?
6. ¿Me describes tu casa?
7. ¿Quién te va a preparar la cena esta noche?
8. ¿Vas a leerles el cuento (*story*) de "Blancanieves" (*Snow White*) a tus nietos? ¿Qué otros cuentos les vas a leer?

8.3 Saber and conocer

▸ Spanish has two verbs that mean *to know*, **saber** and **conocer**, but they are used differently. Note that only the **yo** forms of **saber** and **conocer** are irregular in the present tense.

Saber and conocer

	saber	conocer
yo	sé	conozco
tú	sabes	conoces
usted/él/ella	sabe	conoce
nosotros/as	sabemos	conocemos
vosotros/as	sabéis	conocéis
ustedes/ellos/ellas	saben	conocen

▸ **Saber** means *to know a fact or piece(s) of information* or *to know how to do something.*

No **sé** tu número de teléfono.
I don't know your telephone number.

Mi hermana **sabe** hablar francés.
My sister knows how to speak French.

▸ **Conocer** means *to know or be familiar/acquainted with a person, place, or thing.*

¿**Conoces** la ciudad de Nueva York?
Do you know New York City?

No **conozco** a tu amigo Esteban.
I don't know your friend Esteban.

▸ When the direct object of **conocer** is a person or pet, the personal **a** is used.

¿**Conoces a** Rigoberta Menchú?
Do you know Rigoberta Menchú?

¿**Conoces** ese restaurante?
Do you know that restaurant?

▸ These verbs are conjugated like **conocer**.

conducir (*to drive*)	conduzco, conduces, conduce, etc.
ofrecer (*to offer*)	ofrezco, ofreces, ofrece, etc.
parecer (*to seem*)	parezco, pareces, parece, etc.
traducir (*to translate*)	traduzco, traduces, traduce, etc.

ESPAÑOL EN VIVO

Él sabe dónde comer lo que más le gusta
Él sabe cómo jugar cuatro horas seguidas
Él sabe dónde está su regalo de cumpleaños
Él sabe dónde divertirse

Oviedo
Centro Comercial
Sabe lo que te gusta

...y usted sabe dónde puede encontrar un poco de todo.
¿Conoce algún otro lugar como éste?

Práctica y conversación

1 **Completar** Completa las frases con la forma apropiada de **saber** o **conocer**.

1. —¿_____ ustedes dónde vive Pilar?
   —No, nosotras no lo _____.

2. Mi amiga Carla _____ conducir, pero yo no _____.

3. —¿_____ a Mateo, mi hermano mayor?
   —No, no lo _____.

4. —Todavía no _____ a tu novio.
   —Sí, ya lo _____.

5. Tú _____ esquiar, pero Tino y Luis son pequeños y no _____.

6. —Nosotros no _____ Guatemala.
   —Ah, ¿no? Yo _____ bien las ciudades de Escuintla, Quetzaltenango y Antigua.

7. Roberto _____ bien el *Popol Vuh*, el libro sagrado de los mayas; también _____ leer los jeroglíficos de los templos mayas.

2 **Oraciones** Combina las palabras de las tres columnas para hacer oraciones completas.

MODELO

No conozco a Cher. Yo conozco a Andy García.

Sujetos	Verbos	Objetos directos
Katie Couric		Cameron Díaz
Cher		Andy García
Ozzy Osbourne		cantar
Tom Hanks		el lago de Maracaibo en Venezuela
Carlos Santana		hablar dos lenguas extranjeras
Manny Ramírez	(no) conocer	hacer reír (*laugh*) a la gente
yo	(no) saber	la fecha de hoy
tú		escribir novelas de terror
tu compañero/a		programar computadoras
tu profesor(a)		muchas personas importantes

3 **Deportes** Pregúntale a un(a) compañero/a qué deportes practica y por qué.

MODELO

Estudiante 1: ¿Sabes esquiar?
Estudiante 2: Sí, sé esquiar porque aprendí de niño./
Sí, sé esquiar porque me gusta mucho el invierno.

4 **Preguntas** Con un(a) compañero/a, contesten las siguientes preguntas.

1. ¿Qué restaurantes buenos conoces? ¿Cenas en los restaurantes frecuentemente (*frequently*)?

2. En tu familia, ¿quién sabe cantar mejor (*best*)? ¿Tu opinión es objetiva?

3. ¿Conoces a algún/alguna artista hispano/a?

4. ¿Sabes usar bien Internet? ¿Te parece fácil o difícil usar la computadora?

5. ¿Sabes escuchar cuando alguien te habla de sus problemas?

6. ¿Conoces a algún/alguna chef famoso/a? ¿Qué tipo de comida prepara?

7. ¿Conoces a algún/alguna escritor(a) famoso/a?

8. ¿Sabes si ofrecen cursos de administración de empresas en tu universidad?

8.4 Comparisons and superlatives

Tengo más hambre que un elefante.

El lomo a la plancha es un poquito más caro que el caldo.

▶ Comparisons of inequality are formed by placing **más** (*more*) or **menos** (*less*) before adjectives, adverbs, and nouns and **que** (*than*) after them. When the comparison involves a numerical expression, **de** is used before the number.

El té es **más caro que** el jugo.
The tea is more expensive than the juice.

Tú eres **mas alto que** Jorge.
You are taller than Jorge.

Susana es **menos generosa que** su prima.
Susana is less generous than her cousin.

Hay **más de cincuenta** naranjas.
There are more than fifty oranges.

▶ With verbs, use this construction to make comparisons of inequality: [verb] + **más/menos que**.

Mis hermanos **comen más que** yo.
My brothers eat more than I do.

Arturo **duerme menos que** su padre.
Arturo sleeps less than his father does.

▶ The constructions **tan** + [adverb, adjective] + **como** and **tanto/a(s)** + [singular noun, plural noun] + **como** are used to make comparisons of equality.

Este plato es **tan delicioso como** aquél.
This dish is as delicious as that one.

Tu amigo es **tan simpático como** tú.
Your friend is as nice as you.

Yo comí **tanta comida como** tú.
I ate as much food as you did.

Ustedes probaron **tantos platos como** ellos.
You tried as many dishes as they did.

▶ Comparisons of equality with verbs are formed by placing **tanto como** after the verb. Note that **tanto** does not change in number or gender.

No **duermo tanto como** mi tía.
I don't sleep as much as my aunt.

Estudiamos tanto como ustedes.
We study as much as you do.

▶ This construction is used to form superlatives: **el/la/los/las** + [noun] + **más/menos** + [adjective] + **de**

Es **el café más rico del** país.
It's the most delicious coffee in the country.

Es **el menú menos caro de** todos éstos.
It is the least expensive menu of all of these.

▶ The noun in a superlative construction can be omitted if it is clear to whom or what the superlative refers.

¿El restaurante Mar? Es **el más elegante de** la ciudad.
The Mar restaurant? It's the most elegant (one) in the city.

¡ojo!

The absolute superlative, which ends in **–ísimo**, is equivalent to the English *extremely/very* + [adjective] or *extremely/very* + [adverb]. For example: **muchísimo** (*very much*), **malísimo** (*very bad*), **facilísimo** (*extremely easy*).

Irregular comparative and superlative forms

Adjectives		Comparative form		Superlative form	
bueno/a	good	mejor	better	el/la mejor	(the) best
malo/a	bad	peor	worse	el/la peor	(the) worst
grande	big	mayor	bigger	el/la mayor	(the) biggest
pequeño/a	small	menor	smaller	el/la menor	(the) smallest
joven	young	menor	younger	el/la menor	(the) youngest
viejo/a	old	mayor	older	el/la mayor	(the) oldest

▶ When **grande** and **pequeño/a** refer to age, the irregular comparative and superlative forms, **mayor/menor**, are used. However, when **grande** and **pequeño/a** refer to size, the regular forms, **más grande/más pequeño/a**, are used.

Isabel es **la mayor de** los hermanos.
Isabel is the biggest (eldest) of the siblings.

Tu ensalada es **más grande que** ésa.
Your salad is bigger than that one.

▶ The adverbs **bien** and **mal** have the same irregular comparative forms as **bueno/a** and **malo/a**.

Julio nada **mejor que** los otros chicos.
Julio swims better than the other boys.

Ellas cantan **peor que** las otras chicas.
They sing worse than the other girls.

Práctica y conversación

1 **Dos parejas de hermanos** Escoge (*choose*) la palabra correcta para comparar a las hermanas Lucila y Tita y a los hermanos Mario y Luis.

1. Lucila es más alta y más bonita _____ [de, más, menos, que] Tita.

2. Tita es más delgada porque practica deportes _____ [de, más, menos, que] que Lucila.

3. Mario es _____ [tan, tanto, tantos, tantas] guapo como Luis.

4. Luis va al gimnasio _____ [tan, tanto, tantos, tantas] como Mario.

5. A Tita le gusta quedarse en casa. Va a _____ [de, más, menos, que] fiestas que Lucila.

6. Lucila es la menos inteligente _____ [de, más, menos, que] su clase.

7. Luis va a _____ [tan, tanto, tantos, tantas] fiestas como Mario.

8. ¡Lucila y Tita son _____ [tan, tanto, tantos, tantas] diferentes y Mario y Luis tienen _____ [tan, tanto, tantos, tantas] cosas en común!

Tita y Lucila

Mario y Luis

2 **Comparaciones** En parejas, conversen sobre los siguientes temas: restaurantes, cafés, tiendas, periódicos, revistas, libros, comida, profesores, cursos, personas famosos.

MODELO
papas fritas

Estudiante 1: Las papas fritas del restaurante Los Pinos son las mejores del mundo.

Estudiante 2: Pues yo creo que las papas fritas del restaurante López son tan buenas como las del restaurante Los Pinos.

Estudiante 1: No, porque son más saladas que las papas fritas del restaurante Los Pinos.

3 **La familia García** En grupos, túrnense (*take turns*) para hacer comparaciones entre Rafael, Eva, Esteban y Lourdes.

Esteban

Lourdes

Rafael

Eva

MODELO

Estudiante 1: Esteban es el más guapo de la familia.

Estudiante 2: Pues yo creo que Rafael es tan guapo como Esteban.

Estudiante 1: Mmm, pero Esteban es mucho más alto.

Ampliación

1 Escuchar

A Escucha a Ramón Acevedo. Toma apuntes (*notes*) de las instrucciones que él da.

TIP **Jot down notes as you listen.** Jotting down notes while you listen will help you to focus actively on comprehension rather than on remembering what you have heard.

(Ingredientes del relleno)   (Poner dentro del pavo)

_____   _____   _____

_____   _____   _____

_____   _____   _____

_____

- Untarlo con _____.
- Cubrirlo con _____ de aluminio.
- Ponerlo en el horno a _____ grados, por unas _____ horas.

B ¿Es similar el plato que prepara Ramón Acevedo a algún plato que tu familia come habitualmente? ¿En qué es similar? ¿En qué es distinto?

2 Conversar

En parejas, túrnense (*take turns*) para contestar estas preguntas. Luego informen a la clase de los resultados.

- ¿Con quién comiste la semana pasada?
- ¿A qué restaurante fueron?
- ¿Qué pidieron? ¿Les gustó la comida?
- ¿Se la sirvieron rápidamente (quickly)?
- ¿Fue mejor o peor que la comida que comes en casa?
- ¿Van a volver a ese restaurante en el futuro?

3 **Escribir** Escribe una crítica culinaria sobre un restaurante local para el periódico de la universidad.

TIP **Expressing and supporting opinions.** Use details, facts, examples, and other forms of evidence to convince your readers to take your opinions seriously.

Organízalo | Usa un mapa de ideas para organizar tus comentarios sobre la comida, el servicio, el ambiente (*atmosphere*) y otras informaciones sobre el restaurante.

Escríbelo | Utiliza tus notas para escribir el primer borrador de tu artículo culinario.

Corrígelo | Intercambia (*exchange*) tu composición con un(a) compañero/a. Comenta sobre el título, la organización, los detalles específicos y los errores de gramática o de ortografía.

Compártelo | Revisa el primer borrador según las indicaciones de tu compañero/a. Incorpora nuevas ideas y/o más información para reforzar (*support*) tu opinión. Luego entrégale (*hand it in*) la crítica culinaria a tu profesor(a).

4 **Un paso más** Diseña el menú de un nuevo restaurante en la capital de un país hispano.

• Decide en qué país y ciudad vas a abrir el restaurante.

• Investiga cuáles son las comidas típicas y los platos más populares del país.

• Diseña el menú, incluyendo entremeses, platos principales, ensaladas, postres (*desserts*) y bebidas.

• Indica los precios de los platos en la moneda del país.

• Intercambia tu menú con tres o cuatro compañeros y comparen los platos que escogieron.

El Tamalito

Especialidades guatemaltecas

5a calle (Los Próceres)
Zona 4
Tel: (502) 345 89 76
Fax: (502) 243 56 34

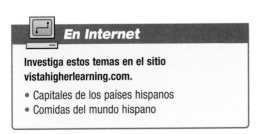

En Internet

Investiga estos temas en el sitio
vistahigherlearning.com.

• Capitales de los países hispanos
• Comidas del mundo hispano

Antes de leer

Reading for the main idea is a useful strategy; it involves locating the topic sentences of each paragraph in order to determine the author's purpose for writing a particular piece. The first sentence in each paragraph can provide clues about the content of each paragraph, as well as impressions of how the entire reading selection is organized.

Examinar el texto

En esta sección tenemos dos textos diferentes. ¿Qué estrategias puedes usar para leer la crítica culinaria? ¿Cuáles son las apropiadas para familiarizarte con el menú? Utiliza las estrategias más eficaces para cada texto. ¿Qué tienen en común?

Identificar la idea principal

Lee la primera frase de cada párrafo de la crítica culinaria del restaurante **El Palmito**. Apunta el tema principal de cada párrafo. Luego lee todo el primer párrafo. ¿Crees que el restaurante le gustó a la autora de la crítica culinaria? ¿Por qué? Ahora lee la crítica entera. En tu opinión, ¿cuál es la idea principal de la crítica? ¿Por qué la escribió la autora? Compara tus opiniones con las de un(a) compañero/a.

37E

Restaurantes

Cinco estrellas para El Palmito

Margarita Galán, crítica de restaurantes

El viernes pasado cené en el restaurante **El Palmito,** donde se unen de una manera extraordinaria la comida tradicional de nuestra región y la belleza arquitectónica de nuestra ciudad. Su propietario, Héctor Suárez, es uno de los jefes de cocina más respetados del país.

El exterior del restaurante refleja el estilo colonial de la ciudad. Por dentro, la decoración rústica crea un ambiente cálido. Hay que mencionar también el hermoso patio, lleno de plantas y flores, donde muchas personas se reúnen para tomar un café en un ambiente relajado y cordial.

Uno no se puede quejar del servicio de **El Palmito.** El personal del restaurante es muy amable y atento, desde los cocineros que preparan la comida hasta los meseros que la sirven.

La comida del restaurante es exquisita. Las tortillas, que se sirven con ajiaceite, son deliciosas. La sopa de pollo y huevo es excelente, y los frijoles enchilados, ricos. También recomiendo el tomaticán, cocinado con una gran variedad de verduras muy ricas. De postre, don Héctor m preparó su especialidad, un ri pastel de yogur.

Les recomiendo que visit **El Palmito** cuando tengan ocasió

El Palmito
de lunes a sábado 10:00am-11:00p
domingo 11:00am-10:00pm

Comida *****
Servicio *****
Ambiente *****
Precio ****

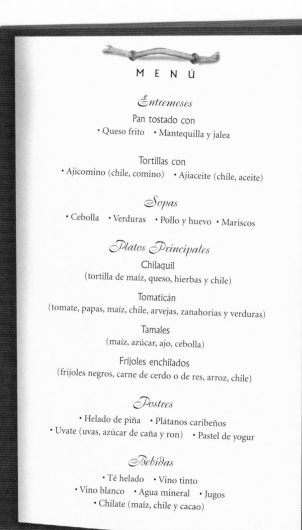

M E N Ú

Entremeses

Pan tostado con
• Queso frito • Mantequilla y jalea

Tortillas con
• Ajicomino (chile, comino) • Ajiaceite (chile, aceite)

Sopas
• Cebolla • Verduras • Pollo y huevo • Mariscos

Platos Principales

Chilaquil
(tortilla de maíz, queso, hierbas y chile)

Tomaticán
(tomate, papas, maíz, chile, arvejas, zanahorias y verduras)

Tamales
(maíz, azúcar, ajo, cebolla)

Frijoles enchilados
(frijoles negros, carne de cerdo o de res, arroz, chile)

Postres
• Helado de piña • Plátanos caribeños
• Uvate (uvas, azúcar de caña y ron) • Pastel de yogur

Bebidas
• Té helado • Vino tinto
• Vino blanco • Agua mineral • Jugos
• Chilate (maíz, chile y cacao)

Después de leer

¿Comprendiste?

Selecciona las palabras que mejor completan
cada frase.

1. La arquitectura del restaurante es _____
[moderna, colonial, fea].

2. [Los clientes, Los cocineros, Los camareros]
_____ sirven la comida.

3. [Los clientes, Los cocineros, Los camareros]
_____ preparan la comida.

4. El dueño del restaurante es uno de los
_____ [peores, menores, mejores] jefes
de cocina del país.

5. La comida en este restaurante, según la autora,
es _____ [muy buena, mala, regular].

Preguntas

1. ¿Cómo se llama el dueño del restaurante?
_____

2. ¿Qué tipo de comida se sirve en El Palmito?
_____

3. ¿Cómo es el ambiente del restaurante?
_____

4. ¿Quién escribió este artículo?
_____

5. ¿Cuántos platos probó la autora del artículo?
_____

Coméntalo

¿Te interesan las comidas y bebidas que sirven en
El Palmito? ¿Cuáles te interesan más? ¿Por qué? ¿Se
sirven platos y bebidas similares a éstos en tu región
o comunidad?

postres *desserts* cálido *warm* por dentro *inside*
hay que *one must* jefe de cocina *head chef* lleno *full* relajado *relaxed*
ambiente *atmosphere* uno no se puede quejar *one can't complain*
cuando tengan ocasión *when you have the opportunity*

La carne y el pescado

el atún	tuna
el bistec	steak
los camarones	shrimp
la carne	meat
la carne de res	beef
la chuleta de cerdo	pork chop
la hamburguesa	hamburger
el jamón	ham
la langosta	lobster
los mariscos	seafood
el pavo	turkey
el pescado	fish
el pollo (asado)	(roast) chicken
la salchicha	sausage
el salmón	salmon

Los granos y las verduras

las arvejas	peas
la cebolla	onion
el champiñón	mushroom
la ensalada	salad
los frijoles	beans
la lechuga	lettuce
el maíz	corn
las papas/patatas	potatoes
el tomate	tomato
las verduras	vegetables
la zanahoria	carrot

Las frutas

la banana	banana
las frutas	fruit
el limón	lemon
la manzana	apple
la naranja	orange
las uvas	grapes

Las comidas

el/la camarero/a	waiter
el/la dueño/a	owner
el menú	menu
la sección de (no) fumadores	(non) smoking section
el almuerzo	lunch
la cena	dinner
la comida	food; meal
el desayuno	breakfast
los entremeses	hors d'oeuvres
el plato (principal)	(main) dish
agrio/a	sour
delicioso/a	delicious
dulce	sweet
picante	hot, spicy
rico/a	tasty; delicious
sabroso/a	tasty; delicious
salado/a	salty
almorzar (o:ue)	to have lunch
cenar	to have dinner
desayunar	to have breakfast
pedir (e:i)	to order (food)
probar (o:ue)	to taste; to try
recomendar (e:ie)	to recommend
servir (e:i)	to serves

Las bebidas

el agua (f.) (mineral)	(mineral) water
la bebida	drink
el café	coffee
la cerveza	beer
el jugo (de fruta)	(fruit) juice
la leche	milk
el refresco	soft drink
el té (helado)	(iced) tea
el vino (blanco/tinto)	(white/red) wine

Otras comidas

el aceite	oil
el ajo	garlic
el arroz	rice
el azúcar	sugar
los cereales	cereal; grains
el huevo	egg
la mantequilla	butter
la margarina	margarine
la mayonesa	mayonnaise
el pan (tostado)	(toasted) bread
las papas/patatas fritas	French fries
la pimienta	pepper
el queso	cheese
la sal	salt
el sándwich	sandwich
la sopa	soup
el vinagre	vinegar

Verbos

conducir	to drive
conocer	to know; to be acquainted with
morir (o:ue)	to die
ofrecer	to offer
parecer	to seem; to appear
saber	to know; to know how
traducir	to translate

Expresiones útiles	See page 173.
Comparisons and superlatives	See pages 183–184.

El Amazonas es el río más caudaloso (*the largest*) del mundo. Por ser muy profundo (*deep*) y ancho (*wide*), tiene otro nombre: "río océano". Los barcos más grandes pueden navegar en él. También pueden navegar barcos pequeños, como la canoa que vemos en la foto. Alrededor (*around*) del río Amazonas hay una gran selva (*jungle*) y muy poca gente vive allí.

Suramérica I

Venezuela

Área: 912.050 km² (352.144 millas²)
Población: 26.468.000
Capital: Caracas–3.261.000
Ciudades principales: Maracaibo, Valencia, Maracay, Barquisimeto
Moneda: bolívar

SOURCE: Population Division, UN Secretariat

Colombia

Área: 1.138.910 km² (439.734 millas²)
Población: 45.580.000
Capital: Bogotá–7.596.000
Ciudades principales: Cali, Medellín, Barranquilla, Cartagena
Moneda: peso colombiano

SOURCE: Population Division, UN Secretariat

Ecuador

Área: 283.560 km² (109.483 millas²)
Población: 13.798.000
Capital: Quito–1.832.000
Ciudades principales: Guayaquil, Cuenca, Machala, Portoviejo
Moneda: dólar estadounidense

SOURCE: Population Division, UN Secretariat

Perú

Área: 1.285.220 km² (496.224 millas²)
Población: 27.804.000
Capital: Lima–8.185.000
Ciudades principales: Arequipa–797.000, Trujillo–672.000, Chiclayo–552.000, Iquitos–380.000
Moneda: nuevo sol

SOURCE: Population Division, UN Secretariat

Gente

Indígenas de Ecuador

Ecuador tiene mucha población indígena (*native*). La lengua oficial de Ecuador es el español, pero la gente habla otras lenguas en el país. Aproximadamente unos 4.000.000 de ecuatorianos hablan lenguas indígenas. La mayoría de ellos habla quechua. Los indígenas son agricultores y excelentes tejedores (*weavers*). Los tejidos de Ecuador son famosos en todo el mundo por sus colores vivos y sus hermosos diseños (*designs*). En el mercado de Otavalo se venden mantas (*blankets*), ropas tradicionales y tapices (*tapestries*) hechos por los indígenas.

Lugares

El Salto Ángel

El Salto Ángel, en el sureste de Venezuela, es la catarata (*waterfall*) más alta del mundo. Tiene 979 metros (3.212 pies) de altura (*height*). Es diecisiete veces más alta que las cataratas del Niágara. El Salto Ángel tiene su nombre porque James C. Ángel lo descubrió (*discovered*) en 1937. Está en el Parque Nacional Canaima y los indígenas lo llaman *Churún Merú*.

Mar Caribe

Barranquilla

Marac

Medellín

Bogotá

Cali

R. Magdalena

COLOMB

Pasto

Quito

ECUADOR

Guayaquil

Iqui

PERÚ

Cordillera de los Andes

Lima

Cuz

Océano Pacífico

Lago

Arequipa

Puerto España
TRINIDAD

Caracas

VENEZUELA

R. Orinoco

GUAYANA

BRASIL

BOLIVIA

PARAGUAY

recursos

WB
pp. 85–86

VM
pp. 207–210

I CD-ROM
Lección 8

vistahigher
learning.com

Literatura

Gabriel García Márquez

El colombiano Gabriel García Márquez es uno de los escritores contemporáneos más importantes del mundo. Ganó el Premio Nobel de Literatura en 1982. García Márquez publicó su primer cuento (*story*) en 1947, cuando era (*was*) un estudiante universitario. Su libro más famoso se llama *Cien años de soledad*. El estilo literario de García Márquez es el "realismo mágico", un estilo que mezcla (*mixes*) la realidad con la fantasía. Otros escritores relacionados (*related*) con el realismo mágico son Alejo Carpentier (Cuba), Arturo Uslar Pietri (Venezuela) y Julio Cortázar (Argentina).

Economía

Las alpacas del Perú

La alpaca es un animal suramericano de la familia de la llama y la vicuña. Vive en rebaños (*herds*) en los Andes del Perú. La alpaca escupe (*spits*) para defenderse. Es un animal muy importante para la economía del país. Da una lana muy buena que los indígenas peruanos utilizan para hacer ropa, mantas (*blankets*) y bolsas.

¿Qué aprendiste?

1 **¿Cierto o falso?** Indica si las oraciones son **ciertas** o **falsas**.

Cierto	Falso	
_____	_____	**1.** El río Amazonas es el más caudaloso del mundo.
_____	_____	**2.** Alrededor del río Amazonas hay una gran playa.
_____	_____	**3.** La moneda de Ecuador es el dólar estadounidense.
_____	_____	**4.** Arequipa es una de las ciudades principales de Venezuela.
_____	_____	**5.** La lengua oficial de Ecuador es el quechua.
_____	_____	**6.** Los tejidos de Ecuador son famosos en todo el mundo.
_____	_____	**7.** Las cataratas del Niágara son más altas que el Salto Ángel.
_____	_____	**8.** Los indígenas llaman *Churún Merú* al Salto Ángel.
_____	_____	**9.** García Márquez ganó el Premio Nobel en 1982.
_____	_____	**10.** García Márquez publicó su primer cuento en 1999.
_____	_____	**11.** La alpaca es de la familia de la llama y la vicuña.
_____	_____	**12.** La alpaca escupe para defenderse.

2 **Preguntas** Contesta las siguientes preguntas.

1. ¿Qué otro nombre tiene el río Amazonas? ¿Por qué?

_____

2. ¿Qué se vende en el mercado de Otavalo? ¿Qué te gustaría comprar allí?

_____

3. ¿Dónde está el Salto Ángel? ¿Crees que se puede nadar allí?

_____

4. ¿Cuál es el estilo literario de Gabriel García Márquez? Explica.

_____

5. ¿Por qué crees que la alpaca es importante para la economía del Perú?

_____

En Internet

Busca más información sobre estos temas en el sitio vistahigherlearning.com. Presenta la información a tus compañeros/as de clase.

- Indígenas de Ecuador
- El Salto Ángel
- Gabriel García Márquez
- Las alpacas del Perú

9 Las celebraciones

Para empezar

- ¿Cómo crees que se sienten ellos, alegres o tristes?
- ¿De qué color es el vestido de la mujer joven, blanco o amarillo?
- ¿Crees que los jóvenes tienen planes para ir de vacaciones?

Las celebraciones

la boda
wedding

LAS FIESTAS

el aniversario (de bodas) *(wedding) anniversary*
el día de fiesta *holiday*
la fiesta *party*
el/la invitado/a *guest*
la Navidad *Christmas*
la quinceañera *young woman's fifteenth birthday celebration*
la sorpresa *surprise*

cambiar (de) *to change*
celebrar *to celebrate*
cumplir años *to have a birthday*
dejar una propina *to leave a tip*
divertirse (e:ie) *to have fun*
invitar *to invite*
pagar la cuenta *to pay the bill*
pasarlo bien/mal *to have a good/bad time*
regalar *to give (a gift)*
reírse (e:i) *to laugh*
relajarse *to relax*
sonreír (e:i) *to smile*
sorprender *to surprise*

el cumpleaños
birthday

brindar
to toast

el champán
champagne

graduarse (de)
to graduate (from)

POSTRES Y OTRAS COMIDAS

la botella de vino *bottle of wine*
los dulces *sweets; candy*
el helado *ice cream*
el pastel *cake*
de cumpleaños *birthday cake*
los postres *desserts*

las galletas
cookies

el flan
baked custard

recursos

| WB pp. 89–90 | LM p. 49 | Lab CD/MP3 Lección 9 | I CD-ROM Lección 9 | Vocab CD Lección 9 |

LAS ETAPAS DE LA VIDA

la etapa *stage*
la juventud *youth*
el nacimiento *birth*
la vida *life*

jubilarse *to retire (from work)*
nacer *to be born*

la niñez
childhood

la adolescencia
adolescence

LAS RELACIONES PERSONALES

la alegría *happiness*
la amistad *friendship*
el amor *love*
el divorcio *divorce*
el estado civil *marital status*
el matrimonio *marriage; married couple*
la pareja *couple; partner*
el/la recién casado/a *newlywed*

casado/a *married*
divorciado/a *divorced*
juntos/as *together*
separado/a *separated*
soltero/a *single*
viudo/a *widowed*

la madurez
maturity; middle age

la vejez
old age

casarse (con) *to get married (to)*
comprometerse (con) *to get engaged (to)*
divorciarse (de) *to get divorced (from)*
enamorarse (de) *to fall in love (with)*
llevarse bien/mal (con) *to get along well/badly (with)*
odiar *to hate*
romper (con) *to break up (with)*
salir (con) *to go out (with); to date*
separarse (de) *to separate (from)*
tener una cita *to have a date; to have an appointment*

OTRAS PALABRAS

el apellido *last name*
el consejo *advice*
la respuesta *answer*

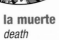

la muerte
death

Práctica y conversación

1 **¿Lógico o ilógico?** Escucha las oraciones e indica si son **lógicas** o **ilógicas**.

	1.	2.	3.	4.	5.	6.	7.	8.
Lógico								
Ilógico								

2 **¡Feliz cumpleaños!** Los amigos de Silvia están preparándole una fiesta de cumpleaños. Escucha la conversación y contesta las preguntas.

1. ¿Sabe Silvia que sus amigos le van a dar una fiesta? _____

2. ¿Qué van a comer los amigos en la fiesta? _____

3. ¿A Silvia le gusta el chocolate? _____

4. ¿Dónde compraron el helado? _____

5. ¿Por qué no quieren comer el helado de la cafetería? _____

6. ¿Cuántos años cumple Silvia? _____

7. ¿Con qué brindan los amigos? _____

8. ¿Silvia es mayor o menor que sus amigos? _____

3 **Seleccionar** Selecciona la mejor expresión o palabra.

dejó una propina	se jubiló
lo pasaron mal	se llevan bien
nació	sonrió
nos divertimos	tenemos una cita
se casaron	

1. Nelson y Mildred _____ el septiembre pasado. La boda fue maravillosa.

2. Mi tía le _____ muy grande al camarero.

3. Mi padrastro _____ hace un año.

4. A Alejandra le gustan las galletas. Ella _____ después de comérselas todas.

5. Luis y yo _____ en la fiesta. Bailamos y comimos mucho.

6. ¡Tengo una nueva sobrina! Ella _____ ayer por la mañana.

7. Irene y su esposo _____. Son muy felices.

8. Rocío y Eddie _____ en el cine. La película fue muy mala.

9. Isabel y yo _____ esta noche. Vamos a ir a un restaurante muy elegante.

recursos

Text CD
Lección 9

4 **Planes para una fiesta** Trabaja con dos compañeros/as para planear una fiesta. Describan la fiesta a la clase. Recuerden incluir la siguiente información.

1. ¿Qué tipo de fiesta es?

2. ¿Dónde va a ser? ¿Cuándo va a ser?

3. ¿A quién van a invitar?

4. ¿Qué van a comer? ¿Quién va a llevar la comida?

5. ¿Qué van a beber? ¿Quién va a llevar las bebidas?

6. ¿Qué van a hacer todos durante la fiesta?

5 **Una fiesta memorable** Cuéntale (*tell*) a un(a) compañero/a cómo fue una fiesta memorable. Incluye los siguientes elementos: **¿Qué? ¿Por qué? ¿Cuándo? ¿Dónde? ¿Cómo? ¿Quién?**

Pronunciación The letters h, j, and g

| helado | hombre | hola | hermosa |

The Spanish **h** is always silent.

| José | jubilarse | dejar | pareja |

The letter **j** is pronounced much like the English *h* in *his*.

| agencia | general | Gil | Gisela |

The letter **g** can be pronounced three different ways. Before **e** or **i**, the letter **g** is pronounced much like the English *h*.

Gustavo, gracias por llamar el domingo.

At the beginning of a phrase or after the letter **n**, the Spanish **g** is pronounced like the English *g* in *girl*.

Me gradué en agosto.

In any other position, the Spanish **g** has a somewhat softer sound.

| Guerra | conseguir | guantes | agua |

In the combinations **gue** and **gui**, the **g** has a hard sound and the **u** is silent. In the combination **gua**, the **g** has a hard sound and the **u** is pronounced like the English *w*.

Refranes Lee los refranes en voz alta, prestando atención a la **h**, la **j** y la **g**.

A la larga, lo más dulce amarga.[1]

El hábito no hace al monje.[2]

1 *Too much of a good thing.*
2 *The clothes don't make the man.*

recursos

Text CD
Lección 9

LM
p. 50

Lab CD/MP3
Lección 9

I CD-ROM
Lección 9

¡Feliz cumpleaños, Maite!

Don Francisco y los estudiantes celebran el cumpleaños de Maite en el restaurante El Cráter.

Personajes

DON FRANCISCO

JAVIER

INÉS

ÁLEX

MAITE

DOÑA RITA

CAMARERO

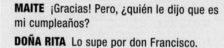
INÉS A mí me encanta los dulces. Maite, ¿tú qué vas a pedir?

MAITE Ay, no sé. Todo parece tan delicioso. Quizás el pastel de chocolate.

JAVIER Para mí el pastel de chocolate con helado. Me encanta el chocolate. Y tú Álex, ¿qué vas a pedir?

ÁLEX Generalmente prefiero la fruta, pero hoy creo que voy a probar el pastel de chocolate.

DON FRANCISCO Yo siempre tomo un flan y un café.

DOÑA RITA & CAMARERO ¡Feliz cumpleaños, Maite!

INÉS ¿Hoy es tu cumpleaños, Maite?

MAITE Sí, el 22 de junio. Y parece que vamos a celebrarlo.

TODOS MENOS MAITE ¡Felicidades!

MAITE ¡Gracias! Pero, ¿quién le dijo que es mi cumpleaños?

DOÑA RITA Lo supe por don Francisco.

ÁLEX Ayer te lo pregunté, ¡y no quisiste decírmelo! ¿Eh? ¡Qué mala eres!

JAVIER ¿Cuántos años cumples?

MAITE Veintitrés.

ÁLEX Yo también acabo de cumplir los veintitrés años.

MAITE ¿Cuándo?

ÁLEX El cuatro de mayo.

DOÑA RITA Aquí tienen un flan, pastel de chocolate con helado... y una botella de vino para dar alegría.

MAITE ¡Qué sorpresa! ¡No sé qué decir! Muchísimas gracias.

DON FRANCISCO El conductor no puede tomar vino. Doña Rita, gracias por todo. ¿Puede traernos la cuenta?

DOÑA RITA Enseguida, Paco.

INÉS Creo que debemos dejar una buena propina. ¿Qué les parece?

MAITE Sí, vamos a darle una buena propina a la Sra. Perales. Es simpatiquísima.

DON FRANCISCO Gracias una vez más. Siempre lo paso muy bien aquí.

MAITE Muchísimas gracias, Sra. Perales. Por la comida, por la sorpresa y por ser tan amable con nosotros.

Expresiones útiles

Celebrating a birthday party

¡Feliz cumpleaños!
Happy birthday!

¡Felicidades!
Congratulations! (for an event such as a birthday or anniversary)

¡Felicitaciones!
Congratulations! (for an event such as an engagement or a good grade on a test)

¿Quién le dijo que es mi cumpleaños?
Who told you that it's my birthday?

Lo supe por don Francisco.
I found out from Don Francisco.

¿Cuántos años cumples/cumple usted?
How old are you now?

Veintitrés.
Twenty-three.

Asking for the bill

¿Puede traernos la cuenta?
Can you bring us the bill?

La cuenta, por favor.
The bill, please.

Enseguida, señor/señora/señorita.
Right away, sir/ma'am/miss.

Expressing gratitude

¡(Muchas) Gracias!
Thank you (very much)!

Muchísimas gracias.
Thank you very, very much.

Gracias por todo.
Thanks for everything.

Gracias una vez más.
Thanks once again.

Leaving a tip

Creo que debemos dejar una buena propina. ¿Qué les parece?
I think we should leave a good tip. What do you guys think?

Sí, vamos a darle una buena propina.
Yes, let's give him/her a good tip.

¿Qué piensas?

1 Completar Completa las frases con la información correcta.

1. De postre, don Francisco siempre pide _____.

2. A Javier le encanta _____.

3. Álex cumplió los _____ años _____.

4. Hoy Álex quiere probar algo diferente. De postre, va a pedir _____.

5. El conductor no puede _____.

6. Los estudiantes van a dejarle _____ a doña Rita.

2 Seleccionar Selecciona algunas de las opciones de la lista para completar las frases.

comer	¡Qué sorpresa!
el postre	una botella de vino
la cuenta	una sorpresa
la quinceañera	veintidós
pedir	veintitrés

1. Hoy Maite cumple _____ años.

2. Maite no sabe que van a celebrar su cumpleaños porque es _____.

3. Cuando una pareja celebra su aniversario y quiere tomar algo especial, compra _____.

4. Después de una cena o un almuerzo, es normal pedir _____.

5. De postre, Inés y Maite no saben exactamente lo que van a _____.

6. Álex tiene _____ años.

3 Situación Trabajen en grupos para representar una conversación. Uno/a de ustedes está celebrando su cumpleaños en un restaurante. Un(a) amigo/a le desea feliz cumpleaños y le pregunta cuántos años cumple. Luego, cada uno/a le pide al/a la camarero/a un postre y algo para beber. Después de comer los postres, un(a) amigo/a pide la cuenta y otro/a habla de dejar una propina. Los amigos dicen que quieren pagar la cuenta y la persona que cumple años les da las gracias por todo.

Exploración

Fiestas y celebraciones

En Sevilla, la Semana Santa (*Holy Week*) es especialmente colorida (*colorful*) y emocionante. Las procesiones religiosas son muy famosas y muchos turistas quieren verlas.

En México, se celebra el Día de los Muertos (*the dead*) el primero y el dos de noviembre. Mucha gente va al cementerio para honrar a sus seres queridos (*loved ones*). Es común ofrecerles flores, incienso y comida a los muertos.

Argentina celebra su independencia el 25 de mayo, fecha en que, en 1810, los argentinos establecieron su propio gobierno (*own government*). La celebración es en la Plaza de Mayo de Buenos Aires; hay discursos oficiales y fuegos artificiales (*speeches and fireworks*).

Observaciones

- Los españoles celebran el Año Nuevo comiendo rápidamente doce uvas.
- En las regiones de Suramérica donde hace calor en diciembre, es común celebrar la Navidad en la playa.
- En Ecuador se celebra el Carnaval tirando (*throwing*) agua a todos los que pasan.

Coméntalo

Con un(a) compañero/a, contesta las siguientes preguntas.

- ¿Cuál de estas celebraciones te interesa más? ¿Por qué?
- ¿Son similares o diferentes a los días de fiesta en tu comunidad?
- ¿Cuáles son las fiestas más populares en tu comunidad o región? ¿Cómo las celebras?

recursos

vistahigher
learning.com

9.1 Irregular preterites

Hubo una fiesta en el restaurante El Cráter.

Doña Rita les dio una botella de vino a los viajeros.

▶ You already know that **ir** and **ser** are irregular in the preterite. Here are some other verbs that are irregular in the preterite.

Preterite of *tener, venir,* and *decir*

	tener (e → u)	venir (e → i)	decir (e → i)
yo	tuve	vine	dije
tú	tuviste	viniste	dijiste
Ud./él/ella	tuvo	vino	dijo
nosotros/as	tuvimos	vinimos	dijimos
vosotros/as	tuvisteis	vinisteis	dijisteis
Uds./ellos/ellas	tuvieron	vinieron	dijeron

▶ Observe the stem changes in the chart: the **e** in **tener** changes to **u**, and the **e** in **venir** and **decir** changes to **i**. Note also that the **c** in **decir** changes to **j**. None of these verbs have written accents in the **yo** or **Ud./él/ella** forms.

▶ These verbs have similar stem changes.

INFINITIVE	U-STEM	PRETERITE FORMS
poder	pud–	pude, pudiste, pudo, pudimos, pudisteis, pudieron
poner	pus–	puse, pusiste, puso, pusimos, pusisteis, pusieron
saber	sup–	supe, supiste, supo, supimos, supisteis, supieron
estar	estuv–	estuve, estuviste, estuvo, estuvimos, estuvisteis, estuvieron

INFINITIVE	I-STEM	PRETERITE FORMS
querer	quis–	quise, quisiste, quiso, quisimos, quisisteis, quisieron
hacer	hic–	hice, hiciste, hizo, hicimos, hicisteis, hicieron

INFINITIVE	J-STEM	PRETERITE FORMS
traer	traj–	traje, trajiste, trajo, trajimos, trajisteis, trajeron
conducir	conduj–	conduje, condujiste, condujo, condujimos, condujisteis, condujeron
traducir	traduj–	traduje, tradujiste, tradujo, tradujimos, tradujisteis, tradujeron

¡ojo!

Verbs with **j**-stems omit the letter **i** in the **ustedes** form.

For example,

tener → tuvieron, but **decir → dijeron**.

Most verbs that end in **–cir** are **j**-stem verbs in the preterite.

For example,

producir → produje, **produjiste**, etc.

¿Dijiste larga distancia?

En tarjetas prepagadas ninguna te da más minutos para hablar

The preterite of *dar*

| yo | di | Ud./él/ella | dio | vosotros/as | disteis |
| tú | distet | nosotros/as | dimos | Uds./ellos/ellas | dieron |

▶ The endings for **dar** are the same as the regular preterite endings for **–er** and **–ir** verbs, but there are no written accent marks.

La camarera me **dio** el menú.
The waitress gave me the menu.

Le **di** a Juan algunos consejos.
I gave Juan some advice.

▶ The preterite of **hay** (inf. **haber**) is **hubo** (*there was/were*).

Hubo una fiesta el sábado pasado.
There was a party last Saturday.

Hubo muchos invitados.
There were a lot of guests.

Práctica y conversación

1 Una fiesta sorpresa Completa estas frases con el pretérito de los verbos indicados.

1. El sábado _____ [haber] una fiesta para Elsa.
2. Sofía _____ [hacer] un pastel para la fiesta y Miguel _____ [traer] un flan.
3. Los amigos de Elsa _____ [traer] regalos.
4. El hermano de Elsa no _____ [venir] porque _____ [tener] que trabajar.
5. Su tía María Dolores tampoco _____ [poder] venir.
6. ¡La fiesta le _____ [dar] a Elsa tanta alegría!

2 ¿Qué hicieron? Usa los siguientes verbos para describir lo que hicieron estas personas: **dar, estar, hacer, poner, tener, traducir, traer, venir.**

1. El señor López/dinero

3. Nosotros/fiesta

2. Norma/pavo

4. Roberto y Elena/regalo

3 Preguntas En parejas, túrnense para contestar estas preguntas.

1. ¿Qué hiciste anoche? ¿Y el domingo pasado?
2. ¿Quiénes no estuvieron en clase la semana pasada?
3. ¿Qué trajiste a clase ayer? ¿Y hoy?
4. ¿Hubo una fiesta en tu casa el sábado?
5. ¿Cuándo fue la última (*last*) vez que tus parientes vinieron a visitarte? ¿Te trajeron algo? ¿Qué te trajeron?
6. ¿Les diste a tus padres un regalo para su aniversario de bodas? ¿Qué les regalaste?

4 Encuesta Circula por la clase y formula preguntas hasta que encuentres a alguien que corresponda a alguna descripción de la lista. Informa a la clase los resultados.

Descripciones	Nombres
1. Tuvo un examen ayer.	_____
2. Trajo dulces a clase.	_____
3. Condujo su carro (*car*) a clase.	_____
4. Estuvo en la biblioteca ayer.	_____
5. Le dio consejos a alguien ayer.	_____
6. No pudo levantarse esta mañana.	_____
7. Tuvo que levantarse temprano ayer.	_____
8. Hizo un viaje a un país hispano el verano pasado.	_____

9.2 Verbs that change meaning in the preterite

▶ **Conocer**, **saber**, **poder**, and **querer** change meanings in the preterite.

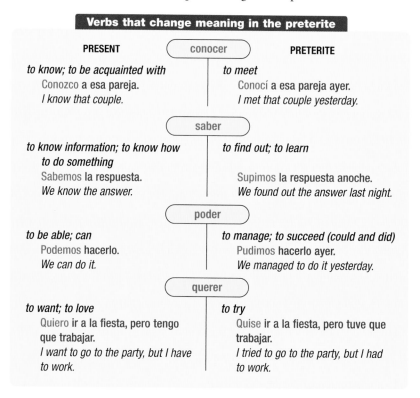

Verbs that change meaning in the preterite

PRESENT — conocer — **PRETERITE**

to know; to be acquainted with
Conozco a esa pareja.
I know that couple.

to meet
Conocí a esa pareja ayer.
I met that couple yesterday.

saber

to know information; to know how to do something
Sabemos la respuesta.
We know the answer.

to find out; to learn
Supimos la respuesta anoche.
We found out the answer last night.

poder

to be able; can
Podemos hacerlo.
We can do it.

to manage; to succeed (could and did)
Pudimos hacerlo ayer.
We managed to do it yesterday.

querer

to want; to love
Quiero ir a la fiesta, pero tengo que trabajar.
I want to go to the party, but I have to work.

to try
Quise ir a la fiesta, pero tuve que trabajar.
I tried to go to the party, but I had to work.

▶ In the preterite, **poder** and **querer** have different meanings, depending on whether they are used in affirmative or negative sentences.

Affirmative

pude | *I was able (to)*
quise | *I tried (to)*

Negative

no pude | *I failed (to)*
no quise | *I refused (to)*

ESPAÑOL EN VIVO

Hubo un día en el que la humanidad quiso ir más allá de sus límites. Pudo conocer un mundo increíble. Supo asegurar su futuro.

Ahora todos lo pueden hacer.

BANCO DAVIVIENDA

Práctica y conversación

1 Oraciones Forma frases con los siguientes elementos. Usa el pretérito.

MODELO

Mis padres / no querer / venir / fiesta
Mis padres no quisieron venir a la fiesta.

1. Anoche / nosotros / saber / que / Carlos y Eva / divorciarse _____

2. Tú / conocer / Nora / clase / historia / ¿no?
_____

3. ¿Poder / ustedes / visitar / la Isla de Pascua?

4. Ayer / yo / saber / que / Paco / querer / romper / Olivia
_____

5. El señor Navarro / querer / jubilarse / pero / no poder
_____

6. Gustavo y Elena / conocer / mi esposo / quinceañera de Ana _____

7. Yolanda / no poder / dormir / anoche
_____

8. Irma / saber / que / nosotros / comer / galletas
_____

9. Ayer / yo / no poder / llamar / tú
_____

10. Nosotros / querer / pagar la cuenta
_____

2 Completar Completa estas frases de una manera lógica.

1. Ayer yo supe…
2. Ayer mi compañero/a de cuarto supo…
3. Esta mañana no pude…
4. El fin de semana pasado mis amigos y yo no pudimos…
5. Conocí a mi mejor amigo/a en…
6. Mis padres no quisieron…
7. Mi mejor amigo/a no pudo…
8. Mi novio/a y yo nos conocimos en…
9. La semana pasada supe…
10. Ayer mis amigos quisieron…
11. Mis abuelos pudieron…

3 Telenovela En parejas, preparen un diálogo para una escena de una telenovela (*soap opera*). La escena trata de (*is about*) una situación amorosa entre tres personas: Mirta, Daniel y Raúl. Usen el pretérito de **conocer**, **poder**, **querer** y **saber** en su diálogo.

Daniel   Mirta   Raúl

PASIÓN   AVENTURA
HECHICERÍA   INQUISICIÓN

LA MUJER DOBLE

4 El fin de semana Escribe dos listas: las cosas que hiciste durante el fin de semana pasado y las cosas que quisiste hacer, pero no pudiste. Luego, con un(a) compañero/a, comparen sus listas y expliquen por qué no pudieron hacer esas cosas.

Cosas que hice	Cosas que quise hacer
1. _____	1. _____
2. _____	2. _____
3. _____	3. _____
4. _____	4. _____
5. _____	5. _____
6. _____	6. _____
7. _____	7. _____
8. _____	8. _____
9. _____	9. _____
10. _____	10. _____

9.3 Relative pronouns

La comida que pidieron fue muy sabrosa.

Doña Rita, quien les sirve el vino, es la dueña del restaurante.

¡ojo!

Note that relative pronouns never carry an accent, unlike interrogative words like **¿qué?** and **¿quién(es)?**

▸ Relative pronouns are used to combine two sentences or clauses that share a common element, such as a noun or pronoun. Study the following diagrams.

Éste es el flan.
This is the flan.

Manuela preparó el flan.
Manuela made the flan.

Éste es el flan que Manuela preparó.
This is the flan that Manuela made.

Lourdes es muy inteligente.
Lourdes is very intelligent.

Lourdes estudia español.
Lourdes studies Spanish.

Lourdes, quien estudia español, es muy inteligente.
Lourdes, who studies Spanish, is very intelligent.

▸ Spanish has three commonly used relative pronouns.

> **Common relative pronouns**
>
> que | *that; which; who*   quien(es) | *who; whom; that*   lo que | *that which; what*

▸ **Que**, the most frequently used relative pronoun, can refer to things or to people. Unlike the English *that*, **que** is never omitted.

¿Dónde está el pastel **que** pedí?
Where is the cake (that) I ordered?

El hombre **que** sirve la comida se llama Diego.
The man who serves the food is named Diego.

▸ **Que** is used like the English *that* after verbs like **creer, decir, pensar,** and **suponer.**

Creo que la fiesta es mañana.
I think (that) the party is tomorrow.

Pienso que hiciste bien.
I think (that) you did well.

Ana **dice que** no puede venir.
Ana says (that) she can't come.

Supongo que va a llover.
I suppose (that) it's going to rain.

▸ **Quien** (singular) and **quienes** (plural) refer only to people and are often used after a preposition or the personal **a.**

Eva, **a quien** vi anoche, cumple veinticinco años hoy.
Eva, whom I saw last night, turns twenty-five today.

¿Son ésas las chicas **de quienes** me hablaste la semana pasada?
Are those the girls you told me about last week?

▸ **Quien(es)** is occasionally used instead of **que** in clauses set off by commas.

Lola, **quien** es cubana, es médica.
Lola, who is Cuban, is a doctor.

Su tía, **que** es alemana, ya llegó.
Her aunt, who is German, already arrived.

▶ **Lo que** refers to an idea, a situation, or a past event and means *what, that which,* or *the thing that.*

Juana tiene todo **lo que** necesitamos.
Juana has everything we need.

Lo que quiero es verte.
What I want is to see you.

Lo que me molesta es el calor.
What bothers me is the heat.

Lo que más te gusta es divertirte.
What you like most is to have fun.

Práctica y conversación

1 **Una fiesta de aniversario** Amparo está hablando de la fiesta de aniversario de sus abuelos. Completa las oraciones con las expresiones de la lista.

a quien conozco muy bien, se llama Ana	que se graduó
	quien es la novia de Ramón
de quienes te hablé	
que saqué	quien se jubiló

1. El sábado fui a la fiesta de aniversario de mis abuelos, _____ la semana pasada.
2. Éstas son las fotos _____ durante la fiesta.
3. Éste es Ramón, mi primo. Es el chico _____ de la universidad en junio.
4. Éste es mi abuelo, _____ el año pasado.
5. La mujer en esta foto, _____.
6. Y ésta es Lucita, _____.

2 **Una fiesta de cumpleaños** Describe la fiesta sorpresa que van a dar Jaime y Tina, usando los pronombres relativos **que, quien, quienes** y **lo que.**

1. Jaime y Tina son las personas _____ están planeando la fiesta.
2. Manuela, _____ cumple veintiún años mañana, no sabe que ellos están planeando una fiesta.
3. Éstas son las personas _____ van a invitar.
4. Juan y Luz, _____ son los hermanos de Manuela, van a venir.
5. Marco, _____ es el novio de Manuela, va a venir también.
6. _____ Jaime y Tina van a servir de postre es un pastel de chocolate.
7. Después del pastel, _____ está delicioso, todos brindan con champán.

3 **Entrevista** En parejas, túrnense para hacerse las siguientes preguntas.

1. ¿Qué es lo que más te gusta de los días de fiesta? ¿Por qué?
2. ¿Qué es lo que menos te gusta de los días de fiesta? ¿Por qué?
3. ¿Quiénes son las personas con quienes celebras tu cumpleaños?
4. ¿Quién es el/la pariente o amigo/a a quien más le gustan los cumpleaños? ¿Por qué le gustan tanto?
5. ¿Dónde compras los regalos que le regalas a tu mejor amigo/a?
6. ¿Tienes hermanos o amigos que están casados? ¿Dónde viven?
7. ¿Quién es la persona que más te importa?
8. ¿Quiénes son las personas con quienes te diviertes más? ¿Por qué lo pasas bien con ellos/ellas?

4 **Definiciones** En parejas, definan las siguientes palabras, usando **que, quien(es)** y **lo que.** Luego compartan sus definiciones con la clase.

MODELO
un pastel de cumpleaños
Estudiante 1: ¿Qué es un pastel de cumpleaños?
Estudiante 2: Es un postre que comes en tu cumpleaños./Es lo que comes en tu cumpleaños.

1. el helado
2. el champán
3. una propina
4. una boda
5. un invitado
6. la Navidad
7. una recién casada
8. el divorcio
9. la juventud
10. la vejez
11. una viuda
12. una quinceañera

9.4 ¿Qué? and ¿cuál?

▶ As you know, **¿qué?** and **¿cuál?** or **¿cuáles?** mean *what?* or *which?* However, they are not interchangeable.

▶ **¿Qué?** is used to ask for a definition or explanation.

¿Qué es un flan?
What is flan?

¿Qué estudias?
What do you study?

▶ **¿Cuál(es)?** is used when there is a choice among several possibilities.

¿Cuáles quieres, éstos o ésos?
Which (ones) do you want, these ones or those ones?

¿Cuál es tu apellido, Martínez o Vilanova?
What is your last name, Martínez or Vilanova?

▶ **¿Cuál(es)?** cannot be used before a noun. **¿Qué?** is used instead.

¿Cuál es tu color favorito?
What is your favorite color?

¿Qué colores te gustan?
What colors do you like?

▶ **¿Qué?** used before a noun has the same meaning as **¿cuál?**

¿Qué regalo te gusta?
What/which gift do you like?

¿Qué dulces quieren ustedes?
What/which sweets do you want?

Interrogative words and phrases

¿a qué hora?	*at what time?*	¿cuándo?	*when?*	¿dónde?	*where?*
¿adónde?	*(to) where?*	¿cuánto/a?	*how much?*	¿qué?	*what?; which?*
¿cómo?	*how?*	¿cuántos/as?	*how many?*	¿quién(es)?	*who?*
¿cuál(es)?	*what?; which?*	¿de dónde?	*from where?*		

ESPAÑOL EN VIVO

¿Con quién quieres compartir tus momentos mágicos?

¿Cuáles son tus prioridades en la vida?

¿Qué te sugiere la palabra "libertad"?

Tú eliges cómo vivir.

¿Te gusta conducir?

Práctica y conversación

1 Minidiálogos Completa los minidiálogos con las palabras interrogativas correctas.

SORAYA ¿_____ es la fiesta de aniversario de tus padres?

ERNESTO El sábado por la noche.

• • •

MICAELA ¿_____ va a ser la fiesta de cumpleaños?

TIMOTEO En casa de mi primo.

• • •

MARCIA ¿_____ es tu clase favorita?

CARLOS La clase de arte es mi favorita.

• • •

TOMÁS ¿_____ dinero te van a dar tus abuelos para tu graduación de la universidad?

MERCEDES Dicen que van a darme dos mil dólares.

• • •

LIDIA ¿_____ compraste para tu sobrino?

MARTA Una raqueta de tenis.

• • •

BLAS ¿_____ vas después de la boda?

GIL Mi novia y yo vamos al cine. ¿Quieres venir?

2 Completar Completa estas preguntas con una palabra interrogativa. A veces se puede usar más de una palabra interrogativa.

1. ¿En _____ país nacieron tus padres?
2. ¿_____ es la fecha de tu cumpleaños?
3. ¿_____ naciste?
4. ¿_____ es tu estado civil?
5. ¿_____ te relajas?
6. ¿_____ son tus programas favoritos de la televisión?
7. ¿_____ es tu mejor amigo?
8. ¿_____ van tus amigos para divertirse?
9. ¿_____ postres te gustan? ¿_____ te gusta más?
10. ¿_____ problemas tuviste el primer día de clase?
11. ¿_____ primos tienes?

3 Una invitación En parejas, lean esta invitación. Luego, túrnense para hacerse (*ask each other*) preguntas basadas en la información de la invitación.

FERNANDO SANDOVAL VALERA   LORENZO VÁSQUEZ AMARAL
ISABEL ARZIPE DE SANDOVAL   ELENA SOTO DE VÁSQUEZ

TIENEN EL AGRADO DE INVITARLOS
A LA BODA DE SUS HIJOS

MARÍA LUISA Y JOSÉ ANTONIO

LA CEREMONIA RELIGIOSA TENDRÁ LUGAR
EL SÁBADO 10 DE JUNIO A LAS DOS DE LA TARDE
EN EL TEMPLO DE SANTO DOMINGO
(CALLE SANTO DOMINGO, 961).

DESPUÉS DE LA CEREMONIA SÍRVANSE PASAR A LA RECEPCIÓN EN EL SALÓN
DE BAILE DEL HOTEL METRÓPOLI (SOTERO DEL RÍO, 465).

4 Preguntas Con un(a) compañero/a, formula preguntas sobre las fotos.

MODELO

Estudiante 1: ¿Quién es esta mujer?
Estudiante 2: Es una estudiante.
Estudiante 1: ¿Dónde está?
Estudiante 2: En la biblioteca.
Estudiante 1: ¿Qué está haciendo?
Estudiante 2: Está estudiando.

1.

3.

2.

4.

Ampliación

1 Escuchar 🎧

A Escucha la conversación entre Josefina y Rosa. Cuando oigas una de las palabras de la **columna A**, usa el contexto para identificar un sinónimo en la **columna B**.

TIP **Guess meaning through context.** Listen to the words and phrases around an unfamiliar word to guess its meaning.

A	B
_____ **1.** festejar	a. conmemoración religiosa de una muerte
_____ **2.** yo lo disfruté (disfrutar)	b. tolera
_____ **3.** dicha	c. suerte
_____ **4.** bien parecido	d. celebrar
_____ **5.** finge (fingir)	e. me divertí
_____ **6.** soporta (soportar)	f. horror
	g. crea una ficción
	h. guapo

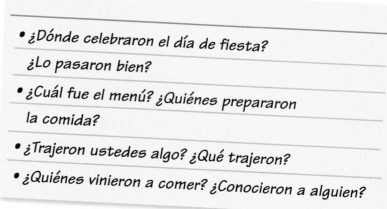

Margarita Robles de García y Roberto García Olmos

Piden su presencia en la celebración del segundo aniversario de bodas el día 13 de marzo de 2005 con una misa en la Iglesia Virgen del Coromoto a las 6:30 p.m.

Seguida por cena y baile en el restaurante El Campanero, Calle Principal, Las Mercedes a las 8:30 p.m.

B ¿Son solteras Josefina y Rosa? ¿Cómo lo sabes?

2 Conversar 🎭

Trabaja con un(a) compañero/a para comparar cómo celebraron ustedes el Día de Acción de Gracias (*Thanksgiving Day*) el año pasado. Incluyan la siguiente información en la conversación.

- ¿Dónde celebraron el día de fiesta? ¿Lo pasaron bien?
- ¿Cuál fue el menú? ¿Quiénes prepararon la comida?
- ¿Trajeron ustedes algo? ¿Qué trajeron?
- ¿Quiénes vinieron a comer? ¿Conocieron a alguien?

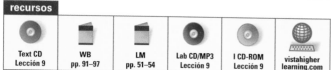

recursos

| Text CD Lección 9 | WB pp. 91–97 | LM pp. 51–54 | Lab CD/MP3 Lección 9 | I CD-ROM Lección 9 | vistahigher learning.com |

3 Escribir En una composición, compara dos celebraciones a las que tú asististe recientemente.

TIP Use Venn diagrams. Use Venn diagrams to organize your ideas visually before comparing and contrasting people, places, objects, events, or issues. Differences are listed in the outer circles, similarities where the two circles overlap.

Boda de Silvia Reyes y Carlos Espinoza

Quinceañera de Ana Ester Larenas Vera

Diferencias:
1. Primero hay una celebración religiosa.
2. Se celebra en un restaurante.

Similitudes:
1. Las dos fiestas se celebran por la noche.
2. Las dos fiestas son bailables.

Diferencias:
1. Se celebra en un club.
2. Vienen invitados especiales.

Organízalo Utiliza un diagrama de Venn para anotar las similitudes y las diferencias entre las dos celebraciones.

Escríbelo Utiliza tus notas para escribir el primer borrador de tu composición.

Corrígelo Intercambia tu composición con un(a) compañero/a. Ofrécele algunas sugerencias y si ves errores gramaticales u ortográficos, coméntaselos.

Compártelo Revisa el primer borrador según las indicaciones de tu compañero/a. Incorpora nuevas ideas y/o más información para ampliar la comparación. Luego comparte tu composición con otro/a compañero/a.

4 Un paso más Imagina que eres un(a) periodista de un país hispano. Escribe un artículo sobre un día de fiesta o una celebración que viste.

- Investiga las fiestas, las celebraciones y los festivales de tu país. Elige la celebración que más te interese.
- Incluye en el artículo el nombre de la celebración, cuándo fue y cómo la celebraron.
- Incluye información sobre la ropa especial que llevaron, la comida, la música y el baile.
- Indica qué hiciste tú durante la celebración.
- Presenta el artículo a la clase. Es importante explicar los detalles y mostrar fotos.

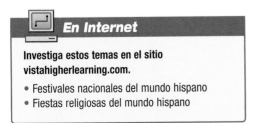

En Internet

Investiga estos temas en el sitio vistahigherlearning.com.
- Festivales nacionales del mundo hispano
- Fiestas religiosas del mundo hispano

Antes de leer

Recognizing root words and word families can help you guess the meaning of words in context, ensuring better comprehension of a reading selection. Using this strategy will enrich your Spanish vocabulary as well. Look through the reading selection and find words related to the following terms.

Give the meanings of both sets of words, based on context and on your knowledge of these words or similar words.

Root word	Related word	Meaning
1. sabroso	_____	_____
2. amar	_____	_____
3. exitoso	_____	_____
4. la diversión	_____	_____
5. el oficial	_____	_____
6. la familia	_____	_____

SOCIEDAD

Fiesta de cumpleaños

Marisa Castillo Solís

Marisa Castillo Solís cumplió 21 años el martes pasado. Para celebrarlo, sus amigos Cristina Montes Vallejo y Tomás Méndez Esquivel le organizaron una fiesta sorpresa en casa de Cristina. Marisa estudia periodismo en la Universidad de Buenos Aires y es una gran amant del cine.

A la fiesta acudió un grup de amigos de Marisa y s hermano mayor Martí que viajó desde Mendoz para traerle un regalo mu especial: una colecció de las mejores pelícu argentinas de las últim décadas. La fiesta fue gran éxito. Todos invitados disfrutaron de comida y se divirtier bailando al son diferentes ritmos musica De postre, Tomás prep un delicioso pas ¡Felicidades, Marisa!

Aniversario

Lola Navarro de Ibáñez y
Bernardo Ibáñez Narváez

Lola Navarro de Ibáñez y Bernardo Ibáñez Narváez celebraron sus cincuenta años de matrimonio en compañía de sus hijos y nietos. La celebración tuvo lugar en el restaurante El Tulipán, donde los invitados saborearon un delicioso banquete. Después de la cena, la Orquesta Armonía animó la fiesta con canciones para todas las edades. Como regalo de aniversario de bodas, los hijos de Lola y Bernardo les organizaron un viaje a Cádiz, ciudad de la costa andaluza española donde se conocieron de niños.

Boda

José Luis Pastor Gómez y
Elena Limón Ávila

El pasado 10 de agosto, a las 19 horas, se celebró la boda entre José Luis y Elena en Buenos Aires. La ceremonia fue muy emotiva al ser oficiada por un amigo de la pareja. Tras la breve e íntima ceremonia religiosa, los novios se reunieron con sus invitados en la casa de los padres de José Luis. Allí tuvo lugar el banquete nupcial, que comenzó a las 22:15 de la noche y terminó la mañana siguiente.

Después de leer

¿Comprendiste?

Indica si lo que se dice en cada oración es **cierto** o **falso**. Corrige las oraciones falsas.

Cierto	Falso	
_____	_____	1. Lola y Bernardo tuvieron una fiesta en su casa para celebrar su aniversario de bodas.
_____	_____	2. Martín no pudo asistir a la fiesta de cumpleaños de su hermana.
_____	_____	3. A Marisa le encantan las películas.
_____	_____	4. José Luis y Elena se casaron en una ceremonia religiosa.
_____	_____	5. Después de la boda de José Luis y Elena, los invitados no comieron nada.

Preguntas

1. ¿Qué les regalaron a Lola y Bernardo?

_____

2. ¿Cuántos años cumplió Marisa?

_____

3. ¿Dónde tuvo lugar el banquete de la boda?

_____

4. ¿Qué le regaló Martín a su hermana Marisa?

_____

5. ¿Cuántos años de matrimonio celebran Lola y Bernardo?

_____

Coméntalo

¿Hay una sección de notas sociales en el periódico de tu universidad, comunidad o región? ¿Qué tipo de información encuentras en la sección de notas sociales? ¿La lees normalmente? ¿Por qué?

amante del cine *film lover* acudió *attended* últimas *last few* son *sound*
éxito *success* disfrutaron de *enjoyed* saborearon *enjoyed (with respect to food)*
animó *livened up* tuvo lugar *took place*

Las celebraciones

el aniversario (de bodas)	(wedding) anniversary
la boda	wedding
el cumpleaños	birthday
el día de fiesta	holiday
la fiesta	party
el/la invitado/a	guest
la Navidad	Christmas
la quinceañera	young woman's fifteenth birthday celebration
la sorpresa	surprise
brindar	to toast (drink)
cambiar (de)	to change
celebrar	to celebrate
cumplir años	to have a birthday
dejar una propina	to leave a tip
divertirse (e:ie)	to have fun
graduarse (de)	to graduate (from)
invitar	to invite
pagar la cuenta	to pay the bill
pasarlo bien/mal	to have a good/ bad time
regalar	to give (a gift)
reírse (e:i)	to laugh
relajarse	to relax
sonreír (e:i)	to smile
sorprender	to surprise

Las relaciones personales

la alegría	happiness
la amistad	friendship
el amor	love
el divorcio	divorce
el estado civil	marital status
el matrimonio	marriage; married couple
la pareja	couple; partner
el/la recién casado/a	newlywed
casado/a	married
divorciado/a	divorced
juntos/as	together
separado/a	separated
soltero/a	single
viudo/a	widowed
casarse (con)	to get married (to)
comprometerse (con)	to get engaged (to)
divorciarse (de)	to get divorced (from)
enamorarse (de)	to fall in love (with)
llevarse bien/mal (con)	to get along well/badly (with)
odiar	to hate
romper (con)	to break up (with)
salir (con)	to go out (with); to date
separarse (de)	to separate (from)
tener una cita	to have a date; to have an appointment

Las etapas de la vida

la adolescencia	adolescence
la etapa	stage
la juventud	youth
la madurez	maturity; middle age
la muerte	death
el nacimiento	birth
la niñez	childhood
la vejez	old age
la vida	life
jubilarse	to retire (from work)
nacer	to be born

Los postres y otras comidas

la botella de vino	bottle of wine
el champán	champagne
los dulces	sweets; candy
el flan	baked custard
las galletas	cookies
el helado	ice cream
el pastel	cake
el pastel de cumpleaños	birthday cake
los postres	desserts

Otras palabras

el apellido	last name
el consejo	advice
la respuesta	answer

Expresiones útiles	See page 199.
Relative pronouns	See page 206.
Interrogative words and phrases	See page 208.

recursos

LM pp. 54   Lab CD/MP3 Lección 9   Vocab CD Lección 9

10 En el consultorio

Communicative Goals

You will learn how to:
- discuss medical conditions
- describe your health
- talk about the body

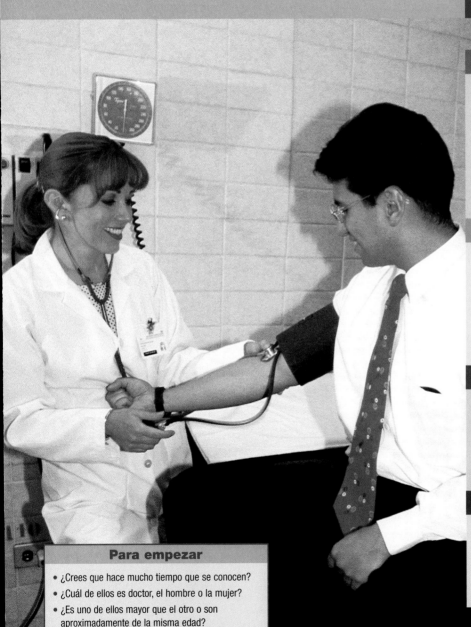

Para empezar

- ¿Crees que hace mucho tiempo que se conocen?
- ¿Cuál de ellos es doctor, el hombre o la mujer?
- ¿Es uno de ellos mayor que el otro o son aproximadamente de la misma edad?
- ¿Crees que el hombre ya pagó la cuenta?

En el consultorio

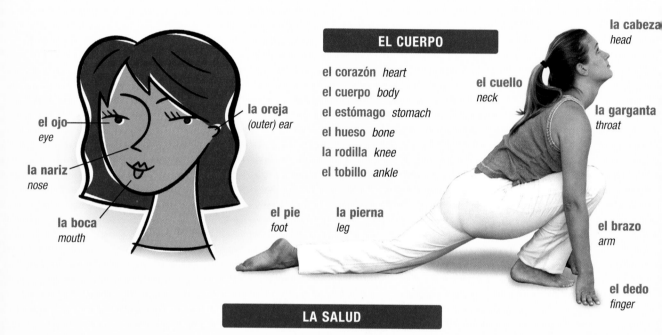

EL CUERPO

el **corazón** *heart*
el **cuerpo** *body*
el **estómago** *stomach*
el **hueso** *bone*
la **rodilla** *knee*
el **tobillo** *ankle*

la oreja
(outer) ear

el ojo
eye

la nariz
nose

la boca
mouth

el pie
foot

la pierna
leg

la cabeza
head

el cuello
neck

la garganta
throat

el brazo
arm

el dedo
finger

LA SALUD

el **accidente** *accident*
la **clínica** *clinic*
el **consultorio** *doctor's office*
el/la **doctor(a)** *doctor*
el/la **enfermero/a** *nurse*
el **examen médico** *physical exam*
el **hospital** *hospital*
el/la **paciente** *patient*
la **operación** *operation*
la **radiografía** *X-ray*
la **sala de emergencia(s)** *emergency room*
la **salud** *health*

la farmacia
pharmacy

el dentista
dentist

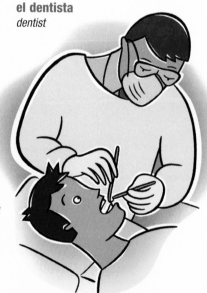

recursos

WB pp. 99–100	**LM** p. 55	**Lab CD/MP3** Lección 10	**I CD-ROM** Lección 10	**Vocab CD** Lección 10

tomar(le) la temperatura (a alguien)
to take (someone's) temperature

VERBOS

caerse *to fall (down)*

enfermarse *to get sick*

lastimarse (el pie) *to injure (one's foot)*

poner una inyección *to give an injection*

recetar *to prescribe*

romperse (la pierna) *to break (one's leg)*

sacar(se) una muela *to have a tooth pulled*

torcerse (el tobillo) *to sprain (one's ankle)*

ENFERMEDADES Y SÍNTOMAS

el dolor (de cabeza) *(head)ache; pain*

la enfermedad *illness; sickness*

la gripe *flu*

la infección *infection*

el resfriado *cold*

el síntoma *symptom*

la tos *cough*

congestionado/a *congested; stuffed up*

mareado/a *dizzy; nauseated*

doler (o:ue) *to hurt*

estar enfermo/a *to be sick*

ser alérgico/a (a) *to be allergic (to)*

tener fiebre (f.) *to have a fever*

toser *to cough*

estornudar
to sneeze

LOS MEDICAMENTOS

el antibiótico *antibiotic*

el medicamento *medication*

la medicina *medicine*

las pastillas *pills; tablets*

la receta *prescription*

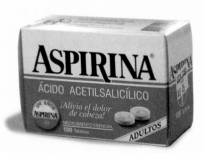

la aspirina
aspirin

ADJETIVOS

embarazada *pregnant*

grave *grave; serious*

médico/a *medical*

saludable *healthy*

sano/a *healthy*

Práctica y conversación

1 Escuchar 🎧 Escucha las frases y selecciona la respuesta más adecuada.

1. _____
2. _____
3. _____
4. _____
5. _____
6. _____
7. _____
8. _____

a. Tengo dolor de cabeza y fiebre.
b. No fui a la clase porque estaba enfermo.
c. Me caí ayer jugando al tenis.
d. Debes ir a la farmacia.
e. Porque tengo gripe.
f. Sí, tengo mucha tos por las noches.
g. Lo llevaron directamente a la sala de emergencia.
h. No sé. Todavía tienen que tomarme la temperatura.

2 Actividades 👥 En parejas, identifiquen las partes del cuerpo que ustedes asocian con las siguientes actividades.

MODELO

nadar

Estudiante 1: Usamos los brazos para nadar.

Estudiante 2: También usamos las piernas.

1. estudiar biología
2. llevar zapatos
3. toser
4. comer arroz con pollo
5. comprar un perfume
6. ver una película
7. hablar por teléfono
8. correr en el parque
9. tocar el piano

3 Cuestionario 👥 Selecciona las respuestas que mejor reflejen tus experiencias. Suma (add) los puntos de cada respuesta y anota el resultado. Después, compara los resultados con el resto de la clase.

¿Tienes buena salud?

27–30 puntos   Salud y hábitos excelentes
23–26 puntos   Salud y hábitos buenos
22 puntos o menos   Salud y hábitos problemáticos

1. ¿Con qué frecuencia te enfermas (resfriados, gripe, etc.)?
   • Cuatro veces por año o más. (1 punto)
   • Dos o tres veces por año. (2 puntos)
   • Casi nunca. (3 puntos)

2. ¿Con qué frecuencia tienes dolor de estómago o problemas digestivos?
   • Con mucha frecuencia. (1 punto)
   • A veces. (2 puntos)
   • Casi nunca. (3 puntos)

3. ¿Con qué frecuencia tienes dolor de cabeza?
   • Frecuentemente. (1 punto)
   • A veces. (2 puntos)
   • Casi nunca. (3 puntos)

4. ¿Comes verduras y frutas?
   • No, casi nunca. (1 punto)
   • Sí, a veces. (2 puntos)
   • Sí, todos los días. (3 puntos)

5. ¿Eres alérgico/a a algo?
   • Sí, a muchas cosas. (1 punto)
   • Sí, a algunas cosas. (2 puntos)
   • No. (3 puntos)

6. ¿Haces ejercicios aeróbicos?
   • No, casi nunca hago ejercicios aeróbicos. (1 punto)
   • Sí, a veces. (2 puntos)
   • Sí, con frecuencia. (3 puntos)

7. ¿Con qué frecuencia te haces un examen médico?
   • Nunca o casi nunca. (1 punto)
   • Cada dos años. (2 puntos)
   • Cada año y/o antes de practicar un deporte. (3 puntos)

8. ¿Con qué frecuencia vas al dentista?
   • Nunca voy al dentista. (1 punto)
   • Sólo cuando me duele una muela. (2 puntos)
   • Por lo menos una vez por año. (3 puntos)

9. ¿Qué comes normalmente por la mañana?
   • No como nada. (1 punto)
   • Tomo una bebida dietética. (2 puntos)
   • Como cereales y fruta. (3 puntos)

10. ¿Con qué frecuencia te sientes mareado/a?
    • Frecuentemente. (1 punto)
    • A veces. (2 puntos)
    • Casi nunca. (3 puntos)

recursos

**Text CD
Lección 10**

4 **Un accidente** Cuéntale (*tell*) a la clase cómo fue un accidente o una enfermedad que tuviste. Incluye información que conteste las siguientes preguntas: ¿Qué ocurrió? ¿Dónde y cuándo ocurrió? ¿Cómo ocurrió? ¿Quién te ayudó y cómo?

5 **¿Cuáles son sus síntomas?** En parejas, túrnense para representar los papeles (*roles*) de un(a) médico/a y su paciente.

Ortografía El acento y las sílabas fuertes

In Spanish, written accent marks are used on many words. Here is a review of some of the principles governing word stress and the use of written accents.

as-pi-ri-na   **gri-pe**   **to-man**   **an-tes**

In Spanish, when a word ends in a vowel, –**n**, or –**s**, the spoken stress usually falls on the next-to-last syllable. Words of this type are very common and do not need a written accent.

a-sí   **in-glés**   **in-fec-ción**   **hé-ro-e**

When a word ends in a vowel, –**n**, or –**s**, and the spoken stress does *not* fall on the next-to-last syllable, then a written accent is needed.

hos-pi-tal   **na-riz**   **re-ce-tar**   **to-ser**

When a word ends in any consonant *other* than –**n** or –**s**, the spoken stress usually falls on the last syllable. Words of this type are very common and do not need a written accent.

lá-piz   **fút-bol**   **hués-ped**   **sué-ter**

When a word ends in any consonant *other* than –**n** or –**s** and the spoken stress does *not* fall on the last syllable, then a written accent is needed.

far-ma-cia   **bio-lo-gí-a**   **su-cio**   **frí-o**

Diphthongs (two weak vowels or a strong and weak vowel together) are normally pronounced as a single syllable. A written accent is needed when a diphthong is broken into two syllables.

sol   **pan**   **mar**   **tos**

Spanish words of only one syllable do not usually carry a written accent.

El ahorcado Juega al ahorcado (*hangman*) para adivinar las palabras.

1. __ l __ __ __ __ __ a   Vas allí cuando estás enfermo/a.
2. __ __ __ __ e __ c __ __ __ n   Se usa para poner una vacuna (*vaccination*).
3. __ __ d __ o __ __ __ __ __ __ a   Se usa para ver los huesos.

¡Uf! ¡Qué dolor!

Don Francisco y Javier van a la clínica de la doctora Márquez.

JAVIER Estoy aburrido… Tengo ganas de dibujar. Con permiso.

Personajes

DON FRANCISCO

INÉS ¡Javier! ¿Qué te pasó?

JAVIER ¡Ay! ¡Uf! ¡Qué dolor! ¡Creo que me rompí el tobillo!

JAVIER

DON FRANCISCO No te preocupes, Javier. Estamos cerca de la clínica donde trabaja la doctora Márquez, mi amiga.

INÉS

JAVIER ¿Tengo dolor? Sí, mucho. ¿Dónde? En el tobillo. ¿Tengo fiebre? No lo creo. ¿Estoy mareado? Un poco. ¿Soy alérgico a algún medicamento? No. ¿Embarazada? Definitivamente NO.

DRA. MÁRQUEZ

DRA. MÁRQUEZ ¿Cómo se lastimó el pie?

JAVIER Me caí cuando estaba en el autobús.

DRA. MÁRQUEZ ¿Cuánto tiempo hace que se cayó?

JAVIER Ya se me olvidó... déjeme ver... este... eran más o menos las dos o dos y media cuando me caí... o sea hace más de una hora. ¡Me duele mucho!

DON FRANCISCO Sabes, Javier, cuando era chico yo les tenía mucho miedo a los médicos. Visitaba mucho al doctor porque me enfermaba con mucha frecuencia... Tenía muchas infecciones de la garganta. No me gustaban las inyecciones ni las pastillas. Una vez me rompí la pierna jugando al fútbol...

JAVIER ¡Doctora! ¿Qué dice? ¿Está roto el tobillo?

DRA. MÁRQUEZ Tranquilo, le tengo buenas noticias, Javier. No está roto el tobillo. Apenas está torcido.

JAVIER Pero, ¿voy a poder ir de excursión con mis amigos?

DRA. MÁRQUEZ Creo que sí. Pero debe descansar y no caminar mucho durante un par de días. Le receto unas pastillas para el dolor.

DRA. MÁRQUEZ Adiós, Francisco. Adiós, Javier. ¡Cuidado! ¡Buena suerte en las montañas!

Expresiones útiles

Discussing medical conditions

¿Cómo se lastimó el pie?
How did you hurt your foot?

¿Te duele el tobillo?
Does your ankle hurt? (fam.)

¿Le duele el tobillo?
Does your ankle hurt? (form.)

Sí, (me duele) mucho.
Yes, (it hurts) a lot.

¿Es usted alérgico/a a algún medicamento?
Are you allergic to any medication?

Sí, soy alérgico/a a la penicilina.
Yes, I'm allergic to penicillin.

¿Está roto el tobillo?
Is the ankle broken?

No está roto. Apenas está torcido.
It's not broken. It's just twisted.

¿Te enfermabas frecuentemente?
Did you used to get sick frequently? (fam.)

Sí, me enfermaba frecuentemente.
Yes, I used to get sick frequently.

Tenía muchas infecciones.
I used to get a lot of infections.

Other expressions

hace + [period of time] + **que** + [present tense]:

¿Cuánto tiempo hace que te duele?
How long has it been hurting?

Hace una hora que me duele.
It's been hurting for an hour.

hace + [period of time] + **que** + [preterite]:

¿Cuánto tiempo hace que se cayó?
How long ago did you fall?

Me caí hace más de una hora./Hace más de una hora que me caí.
I fell more than an hour ago.

¿Qué piensas?

1 **¿Cierto o falso?** Decide si las siguientes frases sobre Javier son **ciertas** o **falsas**. Corrige las frases falsas.

Cierto	Falso	
_____	_____	**1.** Está aburrido y tiene ganas de hacer algo creativo.
		_____
_____	_____	**2.** Cree que se rompió la rodilla.
		_____
_____	_____	**3.** Se lastimó cuando se cayó en el autobús.
		_____
_____	_____	**4.** Hace menos de una hora que se cayó.
		_____
_____	_____	**5.** Es alérgico a dos medicamentos.
		_____
_____	_____	**6.** No está mareado, pero sí tiene un poco de fiebre.
		_____

2 **Ordenar** Pon los siguientes eventos en el orden correcto.

_____ a. La doctora le saca una radiografía.

_____ b. La doctora le receta unas pastillas para el dolor.

_____ c. Javier se lastima el tobillo en el autobús.

_____ d. Don Francisco le habla a Javier de cuando era chico.

_____ e. Javier quiere dibujar un rato (*a while*).

_____ f. Don Francisco lo lleva a una clínica.

3 **En el consultorio** En parejas, preparen una conversación entre un(a) médico/a y su paciente. El/la paciente se cayó en su casa y piensa que se rompió un dedo. El/la médico/a le pregunta al/a la paciente si le duele y cuánto tiempo hace que se cayó. El/la paciente describe su dolor. Finalmente, el/la médico/a le recomienda un tratamiento (*treatment*). Usen las siguientes preguntas y frases en su conversación.

¿Cómo se lastimó...?	Estoy...	¿Le duele...?
¿Cuánto tiempo hace que le duele...?	¿Es usted alérgico/a a algún medicamento?	Tengo...
¿Cuánto tiempo hace que se lastimó...?	Hace... que me duele.	Usted debe...
	Hace... que me lastimé...	

Exploración

La medicina en los países hispanos

En España y en muchos países de Latinoamérica, hay clínicas y hospitales públicos donde los servicios médicos son gratuitos.

Para las personas que no quieren visitar las instalaciones (*facilities*) públicas, hay clínicas y hospitales privados.

En algunas regiones del mundo hispano, especialmente en las áreas rurales, los curanderos (*healers*) son muy populares. Los curanderos usan plantas y hierbas para tratar (*treat*) las enfermedades.

Médicos célebres

- El médico argentino **René Favaloro** fue el pionero de la operación conocida (*known*) como el *bypass*.
- El **Dr. Manuel Elkin Patarroyo**, de Colombia, descubrió la vacuna (*vaccine*) contra la malaria.
- La **Dra. Antonia Novello**, puertorriqueña, fue la primera mujer y la primera hispana en asumir el puesto de Cirujana-General (*Surgeon General*) de los Estados Unidos.
- El **Dr. Pedro Penzini Fleury** tiene mucha fama en Venezuela por sus artículos de periódico y sus programas de radio sobre medicina y nutrición.

Coméntalo

Con un(a) compañero/a, contesta las siguientes preguntas.

- ¿Debe ofrecer el gobierno servicios médicos gratuitos? ¿Por qué?
- ¿Hay servicios médicos públicos en tu comunidad o región?
- ¿Qué piensas de la medicina alternativa? ¿Por qué?

recursos

vistahigher
learning.com

10.1 The imperfect tense

▶ In Lesson 6, you learned the preterite tense. Now you will learn the imperfect tense, which describes past activities in a different way.

Cuando era chico yo les tenía mucho miedo a los médicos.

Tenía que ir mucho a una clínica. ¡No me gustaban nada las inyecciones!

The imperfect of regular verbs		
	cantar	beber	escribir
yo	cantaba	bebía	escribía
tú	cantabas	bebías	escribías
Ud./él/ella	cantaba	bebía	escribía
nosotros/as	cantábamos	bebíamos	escribíamos
vosotros/as	cantabais	bebíais	escribíais
Uds./ellos/ellas	cantaban	bebían	escribían

▶ There are no stem changes in the imperfect tense.

Me **duelen** los pies.
My feet hurt.

Me **dolían** los pies.
My feet were hurting.

▶ The imperfect form of **hay** (inf. **haber**) is **había** (*there was/were/used to be*).

Había sólo un médico.
There was only one doctor.

Había dos pacientes allí.
There were two patients there.

¡ojo!

The imperfect endings of −er and −ir verbs are the same. The **nosotros** form of −ar verbs has an accent on the first **a** of the ending. −**Er** and −**ir** verb forms carry an accent on the first **i** of the ending.

• • •

Ir, ser, and **ver** are the only irregular verbs in the imperfect.

Irregular verbs in the imperfect		
	ir	ser	ver
yo	iba	era	veía
tú	ibas	eras	veías
Ud./él/ella	iba	era	veía
nosotros/as	íbamos	éramos	veíamos
vosotros/as	ibais	erais	veíais
Uds./ellos/ellas	iban	eran	veían

▶ The imperfect is used to describe past events in a different way than the preterite. Generally, the imperfect describes actions which are seen by the speaker as incomplete or continuing, while the preterite describes actions which have been completed. The imperfect expresses what was happening at a certain time or how things used to be.

¿Qué te **pasó**?
What happened to you?

Me **torcí** el tobillo.
I sprained my ankle.

¿Dónde **vivías** de niño?
Where did you live as a child?

Vivía en San José.
I lived in San José.

▶ Use the following words and expressions with the imperfect to express habitual or repeated actions: **de niño/a** (*as a child*), **todos los días** (*every day*), **mientras** (*while*).

Uses of the imperfect

Habitual or repeated actions	Íbamos al parque los domingos. *We used to go to the park on Sundays.*	Age	Los niños tenían seis años. *The children were 6 years old.*
Events or actions that were in progress	Yo leía mientras él estudiaba. *I was reading while he was studying.*	Physical characteristics	Era alto y guapo. *He was tall and handsome.*
Time-telling	Eran las tres y media. *It was 3:30.*	Mental or emotional states	Quería mucho a su familia. *He loved his family very much.*

Práctica y conversación

1 **¡Pobre Miguelito!** Completa las frases con el imperfecto. Luego, pon las oraciones en un orden lógico.

_____ a. Miguelito no _____ [ir] a jugar más.

_____ b. El doctor dijo que no _____ [ser] nada grave.

_____ c. El niño le dijo a la enfermera que _____ [dolerle] la nariz.

_____ d. Los niños _____ [jugar] en el patio.

_____ e. Su mamá _____ [estar] dibujando cuando Miguelito entró llorando.

_____ f. _____ [ser] las dos de la tarde.

_____ g. Miguelito _____ [tener] mucho dolor.

_____ h. El doctor _____ [querer] examinar su nariz.

2 **La salud** Completa las frases con el imperfecto.

caerse	esperar	mirar	sentirse
doler	estar	poder	tener
enfermarse	estornudar	querer	toser

1. Después de correr, a Dora le _____ los pies.

2. Ana _____ el termómetro; con tanta fiebre no _____ leerlo.

3. Él _____ porque el doctor _____ ocupado.

4. Ellos _____ y _____ congestionados porque _____ gripe.

5. Lorenzo _____ dolor de muelas.

6. Paco y Luis _____ dolor de estómago y _____ unas pastillas para el dolor.

7. Le _____ la cabeza y _____ mareado.

8. Luisa _____ porque es alérgica al polen.

9. Juan Carlos siempre _____ de la bicicleta.

3 **Entrevista** Trabajen en parejas. Un(a) estudiante entrevista a su compañero/a. Luego compartan los resultados de la entrevista con la clase.

Preguntas	Respuestas
1. ¿Cuántos años tenías en 1991? ¿Y en 1997?	_____
2. Cuando eras niño/a, ¿qué hacía tu familia durante las vacaciones?	_____
3. Cuando eras estudiante de primaria, ¿te gustaban tus profesores?	_____
4. Cuando tenías diez años, ¿cuál era tu programa de televisión favorito?	_____
5. Cuando tenías quince años, ¿cuál era tu grupo musical favorito?	_____
6. Antes de tomar esta clase, ¿sabías hablar español?	_____

4 **Describir** En parejas, túrnense para describir lo que hacían durante algunos momentos de sus vidas. Luego informen a la clase sobre la vida del/de la compañero/a.

MODELO

De niña, mi familia y yo siempre íbamos a Puntarenas. Tomábamos el tren. Salíamos a las 6 de la mañana. Todos los días nadábamos. En Navidad mis papás siempre hacían una gran fiesta. Mi mamá y mis tías preparaban mucha comida. Toda la familia venía.

• Las vacaciones y los veranos cuando eras niño/a

• Celebraciones con tus amigos o con tu familia

• Cómo eran tu escuela y tus amigos

• Cuando estabas enfermo/a

• Ocasiones especiales

10.2 Constructions with se

▶ As you know, **se** can be used as a reflexive pronoun (**Él se despierta.**).

▶ Non-reflexive verbs can be used with **se** to form impersonal constructions. In impersonal constructions, the person performing the action is not expressed or defined. In English, the passive voice or indefinite subjects (*you, they, one*) are used.

Se habla español en Costa Rica.
Spanish is spoken in Costa Rica.

Se puede leer en la sala de espera.
You can read in the waiting room.

▶ You often see the impersonal **se** in signs and advertisements.

SE PROHÍBE NADAR

Se necesitan programadores

GRUPO TECNO
Tel. 778-34-34

ENTRADA

Se entra por la izquierda

Bueno, vamos a ver si se le rompió un hueso.

▶ **Se** is used to de-emphasize the person who performs the action in question, so as to imply that the accident or event is not his/her direct responsibility. These statements are constructed using the following pattern.

se + INDIRECT OBJECT PRONOUN + VERB + SUBJECT

▶ In this construction, what would normally be the direct object of the sentence becomes the subject and agrees with the verb.

	I.O. PRONOUN	VERB	SUBJECT
Se	me	perdieron	las llaves.
	te	cayó	la taza.
	le	dañó	el radio.
	nos	rompieron	las botellas.
	os	olvidaron	las pastillas.
	les		

▶ These verbs are often used with **se** to describe unplanned events.

caer	*to fall; to drop*	olvidar	*to forget*	quedar	*to be left behind*
dañar	*to damage; to break down*	perder (e:ie)	*to lose*	romper	*to break*

▶ **A** + [noun] or **a** + [prepositional pronoun] is frequently used to clarify or emphasize who is involved in the action.

Al estudiante se le perdió la tarea.
The student lost his homework.

A mí se me olvidó ir a clase ayer.
I forgot to go to class yesterday.

Práctica y conversación

1 ¿Cierto o falso? Lee estas oraciones sobre la vida en 1901. Indica si lo que dice cada oración es **cierto** o **falso**. Luego corrige las oraciones falsas.

Cierto   Falso

_____   _____   **1.** Se veía mucha televisión.

_____   _____   **2.** Se escribían muchos libros.

_____   _____   **3.** Se viajaba mucho en tren.

_____   _____   **4.** Se montaba a caballo.

_____   _____   **5.** Se mandaba correo electrónico.

_____   _____   **6.** Se llevaban minifaldas.

2 Anuncios Traduce estos anuncios (*ads*) al español con el **se** impersonal.

ENGINEERS NEEDED	**NO TALKING**

1. _____   6. _____

EATING AND DRINKING PROHIBITED	**TEACHER NEEDED**

2. _____   7. _____

PROGRAMMERS SOUGHT	**WE SELL BOOKS**

3. _____   8. _____

WE SPEAK ENGLISH	**DO NOT ENTER**

4. _____   9. _____

WE SELL COMPUTERS	**SPANISH SPOKEN**

5. _____   10. _____

3 Preguntas Trabajen en parejas y usen estas preguntas para entrevistarse.

1. ¿Qué comidas se sirven en tu restaurante favorito?
2. ¿Se te olvidó invitar a alguien a tu última fiesta o cena?
3. ¿A qué hora se abre la cafetería de tu universidad?
4. ¿Alguna vez se te quedó algo importante en casa?
5. ¿Alguna vez se te perdió algo importante durante un viaje?
6. ¿Qué se vende en la librería de la universidad?
7. ¿Sabes si en la librería se aceptan cheques?
8. ¿Alguna vez se te rompió un plato o un vaso (*glass*)?
9. ¿Alguna vez se te cayó una botella de vino?

4 Minidiálogos En parejas, preparen los siguientes minidiálogos. Luego preséntenlos a la clase.

1. A Spanish professor asks for a student's workbook. The student explains why he or she doesn't have it.
2. A tourist asks the bellhop where the best food in the city is served, and the bellhop gives several suggestions.
3. A patient tells the doctor that he or she can't walk. The doctor examines the patient and explains what's wrong.
4. A parent asks a child how the plates got broken. The child apologizes profusely and explains what happened.

5 Anuncios En grupos, preparen dos anuncios de televisión para presentar a la clase. Deben usar el imperfecto y dos construcciones con **se**.

MODELO

Se me cayeron unos libros en el pie y ¡Ayyyyy! Sentía mucho, pero mucho dolor. Pero ya no, gracias a Superaspirina 500. ¡Tomé dos pastillas y se me fue el dolor! ¡Se puede comprar Superaspirina 500 en todas las farmacias Recetamax!

10.3 Adverbs

▶ Adverbs describe how, when, and where actions take place. They modify verbs, adjectives, and even other adverbs. The list below contains some adverbs you have already learned.

bien	muy	hoy	temprano	aquí
mal	nunca	siempre	ayer	

▶ Most adverbs end in **–mente.** These are equivalent to the English adverbs which end in –ly.

lentamente	slowly	generalmente	generally
verdaderamente	truly; really	simplemente	simply

▶ To form adverbs which end in **–mente**, add **–mente** to the feminine form of the adjective. If the adjective does not have a feminine form, just add **–mente** to the standard form.

ADJECTIVE	FEMININE FORM	SUFFIX	ADVERB
lento	lenta	–mente	lentamente
fabuloso	fabulosa	–mente	fabulosamente
enorme		–mente	enormemente
feliz		–mente	felizmente

▶ Adverbs that end in **–mente** generally follow the verb, while adverbs that modify an adjective or another adverb precede the word they modify.

Javier dibuja **maravillosamente.**
Javier draws wonderfully.

Inés está **casi siempre** ocupada.
Inés is almost always busy.

Common adverbs and adverbial expressions

a menudo	often	así	like this; so	menos	less
a tiempo	on time	bastante	enough; quite	muchas veces	a lot; many times
a veces	sometimes	casi	almost		
además (de)	furthermore; besides	con frecuencia	frequently	poco	little
		de vez en cuando	from time to time	por lo menos	at least
apenas	hardly; scarcely			pronto	soon

Práctica y conversación

1 En la clínica Completa las oraciones con los adverbios adecuados.

1. La cita era a las nueve, pero llegamos _____ [aquí, nunca, tarde].

2. El problema fue que _____ [aquí, ayer, así] se nos rompió el despertador.

3. La recepcionista no se enojó porque sabía que normalmente llegábamos _____ [a veces, a tiempo, poco].

4. El doctor estaba _____ [por lo menos, mal, casi] listo.

5. _____ [así, además, apenas] tuvimos que esperar cinco minutos.

6. El doctor dijo que nuestra hija Irene necesitaba una operación _____ [temprano, menos, inmediatamente].

7. Cuando Irene salió de la operación, le preguntamos _____ [con frecuencia, nerviosamente, muchas veces] al doctor cómo estaba nuestra hija.

8. _____ [por lo menos, afortunadamente, a menudo] el médico nos contestó que Irene estaba bien.

2 Oraciones Combina palabras de las tres columnas para formar oraciones completas.

MODELO

Mi mejor amigo se enferma frecuentemente.
Britney Spears conduce rápidamente.

Sujetos	Verbos	Adverbios
mi mejor amigo/a	caerse	bien
mi(s) padre(s)	casarse	fabulosamente
el/la profesor(a) de español	conducir	felizmente
yo	divertirse	frecuentemente
los jóvenes	enfermarse	mal
Tiger Woods	estornudar	muchas veces
Britney Spears	ir	poco
Tina Turner	levantarse	pronto
todos nosotros	llevarse	rápidamente
	vestirse	tarde
		temprano
		tranquilamente

3 Preguntas Usa estas preguntas para entrevistar a tu compañero/a.

1. ¿Qué sabes hacer muy bien?
2. ¿Vas al doctor de vez en cuando?
3. ¿Qué estudias además de español?
4. ¿Hay compañeros/as de clase a quienes apenas conoces?
5. ¿Te enfermas a menudo?
6. ¿Con qué frecuencia cenas en un restaurante?
7. ¿Generalmente, llegas a tiempo a las clases y citas?
8. ¿Qué haces si te sientes congestionado/a y estornudas muchas veces?

4 ¿Con qué frecuencia? Circula por la clase y pregúntales a tus compañeros/as con qué frecuencia hacen las actividades que se mencionan en la lista. Comparte la información con la clase.

MODELO

pasear en bicicleta

Estudiante 1: De vez en cuando, ¿paseas en bicicleta?

Estudiante 2: Sí, paseo en bicicleta con mucha frecuencia./ No, casi nunca paseo en bicicleta.

Actividades	con mucha frecuencia	de vez en cuando	casi nunca	nunca
1. Nadar	_____	_____	_____	_____
2. Jugar al tenis	_____	_____	_____	_____
3. Hacer la tarea	_____	_____	_____	_____
4. Salir a bailar	_____	_____	_____	_____
5. Mirar la televisión	_____	_____	_____	_____
6. Domir en clase	_____	_____	_____	_____
7. Perder las gafas	_____	_____	_____	_____
8. Tomar una medicina	_____	_____	_____	_____
9. Ir al dentista	_____	_____	_____	_____

Ampliación

1 Escuchar 🎧

A Escucha la conversación de la Srta. Méndez y Carlos Peña. Marca las frases donde se mencionan los síntomas de Carlos.

TIP Listen for specific information. Identify the subject of a conversation and use your background knowledge to predict what kinds of information you might hear. For example, what would you expect to hear in a conversation between a sick person and a doctor's receptionist?

_____ 1. Tiene infección en los ojos.

_____ 2. Se lastimó el dedo.

_____ 3. No puede dormir.

_____ 4. Siente dolor en los huesos.

_____ 5. Está mareado.

_____ 6. Está congestionado.

_____ 7. Le duele el estómago.

_____ 8. Le duele la cabeza.

_____ 9. Es alérgico a la aspirina.

_____ 10. Tiene tos.

_____ 11. Le duele la garganta.

_____ 12. Se rompió la pierna.

_____ 13. Le duele la rodilla.

_____ 14. Tiene frío.

B En tu opinión, ¿qué tiene Carlos? ¿Una gripe? ¿Un resfriado? ¿Una alergia? Explica tu opinión.

2 Conversar
Con un(a) compañero/a, prepara una conversación entre un(a) estudiante hipocondríaco/a y el/la enfermero/a. Presenten la conversación a la clase.

- Decidan qué síntomas tiene el/la estudiante y con qué frecuencia los tiene.

- Decidan qué preguntas le va a hacer el/la enfermero/a. (Por ejemplo: ¿Cuánto tiempo hace que comenzaron los síntomas? ¿Tenía el mismo problema cuando era niño/a? ¿Lo tenía la semana pasada?)

- Decidan qué consejos le va a dar el/la enfermero/a.

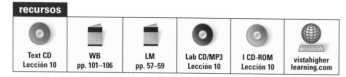

3 **Escribir** Eres un(a) enfermero/a en la sala de emergencia de un hospital. Tienes que escribir cada día un parte (*report*) médico para tu supervisor(a).

TIP **Avoid redundancies.** To avoid repetition of verbs and nouns, consult a Spanish language thesaurus. Use direct object pronouns, possessive adjectives, demonstrative adjectives and pronouns, and prepositional pronouns to streamline your writing.

Susana se lastimó la rodilla ayer. Susana ~~Ella~~ estaba corriendo por el parque cuando se cayó y se la *lastimó* ~~la rodilla.~~

Organízalo Utiliza un mapa de ideas para organizar tu parte médico. Incluye información sobre los pacientes, sus síntomas y el resultado de los tratamientos.

Escríbelo Utiliza tus apuntes para escribir el primer borrador de tu parte médico.

Corrígelo Intercambia tu composición con un(a) compañero/a. Lee su borrador y anota los aspectos mejor escritos (*written*). Ofrécele sugerencias para evitar (*avoid*) redundancias, y si ves algunos errores gramaticales u ortográficos, coméntaselos.

Compártelo Revisa el primer borrador según las indicaciones de tu compañero/a. Incorpora nuevas ideas y/o más información si es necesario antes de escribir la versión final del parte médico.

4 **Un paso más** Prepara una presentación sobre el sistema de servicios médicos de un país hispano. Tu presentación debe contestar las siguientes preguntas.

- ¿Qué servicios médicos públicos hay en el país?
- ¿Cuál es el papel (*role*) de las clínicas y los hospitales privados?
- ¿Cómo son los servicios médicos en las ciudades y en las áreas rurales?
- ¿Son populares los tratamientos alternativos?
- ¿Hay personas reconocidas por sus contribuciones a la medicina?

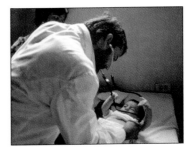

En Internet

Investiga estos temas en el sitio vistahigherlearning.com.

- Hospitales en el mundo hispano
- Clínicas en el mundo hispano
- Médicos famosos del mundo hispano

Antes de leer

Using what you already know about a particular subject will often help you better understand a reading selection. For example, if you read an article about a recent medical discovery, you might think about what you already know about health in order to understand unfamiliar words or concepts.

At a glance, what does this reading selection appear to be about?

_____

_____

What type of document is this, and how can you tell?

_____

_____

Based on what you know about documents of this type, what types of information do you expect to find in this reading selection?

_____

_____

El consultorio
Dra. Fernanda Jiménez Ocaña

P: Soy una madre española y le escribo para hacerle una consulta sobre mi hijo. Tiene ocho años y hace una semana que ni come ni duerme bien. Además, desde hace cuatro días tose constantemente. Al no tomar la cantidad de alimentos necesarios ni dormir lo suficiente, mi hijo no tiene energía para realizar sus actividades diarias. Estoy un poco preocupada, porque es la primera vez que el niño presenta este tipo de síntomas. Todavía no fuimos al médico porque me interesa conocer primero su punto de vista. Muchísimas gracias por su ayuda.

R: Querida madre española: Gracias por escribir a mi columna. Cuando un niño de la edad de su hijo presenta este tipo de síntomas, puede ser señal de que tiene una pequeña infección en las vías respiratorias, producida por una bacteria o por un virus. Creo que debe llevar pronto a su hijo al consultorio de su médico para evitar la aparición de una enfermedad crónica como la bronquitis. Si tiene más preguntas o si desea contarme cómo evoluciona su hijo, ya sabe que puede escribirme otra vez.

Después de leer

¿Comprendiste?

Indica si cada oración es **cierta** o **falsa**. Corrige las oraciones falsas.

Cierto   Falso

_____ _____ 1. La doctora cree que el chico puertorriqueño puede tener alergias.

_____ _____ 2. La madre española no come bien.

_____ _____ 3. La doctora piensa que el ciclista debe practicar más el ciclismo.

_____ _____ 4. La doctora piensa que el hijo de la española puede tener una infección.

_____ _____ 5. La radiografía indica que el ciclista colombiano tiene algunos huesos rotos.

_____ _____ 6. Hace dos meses que el puertorriqueño tiene los síntomas de un resfriado.

Preguntas

1. ¿Con qué frecuencia tose el hijo de la madre española?

2. ¿Cuánto tiempo hace que el colombiano se lastimó la rodilla?

3. ¿Qué hizo el médico cuando el ciclista fue a la sala de emergencias?

4. ¿Por qué debe ser paciente el ciclista?

5. ¿Qué debe hacer la madre española?

6. Según (*according to*) la doctora, ¿cuándo ocurren más frecuentemente las reacciones alérgicas?

Coméntalo

¿Es bueno depender de las columnas de consejos médicos? Imagina que tú escribes esta columna. ¿Qué deben hacer las tres personas que pidieron consejos?

P: Hola, doctora. Soy un ciclista profesional de Colombia. Hace dos semanas tuve un accidente con mi bicicleta y me lastimé la rodilla. Fui a la sala de emergencias y el médico me hizo una radiografía para ver si tenía un hueso roto. Afortunadamente, los resultados de la radiografía fueron muy buenos y sólo me recetaron unas pastillas y mucho reposo. Le escribo porque, después de este tiempo, sigo sintiendo dolor en la zona de la rodilla. ¿Qué puedo hacer?

R: Querido amigo ciclista: Creo que, en su caso, necesita tener más paciencia. Hay que comprender que algunas veces el cuerpo requiere más tiempo para recuperarse. Creo que tiene que esperar dos semanas más para ver si el dolor va desapareciendo o no. Si sigue las indicaciones de su médico y no nota ningún cambio, debe volver al hospital. En mi opinión, no debe hacer ningún movimiento con la pierna y debe seguir tomándose las pastillas que le recetaron.

P: Le escribo desde Puerto Rico para pedirle su opinión. Durante este mes y el anterior, tengo los síntomas de un resfriado que no desaparece nunca. Toso, estoy congestionado y tengo la garganta y los ojos irritados. Mi novia opina que soy alérgico a algo. ¿Cree que eso es posible?

R: Estimado amigo puertorriqueño: Debe empezar por observar dónde y cuándo aparecen sus síntomas. El otoño y la primavera son las épocas del año en que suele haber más reacciones alérgicas del tipo que usted presenta. Creo que debe ir al médico y esperar los resultados de las pruebas. Si le diagnostican un tipo de alergia, no debe preocuparse. En la actualidad, existen tratamientos excelentes, incluyendo antihistaminas e inyecciones, que calman los efectos de las reacciones alérgicas y lo ayudan a llevar una vida normal.

¡Salud!

Dra. Fernanda Jiménez Ocaña

desde hace cuatro días *since four days ago* alimentos *foods* Querido/a *Dear*
señal *sign* vías *passages* Hay que *It is necessary to* el anterior *the previous one*
Estimado/a *Dear* suele haber *there are customarily* pruebas *tests*

El cuerpo

la boca	mouth
el brazo	arm
la cabeza	head
el corazón	heart
el cuello	neck
el cuerpo	body
el dedo	finger
el estómago	stomach
la garganta	throat
el hueso	bone
la nariz	nose
el ojo	eye
la oreja	(outer) ear
el pie	foot
la pierna	leg
la rodilla	knee
el tobillo	ankle

Adjetivos

congestionado/a	congested; stuffed up
embarazada	pregnant
grave	grave; serious
mareado/a	dizzy; nauseated
médico/a	medical
saludable	healthy
sano/a	healthy

La salud

el accidente	accident
el antibiótico	antibiotic
la aspirina	aspirin
la clínica	clinic
el consultorio	doctor's office
el/la dentista	dentist
el/la doctor(a)	doctor
el dolor (de cabeza)	(head)ache; pain
la enfermedad	illness; sickness
el/la enfermero/a	nurse
el examen médico	physical exam
la farmacia	pharmacy
la gripe	flu
el hospital	hospital
la infección	infection
el medicamento	medication
la medicina	medicine
la operación	operation
el/la paciente	patient
las pastillas	pills; tablets
la radiografía	X-ray
la receta	prescription
el resfriado	cold
la sala de emergencia(s)	emergency room
la salud	health
el síntoma	symptom
la tos	cough

Verbos

caer	to fall; to drop
caerse	to fall (down)
dañar	to damage; to break down
doler (o:ue)	to hurt
enfermarse	to get sick
estar enfermo/a	to be sick
estornudar	to sneeze
lastimarse (el pie)	to injure (one's foot)
olvidar	to forget
poner una inyección	to give an injection
prohibir	to prohibit
quedar	to be left behind
recetar	to prescribe
romper	to break
romperse (la pierna)	to break (one's leg)
sacar(se) una muela	to have a tooth pulled
ser alérgico/a (a)	to be allergic (to)
tener fiebre (f.)	to have a fever
tomar(le) la temperatura (a alguien)	to take (someone's) temperature
torcerse (el tobillo)	to sprain (one's ankle)
toser	to cough

Otras palabras y expresiones

Hace + [time] + que + [present]	to have been doing something for a period of time
Hace + [time] + que + [preterite]	to have done something in the past (ago)
de niño/a	as a child
mientras	while
todos los días	every day

Expresiones útiles	See page 221.
Adverbs	See page 228.

recursos

LM p. 59	Lab CD/MP3 Lección 10	Vocab CD Lección 10

Suramérica II

Un esquiador salta (*jumps*) en el centro de esquí Portillo, uno de los más famosos y antiguos (*old*) de Chile. El esquí y el snowboard se pueden practicar en las montañas nevadas (*snow-capped mountains*) de la Cordillera de los Andes, que se extiende por todo el país. Gente de todo el mundo va a Chile a practicar los deportes de invierno. ¿Te gustaría esquiar en Chile?

Argentina

Área: 2.780.400 km² (1.074.000 millas²)

Población: 39.302.000

Capital: Buenos Aires– 2.439.000

Ciudades principales: Córdoba, Rosario, Mendoza

Moneda: peso argentino

SOURCE: Population Division, UN Secretariat

Chile

Área: 756.950 km² (292.259 millas²)

Población: 16.136.000

Capital: Santiago de Chile– 5.867.000

Ciudades principales: Concepción, Viña del Mar, Valparaíso, Temuco

Moneda: peso chileno

SOURCE: Population Division, UN Secretariat

Uruguay

Área: 176.220 km² (68.039 millas²)

Población: 3.455.000

Capital: Montevideo– 1.352.000

Ciudades principales: Salto, Paysandú, Las Piedras, Rivera

Moneda: peso uruguayo

SOURCE: Population Division, UN Secretariat

Paraguay

Área: 406.750 km² (157.046 millas²)

Población: 6.216.000

Capital: Asunción– 1.472.000

Ciudades principales: Ciudad del Este, San Lorenzo, Lambaré, Fernando de la Mora

Moneda: guaraní

SOURCE: Population Division, UN Secretariat

Bolivia

Área: 1.098.580 km² (412.162 millas²)

Población: 9.275.000

Capital: La Paz, sede del gobierno (*seat of government*), capital administrativa– 1.662.000; **Sucre,** capital constitucional y judicial– 189.000

Ciudades principales: Santa Cruz de la Sierra, Cochabamba, Oruro, Potosí

Moneda: peso boliviano

SOURCE: Population Division, UN Secretariat

El tango argentino

El tango es una música y un baile que tienen ritmos y sonidos (*sounds*) de raíces africanas y europeas. Es uno de los símbolos culturales más importantes de Argentina, y nació en Buenos Aires en la década de 1880. El tango también tiene un lenguaje propio (*own*): el lunfardo (*Buenos Aires slang*). En un principio (*in the beginning*), el tango era un baile provocativo y violento, pero comenzó a ser más romántico desde 1930. Hoy en día es popular en todo el mundo.

La Paz, Bolivia

La Paz es la capital más alta del mundo. Su aeropuerto está a una altitud de 3.600 metros (12.000 pies). La gran altura provoca a veces un malestar (*discomfort*) conocido como *soroche*, que en la lengua nativa aimará significa "mal de montaña" (*mountain sickness*). La región de La Paz tiene montañas nevadas, desierto y selva (*jungle*) de clima subtropical.

PERÚ

BOLIVIA

La Paz

Arica

Sucre

Iquique

Antofagasta

Salta

CHILE

Océano Pacífico

ARGENTINA

Córdoba

Valparaíso   Mendoza

Santiago

Concepción

Bahía Blanca

Puerto Montt

Cordillera de los Andes

Estrecho Magallanes

Punta Arenas

Tierra del Fuego

BRASIL

PARAGUAY

★ Asunción

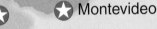

URUGUAY

Rosario

★ ★ Montevideo

Buenos Aires

Malvinas

Costumbres

La carne y el mate

La ganadería (*cattle raising*) es una de las actividades económicas principales de Uruguay y Argentina. La carne de res forma parte de la dieta diaria de los dos países. Los platos más comunes son el asado (*barbecue*), la parrillada (*grilled meat*) y el chivito (*goat*). El mate es un té verde que se bebe en una taza hecha de calabaza (*gourd*) a través de (*through*) un popote metálico (*metal straw*) llamado bombilla. Es una bebida de origen indígena que se bebe a diario (*every day*) y reemplaza al café.

Naturaleza

Los ríos Paraguay y Paraná

Aunque (*although*) Paraguay no tiene costa (*coast*), sus dos ríos (*rivers*) principales, el Paraguay y el Paraná, lo comunican con el océano Atlántico. El río Paraguay es el principal afluente (*tributary*) del río Paraná. Divide a Paraguay en dos regiones distintas y le da su nombre.

El río Paraná confluye (*meets*) con el río Iguazú en la frontera (*border*) entre Brasil, Argentina y Paraguay. Allí forman las famosas cataratas (*waterfalls*) del Iguazú, uno de los sitios turísticos más visitados en Suramérica. Situadas (*located*) en el Parque Nacional de Iguazú, estas hermosas y extensas cataratas tienen unos 70 metros (230 pies) de altura (*height*).

recursos			
WB pp. 107–108	**VM** pp. 211–216	**I CD-ROM** Lección 10	vistahigher learning.com

¿Qué aprendiste?

1 ¿Cierto o falso? Decide si lo que dicen las siguientes frases es **cierto** o **falso**.

Cierto   Falso

——   ——   **1.** Rosario es una de las ciudades principales de Bolivia.

——   ——   **2.** Viña del Mar y Concepción son dos de las ciudades principales de Chile.

——   ——   **3.** Asunción es la capital de Uruguay.

——   ——   **4.** En un principio, el tango era un baile tranquilo.

——   ——   **5.** El tango es uno de los símbolos culturales más importantes de Argentina.

——   ——   **6.** La Paz es la capital más baja del mundo.

——   ——   **7.** La región alrededor de La Paz tiene montañas nevadas, desierto y selva.

——   ——   **8.** La carne de res forma parte de la dieta diaria de Argentina y Uruguay.

——   ——   **9.** El mate es un té verde.

——   ——   **10.** Paraguay tiene costa en el océano Atlántico.

——   ——   **11.** El río Paraná es el principal afluente del río Paraguay.

——   ——   **12.** Las cataratas del Iguazú están en la frontera entre Brasil, Paraguay y Argentina.

2 Preguntas Contesta las siguientes preguntas.

1. ¿Qué país de Suramérica crees que es bueno para practicar los deportes de invierno?

2. ¿Viste gente bailando tango? Si es así, ¿dónde la viste?

3. ¿Comiste asado alguna vez? Si no, ¿crees que te gustaría?

4. ¿Crees que sería fácil correr una maratón en La Paz? ¿Por qué sí o por qué no?

5. ¿Te gustaría visitar La Paz? ¿Por qué?

6. ¿Por qué crees que el Parque Nacional de Iguazú es uno de los sitios turísticos más visitados de Suramérica?

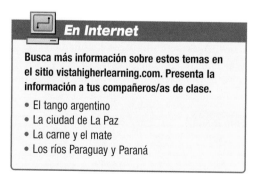

En Internet

Busca más información sobre estos temas en el sitio vistahigherlearning.com. Presenta la información a tus compañeros/as de clase.

- El tango argentino
- La ciudad de La Paz
- La carne y el mate
- Los ríos Paraguay y Paraná

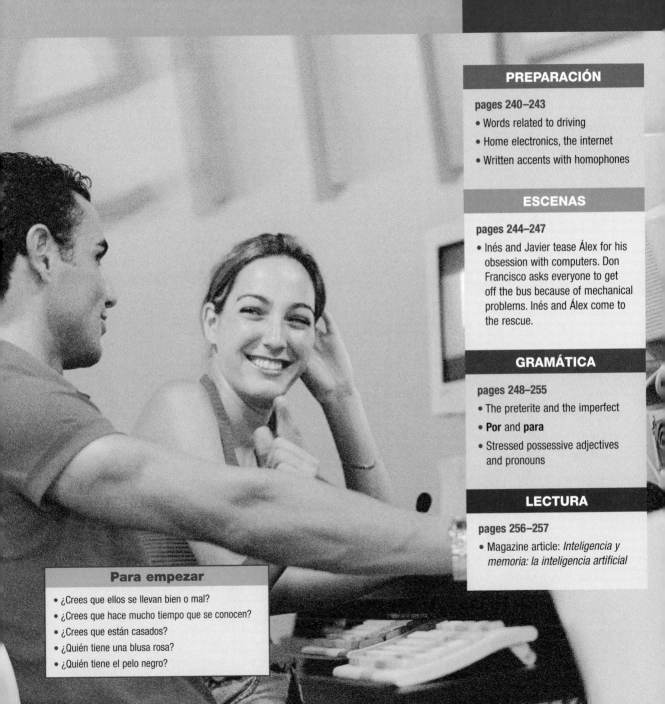

11 El carro y la tecnología

Para empezar

- ¿Crees que ellos se llevan bien o mal?
- ¿Crees que hace mucho tiempo que se conocen?
- ¿Crees que están casados?
- ¿Quién tiene una blusa rosa?
- ¿Quién tiene el pelo negro?

El carro y la tecnología

EN LA CALLE

la calle *street*

el camino *route*

el garaje *mechanic's shop*

la gasolina *gasoline*

la gasolinera *gas station*

el kilómetro *kilometer*

el/la mecánico/a *mechanic*

la milla *mile*

la multa *fine*

el policía/la mujer policía *police officer*

la policía *police (force)*

el taller (mecánico) *(mechanic's) garage; repair shop*

el tráfico *traffic*

la velocidad máxima *speed limit*

arrancar *to start*

arreglar *to fix; to arrange*

bajar *to go down*

bajar(se) de *to get off of/out of (a vehicle)*

chocar (con) *to run into; to crash*

conducir *to drive*

estacionar *to park*

manejar *to drive*

parar *to stop*

revisar (el aceite) *to check (the oil)*

subir *to go up*

subir(se) a *to get on/into (a vehicle)*

el semáforo
traffic light

LAS PARTES DEL CARRO

el carro *car, automobile*

el coche *car, automobile*

los frenos *brakes*

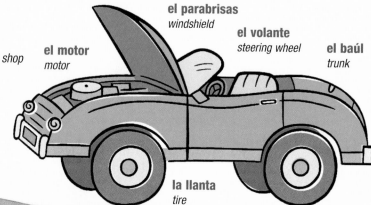

el capó
(car) hood

el parabrisas
windshield

el volante
steering wheel

el baúl
trunk

el motor
motor

la llanta
tire

llenar (el tanque)
to fill up (the tank)

la licencia de conducir
driver's license

el televisor
television set

LA TECNOLOGÍA

la cinta *(audio) tape*
la contestadora *answering machine*
el control remoto *remote control*
el disco compacto *compact disc*
el estéreo *stereo*
el fax *fax (machine)*
el radio *radio (set)*
el teléfono (celular) *(cellular) phone*
la televisión por cable *cable television*
el tocadiscos compacto *compact disc player*
el videocasete *videocassette*
la videocasetera *VCR*

apagar *to turn off*
funcionar *to work*
llamar *to call*
poner *to turn on*
prender *to turn on*
sonar (o:ue) *to ring*

la cámara (de video)
(video) camera

ADJETIVOS

descompuesto/a *not working;
out of order*
lento/a *slow*
lleno/a *full*

la calculadora
calculator

INTERNET Y LA COMPUTADORA

el archivo *file*
la computadora portátil *laptop*
el disco *disk*
Internet *Internet*
el módem *modem*
la página principal *home page*
la pantalla *screen*
el programa de computación *software*
la red *the Web, the Internet*
el sitio Web *website*

guardar *to save*
imprimir *to print*
navegar en Internet *to surf the Internet*

la computadora
the computer

el monitor
monitor

el ratón
mouse

la impresora
printer

el teclado
keyboard

Práctica y conversación

1 **¿Qué necesitas?** Identifica oralmente los dibujos. Luego escucha las frases e indica el objeto que necesitas para cada actividad.

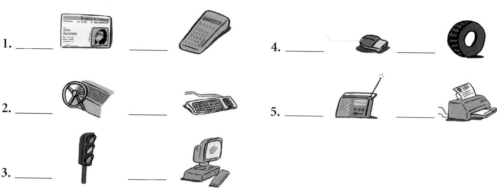

1. _____ _____

2. _____ _____

3. _____ _____

4. _____ _____

5. _____ _____

2 **Problemas con la computadora** Completa el diálogo con las palabras correctas.

arreglar	funciona	llamar	prendiste
descompuesto	la impresora	navegar	el ratón
el disco	imprimir	la pantalla	el teléfono celular

JUAN CARLOS Mariana, la computadora no _____. No veo nada en _____.

MARIANA Pues, ¿la _____?

JUAN CARLOS Tienes razón, no estaba prendida. Ahora no puedo conectarme a Internet. Parece que el módem está _____. ¿Cómo lo puedo _____?

MARIANA ¡Ay, mi amor! No es eso. Es que estoy hablando por teléfono con Sara. Si quieres, la puedo _____ por _____.

JUAN CARLOS Sí, gracias… Bueno, ahora sí estoy conectado. Voy a _____ un rato y después voy a _____ el trabajo para mi clase de historia… Pero, ¿dónde está _____?

MARIANA Lo siento, ésa sí que está descompuesta.

JUAN CARLOS No te preocupes. Puedo llevar _____ a la universidad e imprimirlo allá.

MARIANA ¡Qué buena idea! ¡Eres tan inteligente, mi amor!

3 **Preguntas** 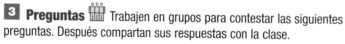 Trabajen en grupos para contestar las siguientes preguntas. Después compartan sus respuestas con la clase.

1. ¿Cuáles son las ventajas (*advantages*) y desventajas de los medios (*means*) de comunicación? ¿Cómo usas la tecnología para divertirte, comunicarte y trabajar?

4 En el taller En parejas, preparen una conversación entre un(a) mecánico/a y un(a) cliente/a cuyo (*whose*) coche se dañó en un accidente. Los dos hablan de las partes dañadas.

5 Situación En parejas, preparen una conversación entre el/la director(a) de ventas (*sales*) de una tienda de computadoras y un(a) cliente/a. El cliente puede ser el padre de un niño de seis años, una mujer que va a crear una nueva empresa (*business*) en su casa, un hombre que viaja mucho o un estudiante que no sabe nada de computadoras.

Ortografía La acentuación de palabras similares

Although accent marks usually indicate which syllable in a word is stressed, they are also used to distinguish between words that have the same or similar spellings.

Él maneja el coche.   **Sí, voy si quieres.**

Although one-syllable words do not usually carry written accents, some *do* have accent marks to distinguish them from words that have the same spelling but different meanings.

Sé cocinar.   **Se baña.**   **¿Tomas té?**   **Te duermes.**

Sé (*I know*) and **té** (*tea*) have accent marks to distinguish them from the pronouns **se** and **te**.

para mí   **mi cámara**   **Tú lees.**   **tu estéreo**

Mí (*me*) and **tú** (*you*) have accent marks to distinguish them from the possessive pronouns **mi** and **tu**.

¿Por qué vas?   **Voy porque quiero.**

Several words of many syllables have accent marks to distinguish them from words that have similar spellings.

Éste es rápido.   **Este módem es rápido.**

Demonstrative pronouns have accent marks to distinguish them from demonstrative adjectives.

¿Cuándo fuiste?   **Fui cuando me llamó.**

Adverbs have accent marks when they are used to convey a question.

recursos

LM
p. 62

Lab CD/MP3
Lección 11

I CD-ROM
Lección 11

Crucigrama Utiliza las siguientes pistas (*clues*) para completar el crucigrama. ¡Ojo con los acentos!

Horizontales

1. Él _____ levanta.
4. No voy _____ no puedo.
7. Tú _____ acuestas.
9. ¿ _____ es el examen?
10. Quiero este video y _____.

Verticales

2. ¿Cómo _____ usted?
3. Eres _____ mi hermano.
5. ¿ _____ tal?
6. Me gusta _____ suéter.
8. Navego _____ la red.

Tecnohombre, ¡mi héroe!

El autobús se daña.

Personajes

DON FRANCISCO

JAVIER

INÉS

ÁLEX

MAITE

SR. FONSECA

ÁLEX ¿Bueno? … Con él habla… Ah, ¿cómo estás? … Aquí, yo muy bien. Vamos para Ibarra. ¿Sabes lo que pasó? Esta tarde íbamos para Ibarra cuando Javier tuvo un accidente en el autobús. Se cayó y tuvimos que llevarlo a una clínica.

JAVIER Episodio veintiuno: Tecnohombre y los superamigos suyos salvan el mundo una vez más.

INÉS Oh, Tecnohombre, ¡mi héroe!

MAITE ¡Qué cómicos! Un día de éstos, ya van a ver…

ÁLEX Van a ver quién es realmente Tecnohombre. Mis superamigos y yo nos hablamos todos los días por el teléfono Internet, trabajando para salvar el mundo. Pero ahora, con su permiso, quiero escribirle un mensaje electrónico a mi mamá y navegar en la Red un ratito.

DON FRANCISCO Chicos, creo que tenemos un problema con el autobús. ¿Por qué no se bajan?

DON FRANCISCO Mmm, no veo el problema.

INÉS Cuando estaba en la escuela secundaria, trabajé en el taller de mi tío. Me enseñó mucho sobre mecánica. Por suerte, arreglé unos autobuses como éste.

DON FRANCISCO ¡No me digas! Bueno, ¿qué piensas?

INÉS Pues… no sé… creo que es el alternador. A ver… sí… Mire, don Francisco… está quemado el alternador.

DON FRANCISCO Ah, sí. Pero aquí no podemos arreglarlo. Conozco a un mecánico, pero está en Ibarra, a veinte kilómetros de aquí.

ÁLEX ¡Tecnohombre, a sus órdenes!

DON FRANCISCO ¡Eres la salvación, Álex! Llama al Sr. Fonseca al cinco, treinta y dos, cuarenta y siete, noventa y uno. Nos conocemos muy bien. Seguro que nos ayuda.

ÁLEX Buenas tardes. ¿Con el Sr. Fonseca por favor? … Soy Álex Morales, cliente de Ecuatur. Le hablo de parte del señor Francisco Castillo… Es que íbamos para Ibarra y se nos dañó el autobús…. Pensamos que es el… el alternador… Estamos a veinte kilómetros de la ciudad…

SR. FONSECA Creo que va a ser mejor arreglar el autobús allí mismo. Tranquilo, enseguida salgo.

ÁLEX Buenas noticias. El Sr. Fonseca viene enseguida. Piensa que puede arreglar el autobús aquí mismo.

MAITE ¡La Mujer Mecánica y Tecnohombre, mis héroes!

DON FRANCISCO ¡Y los míos también!

Expresiones útiles

Talking on the telephone

¿Aló?/¿Bueno?/¿Diga?
Hello?

¿Quién habla?
Who is speaking?

¿De parte de quién?
Who is calling?

Con él/ella habla.
This is he/she.

Le hablo de parte de Francisco Castillo.
I'm speaking to you on behalf of Francisco Castillo.

¿Puedo dejar un recado?
May I leave a message?

Está bien. Llamo más tarde.
That's fine. I'll call later.

Talking about bus/car problems

¿Qué pasó?
What happened?

Se nos dañó el autobús.
The bus broke down.

Se nos pinchó una llanta.
We got a flat tire.

Está quemado el alternador.
The alternator is burned out.

Saying how far away things are

Está a veinte kilómetros de aquí.
It's twenty kilometers from here.

Estamos a veinte kilómetros de la ciudad.
We're twenty kilometers from the city.

Expressing surprise

¡No me diga! (form.)/
¡No me digas! (fam.)
You don't say!

Additional vocabulary

aquí mismo
right here

A sus órdenes.
At your service.

¿Qué piensas?

1 **Seleccionar** Selecciona las opciones que completan correctamente las siguientes frases.

1. Álex quiere

    a. llamar a su mamá por el teléfono celular.   b. escribirle a su mamá y navegar en la red.

    c. hablar por el teléfono celular y navegar en la red.

2. Se les dañó el autobús. Inés dice que

    a. el alternador está quemado. b. se les pinchó una llanta.

    c. el taller está quemado.

3. Álex llama al mecánico, el señor

    a. Castillo. b. Ibarra. c. Fonseca.

4. Maite llama a Inés la "Mujer Mecánica" porque antes

    a. trabajaba en el taller de su tío. b. arreglaba computadoras.

    c. conocía a muchos mecánicos.

5. El grupo está a _____ de la ciudad.

    a. veinte millas b. veinte grados centígrados

    c. veinte kilómetros

2 **¿Quién?** Contesta las preguntas.

1. ¿Quién tiene un teléfono en el autobús? _____

2. ¿Quién conoce a un mecánico en la ciudad? _____

3. ¿Quién diagnostica el problema del autobús? _____

4. ¿Quién llama al mecánico? _____

5. ¿Quién dice que puede arreglar el autobús? _____

6. ¿Quién dice que Inés y Álex son sus héroes? _____

3 **Situación** Trabaja con un(a) compañero/a para representar los papeles de un(a) mecánico/a y un(a) conductor(a). El/la conductor(a) llama al/a la mecánico/a por teléfono y le explica cuál es el problema del coche. Después le indica dónde está con relación al taller. El/la mecánico/a le dice que puede ir enseguida. Usen estas preguntas y frases en su conversación.

Aló. /¿Bueno?/Diga.	¿Qué pasó?
Con él/ella habla.	¿Quién habla?
Estoy a... kilómetros de...	Se me dañó el coche.

Exploración

El transporte en la ciudad

Los taxis son un medio de transporte muy popular en México, D.F., la capital. Muchos de los taxis son de marca Volkswagen y generalmente son de color verde o amarillo brillante.

Madrid, Barcelona y Bilbao son tres ciudades españolas que tienen metro. Los metros de Madrid (1919) y Barcelona (1924) son muy antiguos. El metro de Bilbao tiene la forma de la letra 'Y' por causa del trayecto del río Nervión.

Observaciones

- En México, D.F., hay unos 80.000 taxis y éstos hacen diariamente más de 780.000 viajes.

- La ciudad de Medellín es la única ciudad en Colombia que tiene metro. Bogotá, la capital, no tiene metro.

- En Caracas, Venezuela, el tiempo de viaje en automóvil se duplica (*doubles*) durante la hora pico (*rush hour*).

- En Argentina hay cuatro nombres para el autobús: ómnibus, colectivo, micro y bondi.

La chiva es uno de los símbolos folclóricos de Colombia. Las chivas están pintadas de colores vibrantes y viajan de un pueblo a otro. También hay chivas turísticas que viajan dentro de las ciudades. Muchas de las chivas no tienen ventanas de cristal–la cabina está al aire libre.

Coméntalo

Con un(a) compañero/a, contesta las siguientes preguntas.

- ¿Cuál es tu medio de transporte preferido? ¿Por qué? ¿Tienes carro?
- ¿Usas el transporte público? ¿Hay transporte público en tu comunidad?
- ¿Es más importante el transporte público en las ciudades pequeñas o en las grandes?

recursos

vistahigher
learning.com

11.1 The preterite and the imperfect

▶ The preterite and the imperfect are not interchangeable. The choice between these two tenses depends on the context and on the point of view of the speaker.

Uses of the preterite	Uses of the imperfect
To express actions that are viewed by the speaker as completed Don Francisco estacionó el autobús. *Don Francisco parked the bus.* Fueron a Valparaíso ayer. *They went to Valparaíso yesterday.*	**To describe an on-going past action with no reference to its beginning or end** Maite conducía muy rápido en Madrid. *Maite was driving very fast in Madrid.* Javier esperaba en el garaje. *Javier was waiting in the garage.*
To express the beginning or end of a past action La película empezó a las nueve. *The movie began at nine o'clock.* Ayer terminé el proyecto. *Yesterday I finished the project.*	**To express habitual past actions and events** Cuando era joven, jugaba al tenis. *When I was young, I used to play tennis.* Álex siempre revisaba su correo electrónico a las tres. *Álex always checked his e-mail at three o'clock.*
To narrate a series of past actions or events Don Francisco paró el autobús, abrió la ventanilla y saludó a doña Rita. *Don Francisco stopped the bus, opened the window, and greeted Doña Rita.*	**To describe mental, physical, and emotional states or conditions** La chica quería descansar. Se sentía mal y tenía dolor de cabeza. *The girl wanted to rest. She felt ill and had a headache.* Ellos eran altos y tenían ojos verdes. *They were tall and had green eyes.* Estábamos felices de ver a la familia. *We were happy to see the family.*

Por suerte, arreglé unos autobuses como éste.

▶ When the preterite and the imperfect appear in the same sentence, the imperfect describes what was happening, and the preterite describes the action that interrupted the on-going activity.

Navegaba en la red cuando **sonó** el teléfono.
I was surfing the Web when the phone rang.

Maite **leía** el periódico cuando **llegó** Álex.
Maite was reading the newspaper when Álex arrived.

Íbamos para Ibarra y se nos dañó el autobús.

▶ The preterite and the imperfect are often used together in lengthy narratives such as fiction stories and news stories. The imperfect provides the background information, such as the time, the weather, and the location. The preterite indicates the specific events.

Eran las dos de la mañana y el detective ya no **podía** mantenerse despierto. **Se bajó** lentamente del coche, **estiró** las piernas y **levantó** los brazos.
It was two in the morning, and the detective could no longer stay awake. He slowly stepped out of the car, stretched his legs, and raised his arms.

La luna **estaba** llena y no **había** en el cielo ni una sola nube. De repente, el detective **escuchó** un grito espeluznante.
The moon was full and there wasn't a single cloud in the sky. Suddenly, the detective heard a piercing scream.

Práctica y conversación

1 Un accidente Completa este artículo de periódico con las formas correctas del pretérito o del imperfecto.

Un trágico accidente

Ayer temprano por la mañana _____ [haber] un trágico accidente en el centro de Lima, cuando un autobús _____ [chocar] con un carro. La mujer que _____ [manejar] el carro _____ [morir] al instante. Los paramédicos llevaron al conductor del autobús al hospital porque _____ [tener] varias fracturas y una conmoción cerebral (*concussion*). Su estado de salud es todavía muy grave. El conductor del autobús _____ [decir] que no _____ [ver] el carro hasta el último (*last*) momento porque _____ [haber] mucha niebla y _____ [estar] lloviendo. Él _____ [intentar] (*to attempt*) dar un viraje brusco (*to swerve*), pero _____ [perder] el control del autobús y no _____ [poder] evitar (*to avoid*) el choque. Según nos informaron, no _____ [lastimarse] ningún pasajero.

2 Combinar Combina elementos de las tres columnas para hablar de lo que hicieron y lo que hacían las personas de la primera columna.

Sujetos	Verbos	Adverbios
el mecánico	arreglar	ayer
Dale Earnhardt (hijo)	caerse	bien
la mujer policía	chocar	con frecuencia
Bill Gates	conducir	de vez en cuando
las computadoras	decir	fácilmente
mis amigos y yo	enamorarse	lentamente
Jennifer López	funcionar	por aquí
yo	lastimarse	por fin
el conductor	navegar	todos los días
	olvidar	una vez

3 Frases En parejas, completen las frases usando el pretérito o el imperfecto. Luego comparen sus respuestas.

MODELO

De niño/a, yo…

Estudiante 1: *De niña, yo vivía con mis abuelos en un apartamento cerca de la escuela.*

Estudiante 2: *Pues mi mamá, mis hermanos y yo vivíamos en una casita con un jardín.*

Estudiante 1: *De niña, me lastimé una vez la rodilla. Mientras corría, me caí.*

Estudiante 2: *En cambio, yo nunca me hice daño en la rodilla, pero me lastimaba constantemente las manos.*

1. El verano pasado…
2. Yo manejaba el coche mientras…
3. Anoche mi novio/a…
4. Ayer el/la profesor(a)…
5. La semana pasada un(a) amigo/a…
6. A menudo mi madre…
7. Esta mañana en la cafetería…
8. Navegábamos en Internet cuando…

4 Tu primer(a) novio/a Entrevista a un(a) compañero/a acerca de su primer(a) novio/a. Si quieres, puedes añadir (*to add*) otras preguntas.

1. ¿Quién fue tu primer(a) novio/a?
2. ¿Cuántos años tenías cuando lo/la conociste?
3. ¿Cómo era él/ella?
4. ¿Qué le gustaba hacer? ¿Tenían ustedes los mismos pasatiempos?
5. ¿Por cuánto tiempo salieron ustedes?
6. ¿Adónde iban ustedes cuando salían?
7. ¿Pensaban casarse?
8. ¿Cuándo y por qué rompieron ustedes?

5 Un robo misterioso Anoche alguien robó (*stole*) el examen de la Lección 11 de la oficina de tu profesor(a) y tú tienes que averiguar (*to find out*) quién lo hizo. Pregúntales a varios compañeros dónde estaban, con quién estaban y qué hicieron entre las ocho y las doce de la noche. Luego decide quién robó el examen.

11.2 Por and para

▶ Both **por** and **para** mean *for*, but they are not interchangeable.

Uses of *por*

Motion or a general location *(around, through, along, by)*	La excursión nos llevó por el centro. *The tour took us through downtown.* Pasamos por el parque y por el río. *We passed by the park and along the river.*	**Means by which something is done** *(by, by way of, by means of)*	Ellos viajan por la autopista. *They travel by way of the highway.* ¿Hablaste con la policía por teléfono? *Did you talk to the police by phone?*
Duration of an action *(for, during, in)*	Estuve en Montevideo por un mes. *I was in Montevideo for a month.* Miguel estudió por la noche. *Miguel studied during the night.*	**Exchange or substitution** *(for, in exchange for)*	Le di dinero por la videocasetera. *I gave him money for the VCR.* Muchas gracias por el video. *Thank you very much for the video.*
Object of a search *(for, in search of)*	Vengo por ti a las ocho. *I am coming for you at eight.* Maite fue por su cámara. *Maite went in search of her camera.*	**Unit of measure** *(per, by)*	Manejé a 120 kilómetros por hora. *I drove 120 kilometers per hour.* Me pagan por hora. *I get paid by the hour.*

Uses of *para*

Destination *(toward, in the direction of)*	Salimos para Mérida hoy. *We are leaving for Mérida today.* Voy para el banco. *I'm going to the bank.*	**Purpose or goal +** [infinitive] *(in order to)*	Juan estudia para (ser) mecánico. *Juan is studying to be a mechanic.*
Deadline or a specific time in the future *(by, for)*	Él va a arreglarlo para el viernes. *He will fix it by Friday.*	**The recipient of something** *(for)*	Compré una calculadora para mi hijo. *I bought a calculator for my son.*
Purpose + [noun] *(for, used for)*	Es una llanta para el carro. *It's a tire for the car.* Un módem sirve para navegar en Internet. *A modem is used to surf the Internet.*	**Comparisons or opinions** *(for, considering)*	Para ser joven, es demasiado serio. *For a young person, he is too serious.* Para mí, esta lección no es difícil. *For me, this lesson isn't difficult.*
		Employment *(for)*	Sara trabaja para Telecom. *Sara works for Telecom.*

Álex habla por teléfono.

▶ **Por** is used in several idiomatic expressions.

por aquí	*around here*	por eso	*that's why; therefore*
por ejemplo	*for example*	por fin	*finally*

▶ When giving an exact time, **de** is used instead of **por** before **la mañana, la tarde,** and **la noche.**

Es para usted.

La clase es a las nueve **de** la mañana. *The class is at nine a.m.*

Llegué a las diez **de** la noche. *I arrived at ten p.m.*

La clase es **por** la mañana. *The class is in the morning.*

Me gusta estudiar **por** la noche. *I like to study at night.*

▶ Often, either **por** or **para** can be used in a sentence, although the meaning may change.

Caminé **por** el parque.
I walked through the park.

Caminé **para** el parque.
I walked to (toward) the park.

Trabajó **por** su padre.
He worked for (in place of) his father.

Trabajó **para** su padre.
He worked for his father('s business).

Se exhibió **por** el pueblo.
It was shown throughout (around) the town.

Se exhibió **para** todo el pueblo.
It was shown for the whole town.

Práctica y conversación

1 **Un viaje a Buenos Aires** Completa este párrafo con las preposiciones **por** o **para**.

El mes pasado, mi esposo y yo hicimos un viaje a Buenos Aires y sólo pagamos dos mil dólares _____ los pasajes. Estuvimos en Buenos Aires _____ una semana y exploramos toda la ciudad. Durante el día caminamos _____ la plaza San Martín, el microcentro y el barrio de La Boca, donde viven muchos artistas. _____ la noche fuimos a una tanguería, que es un tipo de teatro, _____ mirar a la gente bailar tango. Dos días después decidimos hacer una excursión _____ las Pampas _____ ver el paisaje (*countryside*) y un rodeo con gauchos. _____ eso, alquilamos (*we rented*) un carro y pasamos unos días muy agradables. El último (*last*) día que estuvimos en Buenos Aires fuimos a Galerías Pacíficas _____ comprar recuerdos (*souvenirs*) _____ nuestros hijos y nietos. Compramos tantos regalos que, al regresar, tuvimos que pagar impuestos (*duties*) cuando pasamos _____ la aduana.

2 **Completar** Usa **por** o **para** y completa estas frases de una manera (*manner*) lógica.

1. El año pasado compré un regalo…
2. Ayer fui al taller…
3. Necesito hacer la tarea…
4. En casa, hablo con mis amigos…
5. Los miércoles tengo clases…
6. A veces voy a la biblioteca…
7. Necesito… dólares…
8. Esta noche tengo que estudiar…
9. Mi padre/madre trabaja…
10. Mi mejor amigo/a estudia…

3 **¿Qué pasa aquí?** Usa **por** o **para** y el tiempo presente para describir estos dibujos. Luego, compara tus respuestas con las de un(a) compañero/a.

1. _____

2. _____

3. _____

4. _____

5. _____

6. _____

4 **Una subasta** En grupos dramaticen una subasta (*auction*). Cada estudiante debe traer un objeto o una foto del objeto para vender a la clase. Luego, un(a) estudiante es el/la vendedor(a) y los otros son los postores (*bidders*).

MODELO

Vendedor(a): ¿Quién me ofrece $200,00 por la cámara de video? Yo pagué $400,00 por ella.

Postor(a) 1: Te doy $175,00.

11.3 Stressed possessive adjectives and pronouns

Episodio veintiuno:
Tecnohombre y los
superamigos suyos
salvan el mundo
una vez más.

La Mujer Mecánica
y Tecnohombre,
¡mis héroes!

¡Y los míos también!

▶ Spanish has two types of possessive adjectives: the unstressed (short) forms you learned in Lesson 3 and the stressed (long) forms. The stressed possessive adjectives are used for emphasis or to express the English phrases *(of) mine, (of) yours, (of) his*, and so on.

Stressed possessive adjectives

Singular forms		Plural forms		
MASCULINE	**FEMININE**	**MASCULINE**	**FEMININE**	
mío	mía	míos	mías	*my; (of) mine*
tuyo	tuya	tuyos	tuyas	*your; (of) yours (fam.)*
suyo	suya	suyos	suyas	*your; (of) yours (form.); his; (of) his; her; (of) hers; its*
nuestro	nuestra	nuestros	nuestras	*our; (of) ours*
vuestro	vuestra	vuestros	vuestras	*your; (of) yours (fam.)*
suyo	suya	suyos	suyas	*your; (of) yours (form.); their; (of) theirs*

▶ Stressed possessive adjectives agree in gender and number with the nouns they modify.

mi **impresora**	▶	la **impresora** mía		nuestros **televisores**	▶	los **televisores** nuestros
my printer		*my printer*		*our television sets*		*our television sets*

▶ Stressed possessive adjectives are placed after the nouns they modify. Unstressed possessive adjectives are placed before the noun.

Son **mis** llaves.
They are my keys.

Son las llaves **mías**.
They are my keys.

▶ A definite article, an indefinite article, or a demonstrative adjective usually precedes a noun modified by a stressed possessive adjective.

Alberto tenía

unos discos **tuyos**.　　*Alberto had some disks of yours.*
los discos **tuyos**.　　*Alberto had your disks.*
estos discos **tuyos**.　　*Alberto had these disks of yours.*

▶ **Suyo, suya, suyos,** and **suyas** have more than one meaning. You can avoid confusion by using the construction: [article] + [noun] + **de** + [subject pronoun or noun].

el teclado **suyo**

el teclado **de él/ella**　　*his/her keyboard*
el teclado **de usted(es)**　　*your keyboard*
el teclado **de ellos/ellas**　　*their keyboard*
el teclado **de Ramón**　　*Ramón's keyboard*

▶ **El** and **la** are usually omitted when a stressed possessive adjective follows the verb **ser**.

¿**Es suya** esta cámara?　　　　No, no **es mía**.

▸ Possessive pronouns are used to replace [noun] + [possessive adjective]. In Spanish, the possessive pronouns have the same forms as the stressed possessive adjectives, and they are preceded by a definite article.

la **calculadora** nuestra ▶ la nuestra   el **fax** tuyo ▶ el tuyo   los **archivos** suyos ▶ los suyos

▸ Possessive pronouns agree in number and gender with the nouns they replace.

Aquí está **mi coche**. ¿Dónde está **el tuyo**?
Here's my car. Where is yours?

¿Tienes **las cintas** de Carlos?
Do you have Carlos's tapes?

El **mío** está en el taller de mi hermano Armando.
Mine is at my brother Armando's garage.

No, pero tengo **las nuestras**.
No, but I have ours.

Práctica y conversación

1 Frases Forma frases en el presente.

1. yo / necesitar / usar / impresora / de Miguel / porque / mío / no / funcionar

2. pero / él / no poder / ayudarme / porque / suyo / tampoco / funcionar

3. Me gustaría / pedirle / a Juana / su ratón, / pero / suyo / estar / descompuesto

4. yo / no poder / usar / teclado / de Conchita / porque / suyo / estar descompuesto / también

5. y si / yo / pedirle / computadora, / estar / seguro que / ir / decirme / que / no poder / usar / tuyo

2 Anuncios Lee este anuncio (*ad*) con un(a) compañero/a. Preparen su propio (*own*) anuncio usando los adjetivos o los pronombres posesivos. Después, conviértanlo en un anuncio de televisión (*commercial*) .

Esta computadora y esta impresora pueden ser suyas por sólo

Características de las computadora **$1799**
- Procesador: Intel Pentium III a 3000 MHz
- 640 Mb de memoria
- Disco duro de 100 Gb
- Sistema operativo: Linux

Características de la impresora
- Velocidad: 20 páginas por minuto en blanco y negro
- Resolución de 1200 x 1200
  El precio incluye un año de servicio de Internet gratis. Para más información, llame al 362-1990 o visite nuestro sitio www.fiera.com.

3 ¿Es suyo? Un policía ha capturado al hombre que robó (*robbed*) en tu casa. Ahora el policía quiere saber qué cosas son tuyas. En parejas, usen las pistas (*clues*) para contestar las preguntas.

MODELO
No / pequeño

Policía: Esta computadora, ¿es suya?
Estudiante: No, no es mía. La mía es más pequeña.

1. Sí

4. No / viejo

2. Sí

5. Sí

3. No / nuevo

6. No / caro

Ampliación

1 Escuchar

A Mientras escuchas a Ricardo Moreno, selecciona el género al que corresponde su discurso. Luego, identifica de qué habla y su propósito (*purpose*).

TIP Recognize the genre of spoken discourse. Identifying the genre (for example: political speech, radio interview, news broadcast) of what you hear can help you figure out what kinds of things you are likely to hear. It will also help you identify the speaker's motives and intentions.

1. ¿Qué tipo de discurso es?

a. las noticias por radio   b. un anuncio comercial   c. la reseña (*review*) de una película

2. ¿De qué habla?

a. de su vida   b. de un producto o servicio   c. de algo que oyó o vio

3. ¿Cuál es el propósito?

a. relacionarse con alguien   b. informar   c. vender

B ¿Qué te indicó el género de este discurso?

2 Conversar

Con un(a) compañero/a, prepara una conversación sobre la primera vez que manejaste un carro o el día en que fuiste al Departamento de Tráfico para conseguir tu licencia de conducir.

MODLEO

Estudiante 1: Conseguí la licencia de conducir cuando tenía dieciséis años. Hacía sol y mi mamá me acompañó al Departamento de Tráfico. ¿Tú también conseguiste la tuya a los dieciséis años?

Estudiante 2: No, todavía no tengo la mía. En mi estado no podemos conseguir una licencia de conducir hasta los dieciocho años. ¿Cómo fue la primera vez que manejaste?

Estudiante 1: Estaba despejado y hacía sol. Eran las tres y media de la tarde, después de clases. Tenía un poco de miedo, pero quería hacerlo. Después de conducir, me sentí muy bien.

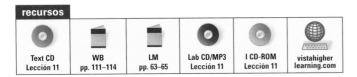

recursos					
Text CD Lección 11	WB pp. 111–114	LM pp. 63–65	Lab CD/MP3 Lección 11	I CD-ROM Lección 11	vistahigher learning.com

3 **Escribir** Escribe una historia acerca de una experiencia tuya con una máquina electrónica o con el carro.

TIP **Master the simple past tenses.** To write about events that occurred in the past, you will need to know when to use the preterite and the imperfect. The box on this page contains a summary of their uses.

Organízalo	Prepara una lista de todos los detalles que quieres narrar (*narrate*).
Escríbelo	Utiliza tu lista para escribir el primer borrador de tu historia.
Corrígelo	Intercambia tu historia con un(a) compañero/a. Lee su borrador y reflexiona sobre las partes mejor escritas. Ofrécele sugerencias sobre los detalles, la lógica de la secuencia de eventos y el uso del pretérito y del imperfecto.
Compártelo	Revisa el primer borrador según las indicaciones de tu compañero/a. Incorpora nuevas ideas para enriquecer la narración de los eventos. Escribe la versión final de tu historia y compártela con la clase.

Preterite
• Actions viewed as completed
• Beginning or end of past actions
• Series of past actions

Imperfect
• On-going past actions
• Habitual past actions
• Mental, physical, and emotional states in the past

4 **Un paso más** Busca información sobre los cibercafés en los países hispanos e inventa un cibercafé nuevo. Crea un anuncio de revista (*magazine advertisement*) para promocionarlo. El anuncio debe incluir los siguientes elementos:

• Una descripción del lugar donde está ubicado (*located*) el cibercafé
• Una descripción de la tecnología y de los servicios que se ofrecen a los clientes
• Fotos o dibujos
• Por qué este cibercafé es mejor que otros
• Los precios.

 En Internet

Investiga estos temas en el sitio vistahigherlearning.com.

• Cibercafés en el mundo hispano
• Internet en el mundo hispano
• La tecnología en el mundo hispano

Antes de leer

One way languages grow is by borrowing words from each other. English words that relate to technology are often borrowed by Spanish and other languages throughout the world. Sometimes the words are modified slightly to fit the sounds of the languages that borrow them. When reading in Spanish, you can often increase your understanding by looking for words borrowed from English or other languages you know.

Examinar el texto

Mira brevemente la selección. ¿De qué trata? ¿Cómo lo sabes?

Buscar

Esta lectura contiene varias palabras tomadas del inglés. Trabaja con un(a) compañero/a para encontrarlas.

Inteligencia y memoria: la inteligencia artificial
Alfonso Santamaría

Una de las principales características de la película de ciencia ficción *2001: una odisea del espacio* es la gran inteligencia de su protagonista no humano, la computadora HAL-9000. Para muchas personas, la genial película de Stanley Kubrick es una reflexión sobre la evolución de la inteligencia, desde que el hombre utilizó por primera vez un hueso como herramienta hasta la llegada de la inteligencia artificial (I.A.).

Ahora que vivimos en el siglo XXI, en un mundo en el que Internet y el fax son ya comunes, podemos preguntarnos ¿consiguieron los científicos especialistas en I.A. crear una computadora como HAL? La respuesta es no. Hoy en día no existe una computadora con las capacidades intelectuales de HAL porque todavía no existen *inteligencias artificiales generales* que demuestren lo que llamamos "sentido común". Sin embargo, I.A. está progresando mucho en el desarrollo de las *inteligencias especializadas*. El ejemplo más famoso es Deep Blue, computadora de IBM especializada en jugar al ajedrez.

La idea de crear una máquina con capacidad para jugar al ajedrez se originó en 1950. En esa década, el científico Claude Shannon desarrolló una teoría que se convirtió en realidad en 1967, cuando apareció el primer programa que le permitió a una computadora competir, aunque sin éxito, en un campeonato de ajedrez. Más de veinte años después, un grupo de expertos en I.A. fue al centro de investigación Thomas J. Watson de Nueva York para desarrollar Deep Blue, la computadora que en 1997 derrotó al campeón mundial de ajedrez Garry Kasparov. Esta extraordinaria computadora pudo ganar al maestro ruso de ajedrez porque estaba diseñada para procesar 200 millones de jugadas por segundo. Además, Deep Blue guardaba en su memoria una recopilación de los movimientos de ajedrez más brillantes de toda la historia, entre ellos los que Kasparov efectuó en sus competiciones anteriores.

Para muchas personas la victoria de Deep Blue sobre Kasparov simbolizó la victoria de la inteligencia artificial sobre la del ser humano. Debemos reconocer los grandes avances científicos en el área de las computadoras y las ventajas que pueden traernos en un futuro, pero también sus limitaciones. Las computadoras generan nuevos modelos con conocimientos muy definidos, pero todavía no tienen sentido común: una computadora como Deep Blue puede ganar una partida de ajedrez, pero no puede explicar la diferencia entre una reina y un peón. Tampoco puede crear algo nuevo y original a partir de lo establecido, como hicieron Mozart o Picasso.

Las inteligencias artificiales especializadas son una realidad. ¿Pero una inteligencia como la de HAL-9000? Pura ciencia ficción.

Después de leer

¿Comprendiste?

Indica si las frases son **ciertas** o **falsas**.
Corrige las falsas.

Cierto   Falso

_____   _____   **1.** La computadora HAL-9000 era muy inteligente.

_____   _____   **2.** Deep Blue es un buen ejemplo de la inteligencia artificial general.

_____   _____   **3.** El maestro de ajedrez Garry Kasparov le ganó a Deep Blue en 1997.

_____   _____   **4.** Las computadoras no tienen la creatividad de Mozart y Picasso.

_____   _____   **5.** Hoy hay computadoras como HAL-9000.

Preguntas

1. ¿Qué tipo de inteligencia se relaciona con HAL-9000?

_____

2. ¿Qué tipo de inteligencia tienen las computadoras como Deep Blue?

_____

3. ¿Cuándo se originó la idea de crear una máquina para jugar al ajedrez?

_____

4. ¿Qué compañía inventó Deep Blue?

_____

5. ¿Por qué Deep Blue le pudo ganar a Garry Kasparov?

_____

Coméntalo

¿Son las computadoras más inteligentes que los seres humanos? En el futuro, ¿van a tener las computadoras la inteligencia de los seres humanos? ¿Cuándo?

herramienta *tool* **sentido común** *common sense* **desarrollo** *development* **ajedrez** *chess* **éxito** *success* **campeonato** *championship* **jugadas** *moves* **derrotó** *defeated* **la del ser humano** *that of the human being* **ventajas** *advantages* **conocimientos** *knowledge* **partida** *match* **reina** *queen* **peón** *pawn*

La tecnología

la calculadora	*calculator*
la cámara (de video)	*(video) camera*
la cinta	*(audio) tape*
la contestadora	*answering machine*
el control remoto	*remote control*
el disco compacto	*compact disc*
el estéreo	*stereo*
el fax	*fax (machine)*
el radio	*radio (set)*
el teléfono (celular)	*(cellular) telephone*
la televisión por cable	*cable television*
el televisor	*television set*
el tocadiscos compacto	*compact disc player*
el videocasete	*videocassette*
la videocasetera	*VCR*
apagar	*to turn off*
funcionar	*to work*
llamar	*to call*
prender	*to turn on*
sonar (o:ue)	*to ring*
descompuesto/a	*not working; out of order*
lento/a	*slow*
lleno/a	*full*

El carro

el baúl	*trunk*
la calle	*street*
el camino	*route*
el capó	*(car) hood*
el carro	*car; automobile*
el coche	*car; automobile*
los frenos	*brakes*
el garaje	*mechanic's shop*
la gasolina	*gasoline*
la gasolinera	*gas station*
el kilómetro	*kilometer*
la licencia de conducir	*driver's license*
la llanta	*tire*
el/la mecánico/a	*mechanic*
la milla	*mile*
el motor	*motor*
la multa	*fine*
el parabrisas	*windshield*
el policía/la mujer policía	*police officer*
la policía	*police (force)*
el semáforo	*traffic light*
el taller (mecánico)	*(mechanic's) garage; repair shop*
el tráfico	*traffic*
la velocidad máxima	*speed limit*
el volante	*steering wheel*
arrancar	*to start*
arreglar	*to fix; to arrange*
bajar	*to go down*
bajar(se) de	*to get off of/out of (a vehicle)*
chocar (con)	*to run into; to crash*
conducir	*to drive*
estacionar	*to park*
llenar (el tanque)	*to fill up (the tank)*
manejar	*to drive*
parar	*to stop*
revisar (el aceite)	*to check (the oil)*
subir	*to go up*
subir(se) a	*to get on/into (a vehicle)*

Internet y la computadora

el archivo	*file*
la computadora	*computer*
la computadora portátil	*laptop*
el disco	*disk*
la impresora	*printer*
Internet	*Internet*
el módem	*modem*
el monitor	*monitor*
la página principal	*home page*
la pantalla	*screen*
el programa de computación	*software*
el ratón	*mouse*
la red	*the Web; the Internet*
el sitio Web	*website*
el teclado	*keyboard*
guardar	*to save*
imprimir	*to print*
navegar en Internet	*to surf the Internet*

Otras palabras y expresiones

para	*for; in order to; toward; in the direction of; by; used for; considering*
por	*for; by; by means of; through; along; during; in; in exchange for; around; in search of; by way of; per*
por aquí	*around here*
por ejemplo	*for example*
por eso	*that's why; therefore*
por fin	*finally*

Expresiones útiles	*See page 245.*
Stressed possessive adjectives and pronouns	*See pages 252–253.*

12 Hogar, dulce hogar

Communicative Goals

You will learn how to:

- welcome people
- show people around the house
- tell people what to do

PREPARACIÓN

pages 260–263

- Words related to the home
- Household chores
- Capital and lowercase letters

ESCENAS

pages 264–267

- The students arrive at the home where they will stay in Ibarra. After welcoming them, Sra. Vives shows them the house and assigns the bedrooms. Don Francisco reminds the students of their early start in the morning.

GRAMÁTICA

pages 268–277

- Formal (**usted** and **ustedes**) commands
- The present subjunctive
- Subjunctive with verbs of will and influence

LECTURA

pages 278–279

- Brochure: *Bienvenidos a la Casa Colorada*

Para empezar

- ¿Cómo es la casa, es moderna o es vieja?
- ¿Crees que el niño es el hermano o el hijo de la mujer?
- ¿Quién es más alto: la mujer o el niño?
- ¿Crees que hace frío o que hace calor?

Hogar, dulce hogar

LA CASA Y SUS CUARTOS

la alcoba *bedroom*
el altillo *attic*
el balcón *balcony*
la cocina *kitchen*
el comedor *dining room*
la entrada *entrance*
el garaje *garage*
la oficina *office*
el pasillo *hallway*
el patio *patio*
la sala *living room*
el sótano *basement; cellar*

la escalera
stairs; stairway

el jardín
garden; yard

LA MESA

la copa *wineglass; goblet*
la cuchara *spoon*
el cuchillo *knife*
el plato *plate*
la servilleta *napkin*
la taza *cup*
el tenedor *fork*
el vaso *glass*

LOS ELECTRODOMÉSTICOS

la estufa *stove*
el horno (de microondas) *(microwave) oven*
la lavadora *washing machine*
el lavaplatos *dishwasher*
el refrigerador *refrigerator*
la secadora *clothes dryer*

los electrodomésticos
electrical appliances

recursos

| WB pp. 119–120 | LM p. 67 | Lab CD/MP3 Lección 12 | I CD-ROM Lección 12 | Vocab CD Lección 12 |

LOS QUEHACERES DOMÉSTICOS

arreglar *to neaten; to straighten up*

cocinar *to cook*

ensuciar *to get (something) dirty*

hacer los quehaceres domésticos
to do household chores

lavar (el suelo, los platos) *to wash (the floor, the dishes)*

limpiar la casa *to clean the house*

pasar la aspiradora *to vacuum*

poner la mesa *to set the table*

quitar la mesa *to clear the table*

sacar la basura *to take out the trash*

sacudir los muebles *to dust the furniture*

planchar la ropa
to iron clothes

barrer el suelo
to sweep the floor

hacer la cama
to make the bed

LOS MUEBLES

la alfombra *rug*

la almohada *pillow*

el armario *closet*

la cómoda *chest with drawers*

las cortinas *curtains*

el cuadro *painting*

el estante *bookcase; bookshelves*

la lámpara *lamp*

la luz *light*

la manta *blanket*

la mesita *side/end table*

la mesita de noche *night stand*

la pared *wall*

la pintura *painting; picture*

el sillón *armchair*

el sofá *sofa; couch*

los muebles
furniture

OTRAS PALABRAS

las afueras *suburbs; outskirts*

la agencia de bienes raíces *real estate agency*

el alquiler *rent (payment)*

el ama (m., f.) de casa *housekeeper; caretaker*

el barrio *neighborhood*

el edificio de apartamentos *apartment building*

el hogar *home*

el/la vecino/a *neighbor*

la vivienda *housing*

alquilar *to rent*

mudarse *to move (residences)*

Práctica y conversación

1 Escoger 🎧 Escucha las preguntas e indica la respuesta correcta.

1. _____ Al pasillo.
   _____ Al balcón.

2. _____ En el lavaplatos.
   _____ En la mesita de noche.

3. _____ Al barrio.
   _____ A las afueras.

4. _____ En la secadora.
   _____ En la basura.

5. _____ El balcón.
   _____ Las escaleras.

6. _____ En las paredes.
   _____ En la estufa.

7. _____ El horno.
   _____ La aspiradora.

8. _____ En la alfombra.
   _____ En la alcoba.

2 Escuchar 🎧 Escucha la conversación y completa las frases.

1. Pedro va a limpiar _____ primero.
2. Paula va a comenzar por _____.
3. Pedro le recuerda (*reminds*) a Paula que debe
   _____ en la alcoba de huéspedes.
4. Pedro va a _____ en el sótano.
5. Pedro también va a limpiar _____.
6. Ellos están limpiando la casa porque _____.

3 Emparejar Identifica los dibujos. Luego indica la letra del dibujo que corresponde a cada descripción.

_____ 1. Lo usas para tomar agua.

_____ 2. Lo necesitas para comer un bistec.

_____ 3. Necesitas este objeto para la sopa.

_____ 4. La necesitas para tomar café.

_____ 5. La necesitas para tomar vino.

_____ 6. Necesitas este objeto para limpiarte la boca después de comer.

a._____   b._____   c._____

d._____   e._____   f._____

4 Los quehaceres domésticos Trabajen en grupos para indicar quién hace los siguientes quehaceres domésticos en sus casas. Luego contesten las preguntas.

barrer el suelo	lavar la ropa	pasar la aspiradora	quitar la mesa
cocinar	lavar el suelo	planchar la ropa	sacar la basura
hacer las camas	lavar los platos	poner la mesa	sacudir los muebles

• ¿Quién hace más quehaceres, tú o tus compañeros/as?
• ¿Cúales son los quehaceres que más te molesta hacer?
• ¿Piensas que debes hacer más quehaceres? ¿Por qué?

5 **Mi apartamento** 🔲 Dibuja el plano de un apartamento amueblado (*furnished*) y escribe los nombres de las habitaciones y los muebles. Un(a) compañero/a describe su apartamento mientras el/la otro/a lo dibuja. Cuando terminen, hablen de los cambios que se necesitan para mejorarlo.

Ortografía Las mayúsculas y las minúsculas

Here are the Spanish rules for capitals (**mayúsculas**) and lowercase letters (**minúsculas**).

Los estudiantes llegaron al aeropuerto a las dos. Luego fueron al hotel.

In both Spanish and English, the first letter of every sentence is capitalized.

Rubén Blades **Panamá** **Colón** **los Andes**

The first letter of all proper nouns (names of people, countries, cities, etc.) is capitalized.

Cien años de soledad *Don Quijote de la Mancha* *El País* *Muy Interesante*

The first letter of the first word in titles of books, films, and works of art is generally capitalized, as well as the first letter of any proper names. In newspaper and magazine titles, as well as other short titles, the initial letter of each word is often capitalized.

la señora Ramos **don Francisco** **el presidente** **Sra. Vives**

Titles associated with people are *not* capitalized unless they appear as the first word in a sentence. Note, however, that the first letter of an abbreviated title is capitalized.

Último **Álex** **MENÚ** **PERDÓN**

Accent marks should be retained on capital letters. In practice, however, this rule is often ignored.

lunes **viernes** **marzo** **primavera**

The first letter of days, months, and seasons is *not* capitalized.

español **estadounidense** **japonés** **panameños**

The first letter of nationalities and languages is *not* capitalized.

Oraciones Lee el diálogo de las serpientes. Ordena las letras para saber de qué palabras se trata. Después escribe las letras indicadas para descubrir por qué llora Pepito.

Profesor Herrera, ¿es cierto que somos venenosas?

Sí, Pepito. ¿Por qué lloras?

m n a a P á	⬭ _ _ _ _ _	y a U r u g u	_ _ ⬭ _ _ _
s t e m r a	⬭ _ _ _ _ _	r o ñ e s a	_ _ _ _ _ ⬭
i g s l é n	_ _ _ ⬭ _ _		

¡ _orque _e acabo de morder la _ en _u _!

venenosas *venomous*
morder *to bite*

Respuestas: Panamá, martes, inglés, Uruguay, señora
¡Porque me acabo de morder la lengua!

recursos

LM p. 26

Lab CD/MP3 Lección 12

I CD-ROM Lección 12

¡Les va a encantar la casa!

Don Francisco y los estudiantes llegan a Ibarra.

Personajes

DON FRANCISCO

JAVIER

INÉS

ÁLEX

MAITE

SRA. VIVES

SRA. VIVES ¡Hola, bienvenidos!

DON FRANCISCO Sra. Vives, le presento a los chicos. Chicos, ésta es la Sra. Vives, el ama de casa.

SRA. VIVES Encantada. Síganme, que quiero mostrarles la casa. ¡Les va a encantar!

SRA. VIVES Esta alcoba es para los chicos. Tienen dos camas, una mesita de noche, una cómoda… En el armario hay más mantas y almohadas por si las necesitan.

SRA. VIVES Javier, no ponga las maletas en la cama. Póngalas en el piso, por favor.

SRA. VIVES Tomen ustedes esta alcoba, chicas.

SRA. VIVES Ésta es la sala. El sofá y los sillones son muy cómodos. Pero, por favor, ¡no los ensucien!

SRA. VIVES Allí están la cocina y el comedor. Al fondo del pasillo hay un baño.

DON FRANCISCO Chicos, a ver... ¡atención! La Sra. Vives les va a preparar las comidas. Pero quiero que ustedes la ayuden con los quehaceres domésticos. Quiero que arreglen sus alcobas, que hagan las camas, que pongan la mesa... ¿entendido?

INÉS Insistimos en que nos deje ayudarla a preparar la comida.

SRA. VIVES No, chicos, no es para tanto, pero gracias por la oferta. Descansen un rato que seguramente están cansados.

ÁLEX Gracias. A mí me gustaría pasear por la ciudad.

INÉS Perdone, don Francisco, ¿a qué hora viene el guía mañana?

DON FRANCISCO ¿Martín? Viene temprano, a las siete de la mañana. Les aconsejo que se acuesten temprano esta noche. ¡Nada de televisión ni de conversaciones largas!

ESTUDIANTES ¡Ay, don Francisco!

Expresiones útiles

Welcoming people

¡Bienvenido(s)/a(s)!
Welcome!

Showing people around the house

Síganme, que quiero mostrarles la casa.
Follow me, I want to show you the house.

Allí están la cocina y el comedor.
The kitchen and dining room are over there.

Al fondo del pasillo hay un baño.
At the end of the hall there is a bathroom.

Telling people what to do

Quiero que la ayude(n) con los quehaceres domésticos.
I want you to help her with the household chores.

Quiero que arregle(n) su(s) alcoba(s).
I want you to straighten your room(s).

Quiero que haga(n) las camas.
I want you to make the beds.

Quiero que ponga(n) la mesa.
I want you to set the table.

Cuente con nosotros.
You can count on us.

Insistimos en que nos deje ayudarla a preparar la comida.
We insist that you let us help you make the food.

Le(s) aconsejo que se acueste(n) temprano.
I advise you to go to bed early.

Other expressions

No es para tanto.
It's not a big deal.

Gracias por la oferta.
Thanks for the offer.

¿Qué piensas?

1 **¿Cierto o falso?** Indica si las siguientes frases son **ciertas** o **falsas**. Corrige las frases falsas.

Cierto	Falso	
_____	_____	**1.** La alcoba de los chicos tiene dos camas, dos mesitas de noche y una cómoda.
		_____
_____	_____	**2.** La señora Vives no quiere que Javier ponga las maletas en la cama.
		_____
_____	_____	**3.** El sofá y los sillones están en la sala.
		_____
_____	_____	**4.** Los estudiantes tienen que sacudir los muebles y sacar la basura.
		_____
_____	_____	**5.** Los estudiantes van a preparar las comidas.
		_____

2 **En la casa de Ibarra** Contesta las preguntas.

1. ¿Quién les muestra la casa a los estudiantes?

_____

2. Si Álex y Javier necesitan mantas y almohadas, ¿dónde deben buscarlas?

_____

3. ¿Quién les dice a los estudiantes que deben ayudar a la señora Vives?

_____

4. ¿Quién dice que los estudiantes pueden ayudar a preparar la comida?

_____

5. ¿A qué hora va a llegar el guía mañana?

_____

3 **Mi casa** Dibuja el plano (*floor plan*) de una casa o un apartamento donde te gustaría vivir. Después, en parejas, comenten las actividades que se pueden realizar (*can be carried out*) en las distintas habitaciones. Pueden usar estas frases en su conversación.

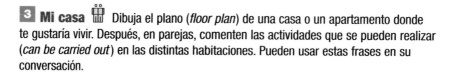

Al fondo hay…	Aquí es donde	Ésta es (la cocina).
Allí yo (preparo la comida).	yo (pongo la basura).	Quiero mostrarte…

Exploración

La vivienda en el mundo hispano

Muchas casas antiguas en España y Latinoamérica están construidas alrededor de un patio central. Desde el patio, se pueden ver las puertas de todas las habitaciones.

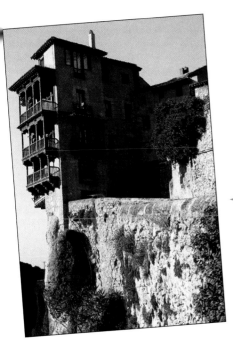

Las casas colgantes (*hanging*) de Cuenca, España, son muy famosas. Estas casas están situadas en un acantilado (*cliff*) y forman parte del paisaje único (*unique landscape*) de la ciudad.

En el lago de Maracaibo, en Venezuela, hay casas suspendidas sobre el agua, que se llaman palafitos. Los palafitos son reminiscentes de la ciudad italiana de Venecia, de donde viene el nombre "Venezuela", que significa "pequeña Venecia".

Observaciones

- Los aztecas de México tenían sistemas de drenaje (*sewer systems*) en sus viviendas.

- La Gran Francia en Granada, Nicaragua, es una antigua casa colonial convertida en hotel.

- La Casa de las Gárgolas (*gargoyles*), en Santo Domingo, tiene seis gárgolas en su fachada (*façade*). Se dice que vienen de la Catedral de Santo Domingo.

Coméntalo

Con un(a) compañero/a, contesta las siguientes preguntas.

- ¿Cuál de las viviendas mencionadas en esta página te interesa más? ¿Por qué?
- En tu comunidad, ¿dónde vive la mayoría de la gente: en casas o en apartamentos?
- Describe tu casa o apartamento ideal.

12.1 Formal (Ud. and Uds.) commands

*No se preocupe...
La vamos a ayudar
en todo lo posible.*

*Sí, cuente
con nosotros.*

▸ Command forms are used to give orders or advice. Use formal commands with people you address as **usted** or **ustedes**.

Hable con ellos, don Francisco.
Talk to them, Don Francisco.

Coma frutas y verduras.
Eat fruits and vegetables.

Laven los platos ahora mismo.
Wash the dishes right now.

▸ The **usted** and **ustedes** commands are formed by dropping the final **–o** of the **yo** form of the present tense. For **–ar** verbs, add **–e** or **–en**. For **–er** and **–ir** verbs, add **–a** or **–an**.

Formal commands (Ud. and Uds.)

Infinitive	Present tense *yo* form	Ud. command	Uds. command
barrer	barro	barra	barran
decir	digo	diga	digan
limpiar	limpio	limpie	limpien
sacudir	sacudo	sacuda	sacudan
salir	salgo	salga	salgan
servir	sirvo	sirva	sirvan
venir	vengo	venga	vengan
volver	vuelvo	vuelva	vuelvan

▸ Verbs with irregular **yo** forms have the same irregularity in their formal commands. These verbs include **conducir, conocer, decir, hacer, ofrecer, oír, poner, salir, tener, traducir, traer, venir,** and **ver.**

Oiga, don Francisco…
Listen, Don Francisco…

¡Salga inmediatamente!
Leave immediately!

Ponga la mesa, por favor.
Set the table, please.

▸ Stem-changing verbs maintain their stem changes in **usted** and **ustedes** commands.

e:ie

No **pierda** la llave.
Cierren la puerta.

o:ue

Vuelva temprano, joven.
Duerman bien, chicos.

e:i

Sirva la sopa, por favor.
Repitan las frases.

▸ Verbs ending in **–car, –gar,** and **–zar** have a spelling change in the command forms.

sacar	c	qu	saque, saquen
jugar	g	gu	juegue, jueguen
almorzar	z	c	almuerce, almuercen

▸ The following verbs have irregular formal commands.

INFINITIVE	UD. COMMAND	UDS. COMMAND		INFINITIVE	UD. COMMAND	UDS. COMMAND
dar	dé	den		saber	sepa	sepan
estar	esté	estén		ser	sea	sean
ir	vaya	vayan				

▶ In affirmative commands, reflexive and object pronouns are attached to the end of the verb. Note that when a pronoun is attached to a verb that has two or more syllables, an accent mark is added.

Siéntense, por favor.   Dígamelo.   Acuéstense ahora.   Pónganlas en el suelo, por favor.

▶ To make a command negative, place **no** before the verb. Note that the pronouns precede the verb.

No ponga las maletas en la cama.   **No ensucien** los sillones.   No **se** preocupe.   No **me lo** dé.
Don't put the suitcases on the bed.   *Don't dirty the armchairs.*   *Don't worry.*   *Don't give it to me.*

▶ **Usted** and **ustedes** can be used after command forms for a more formal, polite tone.

Muéstrele usted la foto a su amigo.   **Tomen ustedes** esta alcoba.
Show the photo to your friend.   *Take this bedroom.*

Práctica y conversación

1 **Consejos** La señora González quiere mudarse. Ayúdala indicando el mandato (*command*) formal de cada verbo.

1. _____ [leer] los anuncios (*ads*) del periódico y _____ [guardarlos].
2. Decida qué casa quiere y _____ [llamar] al agente. _____ [pedirle] un contrato de alquiler.
3. _____ [decirles] a todos que tienen que ayudar. No _____ [hacerles] las maletas a los niños.
4. El día de la mudanza no _____ [estar] nerviosa.
5. No _____ [preocuparse]. _____ [saber] que todo va a salir bien.

2 **¿Qué dicen?** En parejas, miren los dibujos y escriban un mandato lógico para cada uno.

1. _____

2. _____

3. _____

4. _____

3 **Problemas** En parejas, hablen de los siguientes problemas. Usen mandatos para ofrecer soluciones.

MODELO
Me torcí el tobillo jugando al tenis. Es la tercera vez.
Estudiante 1: Me torcí el tobillo jugando al tenis.
Estudiante 2: No juegue más al tenis. / Vaya a ver a un médico.

1. Me enfermé después de volver de las vacaciones.
2. Nuestra casa es demasiado pequeña para nuestra familia.
3. Se me cayó la botella de vino que traía para la cena.
4. ¡Se me olvidó estudiar para el examen!

4 **Un programa de consejos** En parejas, túrnense para representar los papeles de una persona que da consejos en la radio y los radioyentes (*radio listeners*) que la llaman con los siguientes problemas.

- problemas sentimentales
- problemas académicos
- problemas con los amigos
- problemas financieros
- problemas médicos
- problemas con el coche

5 **Anuncios** En grupos, presenten un anuncio de televisión (*TV commercial*) a la clase. Debe tratar de (*be about*) un detergente, un electrodoméstico o una agencia de bienes raíces. Usen mandatos, los pronombres relativos (**que, quien(es)** o **lo que**) y el **se** impersonal.

MODELO
Compre el lavaplatos Corona. Tiene todo lo que usted desea. Es el lavaplatos que mejor funciona. Venga a verlo ahora mismo... No pierda ni un minuto más.

12.2 The present subjunctive

Quiero que ustedes ayuden con los quehaceres domésticos.

Insistimos en que nos deje ayudarla a preparar la comida.

▶ With the exception of commands, all of the verb forms you have been using have been in the indicative mood. The indicative is used to state facts and to express actions or states that the speaker considers to be real and definite. In contrast, the subjunctive mood expresses the speaker's attitudes toward events, as well as actions or states the speaker views as uncertain or hypothetical.

Present subjunctive of regular verbs

	hablar	comer	escribir
yo	hable	coma	escriba
tú	hables	comas	escribas
Ud./él/ella	hable	coma	escriba
nosotros/as	hablemos	comamos	escribamos
vosotros/as	habléis	comáis	escribáis
Uds./ellos/ellas	hablen	coman	escriban

▶ To form the present subjunctive of regular verbs, drop the **–o** ending from the **yo** form of the present indicative, and replace it with the subjunctive endings.

INFINITIVE	PRESENT INDICATIVE	PRESENT SUBJUNCTIVE
hablar	hablo	hable
comer	como	coma
escribir	escribo	escriba

▶ Note that, in the present subjunctive, **–ar** verbs use endings normally associated with present tense **–er** and **–ir** verbs. Likewise, **–er** and **–ir** verbs in the present subjunctive use endings normally associated with **–ar** verbs in the present tense. Note also that, in the present subjunctive, the **yo** form is the same as the **Ud./él/ella** form.

▶ Verbs with irregular **yo** forms in the present indicative tense have the same irregularity in the present subjunctive.

INFINITIVE	PRESENT INDICATIVE	PRESENT SUBJUNCTIVE	INFINITIVE	PRESENT INDICATIVE	PRESENT SUBJUNCTIVE
conducir	conduzco	conduzca	poner	pongo	ponga
conocer	conozco	conozca	tener	tengo	tenga
decir	digo	diga	traducir	traduzco	traduzca
hacer	hago	haga	traer	traigo	traiga
ofrecer	ofrezco	ofrezca	venir	vengo	venga
oír	oigo	oiga	ver	veo	vea
parecer	parezco	parezca			

▸ To maintain the **–c, –g,** and **–z** sounds, verbs ending in **–car, –gar,** and **–zar** have a spelling change in all forms of the present subjunctive.

sacar	saque, saques, saque, saquemos, saquéis, saquen
jugar	juegue, juegues, juegue, juguemos, juguéis, jueguen
almorzar	almuerce, almuerces, almuerce, almorcemos, almorcéis, almuercen

Present subjuntive of Stem-changing verbs

▸ **–Ar** and **–er** stem-changing verbs have the same stem changes in the present subjunctive and in the present indicative tenses.

entender (e:ie)	entienda, entiendas, entienda, entendamos, entendáis, entiendan
pensar (e:ie)	piense, pienses, piense, pensemos, penséis, piensen
mostrar (o:ue)	muestre, muestres, muestre, mostremos, mostréis, muestren
volver (o:ue)	vuelva, vuelvas, vuelva, volvamos, volváis, vuelvan

▸ **–Ir** stem-changing verbs maintain the stem changes of the present indicative in the present subjunctive. In addition, the **nosotros/as** and **vosotros/as** forms also undergo a stem change, from unstressed **e** to **i**, and unstressed **o** to **u**.

dormir (o:ue)	duerma, duermas, duerma, durmamos, durmáis, duerman
pedir (e:i)	pida, pidas, pida, pidamos, pidáis, pidan
sentir (e:ie)	sienta, sientas, sienta, sintamos, sintáis, sientan

Irregular verbs in the present subjuntive

▸ These five verbs are irregular in the present subjunctive.

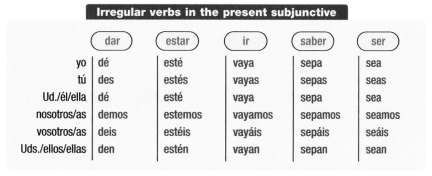

Irregular verbs in the present subjunctive					
	dar	estar	ir	saber	ser
yo	dé	esté	vaya	sepa	sea
tú	des	estés	vayas	sepas	seas
Ud./él/ella	dé	esté	vaya	sepa	sea
nosotros/as	demos	estemos	vayamos	sepamos	seamos
vosotros/as	deis	estéis	vayáis	sepáis	seáis
Uds./ellos/ellas	den	estén	vayan	sepan	sean

▸ The subjunctive form of **hay** (*there is, there are*) is also irregular: **haya.**

General uses of the subjuntive

▶ As you will soon learn in **Gramática** 12.3, 13.1, 13.2, and 13.3, the subjunctive is mainly used to express: 1) will and influence, 2) emotion, 3) doubt, disbelief, and denial, 4) indefiniteness and non existance

▶ The subjunctive is usually used in complex sentences that consist of a main clause and a subordinate clause. The main clause contains a verb or expression that triggers the use of the subjunctive. The word **que** connects the subordinate clause to the main clause.

Main clause	Connector	Subordinate clause
Es **muy importante**	que	vayas **al hotel ahora mismo.**

▶ Some expressions are always followed by clauses in the subjunctive. These include:

Es bueno que...	**Es mejor que...**	**Es malo que…**
It's good that...	*It's better that...*	*It's bad that…*
Es importante que...	**Es necesario que...**	**Es urgente que…**
It's important that...	*It's necessary that...*	*It's urgent that…*

Es bueno que coma verduras.
It is good that I eat vegetables.

Es malo que el niño no hable mucho.
It is bad that the boy does not speak much.

Es necesario que los estudiantes traduzcan la lectura.
It is necessary that the students translate the reading.

Es mejor que vayas con él.
It is better that you go with him.

Es importante que nosotros traigamos la tarea.
It is important that we bring our homework.

Es urgente que Luisa sepa la verdad.
It is urgent that Luisa know the truth.

ESPAÑOL EN VIVO

Para que tenga dientes más sanos...

- Es bueno que vaya al dentista con frecuencia.

- Es necesario que use blanqueador.

- ¡Y lo más importante es que se limpie los dientes con *Dentabrit*!

Práctica y conversación

1 Emparejar Completa las oraciones conjugando los verbos indicados. Luego, empareja las oraciones del primer grupo con las del segundo grupo.

1. Es mejor que _____ [nosotros, cenar] en casa. ___

2. Es importante que _____ [yo, tomar] algo para el dolor de cabeza. ___

3. Señora, es urgente que le _____ [yo, sacar] la muela. Parece que tiene una infección. ___

4. Es malo que Ana les _____ [ellos, dar] tantos dulces a los niños. ___

5. Es necesario que _____ [ustedes, llegar] a la una de la tarde. ___

6. Es importante que _____ [nosotros, acostarse] temprano. ___

. . .

a. Es importante que _____ [ellos, comer] más verduras.

b. No, es mejor que _____ [nosotros, salir] a comer.

c. Y yo creo que es urgente que _____ [tú, llamar] al médico.

d. En mi opinión, no es necesario que _____ [nosotros, dormir] tanto.

e. ¿Ah, sí? ¿Es necesario que me _____ [yo, tomar] un antibiótico también?

f. Para llegar a tiempo, es necesario que _____ [nosotros, almorzar] temprano.

2 Oraciones Combina los elementos de las tres columnas para formar frases.

Expresiones	Sujetos	Actividades
Es bueno que	yo	hacer la cama
Es mejor que	mi hermano	levantarse
Es malo que	los padres	sacar la basura
Es importante que	Oprah Winfrey	gritar
Es necesario que	mis amigos	lavar los platos
Es urgente que	Calista Flockhart	cocinar
	mi profesor(a)	barrer el suelo
	Ricky Martin	despertarse
	Shakira	ensuciar
		comer

3 Minidiálogos En parejas, completen los minidiálogos de una manera lógica usando el subjuntivo.

MODELO

Miguelito: Mamá, no quiero arreglar mi cuarto.

Sra. Casas: Es necesario que lo arregles. Y es importante que sacudas los muebles también.

MIGUELITO Mamá, no quiero estudiar. Quiero salir a jugar con mis amigos.

SRA. CASAS _____.

. . .

MIGUELITO Mamá, es que no me gustan las verduras. Prefiero comer pasteles.

SRA. CASAS _____.

. . .

MIGUELITO ¿Tengo que poner la mesa, mamá?

SRA. CASAS _____.

. . .

MIGUELITO No me siento bien, mamá. Me duele todo el cuerpo y tengo fiebre.

SRA. CASAS _____.

4 Entrevista En parejas, usen estas preguntas para entrevistarse. Expliquen sus respuestas.

1. ¿Es importante que los niños ayuden con los quehaceres domésticos?

2. ¿Es urgente que los norteamericanos aprendan otras lenguas?

3. Si un(a) norteamericano/a quiere aprender francés, ¿es mejor que lo aprenda en Francia?

4. En tu universidad, ¿es necesario que los estudiantes vivan en residencias estudiantiles?

5. ¿Es bueno que todos los estudiantes practiquen algún deporte?

6. ¿Es importante que todos los estudiantes asistan a las clases?

12.3 Subjunctive with verbs of will and influence

▶ The subjunctive is used with verbs and expressions of will and influence. Verbs of will and influence are often used when someone wants to affect the actions of other people.

Enrique **quiere** que **salgamos** a cenar.
Enrique wants us to go out for dinner.

Mi madre nos **ruega** que **vayamos** a verla.
My mother begs us to come see her.

▶ Here are some verbs of will and influence.

Verbs of will and influence

aconsejar	*to advise*	mandar	*to order*	recomendar (e:ie)	*to recommend*
desear	*to wish; to desire*	necesitar	*to need*	rogar (o:ue)	*to beg; to plead*
importar	*to be important; to matter*	pedir (e:i)	*to ask (for)*	sugerir (e:ie)	*to suggest*
		prohibir	*to prohibit*		
insistir (en)	*to insist (on)*	querer (e:ie)	*to want*		

▶ Some impersonal expressions convey will or influence, such as **es necesario que, es importante que, es mejor que,** and **es urgente que.**

Es importante que duermas bien.
It's important that you sleep well.

Es urgente que él lo **haga** hoy.
It's urgent that he do it today.

▶ When the main clause contains an expression of will or influence and the subordinate clause has a different subject, the subjunctive is required.

Main clause	Connector	Subordinate clause
VERB OF WILL		SUBJUNCTIVE
Mi mamá prefiere	que	yo saque la basura.

Quiero que arreglen sus alcobas, que hagan las camas, que pongan la mesa...

▶ Indirect object pronouns are often used with verbs of permission, suggestion or request, such as **aconsejar, mandar, pedir, recomendar, rogar** and **sugerir.**

Te aconsejo que estudies.
I advise you to study.

Le ruego que no venga.
I beg you not to come.

Le sugiero que vaya a casa.
I suggest that you go home.

...y les aconsejo que se acuesten temprano esta noche.

▶ All the forms of **prohibir** in the present tense carry a written accent, except for the **nosotros** form: **prohíbo, prohíbes, prohíbe, prohibimos, prohibís, prohíben.**

Ella les **prohíbe** que miren la televisión.
She prohibits them from watching television.

Nos **prohíben** que nademos en la piscina.
They prohibit us from swimming in the pool.

▶ The infinitive is used if there is no change of subject.

No quiero **sacudir** los muebles.
I don't want to dust the furniture.

Es importante **sacar** la basura.
It's important to take out the trash.

Paco prefiere **descansar**.
Paco prefers to rest.

No es necesario **quitar** la mesa.
It's not necessary to clear the table.

Práctica y conversación

1 Entre amigas Completa el diálogo con palabras de la lista.

cocina	diga	ponga	quiere	sé	ser
comas	haga	prohíbe	saber	sea	vaya

IRENE Tengo problemas con Vilma. ¿Qué me recomiendas que le _____?

JULIA Necesito _____ más para aconsejarte.

IRENE Me _____ que traiga dulces a la casa.

JULIA Tiene razón. Es mejor que tú no _____ dulces.

IRENE Quiero que _____ más flexible. Pero insiste en que yo _____ todo en la casa.

JULIA Yo _____ que Vilma _____ y hace los quehaceres todos los días.

IRENE Sí, pero siempre me pide que _____ los cubiertos en la mesa y que _____ al sótano por las servilletas.

JULIA ¡Vilma sólo _____ que ayudes en la casa!

2 Unos consejos Lee lo que dice cada persona. Luego da consejos lógicos usando verbos como **aconsejar, recomendar** y **prohibir**. Tus consejos deben ser diferentes de lo que la persona quiere hacer.

MODELO

El presidente: Quiero comprar la Casa Blanca.

Le aconsejo que compre otra casa.

1. **Tu mamá:** Pienso poner la secadora en la entrada de la casa.

2. **Tu tía:** Voy a ir a la gasolinera para comprar unas elegantes copas de cristal.

3. **Tu amigo:** Voy a ponerme mi traje de baño en la clase.

4. **Tu primo:** Voy a comprar tazas y platos en el taller El Coche Feliz.

5. **Tu profesora:** No voy a poner servilletas para los cuarenta invitados.

6. **Enrique Iglesias:** Pienso poner todos mis muebles nuevos en el altillo de mi casa.

7. **Shakira:** Hay una fiesta en mi casa esta noche, pero no quiero arreglar la casa.

8. **Tu papá:** Hoy no tengo ganas de hacer las camas.

3 Preguntas En parejas, túrnense para contestar las preguntas. Usen el subjuntivo.

1. ¿Te dan consejos tus amigos? ¿Qué te aconsejan? ¿Aceptas sus consejos? ¿Por qué?

2. ¿Qué te sugieren tus profesores antes de terminar los cursos que tomas?

3. ¿Insisten tus amigos en que salgas mucho con ellos?

4. ¿Qué quieres que te regalen tu familia y tus amigos/as para tu cumpleaños?

5. ¿Qué le recomiendas tú a un(a) amigo/a que no quiere salir los sábados con su novio/a?

6. ¿Qué les aconsejas a los nuevos estudiantes de tu universidad?

4 Recomendaciones En parejas, preparen una lista de seis personas famosas. Un(a) estudiante da el nombre de una persona famosa y el/la otro/a le da un consejo.

MODELO

Estudiante 1: Judge Judy.

Estudiante 2: Le recomiendo que sea más simpática con la gente.

Estudiante 1: Leonardo DiCaprio.

Estudiante 2: Le aconsejo que haga más películas.

5 El apartamento de Luisa En parejas, miren la ilustración y denle consejos a Luisa sobre cómo arreglar su apartamento. Usen expresiones impersonales y verbos como **aconsejar, sugerir** y **recomendar**.

MODELO

Es mejor que arregles el apartamento más a menudo. Te aconsejo que no dejes para mañana lo que puedas hacer hoy.

Ampliación

1 Escuchar 🎧

A Mira los anuncios en esta página y escucha la conversación entre el señor Núñez, Adriana y Felipe. Luego indica si cada descripción se refiere a la casa ideal de Adriana y Felipe, a la casa del anuncio o al apartamento del anuncio.

TIP **Use visual cues.** Visual cues, like illustrations and headings, provide useful clues about what you will hear. For example, what sort of visuals might appear in a real estate ad?

18G

Bienes raíces

Se vende.
4 alcobas, 3 baños,
cocina moderna,
jardín con árboles
frutales. B/. 225.000

Se alquila.
2 alcobas, 1 baño.
Balcón. Urbanización
Las Brisas. 525

Descripciones	La casa ideal	La casa del anuncio	El apartamento del anuncio
1. Es barato.	☐	☐	☐
2. Tiene cuatro alcobas.	☐	☐	☐
3. Tiene una oficina.	☐	☐	☐
4. Tiene un balcón.	☐	☐	☐
5. Tiene una cocina moderna.	☐	☐	☐
6. Tiene un jardín muy grande.	☐	☐	☐
7. Tiene un patio.	☐	☐	☐

B Usa la información de los dibujos y la conversación para entender lo que dice Adriana al final. ¿Qué significa "todo a su debido tiempo"?

2 Conversar 👥

Con un(a) compañero/a, preparen una conversación entre el Dr. Freud y un(a) paciente que lo consulta sobre un problema personal (la familia, el/la novio/a, etc.). Luego presenten la conversación a la clase.

MODELO

Estudiante 1: *Buenos días, Dr. Freud, me llamo Alicia. Mi mamá no quiere que yo vaya a ver a mis amigas. No le importa que me aburra. Me prohíbe conducir por la noche.*

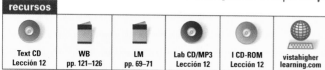

3 **Escribir** Eres el/la administrador(a) de un edificio de apartamentos. Prepara un contrato de arrendamiento (*lease*) para los nuevos inquilinos (*tenants*).

TIP **Use linking words.** To make your writing more sophisticated, use linking words to connect simple sentences or ideas. Some common linking words are: **y, o, cuando, mientras, pero, porque, pues, que, quien(es),** and **sino**.

Here are some technical terms that might help you in writing your contract: **arrendatario** (*tenant*); **arrendador** (*landlord*); **propietario** (*owner*); **estipulaciones** (*stipulations*); **parte** (*party*); **de anticipación,** **de antelación** (*in advance*).	**Organízalo**	Utiliza un mapa de ideas para organizar la información sobre las fechas del contrato, el precio del alquiler y otros aspectos importantes.
	Escríbelo	Escribe el primer borrador de tu contrato de arrendamiento.
	Corrígelo	Intercambia el contrato con un(a) compañero/a. Anota los aspectos mejor escritos (*written*), especialmente el uso de las palabras de enlace (*linking words*). Ofrécele sugerencias, y si ves algunos errores, coméntaselos.
	Compártelo	Revisa el primer borrador según las indicaciones de tu compañero/a. Incorpora nuevas ideas y/o más información si es necesario, antes de escribir la versión final.

4 **Un paso más** Imagina que quieres construir una casa de vacaciones en un país hispano. Prepara para la clase una presentación sobre la casa. Toma en cuenta las siguientes preguntas.

- ¿Dónde quieres construir la casa? ¿Prefieres que esté en la selva (*jungle*), en una isla, en una montaña o en un lugar con vistas al mar?
- ¿Cómo va a ser la casa? ¿Quieres que sea grande? ¿Cuántos pisos y cuántos cuartos va a tener?
- ¿Qué efectos visuales puedes usar para hacer más interesante la presentación? ¿Tienes mapas, fotos o planos (*blueprints*) de la casa?
- ¿Qué muebles quieres poner en cada cuarto?

En Internet

Investiga estos temas en el sitio vistahigherlearning.com.

- Lugares turísticos del mundo hispano
- Agencias de bienes raíces en el mundo hispano
- Mueblerías (*furniture stores*) en el mundo hispano

Antes de leer

Did you know that a text written in Spanish is often longer than the same text written in English? Because the Spanish language often uses more words to express ideas, you may encounter a few long sentences when reading in Spanish. Of course, the length of sentences varies with genre and with authors' individual styles. To help you understand long sentences, identify the main parts of the sentence before trying to read it in its entirety. First, locate the main verb of the sentence, along with its subject, ignoring any words or phrases set off by commas. Then re-read the sentence, adding details like direct and indirect objects, transitional words, and prepositional phrases. Practice this strategy on a few sentences from this reading selection.

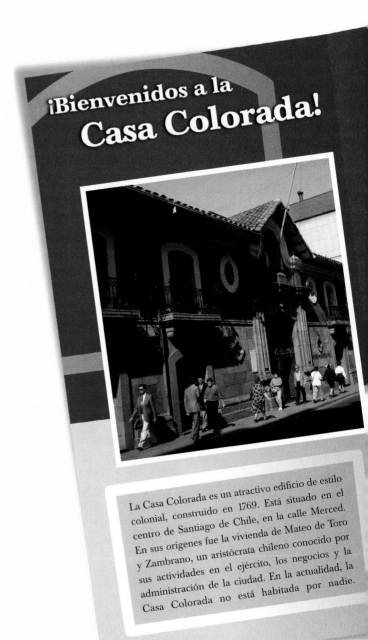

¡Bienvenidos a la Casa Colorada!

La Casa Colorada es un atractivo edificio de estilo colonial, construido en 1769. Está situado en el centro de Santiago de Chile, en la calle Merced. En sus orígenes fue la vivienda de Mateo de Toro y Zambrano, un aristócrata chileno conocido por sus actividades en el ejército, los negocios y la administración de la ciudad. En la actualidad, la Casa Colorada no está habitada por nadie.

recursos

vistahigher
learning.com

El edificio se convirtió en un espacio público en el siglo XX y en su interior están el Museo de Santiago, la Oficina de Turismo y la Fundación de Vicente Huidobro, donde se encuentra abundante información sobre la vida y la obra de este escritor chileno. El Museo de Santiago ofrece una exhibición permanente sobre la historia de la ciudad, desde la época precolombina hasta nuestros días.

La Casa Colorada es una obra del arquitecto portugués Joseph de la Vega. Los materiales fundamentales que se utilizaron en su construcción fueron el adobe, la madera y la cal. Desde el primer momento, esta casa se convirtió en el centro de atención de la sociedad santiaguina por la elegancia de su diseño. Además, una característica que la diferenciaba de otras viviendas del mismo estilo arquitectónico es que su fachada estaba recubierta de piedra hasta el primer piso. El edificio empezó a llamarse Casa Colorada en 1888, año en que pintaron su fachada de color rojo.

La composición exterior del edificio es simétrica. En el centro de la fachada hay una gran puerta que sirve de acceso principal a la vivienda; a los lados se ven unos arcos que forman puertas adicionales en el primer piso y ventanas con balcones de hierro forjado en el segundo. Otra característica interesante del exterior de la casa es la elevación triangular del tejado sobre la puerta principal.

ejército *army* negocios *business* En la actualidad *At the present time* siglo *century* obra *work* madera *wood* cal *lime* santiaguina *of Santiago* diseño *design* fachada *façade* recubierta de piedra *covered with stone* hierro forjado *wrought iron* tejado *roof*

Después de leer

¿Comprendiste?
Completa las frases con las palabras adecuadas.

1. Mateo de Toro y Zambrano, un aristócrata de _____, vivió en la Casa Colorada.
2. Ahora _____ vive en la Casa Colorada.
3. El exterior de la casa es de color _____.
4. La _____ principal está en el centro de la fachada.
5. Los materiales que se utilizaron en su construcción fueron _____.
6. En el Museo de Santiago hay una exhibición sobre la _____ de la ciudad.

Preguntas
1. ¿Cómo se llamaba el arquitecto de la Casa Colorada?
2. ¿Cuándo se construyó la Casa Colorada?
3. ¿Cuándo se convirtió en lugar público?
4. ¿Por qué este edificio se llama la Casa Colorada?
5. ¿Por qué la Casa Colorada se diferenciaba de otras viviendas del mismo estilo arquitectónico?
6. ¿Dónde están el Museo de Santiago, la Oficina de Turismo y la Fundación de Vicente Huidobro?

Coméntalo
¿Te gustaría visitar la Casa Colorada? ¿Por qué? ¿Te gustaría vivir en una casa similar a ésta? Explica tu respuesta. ¿Hay edificios históricos en tu ciudad o comunidad? Descríbelos.

La vivienda

las afueras	suburbs; outskirts
la agencia de bienes raíces	real estate agency
el alquiler	rent (payment)
el ama (m., f.) de casa	housekeeper; caretaker
el barrio	neighborhood
el edificio de apartamentos	apartment building
el hogar	home
el/la vecino/a	neighbor
la vivienda	housing
alquilar	to rent
mudarse	to move (residences)

Los cuartos y otros lugares

la alcoba	bedroom
el altillo	attic
el balcón	balcony
la cocina	kitchen
el comedor	dining room
la entrada	entrance
la escalera	stairs; stairway
el garaje	garage
el jardín	garden; yard
la oficina	office
el pasillo	hallway
el patio	patio
la sala	living room
el sótano	basement; cellar

Los muebles y otras cosas

la alfombra	rug
la almohada	pillow
el armario	closet
la cómoda	chest of drawers
las cortinas	curtains
el cuadro	painting
el estante	bookcase; bookshelves
la lámpara	lamp
la luz	light
la manta	blanket
la mesita	side/end table
la mesita de noche	night stand
los muebles	furniture
la pared	wall
la pintura	painting; picture
el sillón	armchair
el sofá	couch; sofa

Los electrodomésticos

el electrodoméstico	electric appliance
la estufa	stove
el horno (de microondas)	(microwave) oven
la lavadora	washing machine
el lavaplatos	dishwasher
el refrigerador	refrigerator
la secadora	clothes dryer

La mesa

la copa	wineglass; goblet
la cuchara	spoon
el cuchillo	knife
el plato	plate
la servilleta	napkin
la taza	cup
el tenedor	fork
el vaso	glass

Los quehaceres domésticos

arreglar	to neaten; to straighten up
barrer el suelo	to sweep the floor
cocinar	to cook
ensuciar	to get (something) dirty
hacer la cama	to make the bed
hacer los quehaceres domésticos	to do household chores
lavar (el suelo, los platos)	to wash (the floor, the dishes)
limpiar la casa	to clean the house
pasar la aspiradora	to vacuum
planchar la ropa	to iron clothes
poner la mesa	to set the table
quitar la mesa	to clear the table
sacar la basura	to take out the trash
sacudir los muebles	to dust the furniture

Expresiones útiles	See page 265.
Verbs and expressions of will and influence	See page 272.

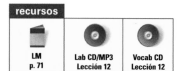

recursos

LM p. 71 | Lab CD/MP3 Lección 12 | Vocab CD Lección 12

La ropa tradicional de los guatemaltecos se llama *huipil* y muestra el amor de la cultura maya por la naturaleza (*nature*). Tiene colores vivos y los diseños (*designs*) indican el origen, la edad y el sexo de la persona que lo lleva.

América Central I

Guatemala

Área: 108.890 km² (42.042 millas²)
Población: 12.952.000
Capital: Ciudad de Guatemala–3.869.000
Ciudades principales: Quetzaltenango, Escuintla, Mazatenango, Puerto Barrios
Moneda: quetzal

SOURCE: Population Division, UN Secretariat

Honduras

Área: 112.492 km² (43.870 millas²)
Población: 7.199.000
Capital: Tegucigalpa–1.120.000
Ciudades principales: San Pedro Sula, El Progreso
Moneda: lempira

SOURCE: Population Division, UN Secretariat

El Salvador

Área: 21.040 km² (8.124 millas²)
Población: 6.876.000
Capital: San Salvador–1.533.000
Ciudades principales: Apopa, Santa Ana, San Miguel
Moneda: colón

SOURCE: Population Division, UN Secretariat

MÉXICO

Sierra de Lacandón

Lago Petén Itza

Río de la Pasión

Río Usumacinta

BELICE

Golfo de Hor

Puerto Barrios

La Ceib

San Ped

GUATEMALA

Lago de Izabal

Sierra Espíritu Santo

El Progreso

Sierra Madre

Lago de Atitlán

Río Motagua

Sierra Grita

Ciudad de
Guatemala

Lago de Guija

Lago de Y

Teguciga

Quetzaltenango

Mazatenango

Antigua Guatemala

Río Lempa

Escuintla

Río de la Paz

Santa Ana

San Salvador

San Miguel

La Libertad

Río Lempa

La Unión   Río

EL SALVADOR

Océano Pacífico

Ciudades

La Antigua Guatemala

La Antigua Guatemala era la capital del país, hasta que un terremoto (*earthquake*) la destruyó (*destroyed*) en 1773. Tiene una arquitectura colonial hermosa y es un importante centro turístico de Guatemala. La Antigua Guatemala es también muy famosa en el mundo por su celebración anual de la Semana Santa (*Holy Week*).

Mar Caribe

Islas de la Bahía

HONDURAS

erra de Payas

Río Patuca

Montañas de Colón

Laguna de Caratasca

Río Coco

NICARAGUA

COSTA RICA

Lugares

Copán

Copán está en Honduras, en el límite (*border*) con Guatemala. Miles de turistas van a las ruinas mayas de Copán durante todo el año. Los mayas fueron una antigua (*ancient*) civilización indígena que vivió en el sur de México, Guatemala, Honduras y El Salvador por más de 2.000 años. Era una civilización muy avanzada. Construyeron (*built*) pirámides, templos y observatorios. También descubrieron (*discovered*) y usaron el cero antes que los europeos e hicieron un calendario complejo y preciso. Una de las actividades más importantes de Copán era la astronomía. Allí se hacían congresos (*conventions*) de astrónomos.

Naturaleza

El Parque Nacional Montecristo

El Parque Nacional Montecristo está en el norte de El Salvador, en el límite con Honduras y Guatemala. Este bosque (*forest*) tiene árboles (*trees*) muy altos que forman una bóveda (*vault*) natural. La luz del sol no puede pasar a través de (*through*) ella. El bosque tiene un 100% de humedad. Allí hay muchas especies interesantes de plantas y animales, como orquídeas, hongos (*fungi*), pumas, quetzales y tucanes.

¿Qué aprendiste?

1 **¿Cierto o falso?** Indica si las siguientes frases son **ciertas** o **falsas**.

Cierto   Falso

_____   _____   1. La ropa tradicional de los guatemaltecos se llama Quetzaltenango.

_____   _____   2. Los diseños del *huipil* indican el origen de la persona que lo lleva.

_____   _____   3. Tegucigalpa es la capital de Honduras.

_____   _____   4. La lempira es la moneda de Guatemala.

_____   _____   5. Los mayas descubrieron el cero antes que los europeos.

_____   _____   6. En Copán se hacían congresos de geografía.

_____   _____   7. La Antigua Guatemala es la capital de Guatemala.

_____   _____   8. La Antigua Guatemala es muy famosa por su celebración de la Semana Santa.

_____   _____   9. El Parque Nacional Montecristo está en El Salvador, en el límite con Honduras y Guatemala.

_____   _____   10. El bosque del Parque Nacional Montecristo tiene un 50% de humedad.

2 **Preguntas** Contesta las siguientes preguntas.

1. ¿Qué muestra el *huipil*? ¿Qué indican sus diseños?

2. ¿Crees que los países de esta lección son muy poblados (*populated*) o poco poblados?

3. ¿Crees que la civilización maya era avanzada? ¿Por qué?

4. ¿Por qué crees que la Antigua Guatemala es un importante centro turístico?

5. ¿Por qué la luz del sol no puede pasar a través de los árboles del Parque Nacional Montecristo?

En Internet

Busca más información sobre estos temas en el sitio vistahigherlearning.com. Presenta la información a tus compañeros/as de clase.

• Copán
• La Antigua Guatemala
• El Parque Nacional Montecristo

13 La naturaleza

Communicative Goals

You will learn how to:
- talk about the natural world
- discuss environmental conditions
- express wishes, desires, and doubts

Para empezar

- ¿Crees que ellos son amigos o novios?
- ¿Crees que hay electrodomésticos donde están ellos?
- ¿Están en el patio de su casa?
- ¿Están en la ciudad o en las afueras?

La naturaleza

el volcán
volcano

LA NATURALEZA

el árbol *tree*
el bosque (tropical) *(tropical; rain) forest*
el césped *grass*
el cielo *sky*
el cráter *crater*
el desierto *desert*
la estrella *star*
la hierba *grass*
el lago *lake*
la luna *moon*
el mundo *world*
la naturaleza *nature*
la nube *cloud*
el océano *ocean*
el paisaje *landscape*
la piedra *rock; stone*
la planta *plant*
la región *region; area*
el río *river*
la selva *jungle*
el sendero *trail*
el sol *sun*
la tierra *land; soil*
el valle *valley*

la flor
flower

EL MEDIO AMBIENTE

la conservación *conservation*
la contaminación (del aire; del agua) *(air; water) pollution*
la ecología *ecology*
el ecoturismo *ecotourism*
la energía (solar) *(solar) energy*
la extinción *extinction*
el gobierno *government*
la ley *law*
la lluvia (ácida) *(acid) rain*
el medio ambiente *environment*
el peligro *danger*
la población *population*
el reciclaje *recycling*
el recurso natural *natural resource*
la solución *solution*

la energía nuclear
nuclear energy

la deforestación
deforestation

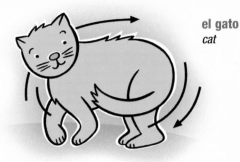

el gato
cat

el animal *animal*
el pez *fish*
la vaca *cow*

el pájaro
bird

el perro
dog

VERBOS

conservar *to conserve*
contaminar *to pollute*
controlar *to control*
cuidar *to take care of*
dejar de (+ inf.) *to stop (doing something)*
desarrollar *to develop*
descubrir *to discover*
destruir *to destroy*
estar afectado/a (por) *to be affected (by)*
evitar *to avoid*
mejorar *to improve*
proteger *to protect*
reciclar *to recycle*
recoger *to pick up*
reducir *to reduce*
resolver (o:ue) *to resolve; to solve*
respirar *to breathe*

la botella de vidrio
glass bottle

OTRAS PALABRAS Y EXPRESIONES

el envase de plástico *plastic container*
puro/a *pure*

estar contaminado/a
to be polluted

la lata de aluminio
aluminum can

Práctica y conversación

1 Escuchar 🎧 Mientras escuchas las frases, anota los sustantivos (*nouns*) que se refieren a **las plantas**, **los animales**, **la tierra** y **el cielo**.

Plantas	Animales	Tierra	Cielo
_____	_____	_____	_____
_____	_____	_____	_____
_____	_____	_____	_____

2 Seleccionar 🎧 Escucha las descripciones e indica qué foto corresponde a cada descripción.

a. _____   b. _____   c. _____   d. _____

3 Completar Completa las frases.

1. Si vemos basura en las calles, la debemos _____.
2. Los científicos trabajan para _____ nuevas soluciones.
3. Es necesario que todos trabajemos juntos para _____ los problemas del medio ambiente.
4. Debemos _____ el medio ambiente porque está en peligro.
5. Muchas leyes nuevas _____ el número de árboles que se pueden cortar (*cut down*).
6. Las primeras civilizaciones _____ cerca de los ríos, los lagos y los océanos.
7. Todas las personas del mundo _____ por la contaminación.
8. Los turistas deben tener cuidado de no _____ las regiones que visitan.
9. Podemos conservar los recursos si _____ el aluminio, el vidrio y el plástico.
10. La lluvia ácida, la contaminación y la deforestación _____ el medio ambiente.

contaminar	destruyen	reciclamos
controlan	están afectadas	recoger
cuidan	mejoramos	resolver
descubrir	proteger	se desarrollaron

4 Definir 👥 Trabaja con un(a) compañero/a para definir o describir cada palabra.

1. la población
2. un valle
3. la lluvia
4. la naturaleza
5. un desierto
6. la extinción
7. la ecología
8. un sendero

¿Qué es el cielo?

El cielo está sobre la tierra y tiene nubes.

5 **Situaciones** Trabajen en grupos pequeños para representar una de las siguientes situaciones.

• Un(a) representante de una agencia ambiental (*environmental*) habla con el/la presidente/a de una compañía industrial que está contaminando un río o el aire.

• Un(a) guía de ecoturismo habla con un grupo sobre cómo disfrutar del (*to enjoy*) medio ambiente y conservarlo.

Ortografía Los signos de puntuación

In Spanish, as in English, punctuation marks are important because they help you express your ideas in a clear, organized way.

No podía ver las llaves. Las buscó por los estantes, las mesas, las sillas, el suelo; minutos después, decidió mirar por la ventana. Allí estaban…

The **punto y coma (;)**, the **tres puntos (…)**, and the **punto (.)** are used in very similar ways in Spanish and English.

Argentina, Brasil, Paraguay y Uruguay son miembros de Mercosur.

In Spanish, the **coma (,)** is not used before **y** or **o** in a series.

13,5%   **29,2°**   **3.000.000**   **$2.999,99**

In numbers, Spanish uses a **coma** where English uses a decimal point and a **punto** where English uses a comma.

¿Cómo te llamas?   **¿Dónde está?**   **¡Ven aquí!**   **¡Hola!**

Questions in Spanish are preceded and followed by **signos de interrogación (¿ ?)**, and exclamations are preceded and followed by **signos de exclamación (¡ !)**.

¿Palabras de amor? El siguiente diálogo tiene diferentes significados (*meanings*), dependiendo de los signos de puntuación que utilizas y el lugar donde los pones. Intenta encontrar los diferentes significados.

JULIÁN me quieres

MARISOL no puedo vivir sin ti

JULIÁN me quieres dejar

MARISOL no me parece mala idea

JULIÁN no eres feliz conmigo

MARISOL no soy feliz

recursos

LM
p. 74

Lab CD/MP3
Lección 13

I CD-ROM
Lección 13

¡Qué paisaje más hermoso!

Martín y los estudiantes visitan el sendero en las montañas.

Personajes

DON FRANCISCO

JAVIER

INÉS

ÁLEX

MAITE

MARTÍN

DON FRANCISCO Chicos, les presento a Martín Dávalos, el guía de la excursión. Martín, nuestros pasajeros: Maite, Javier, Inés y Álex.

1

MARTÍN Mucho gusto. Voy a llevarlos al área donde vamos a ir de excursión mañana. ¿Qué les parece?

ESTUDIANTES ¡Sí! ¡Vamos!

2

MAITE ¡Qué paisaje más hermoso!

INÉS No creo que haya lugares más bonitos en el mundo.

3

MARTÍN Esperamos que ustedes se diviertan mucho, pero es necesario que cuiden la naturaleza.

JAVIER Se pueden tomar fotos, ¿verdad?

MARTÍN Sí, con tal de que no toques las flores o las plantas.

4

ÁLEX ¿Hay problemas de contaminación en esta región?

MARTÍN La contaminación es un problema en todo el mundo. Pero aquí tenemos un programa de reciclaje. Si ves por el sendero botellas, papeles o latas, recógelos.

5

JAVIER Entiendo que mañana vamos a cruzar un río. ¿Está contaminado?

MARTÍN En las montañas el río no parece estar afectado por la contaminación. Cerca de las ciudades, sin embargo, el río tiene bastante contaminación.

ÁLEX ¡Qué aire tan puro se respira aquí! No es como en la Ciudad de México.... Tenemos un problema gravísimo de contaminación.

MARTÍN A menos que resuelvan ese problema, los habitantes van a sufrir muchas enfermedades en el futuro.

INÉS Creo que todos debemos hacer algo para proteger el medio ambiente.

MAITE Yo creo que todos los países deben establecer leyes que controlen el uso de automóviles.

JAVIER Pero Maite, ¿tú vas a dejar de usar tu carro en Madrid?

MAITE Pues, voy a tener que usar el Metro... Pero tú sabes que mi coche es tan pequeñito... casi no contamina nada.

INÉS ¡Ven, Javier!

JAVIER ¡¡Ya voy!!

Expresiones útiles

Talking about the environment

No creo que haya lugares más bonitos en el mundo.
I don't think there are any prettier places in the world.

¿Hay problemas de contaminación en esta región?
Are there problems with pollution in this region/area?

Es un problema en todo el mundo.
It's a problem throughout the world.

El río no parece estar afectado por la contaminación.
The river does not seem to be affected by pollution.

El río tiene bastante contaminación.
The river is quite polluted.

Es necesario que cuiden la naturaleza.
It's necessary that you take care of nature.

Puedes tomar fotos, con tal de que no toques las plantas.
You can take pictures, provided that you don't touch the plants.

Tenemos un problema gravísimo de contaminación.
We have an extremely serious problem with pollution.

A menos que resuelvan el problema, los habitantes van a sufrir muchas enfermedades.
Unless they solve the problem, the inhabitants are going to suffer a lot of illnesses.

Si ves botellas, papeles o latas, recógelos.
If you see bottles, papers, or cans, pick them up.

¿Qué piensas?

1 **Seleccionar** Selecciona la opción más lógica para cada frase.

1. Martín va a llevar a los estudiantes al lugar donde van a

a. contaminar el río.   b. bailar.

c. ir de excursión.

2. El río está más afectado por la contaminación

a. cerca de los bosques.   b. en las ciudades.

c. en las montañas.

3. Martín quiere que los estudiantes

a. recojan la basura de los senderos.   b. descubran nuevos senderos.

c. no usen sus autos.

4. La contaminación del aire puede producir

a. problemas de estómago.   b. enfermedades respiratorias.

c. enfermedades mentales.

2 **Preguntas** Responde a las siguientes preguntas.

1. Según Martín, ¿qué es necesario que hagan los estudiantes? ¿Qué no pueden hacer?

_____

2. ¿Qué problemas del medio ambiente mencionan Martín y los estudiantes?

_____

3. ¿Qué cree Maite que deben hacer los países?

_____

4. ¿Qué cosas se pueden reciclar en el programa que menciona Martín?

_____

5. Si Maite no puede usar su carro en Madrid, ¿qué medio de transporte va a usar?

_____

3 **Situación** Eres el/la guía de un grupo de turistas que quiere hacer una excursión a las montañas. Conversa con ellos/as (tus compañeros/as) sobre las cosas que van a ver y sobre lo que deben y no deben hacer durante la excursión.

Exploración

Atracciones naturales del mundo hispano

Muchas personas consideran que Guatemala es el país de la eterna primavera, por sus bellezas naturales. Para conservar los recursos naturales, en Guatemala se estableció un sistema de biotopos —parques nacionales y reservas naturales. Los biotopos sirven para preservar la flora y la fauna únicas del país.

Nicaragua tiene más de 25 volcanes, como el Cerro Negro, en la zona pacífica del país. Algunos de ellos son activos y de vez en cuando entran en erupción (*erupt*).

Observaciones

- Hay más de 1.640 especies de pájaros en Ecuador.
- El árbol de Tule en Oaxaca, México, tiene más de 2.000 años de edad y un diámetro de 10 metros —el más grande del mundo.
- La Bahía Piñas es el lugar de pesca más famoso de Panamá.
- En Puerto Rico, hay 16 especies nativas de coquí, ranas arbóreas (*tree frogs*).
- El volcán Momotombo de Nicaragua aparece frecuentemente en los versos del gran poeta nicaragüense Rubén Darío.

En la Quebrada de los Cuervos, en Uruguay, se puede hacer turismo de aventura y, al mismo tiempo, estar en contacto con la naturaleza. Desde 1986, forma parte de la primera área natural protegida (*protected*) de Uruguay.

Coméntalo

Con un(a) compañero/a, contesta las siguientes preguntas.

- ¿Quieres visitar algunos de los lugares mencionados en esta página? ¿Por qué?
- ¿Cuáles son los lugares naturales más bonitos que conoces? ¿Cómo son?
- ¿Hay parques nacionales cerca de tu comunidad? ¿Qué se puede hacer allí?

recursos

vistahigher
learning.com

13.1 The subjunctive with verbs of emotion

Esperamos que ustedes se diviertan mucho en la excursión.

Es triste que tengamos un problema grave de contaminación en la Ciudad de México.

Main clause	Connector	Subordinate clause
Marta espera	que	yo vaya al lago este fin de semana.

▸ When the main clause of a sentence expresses an emotion or feeling, the subjunctive is required in the subordinate clause.

Nos alegramos de que te **gusten** las flores.
We are happy that you like the flowers.

Siento que tú no **vengas** mañana.
I'm sorry that you're not coming tomorrow.

Temo que Ana no **pueda** ir mañana con nosotros.
I'm afraid that Ana won't be able to go with us tomorrow.

Le **sorprende** que Juan **sea** tan joven.
It surprises him that Juan is so young.

Common verbs and expressions of emotion

alegrarse (de)	*to be happy*	esperar	*to hope; to wish*	sentir (e:ie)	*to be sorry; to regret*
es extraño	*it's strange*	gustar	*to be pleasing; to like*		
es ridículo	*it's ridiculous*			sorprender	*to surprise*
es terrible	*it's terrible*	molestar	*to bother*	temer	*to be afraid; to fear*
es triste	*it's sad*	ojalá (que)	*I hope (that); I wish (that)*		
es una lástima	*it's a shame*			tener miedo (de)	*to be afraid (of)*

Me molesta que la gente no **recicle** el plástico.
It bothers me that people don't recycle plastic.

Me gusta que **respiremos** aire limpio.
I like that we breathe clean air.

Es una lástima que no **controlemos** la deforestación.
It's a shame we don't control deforestation.

Espera que las leyes **cuiden** las selvas.
He hopes that the laws protect the jungles.

Using the subjunctive

▸ The infinitive is used after an expression of emotion when there is no change of subject.

Temo **llegar** tarde.
I'm afraid I'll arrive late.

Me molesta **ver** el bosque tropical en peligro.
It bothers me to see the rain forest in danger.

Temo que mi novio **llegue** tarde.
I'm afraid my boyfriend will arrive late.

Me alegro de que el gobierno **se preocupe** por el medio ambiente.
I'm happy that the government worries about the environment.

▸ The expression **ojalá (que)** is always followed by the subjunctive. The use of **que** is optional.

Ojalá (que) se conserven nuestros recursos naturales.
I hope (that) our natural resources will be conserved.

Ojalá (que) recojan la basura muy pronto.
I hope (that) they collect the garbage soon.

Práctica y conversación

1 **Olga y Sara** Completa el diálogo con palabras de la lista.

alegro	molesta	temer
encuentren	ojalá	tengo miedo de
estén	puedan	vayan
lleguen	sorprender	visitar

OLGA Me alegro de que Adriana y Raquel _____ a Colombia.

SARA Sí. Es una lástima que _____ tarde. Ojalá que la universidad las ayude a buscar casa. _____ que no consigan dónde vivir.

OLGA Me _____ que seas tan pesimista. Yo espero que _____ gente simpática.

SARA Sí, ojalá. Van a estudiar la deforestación en las costas. Es triste que en tantos países los recursos naturales _____ en peligro.

OLGA Me _____ de que no se queden en la capital por la contaminación, pero _____ tengan tiempo de viajar por el país.

SARA Sí, espero que _____ ir al Museo del Oro. Sé que también esperan _____ la Catedral de Sal de Zipaquirá.

2 **Oraciones** Combina elementos de las tres columnas para formar oraciones.

MODELO
Es triste que algunas personas no cuiden la naturaleza.

Expresiones	Sujetos	Actividades
Me alegro de que	yo	desarrollar programas de reciclaje
Espero que	tú	
Es extraño que	el gobierno	proteger el medio ambiente
Me gusta que	el/la profesor(a)	
Tengo miedo de que	la universidad	destruir los bosques
Es triste que	las fábricas	poner en peligro la naturaleza
Ojalá que	algunas personas	
	los centros comerciales	cuidar la naturaleza

3 **Conversación** Usa los siguientes elementos para crear una conversación entre Juan y la madre de su novia. Añade palabras si es necesario. Luego, con un(a) compañero/a, preséntala a la clase.

1. Juan, / esperar / (tú) escribirle / Raquel. / Ser / tu / novia. / Ojalá / no / sentirse / sola
2. Molestarme / (usted) decirme / lo que / tener / hacer. / Ahora / mismo / estarle / escribiendo
3. Alegrarme / oírte / decir / eso. / Ser / terrible / estar / lejos / cuando / nadie / recordarte
4. Señora, / ¡yo / tener / miedo / (ella) no recordarme / mí! / Ser / triste / estar / sin / novia
5. Ser / ridículo / (tú) sentirte / así. / Tú / saber / ella / querer / casarse / contigo
6. Ridículo / o / no, / sorprenderme / todos preocuparse / ella / y / (nadie) acordarse / mí

4 **Comentar** En parejas, conversen sobre su ciudad, sus clases o algún otro tema, usando expresiones como **me alegro de que, temo que** y **es extraño que**. Luego reaccionen a los comentarios de su compañero/a.

MODELO
Estudiante 1: Me alegro de que vayan a limpiar el río.
Estudiante 2: Yo también. Me preocupa que el agua del río esté tan contaminada.
Estudiante 1: Espero que mis profesores de español y matemáticas den menos tarea.
Estudiante 2: Pues yo temo que todos mis profesores piensen dar más tarea.

5 **Problemas** Prepara una lista de problemas ecológicos que te preocupen. Luego, describe cada problema a varios compañeros. Escribe las soluciones que te ofrecen. Después, comparte la información con la clase.

Problemas	Soluciones
_____	_____
_____	_____
_____	_____
_____	_____
_____	_____

13.2 The subjunctive with doubt, disbelief, and denial

¡No creo que haya lugares más bonitos en el mundo!

Dudo que el río esté contaminado aquí en las montañas.

▶ The subjunctive is used with expressions of doubt, disbelief, and denial.

Main clause	Connector	Subordinate clause
Dudan	que	su hijo les diga la verdad.

▶ The subjunctive is used in a subordinate clause when there is a change of subject and the main clause implies negation or uncertainty.

Expressions of doubt, disbelief, or denial

dudar	to doubt	no es cierto	it's not true; it's not certain	es improbable	it's improbable
negar (e:ie)	to deny			(no) es posible	it's (not) possible
no creer	not to believe	no es seguro	it's not certain	(no) es probable	it's (not) probable
no estar seguro/a (de)	not to be sure (of)	no es verdad	it's not true		
		es imposible	it's impossible		

El gobierno **niega** que el agua **esté** contaminada.
The government denies that the water is polluted.

Dudo que el gobierno **resuelva** el problema.
I doubt that the government will solve the problem.

▶ In English, the expression *it is probable/possible* indicates a fairly high degree of certainty. In Spanish, however, **es probable/posible** implies uncertainty and therefore triggers the subjunctive in the subordinate clause.

Es posible que **haya** menos bosques y selvas en el futuro.
It's possible that there will be fewer forests and jungles in the future.

Es muy probable que **contaminemos** el medio ambiente.
It's very probable that we pollute the environment.

▶ **Quizás** and **tal vez** imply an uncertain possibility and are usually followed by the subjunctive.

Quizás haga sol mañana.
Perhaps it will be sunny tomorrow.

Tal vez veamos la luna esta noche.
Perhaps we will see the moon tonight.

▶ The indicative is used in a subordinate clause when the main clause expresses certainty.

Expressions of certainty

es cierto	it's true; it's certain	es verdad	it's true	no dudar	not to doubt
es obvio	it's obvious	estar seguro/a (de)	to be sure (of)	no hay duda de	there is no doubt
es seguro	it's certain	no cabe duda de	there is no doubt	no negar (e:ie)	not to deny

No negamos que **hay** demasiados carros en las carreteras.
We don't deny that there are too many cars on the highways.

Es cierto que los tigres **están** en peligro de extinción.
It's certain that tigers are in danger of extinction.

▶ The verb **creer** expresses belief or certainty, so it is followed by the indicative. **No creer** implies doubt and is followed by the subjunctive.

Creo que **debemos** usar la energía solar.
I believe we should use solar energy.

No creo que **haya** vida en Marte
I don't believe that there is life on Mars.

Práctica y conversación

1 Dudas Carolina siempre miente. Expresa tus dudas sobre lo que Carolina está diciendo ahora.

MODELO

El próximo año mi familia y yo vamos a ir de vacaciones por diez meses. [dudar]

¡Ja! Dudo que vayan de vacaciones por diez meses.

1. Mi tía es la directora del Sierra Club. [no ser verdad]
2. Dos profesores míos juegan para los Osos (*Bears*) de Chicago. [ser imposible]
3. Mi mejor amiga conoce al chef Emeril. [no ser cierto]
4. Mi padre es dueño del Centro Rockefeller. [no ser posible]

2 Conversación Completa el diálogo. Luego dramatízalo con un(a) compañero/a.

RAÚL   Ustedes dudan que yo _____ [estudio/estudie]. No niego que a veces me _____ [divierto/divierta], pero no cabe duda de que _____ [tomo/tome] mis estudios en serio. Creo que no _____ [tienen/tengan] razón.

PAPÁ   Es posible que tu mamá y yo no _____ [tenemos/tengamos] razón. Pero no hay duda de que te _____ [pasas/pases] toda la noche en Internet y oyendo música. No es seguro que _____ [estás/estés] estudiando.

RAÚL   Es verdad que _____ [uso/use] mucho Internet, pero ¿no es posible que _____ [es/sea] para buscar información para mis clases?

PAPÁ   No dudo que esta conversación nos _____ [va/vaya] a ayudar. Pero tal vez _____ [puedes/puedas] estudiar sin música.

3 Hablando con un(a) burócrata En parejas, preparen un diálogo sobre el medio ambiente entre un(a) activista y un(a) burócrata del gobierno (*government bureaucrat*). Luego presenten la conversación a la clase.

MODELO

Activista: Queremos reducir la contaminación del aire. Pero dudo que el gobierno nos ayude.

Burócrata: Es obvio que el gobierno está haciendo muchas cosas para reducir la contaminación del aire.

4 Adivinar Escribe cinco oraciones sobre tu vida presente y futura. Cuatro deben ser falsas y sólo una debe ser cierta. Preséntalas al grupo. El grupo adivina (*guesses*) cuál es la oración cierta y expresa sus dudas sobre las falsas.

MODELO

Estudiante 1: Quiero irme un año a trabajar en la selva.

Estudiante 2: Dudo que te guste vivir en la selva.

Estudiante 3: En cinco años voy a ser presidente de los Estados Unidos.

Estudiante 2: No creo que vayas a ser presidente de los Estados Unidos en cinco años. ¡Tal vez en treinta!

5 Debate Con un compañero/a, debate algunas de las posibles soluciones a los problemas del medio ambiente.

MODELO

Estudiante 1: Para proteger el medio ambiente, creo que necesitamos una ley para controlar el número de coches en cada familia.

Estudiante 2: Dudo que sea posible controlar el número de coches. A muchas personas les gusta tener su propio (*own*) coche.

13.3 The subjunctive with conjunctions

▶ Conjunctions are words or phrases that connect others. Certain conjunctions commonly introduce adverbial clauses, which describe *how*, *why*, *when*, and *where* an action takes place. The conjunctions listed below always require the subjunctive.

Conjunctions that require the subjunctive					
a menos que	*unless*	con tal (de) que	*provided that*	para que	*so that*
antes (de) que	*before*	en caso (de) que	*in case (that)*	sin que	*without*

¿Se pueden tomar fotos?

Sí, con tal de que no toques las flores.

Voy a dejar un recado **en caso de que** Gustavo me **llame**.
I'm going to leave a message in case Gustavo calls me.

Voy al supermercado **para que tengas** algo de comer.
I'm going to the supermarket so that you'll have something to eat.

▶ The infinitive is used after the prepositions **antes de, para,** and **sin** when there is no change of subject. Compare these sentences.

A menos que resuelvan el problema, ellos van a sufrir muchas enfermedades.

Te llamamos el viernes **antes de salir** de la casa.
We will call you on Friday before leaving the house.

Te llamamos mañana **antes de que salgas.**
We will call you tomorrow before you leave.

Conjunctions used with subjunctive or indicative					
cuando	*when*	en cuanto	*as soon as*	tan pronto como	*as soon as*
después (de) que	*after*	hasta que	*until*		

▶ With the conjunctions above, use the subjunctive in the subordinate clause if the main clause expresses a future action or command.

Cuando veo basura, la recojo.

Vamos a resolver el problema **cuando desarrollemos** nuevas tecnologías.
We are going to solve the problem when we develop new technologies.

Después de que ustedes **tomen** sus refrescos, reciclen las botellas.
After you drink your soft drinks, recycle the bottles.

▶ If the verb in the main clause expresses an action that habitually happens, or that happened in the past, the indicative is used.

Voy a formar un club de ecología **tan pronto como empiecen** las clases.

Contaminan los ríos **cuando construyen** nuevos edificios.
They pollute the rivers when they build new buildings.

Contaminaron el río **cuando construyeron** ese edificio.
They polluted the river when they built that building.

Siempre vamos de excursión **tan pronto como llega** Rafael.
We always go hiking as soon as Rafael arrives.

Salimos **tan pronto como llegó** Rafael.
We left as soon as Rafael arrived.

Práctica y conversación

1 Una excursión La señora Montero habla de una excursión que quiere hacer con su familia. Completa las oraciones con la forma correcta de cada verbo.

1. Voy a llevar a mis hijos al parque para que _____ [aprender] sobre la naturaleza.

2. Vamos a pasar todo el día allí con tal de que todos nosotros _____ [tener] tiempo.

3. Vamos a alquilar bicicletas en cuanto _____ [llegar] al parque.

4. En bicicleta, podemos explorar el parque sin _____ [caminar] demasiado.

5. Vamos a bajar al cráter a menos que se _____ [prohibir].

6. Siempre llevamos al perro cuando _____ [ir] al parque.

7. En caso de que _____ [llover], vamos a regresar temprano a la casa.

8. Queremos almorzar a la orilla (*shore*) del río cuando _____ [tener] hambre.

9. Mis hijos van a ver muchas cosas interesantes antes de _____ [salir] del parque.

10. Una vez estuvimos en el parque hasta que uno de mis hijos _____ [dormirse].

2 Oraciones Completa las siguientes oraciones.

1. No podemos controlar la contaminación del aire a menos que…

2. Voy a reciclar los productos de papel en cuanto…

3. Protegemos los animales en peligro de extinción para que…

4. Mis amigos y yo vamos a recoger la basura de la universidad después de que…

5. Todos podemos conservar energía cuando…

6. No podemos desarrollar nuevas fuentes (*sources*) de energía sin…

7. Debemos comprar coches eléctricos tan pronto como…

8. Hay que eliminar la contaminación del agua para…

9. No podemos proteger la naturaleza sin que…

3 Preguntas En parejas, contesten las siguientes preguntas. Luego, compartan la información con la clase.

1. ¿Qué haces cada noche antes de acostarte?

2. ¿Qué haces en la clase cada día después de que llega el/la profesor(a)?

3. ¿Qué hacen tus padres para que puedas asistir a la universidad?

4. ¿Qué puedes hacer para mejorar tu español?

5. ¿Qué quieres hacer mañana a menos que haga mal tiempo?

6. ¿Qué haces en tus clases sin que los profesores lo sepan?

4 El fin de semana En parejas, hablen de lo que van a hacer este fin de semana, usando las palabras indicadas.

a menos que	después de que	para que
antes de	en caso de que	sin
antes de que	en cuanto	sin que
con tal de que	hasta que	tan pronto como
cuando	para	

MODELO

Estudiante 1: El sábado mis amigos y yo vamos al lago. Después de que volvamos, voy a estudiar para mi examen de química.

Estudiante 2: Todos los sábados llevo a mi primo al parque para que juegue con sus amigos. Pero el sábado que viene, con tal de que no llueva, lo voy a llevar a las montañas.

5 Tic-Tac-Toe Formen dos equipos. Una persona comienza una frase y otra persona de su equipo la termina, usando palabras de la gráfica. El primer equipo que forme tres oraciones seguidas (*in a row*) gana el tic-tac-toe. Tienen que usar correctamente la conjunción o la preposición y el verbo.

MODELO

Estudiante 1: Dudo que podamos eliminar la deforestación…

Estudiante 2: …sin que nos ayude el gobierno.

cuando	con tal de que	para que
antes de que	para	sin que
hasta que	en caso de que	antes de

Ampliación

1 Escuchar 🎧

A Escucha el discurso de Soledad Morales, una activista preocupada por el medio ambiente. Antes de escuchar, marca las palabras y frases que tú crees que ella va a usar en su discurso. Después marca las palabras y frases que escuchaste.

TIP **Use your background knowledge / Guess meaning from context.** Your background knowledge helps you anticipate the content of discourse that you hear in Spanish. If you hear words or expressions you do not understand, you can often guess their meanings based on the surrounding words.

	Antes de escuchar	Después de escuchar
1. el futuro	☐	☐
2. el cine	☐	☐
3. los recursos naturales	☐	☐
4. el aire	☐	☐
5. los ríos	☐	☐
6. la contaminación	☐	☐
7. las diversiones	☐	☐
8. la conservación de la naturaleza	☐	☐

¡Protejamos la Tierra!

NUESTRO PATRIMONIO

B En tu opinión, ¿qué recomendaciones va a dar la señora Morales en la siguiente parte de su discurso?

2 Conversar 🎲 Conversa con un(a) compañero/a sobre el estado del medio ambiente en tu comunidad o región. Las siguientes expresiones pueden ser útiles.

Dudo que...	No dudo que...	No negar
Es cierto que...	No es cierto que...	No podemos resolver el problema a menos que...
Es posible resolver el problema con tal de que...	No es seguro...	
	No es verdad que...	Ojalá...
Es probable que...	No estoy seguro/a de que...	Quizás...
Es una lástima que...	No hay duda de que...	Tal vez...

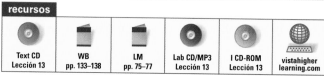

recursos

| Text CD Lección 13 | WB pp. 133–138 | LM pp. 75–77 | Lab CD/MP3 Lección 13 | I CD-ROM Lección 13 | vistahigher learning.com |

3 **Escribir** Escribe una carta a un periódico sobre una situación importante que afecta el medio ambiente en tu comunidad.

TIP **Consider your audience and purpose.** Once you have defined both your audience and your purpose, you will be able to decide which genre, vocabulary, and grammatical structures will best serve your needs.

Organízalo	Decide cuál es el propósito de tu carta y planéala.
Escríbelo	Utiliza tus apuntes para escribir el primer borrador de tu carta.
Corrígelo	Intercambia tu carta con un(a) compañero/a. Léela y anota los mejores aspectos. Ofrécele sugerencias para mejorarla. Si ves algunos errores, coméntaselos.
Compártelo	Revisa el primer borrador según las indicaciones de tu compañero/a. Si es necesario, incorpora nuevas ideas y/o más información.

4 **Un paso más** Escribe una carta al/a la presidente/a de un país hispano para hablarle de tus dudas, deseos y preocupaciones sobre el futuro de una de las atracciones naturales del país.

• Investiga algunas de las atracciones naturales del mundo hispano.

• Escoge una y piensa en lo que se puede hacer para protegerla.

• Explica lo que temes de los problemas ambientales, lo que esperas y tus dudas sobre el futuro.

• Formula recomendaciones para proteger este lugar en el futuro.

Las tortugas marinas están en grave peligro de extinción.

En Internet

Investiga estos temas en el sitio vistahigherlearning.com.

• Atracciones naturales de España
• Atracciones naturales de América del Sur
• Atracciones de México, América Central y el Caribe

Antes de leer

When you are faced with an unfamiliar text, it is important to determine the writer's purpose (which is often related to the genre or type of writing). Identifying the purpose of a text will help you anticipate the content of a reading selection. For example, if you are reading an advice column in a newspaper, you know to expect questions about people's problems and suggestions from the columnist. The reading selection for this lesson consists of two fables: "El perro y el cocodrilo" by Félix María Samaniego, and "El pato y la serpiente" by Tomás de Iriarte. In general, what do the writers of fables attempt to accomplish? What kinds of characters do you expect to read about in fables?

_____

_____

_____

Sobre los autores

Félix María Samaniego (1745–1801), nacido en España, escribió las *Fábulas morales*, que ilustran de manera humorística el carácter humano. Los protagonistas de muchas de sus fábulas son animales que hablan.

Tomás de Iriarte (1750–91), nacido en las Islas Canarias, tuvo gran éxito (*success*) con su libro *Fábulas literarias*. Su tendencia a representar la lógica a través de símbolos de la naturaleza fue de gran influencia para muchos autores de su época.

El perro y el cocodrilo

Bebiendo un perro en el Nilo,
al mismo tiempo corría.
"Bebe quieto", le decía
un taimado cocodrilo.

Díjole el perro prudente:
"Dañoso es beber y andar;
pero ¿es sano el aguardar
a que me claves el diente?"

¡Oh qué docto perro viejo!
Yo venero su sentir
en esto de no seguir
del enemigo el consejo.

Nilo *Nile* quieto *in peace* taimado *sly* Díjole *Said to him*
Dañoso *Harmful* andar *to walk* ¿es sano... diente? *is it good for you to wait for you to sink your teeth into me?*
docto *learned; wise* venero *revere* sentir *wisdom*

Después de leer

¿Comprendiste?

Escoge la mejor opción para completar cada oración.

1. El cocodrilo _____ perro.

   a. está preocupado por el   b. quiere comerse al
   c. tiene miedo del

2. El perro _____ cocodrilo.

   a. tiene miedo del   b. es amigo del
   c. quiere quedarse con el

3. El pato cree que es un animal

   a. muy famoso.   b. muy hermoso.
   c. de muchos talentos.

4. La serpiente cree que el pato es

   a. muy inteligente.   b. muy tonto.
   c. muy feo.

Preguntas

1. ¿Qué representa el cocodrilo?
   _____

2. ¿Qué representa el pato?
   _____

3. ¿Cuál es la moraleja (*moral*) de "El perro y
   el cocodrilo"?
   _____

4. ¿Cuál es la moraleja de "El pato y la serpiente"?
   _____

Coméntalo

¿Estás de acuerdo (*do you agree*) con las moralejas
de estas fábulas? ¿Por qué? ¿Cuál de estas fábulas te
gusta más? ¿Por qué? ¿Conoces otras fábulas? ¿Cuál
es su propósito (*purpose*)?

El pato y la serpiente

A orillas de un estanque,
diciendo estaba un pato:
"¿A qué animal dio el cielo
los dones que me ha dado?

"Soy de agua, tierra y aire:
cuando de andar me canso,
si se me antoja, vuelo;
si se me antoja, nado".

Una serpiente astuta
que le estaba escuchando,
le llamó con un silbo,
y le dijo "¡Seo guapo!

"No hay que echar tantas plantas;
pues ni anda como el gamo,
ni vuela como el sacre,
ni nada como el barbo;

"y así tenga sabido
que lo importante y raro
no es entender de todo,
sino ser diestro en algo".

pato *duck* orillas *bank* estanque *pond* cielo *heaven*
los dones… dado *the gifts that it has given me*
me canso *I get tired* si se me antoja, vuelo *If I feel like it,*
I fly silbo *hiss*

Seo *Señor* No hay que… plantas *There's no reason to boast*
gamo *deer* sacre *falcon* barbo *barbel (a type of fish)*
lo… raro *the important and rare thing* diestro *skillful*

La naturaleza

el árbol	tree
el bosque (tropical)	(tropical; rain) forest
el cielo	sky
el cráter	crater
el desierto	desert
la estrella	star
la flor	flower
la hierba	grass
el lago	lake
la luna	moon
el mundo	world
la naturaleza	nature
la nube	cloud
el océano	ocean
el paisaje	landscape
la piedra	rock; stone
la planta	plant
la región	region; area
el río	river
la selva	jungle
el sendero	trail
el sol	sun
la tierra	land; soil
el valle	valley
el volcán	volcano

Conjunciones

a menos que	unless
antes (de) que	before
con tal (de) que	provided that
después (de) que	after
en caso (de) que	in case (that)
en cuanto	as soon as
hasta que	until
para que	so that
sin que	without
tan pronto como	as soon as

El medio ambiente

la conservación	conservation
la contaminación (del aire; del agua)	(air; water) pollution
la deforestación	deforestation
la ecología	ecology
el ecoturismo	ecotourism
la energía (nuclear; solar)	(nuclear; solar) energy
la extinción	extinction
el gobierno	government
la ley	law
la lluvia (ácida)	(acid) rain
el medio ambiente	environment
el peligro	danger
la población	population
el reciclaje	recycling
el recurso natural	natural resource
la solución	solution
conservar	to conserve
contaminar	to pollute
controlar	to control
cuidar	to take care of
dejar de (+ inf.)	to stop (doing something)
desarrollar	to develop
descubrir	to discover
destruir	to destroy
estar afectado/a (por)	to be affected (by)
estar contaminado/a	to be polluted
evitar	to avoid
mejorar	to improve
proteger	to protect
reciclar	to recycle
recoger	to pick up
reducir	to reduce
resolver (o:ue)	to resolve; to solve
respirar	to breathe
la botella de vidrio	glass botle
el envase de plástico	plastic container
la lata de aluminio	aluminum can
puro/a	pure

Las emociones

alegrarse (de)	to be happy
esperar	to hope; to wish
sentir (e:ie)	to be sorry; to regret
temer	to be afraid, to fear
es extraño	it's strange
es una lástima	it's a shame
es ridículo	it's ridiculous
es terrible	it's terrible
es triste	it's sad
ojalá (que)	I hope (that); I wish (that)

Las dudas y certezas

(no) creer	(not) to believe
(no) dudar	(not) to doubt
(no) estar seguro/a (de)	(not) to be sure (of)
(no) negar (e:ie)	(not) to deny
es imposible	it's impossible
es improbable	it's improbable
es obvio	it's obvious
no cabe duda de	there is no doubt
no hay duda de	there is no doubt
(no) es cierto	it's (not) true; it's (not) certain
(no) es posible	it's (not) possible
(no) es probable	it's (not) probable
(no) es seguro	it's (not) certain
(no) es verdad	it's (not) true

Los animales

el animal	animal
el gato	cat
el pájaro	bird
el perro	dog
el pez	fish
la vaca	cow

Expresiones útiles	See page 291.

14 En la ciudad

Communicative Goals

You will learn how to:
- give advice
- talk about errands
- ask for directions

Para empezar

- ¿Dónde están ellos, en una calle o en un sendero?
- ¿Es posible que donde están ellos haya contaminación?
- ¿Puedes ver edificios de apartamentos?
- ¿Crees que ellos están haciendo ecoturismo?

En la ciudad

la pescadería
fish market

EN LA CIUDAD

el banco *bank*

la carnicería *butcher shop*

el correo *post office; mail*

la heladería *ice cream shop*

la joyería *jewelry store*

la lavandería *laundromat*

la panadería *bakery*

la pastelería *pastry shop*

el salón de belleza *beauty salon*

el supermercado *supermarket*

la zapatería *shoe store*

hacer cola *to stand in line*

hacer diligencias *to run errands*

la ciudad
city

la frutería
fruit store

la peluquería
hairdressing salon

EN EL CORREO

el paquete *package*

los sellos *stamps*

el sobre *envelope*

echar (una carta) al buzón *to put (a letter) in the mailbox; to mail (a letter)*

enviar *to send*

mandar *to send*

el cartero
mail carrier

las estampillas
stamps

SERIE KY 5296221
Diamante 787
Valparaíso
0-744679-00-5
JUAN FLORES GARCÍA
$ 2387.00
044-0365
011
8 de noviembre de 2005
Páguese a
la orden de *María Eugenia Castano*
la suma de *dos mil trescientos ochenta y siete con* 00/100 o, al portador
pesos m/l
Juan Flores García
Firma autorizada
BANCO ATLANTIS
:54892332.A 0440900657008- 01
Este cheque tiene papel de seguridad con marca de agua, verifíquela antes de aceptarlo.

EN EL BANCO

el cheque de viajero *traveler's check*

la cuenta corriente *checking account*

la cuenta de ahorros *savings account*

ahorrar *to save (money)*

cobrar *to cash (a check); to charge (for a product or service)*

depositar *to deposit*

llenar (un formulario) *to fill out (a form)*

pagar al contado *to pay in cash*

pagar a plazos *to pay in installments*

pedir prestado *to borrow*

pedir un préstamo *to apply for a loan*

ser gratis *to be free of charge*

el cheque
check

firmar
to sign

el cajero automático
automatic teller machine, ATM

OTRAS PALABRAS Y EXPRESIONES

la cuadra *(city) block*

la dirección *address*

la esquina *corner*

cruzar *to cross*

doblar *to turn*

estar perdido/a *to be lost*

quedar *to be located*

(al) este *(to the) east*

(al) oeste *(to the) west*

(al) norte *(to the) north*

(al) sur *(to the) south*

derecho *straight (ahead)*

enfrente de *opposite; facing*

hacia *toward*

el letrero
sign

PARE

dar direcciones
to give directions

Práctica y conversación

1 **¿Lógico o ilógico?** 🎧 Escucha las frases e indica si cada frase es **lógica** o **ilógica**.

	1.	2.	3.	4.	5.	6.	7.	8.
Lógico								
Ilógico								

2 **¿Adónde fue?** 🎧 Óscar está hablándote de las diligencias que hizo ayer. Indica adónde fue.

1. _____

3. _____

5. _____

2. _____

4. _____

6. _____

3 **Emparejar** Empareja los lugares con la actividad que se pueda hacer en cada lugar.

Lugares

1. carnicería _____   5. lavandería _____
2. pastelería _____   6. pescadería _____
3. frutería _____   7. salón de belleza _____
4. joyería _____   8. zapatería _____

Actividades

a. comprar galletas.   e. lavar la ropa
b. comprar manzanas   f. comprar pescado
c. comprar un collar (necklace)   g. comprar pollo
d. cortarse (to cut) el pelo   h. comprar unas sandalias

4 **Completar** Llena los espacios en blanco con las palabras más adecuadas.

1. El banco me regaló un reloj. Lo conseguí _____.

2. Me gusta _____ dinero, pero no me molesta gastarlo.

3. Tengo que _____ el cheque en el dorso (on the back) para cobrarlo.

ahorrar	firmar
cajero automático	gratis
cobra	pagó al contado

4. Mi madre va a un _____ para obtener dinero.

5. Julio lleva su cheque al banco y lo _____ para tener dinero.

6. Anoche en el restaurante, Marco _____ en vez de usar una tarjeta de crédito.

recursos

**Text CD
Lección 14**

5 **Situaciones** En parejas, representen los papeles (*roles*) de un(a) empleado/a del banco y de uno/a de los/las siguientes clientes/as.

- un(a) estudiante universitario/a que quiere abrir una cuenta corriente.

- una pareja de recién casados que quiere pedir un préstamo para comprar una casa.

- una persona que quiere información de los servicios que ofrece el banco.

- un(a) estudiante que va a ir a estudiar al extranjero (*abroad*).

6 **Direcciones** En grupos, escriban un minidrama en el que unos/as turistas están preguntando cómo llegar a diferentes sitios de la comunidad en la que viven ustedes. Luego preséntenlo a la clase.

Ortografía Las abreviaturas

In Spanish, as in English, abbreviations are often used in order to save space and time while writing. Here are some of the most commonly used abbreviations in Spanish.

usted → Ud.   **ustedes** → Uds.

As you have already learned, the subject pronouns **usted** and **ustedes** are often abbreviated.

don → D.   **doña** → Dña.   **doctor(a)** → Dr(a).

señor → Sr.   **señora** → Sra.   **señorita** → Srta.

These titles are frequently abbreviated.

centímetro → cm   **metro** → m   **kilómetro** → km

litro → l   **gramo** → g; gr   **kilogramo** → kg

The abbreviations for these units of measurement are often used, but without periods.

por ejemplo → p. ej.   **página(s)** → pág(s).

These abbreviations are often seen in books.

derecha → dcha.   **izquierda** → izq. (izqda.)

código postal → C.P.   **número** → n.º

These abbreviations are often used in mailing addresses.

Banco → Bco.   **Compañía** → Cía.

cuenta corriente → c/c.   **Sociedad Anónima (*Inc.*)** → S.A.

These abbreviations are frequently used in the business world.

Emparejar En la tabla hay 9 abreviaturas. Empareja los cuadros necesarios para formarlas.

S.	c.	C.	c	co.	U
B	c/	Sr	A.	D	dc
ta.	P.	ña.	ha.	m	d.

Estamos perdidos.

Maite y Álex hacen diligencias en el centro.

Personajes

DON FRANCISCO

JAVIER

INÉS

ÁLEX

MAITE

MARTÍN

JOVEN

MARTÍN & DON FRANCISCO Buenas tardes.

JAVIER Hola. ¿Qué tal? Estamos conversando sobre la excursión de mañana.

DON FRANCISCO ¿Y ya tienen todo lo que necesitan? A todos los excursionistas yo siempre les recomiendo llevar zapatos cómodos, una mochila, gafas oscuras y un suéter por si hace frío.

JAVIER Todo listo, don Francisco.

MARTÍN Les aconsejo que traigan algo de comer.

ÁLEX Mmm… no pensamos en eso.

MAITE ¡Deja de preocuparte tanto, Álex! Podemos comprar algo en el supermercado ahora mismo. ¿Vamos?

ÁLEX ¡Excelente idea! En cuanto termine mi café te acompaño.

MAITE Necesito pasar por el banco y por el correo para mandar unas cartas.

ÁLEX Está bien.

ÁLEX ¿Necesitan algo del centro?

INÉS ¡Sí! Cuando vayan al correo, ¿pueden echar estas postales al buzón? Además necesito unas estampillas.

ÁLEX Por supuesto.

JOVEN ¡Hola! ¿Puedo ayudarte en algo?

MAITE Sí, estamos perdidos. ¿Hay un banco por aquí con cajero automático?

JOVEN Mmm… no hay ningún banco en esta calle que tenga cajero automático.

JOVEN Pero conozco uno en la calle Pedro Moncayo que sí tiene cajero automático. Cruzas esta calle y luego doblas a la izquierda. Sigues todo derecho y antes de que lleguen a la Joyería Crespo van a ver un letrero grande del Banco del Pacífico.

MAITE También buscamos un supermercado.

JOVEN Pues, allí mismo enfrente del banco hay un supermercado pequeño. Fácil, ¿no?

MAITE Creo que sí. Muchas gracias por su ayuda.

MAITE Ten, guapa, tus sellos.

INÉS Gracias, Maite. ¿Qué tal les fue en el centro?

MAITE ¡Superbien! Fuimos al banco y al correo. Luego en el supermercado compramos comida para la excursión. Y antes de regresar, paramos en una heladería.

MAITE ¡Ah! Y otra cosa. Cuando llegamos al centro conocimos a un joven muy simpático que nos dio direcciones. Era muy amable… ¡y muy guapo!

Expresiones útiles

Giving advice

Les recomiendo/Hay que llevar zapatos cómodos.
I recommend that you/It's necessary to wear comfortable shoes.

Les aconsejo que traigan algo de comer.
I advise you to bring something to eat.

Trae gafas oscuras.
Bring sunglasses. (fam., sing.)

Talking about errands

Necesito pasar por el banco.
I need to go by the bank.

Te acompaño.
I'll go with you.

Getting directions

¿Hay un banco por aquí?
Is there a bank around here?

Dobla a la izquierda/derecha.
Turn to the left/right. (fam., sing.)

Sigue todo derecho.
Go straight ahead. (fam., sing.)

Van a ver un letrero grande.
You're going to see a big sign.

¿Por dónde queda… ?
Where is…?

Está a dos cuadras de aquí.
It's two blocks from here.

Allí mismo enfrente del banco hay un supermercado.
Right in front of the bank there is a supermarket.

¿Qué piensas?

1 **¿Cierto o falso?** Decide si las siguientes frases son **ciertas** o **falsas**. Corrige las frases falsas.

Cierto	Falso	
_____	_____	**1.** Don Francisco insiste en que los excursionistas lleven una cámara.

_____

_____   _____   **2.** Inés escribió unas postales y ahora necesita mandarlas por correo.

_____

_____   _____   **3.** El joven dice que el Banco del Atlántico tiene un cajero automático.

_____

_____   _____   **4.** Enfrente del banco hay una heladería.

_____

2 **Ordenar** Pon los eventos en el orden correcto.

_____   **a.** Álex y Maite comen un helado.
_____   **b.** Maite y Álex van al supermercado y compran comida.
_____   **c.** Álex termina su café.
_____   **d.** Inés les da unas postales a Maite y a Álex para echar al buzón.
_____   **e.** Un joven ayuda a Álex y a Maite a encontrar el banco porque están perdidos.
_____   **f.** Maite y Álex van al banco y al correo.

3 **Conversación** Un(a) compañero/a y tú son vecinos/as. Uno/a de ustedes acaba de mudarse y necesita ayuda porque no conoce la ciudad. Preparen una breve conversación en la que hagan planes para ir a los siguientes lugares usando las palabras indicadas.

¡Cómo no!	*Why not!*	**¿Qué te parece?**	*What do you think?*
luego	*then*	**¿Sabes dónde**	*Do you know*
primero	*first*	**queda... ?**	*where... is?*

• un banco
• una lavandería
• un supermercado

• una heladería
• una panadería
• un salón de belleza

Exploración

En el centro

La Puerta del Sol en Madrid, España, está en el "kilómetro cero" de la ciudad. Se dice que allí comienzan todas las calles principales. Cerca hay muchos bares, restaurantes, tiendas y otros negocios.

En muchos países hispanos, la plaza mayor es el centro social de la ciudad. Es donde la gente va para reunirse con sus amigos, para tomar un café o para ir de compras. Normalmente, está localizada en el centro de la ciudad.

Muchas personas dicen que Buenos Aires, Argentina, es "la ciudad que nunca duerme". La ciudad tiene discotecas, bares, restaurantes y otras atracciones que están abiertas toda la noche…o por lo menos (*at least*) hasta la madrugada (*early morning*), siete días a la semana.

Observaciones

- En México, se usa el término **zócalo** en lugar de **plaza mayor**.
- En la Plaza de Armas de Lima, Perú, se hace el cambio de guardia (*changing of the guard*) todos los días, como un tributo público a la bandera (*flag*) peruana.
- El Parque San Antonio de Medellín, Colombia, tiene cuatro grandes esculturas del famoso artista Fernando Botero.
- La zona viva es el corazón comercial de Tegucigalpa, Honduras, donde se encuentran las tiendas y los restaurantes más importantes.

Coméntalo

Con un(a) compañero/a, contesta las siguientes preguntas.

- ¿Te gustaría visitar algunos de los lugares mencionados en esta página? ¿Cuáles?
- ¿Prefieres las ciudades grandes, medianas (*medium-sized*) o pequeñas? ¿Por qué?
- Describe el centro de una ciudad que conoces. ¿Qué se puede hacer allí?

recursos

vistahigher
learning.com

14.1 The subjunctive in adjective clauses

¿Hay un banco por aquí que tenga cajero automático?

No hay ningún banco en esta calle que tenga cajero automático.

▶ Adjective clauses modify nouns or pronouns. The subjunctive can be used in adjective clauses to indicate that the existence of someone or something is uncertain or indefinite.

▶ The subjunctive is used in an adjective clause that refers to a person, place, thing, or idea that either does not exist or whose existence is uncertain or indefinite.

Adjective clauses

Indicative	Subjunctive
Necesito el libro que tiene información sobre Venezuela. *I need the book that has information about Venezuela.*	Necesito un libro que tenga información sobre Venezuela. *I need a book that has information about Venezuela.*
Quiero vivir en esta casa que tiene jardín. *I want to live in this house that has a garden.*	Quiero vivir en una casa que tenga jardín. *I want to live in a house that has a garden.*
En mi barrio, hay una heladería que vende helado de mango. *In my neighborhood, there's an ice cream shop that sells mango ice cream.*	En mi barrio, no hay ninguna heladería que venda helado de mango. *In my neighborhood, there is no ice cream shop that sells mango ice cream.*

▶ When the adjective clause refers to a person, place, thing, or idea that is certain or definite, the indicative is used.

Quiero ir **al restaurante** que **está** en frente de la biblioteca.
I want to go to the restaurant that's in front of the library.

Busco **al profesor** que **enseña** japonés.
I'm looking for the professor who teaches Japanese.

Conozco a **alguien** que **va** a esa peluquería.
I know someone who goes to that beauty salon.

Tengo **un amigo** que **vive** cerca de mi casa.
I have a friend who lives near my house.

▶ The personal **a** is not used with direct objects that are hypothetical people. However, **alguien** and **nadie** are always preceded by the personal **a** when they function as direct objects.

Necesitamos **un empleado** que **sepa** usar computadoras.
We need an employee who knows how to use computers.

Buscamos **a alguien** que **pueda** cocinar.
We're looking for someone who can cook.

Necesitamos **al empleado** que **sabe** usar computadoras.
We need the employee who knows how to use computers.

No conocemos **a nadie** que **pueda** cocinar.
We don't know anyone who can cook.

▶ The subjunctive is commonly used in questions when the speaker is uncertain. However, if the person who responds to the question knows the information, the indicative is used.

¿Hay un parque que **esté** cerca de nuestro hotel?
Is there a park that's close to our hotel?

Sí, hay un parque que **está** muy cerca del hotel.
Yes, there's a park that's very close to the hotel.

Práctica y conversación

1 Minidiálogos Completa los minidiálogos con la forma correcta de los verbos indicados.

MARCIA Buscamos un hotel que _____ [tener] piscina.

MARTÍN Hay tres o cuatro hoteles por aquí que _____ [tener] piscina.

• • •

EDUARDO ¿Hay algún buzón por aquí donde yo _____ [poder] echar una carta?

SUSANA Hay un buzón en la esquina donde _____ [poder] echar una carta.

• • •

ANA Queremos encontrar un restaurante que _____ [servir] comida venezolana.

BENITO Creo que el restaurante en esta cuadra _____ [servir] comida venezolana.

• • •

VICENTE Necesitas al empleado que _____ [entender] este nuevo programa de computación.

MARISOL No hay nadie que _____ [entender] este programa.

2 Anuncios clasificados En parejas, lean estos anuncios y luego describan el tipo de persona u objeto que se busca.

CLASIFICADOS

VENDEDOR(A) Se necesita persona dinámica y responsable con buena presencia. Experiencia mínima de un año. Horario de trabajo flexible. Llamar a Joyería Aurora de 10 a 13h y de 16 a 18h. Tel: 263-7553.

PELUQUERÍA UNISEX Se busca persona con experiencia en peluquería y maquillaje para trabajar tiempo completo. Llamar de 9 a 13h. Tel: 261-3548.

COMPARTIR APARTAMENTO Se necesita compañera para compartir apartamento de 2 alcobas en el Chaco. Alquiler 300.000 bolívares por mes. No fumar. Llamar al 951-3642 entre 19 y 22h.

CLASES DE INGLÉS Profesor de Inglaterra con diez años de experiencia ofrece clases para grupos o instrucción privada para individuos. Llamar al 933-4110 de 16:30 a 18:30.

SE BUSCA CONDOMINIO Se busca condominio en Sabana Grande con 3 alcobas, 2 baños, sala, comedor y aire acondicionado. Tel: 977-2018.

EJECUTIVO DE CUENTAS Se requiere joven profesional con al menos dos años de experiencia en el sector financiero. Se ofrecen beneficios excelentes. Enviar currículum vitae al Banco Unión, Avda. Urdaneta n.° 263, Caracas C.P. 64740.

3 Completar Completa estas frases de una manera lógica. Luego, compara tus respuestas con las de un(a) compañero/a.

1. Tengo un(a) amigo/a que…
2. Algún día espero tener un apartamento o una casa que…
3. Quiero visitar un país que…
4. No tengo ningún profesor que…
5. Me gustaría conocer a alguien que…
6. Mi compañero/a de cuarto busca una lavandería que…
7. Un(a) consejero/a (*advisor*) debe ser una persona que…
8. Mi novio/a desea un perro que…
9. En esta clase no hay nadie que…
10. Mis padres buscan un carro que…

4 Encuesta Circula por la clase y pregúntales a tus compañeros/as si conocen a alguien que corresponda a cada descripción de la lista. Si dicen que conocen a una persona así, pregúntales quién es y anota sus respuestas. Luego informa a la clase de los resultados de tu encuesta.

Actividades	Nombres	Respuestas
1. Dar direcciones buenas	_____	_____
2. Hablar japonés	_____	_____
3. Comprender el subjuntivo	_____	_____
4. Necesitar un préstamo	_____	_____
5. Pedir prestado un carro	_____	_____
6. Odiar ir de compras	_____	_____
7. Ser venezolano/a	_____	_____
8. No saber nadar	_____	_____
9. Manejar una motocicleta	_____	_____
10. Trabajar en una zapatería	_____	_____
11. No tener tarjeta de crédito	_____	_____
12. Graduarse este año	_____	_____

14.2 Familiar (tú) commands

Trae algo de comer.

No te preocupes,
el supermercado
está cerca.

▶ Familiar (**tú**) commands are used when you want to give advice to or instruct someone you address with **tú**.

Negative *tú* commands

Infinitive	Present subjunctive	Negative *tú* command
cuidar	tú cuides	no cuides (tú)
tocar	tú toques	no toques (tú)
temer	tú temas	no temas (tú)
volver	tú vuelvas	no vuelvas (tú)
insistir	tú insistas	no insistas (tú)
pedir	tú pidas	no pidas (tú)

▶ Negative **tú** commands have the same form as the **tú** form of the present subjunctive. The pronoun **tú** is used only for emphasis.

Julia, **no cruces** la calle.
Julia, don't cross the street.

Carlos, **no eches** eso al buzón.
Carlos, don't put that in the mailbox.

▶ The negative familiar commands keep the same stem changes as the indicative.

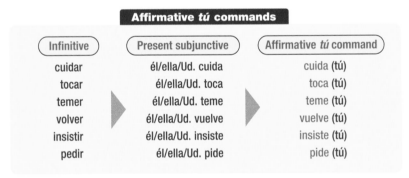

Affirmative *tú* commands

Infinitive	Present subjunctive	Affirmative *tú* command
cuidar	él/ella/Ud. cuida	cuida (tú)
tocar	él/ella/Ud. toca	toca (tú)
temer	él/ella/Ud. teme	teme (tú)
volver	él/ella/Ud. vuelve	vuelve (tú)
insistir	él/ella/Ud. insiste	insiste (tú)
pedir	él/ella/Ud. pide	pide (tú)

▶ Affirmative **tú** commands usually have the same form as the **Ud./él/ella** form of the present indicative.

Paga al contado.
Pay in cash.

Pide un préstamo.
Ask for a loan.

▶ There are eight irregular affirmative **tú** commands.

decir	di	ir	ve	salir	sal	tener	ten
hacer	haz	poner	pon	ser	sé	venir	ven

Haz los ejercicios.
Do the exercises.

¡**Sal** de aquí ahora mismo!
Leave here at once!

¡**Ten** cuidado con el perro!
Be careful with the dog!

▸ **Ir** and **ver** have the same **tú** command. Context will determine the meaning.

Ve al supermercado con José.
Go to the supermarket with José.

Ve ese programa… es muy interesante.
See that program… it's very interesting.

▸ The placement of reflexive and object pronouns in **tú** commands follows the same rules as in formal commands. When a pronoun is attached to a command of more than two syllables, a written accent is used.

Informal		Formal	
¡Alégra**te**!	**Di**me.	¡Alégren**se**!	**Díga**me.
Be happy!	*Tell me.*	*Be happy!*	*Tell me.*
No **te** sientas triste.	No **me** lo digas.	No **se** sientan tristes.	No **me** lo diga.
Don't feel sad.	*Don't tell me (it).*	*Don't feel sad.*	*Don't tell me (it).*

Práctica y conversación

1 Unas diligencias La señora Pujol quiere que su esposo haga unas diligencias en el centro. Completa las frases con las formas correctas.

1. Enrique, _____ [ir] al banco, por favor.
2. Cuando llegues al banco, _____ [depositar] este cheque en nuestra cuenta corriente.
3. No lo _____ [depositar] en la cuenta de ahorros y, por favor, no _____ [pedir] un préstamo.
4. Luego _____ [pasar] por la zapatería y _____ [recoger] mis zapatos.
5. No _____ [pagar] al contado, sino con un cheque.

2 Quehaceres Pedro y Marina no pueden ponerse de acuerdo (*agree*) cuando le dan órdenes a su hijo Miguel. Lee los quehaceres que Pedro le da a Miguel. Después, usa la información entre paréntesis para formar las órdenes que le da Marina. Sigue el modelo.

MODELO
Recoge la basura. (poner la mesa)
No la recojas, Miguel. Pon la mesa.

1. Barre el suelo. (pasar la aspiradora)
2. Plancha la ropa. (hacer las camas)
3. Saca la basura. (quitar la mesa)
4. Ve a la joyería. (ir a la frutería)
5. Dale los libros a Katia. (dárselos a Juan)
6. Prepara la cena. (limpiar el carro)

3 Estoy perdido/a Con un(a) compañero/a, prepara una breve conversación entre un(a) estudiante nuevo/a en la universidad y otro estudiante que le da direcciones.

MODELO
Estudiante 1: Quiero ir al edificio de Ciencias, pero estoy perdido. ¿Me puedes ayudar?
Estudiante 2: Sí. Sigue derecho hasta que llegues al edificio de Negocios. Dobla a la izquierda y sigue hasta llegar al edificio de Artes. Dobla a la derecha y el edificio de Ciencias es el primer edificio a la izquierda.

4 Órdenes Circula por la clase e intercambia órdenes con tus compañeros/as. Debes seguir las órdenes que ellos te dan o reaccionar apropiadamente.

MODELO
Estudiante 1: Dame todo tu dinero.
Estudiante 2: No, no quiero dártelo. Muéstrame tu cuaderno.
Estudiante 1: Aquí está.
Estudiante 3: Ve a la pizarra y escribe tu nombre.
Estudiante 4: No quiero. Hazlo tú.

14.3 **Nosotros/as** commands

▶ **Nosotros/as** commands, which correspond to the English equivalent of *let's* + [verb], are used to give orders or suggestions that include yourself and other people.

Crucemos la calle.
Let's cross the street.

No crucemos la calle.
Let's not cross the street.

▶ Both affirmative and negative **nosotros/as** commands are generally formed by using the first person plural form of the present subjunctive.

▶ The affirmative *let's* + [verb] may also be expressed with **vamos a** + [infinitive]. Remember, however, that **vamos a** + [infinitive] can also mean *we are going to* (*do something*). Context and tone will determine which meaning is being expressed.

Vamos a cruzar la calle.
Let's cross the street.

Vamos a trabajar mucho.
We're going to work a lot.

¿Quieres ir al supermercado?

¡Excelente idea! ¡Vamos!

▶ To express *let's go*, the present indicative form of **ir** is used. For the negative command, the present subjunctive (**vayamos**) is used.

Affirmative	Negative
Vamos a la pescadería.	**No vayamos** a la pescadería.
Let's go to the fish market.	*Let's not go to the fish market.*

▶ Object pronouns are attached to affirmative **nosotros/as** commands. A written accent is added to maintain the original stress.

Firmemos el cheque.
Let's sign the check.

Firmémoslo.
Let's sign it.

Escribamos a Ana y Raúl.
Let's write to Ana and Raúl.

Escribámosles.
Let's write to them.

▶ Object pronouns are placed in front of negative **nosotros/as** commands.

No **les paguemos** el préstamo.
Let's not pay them the loan.

No **se lo digamos** a ellos.
Let's not tell them.

No **lo compremos.**
Let's not buy it.

No **se la presentemos.**
Let's not introduce her.

▶ When **nos** or **se** is attached to an affirmative **nosotros/as** command, the final **–s** is dropped.

Démoselo a ella.
Let's give it to her.

Mandémoselo a ellos.
Let's send it to them.

Sentémonos allí.
Let's sit down there.

Levantémonos temprano.
Let's get up early.

▶ The **nosotros/as** command form of **irse** (*to go away*) is **vámonos**. Its negative form is **no nos vayamos.**

¡**Vámonos** de vacaciones!
Let's go away on vacation!

No nos vayamos de aquí.
Let's not go away from here.

Práctica y conversación

1 Conservación Completa esta conversación con los mandatos de **nosotros/as**.

MARÍA   Sergio, ¿quieres hacer diligencias por la tarde?

SERGIO   No _____ [dejarlas] para más tarde. _____ [hacerlas] ahora.

MARÍA   Necesito comprar sellos.

SERGIO   Yo también. _____ [ir] al correo.

MARÍA   Pues, antes de ir al correo, necesito sacar dinero de mi cuenta corriente.

SERGIO   Bueno, _____ [buscar] un cajero automático.

MARÍA   ¿Tienes hambre?

SERGIO   Sí. _____ [cruzar] la calle y _____ [comer] algo en ese café.

MARÍA   Buena idea.

SERGIO   ¿Nos sentamos aquí?

MARÍA   No, no _____ [sentarse] aquí; _____ [sentarse] enfrente de la ventana.

SERGIO   ¿Qué pedimos?

MARÍA   _____ [pedir] café y pan dulce.

2 Hagámoslo Responde a cada oración según las indicaciones. Sigue el modelo.

MODELO

Vamos a vender el carro. (Sí)

Sí, vendámoslo.

1. Vamos a levantarnos a las seis. (Sí)
2. Vamos a enviar los paquetes. (No)
3. Vamos al supermercado. (No)
4. Vamos a mandar esta tarjeta postal a nuestros amigos. (No)
5. Vamos a limpiar la habitación. (Sí)
6. Vamos a mirar la televisión. (No)
7. Vamos a bailar. (Sí)
8. Vamos a arreglar la sala. (No)

3 Decisiones Tú y un(a) compañero/a están en Tegucigalpa, Honduras. Túrnense para hacerse estas preguntas. Contesten las preguntas con un mandato afirmativo o negativo de **nosotros/as**.

1. ¿Nos quedamos en un hotel o en una pensión?
2. ¿Cruzamos la calle aquí o caminamos una cuadra más?
3. ¿Vamos a casa o comemos en un restaurante?
4. ¿Vamos al cine en taxi o en autobús?
5. ¿Salimos para el cine a las seis o a las seis y media?
6. ¿Hacemos cola o buscamos otra película?
7. ¿Volvemos al hotel después de la película o tomamos algo en un café?
8. ¿Pagamos la cuenta al contado o con tarjeta de crédito?

4 Turistas Tú y dos o tres amigos/as están en Caracas por dos días. Lean esta página de una guía turística sobre la ciudad y decidan qué van a hacer hoy por la mañana, por la tarde y por la noche.

MODELO

Estudiante 1: Visitemos el Museo de Arte Contemporáneo Sofía Imber esta mañana. Quiero ver las esculturas (*sculptures*) de Jesús Rafael Soto.

Estudiante 2: Sí. Después vamos a la Casa Natal de Simón Bolívar. ¡Qué interesante!

Estudiante 3: Está bien. Esta noche salgamos a un restaurante, pero no vayamos al Restaurante El Coyuco. Es muy caro.

Guía de Caracas

MUSEOS	SITIOS DE INTERÉS	RESTAURANTES
• **Museo de Arte Colonial** Avenida Panteón	• **Plaza Bolívar**	• **El Barquero** Avenida Luis Roche
• **Museo de Arte Contemporáneo Sofía Imber** Parque Central. Esculturas de Jesús Rafael Soto y pinturas de Miró, Chagall y Picasso.	• **Jardín Botánico** Avenida Interna UCV. De 8:00 a 5:00.	• **Restaurante El Coyuco** Avenida Urdaneta
	• **Parque del Este** Avenida Francisco de Miranda. Parque más grande de la ciudad con serpentarium.	• **Restaurante Sorrento** Avenida Francisco Solano
• **Galería de Arte Nacional** Parque Central. Colección de más de 4.000 obras de arte venezolano.	• **Casa Natal de Simón Bolívar** Esquinas San Jacinto y Traposos. Casa colonial donde nació Simón Bolívar.	• **Café Tonino** Avenida Andrés Bello

Ampliación

1 Escuchar 🎧

A Lee estas frases y luego escucha la conversación entre Alberto y Eduardo. Indica si cada verbo se refiere a algo en el pasado, en el presente o en el futuro.

TIP **Listen for specific information/linguistic cues.** You can often get the facts you need by listening for specific pieces of information. By listening for verb endings, you can figure out whether the verbs describe past, present, or future actions. Verb endings also indicate who is performing the action.

Acciones

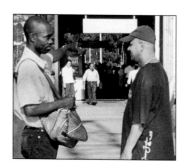

1. Demetrio / comprar en Macro _____

2. Alberto / comprar en Macro _____

3. Alberto / estudiar psicología _____

4. carro / tener frenos malos _____

5. Eduardo / comprar un anillo para Rebeca _____

6. Eduardo / estudiar _____

B ¿Crees que Alberto y Eduardo viven en una ciudad grande o en un pueblo? ¿Cómo lo sabes?

2 Conversar 👥 Tú y un(a) compañero/a viven juntos/as en un apartamento y tienen problemas económicos. Describan los problemas y sugieran algunas soluciones.

MODELO

Estudiante 1: No sé qué hacer. Casi no tengo el dinero para el alquiler.

Estudiante 2: Debes ahorrar más dinero—y yo también. No comamos en restaurantes. Comamos en casa.

Estudiante 1: Tal vez necesitemos mudarnos. Necesitamos un apartamento que sea más barato.

Estudiante 2: ¡Uy! No quiero mudarme. Pídele un préstamo a tu papá, mejor.

Estudiante 1: No lo puedo hacer cada mes. Pero tienes razón, podemos ahorrar dinero comiendo en casa.

Estudiante 2: Y no usemos más los cajeros automáticos. Paguemos todo de la cuenta corriente para saber mejor adónde va el dinero.

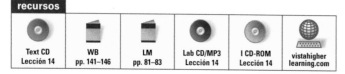

recursos					
Text CD Lección 14	WB pp. 141–146	LM pp. 81–83	Lab CD/MP3 Lección 14	I CD-ROM Lección 14	vistahigher learning.com

3 **Escribir** Escribe una carta a un(a) amigo/a en la cual le explicas claramente cómo llegar a tu casa desde el aeropuerto. Incluye también un mapa detallado para que no se confunda.

TIP **List key words.** When you give directions, you use prepositions that describe location, such as **enfrente de, al lado de,** and **detrás de.** Making a list of these expressions will help you write your directions more efficiently.

Organízalo   Planea la mejor ruta para llegar a tu casa. Apunta las expresiones útiles para dar direcciones, como los nombres de las calles y de los monumentos.

Escríbelo   Dibuja un mapa y utilízalo para escribir el primer borrador de tu carta.

Corrígelo   Intercambia tu carta con un(a) compañero/a. Anota los aspectos mejor escritos. Ofrécele sugerencias. ¿Hay suficientes detalles? ¿Está claro el mapa? Si ves algunos errores, coméntaselos.

Compártelo   Revisa el primer borrador de la carta y el mapa según las indicaciones de tu compañero/a. Incorpora nuevas ideas y/o más información si es necesario antes de escribir la versión final.

4 **Un paso más** Imagina que eres miembro de un grupo que está diseñando y promocionando una comunidad modelo en un país hispano. Diseña el folleto (*brochure*) publicitario para la comunidad.

- Escoge el lugar ideal para el proyecto. Considera el acceso a las ciudades grandes, los eventos culturales y las atracciones naturales.

- Incluye un mapa del país elegido que indique dónde está localizada la comunidad modelo.

- Crea un mapa de la zona que muestre las atracciones principales del centro de la comunidad.

- Explica las características de la comunidad.

En Internet

Investiga estos temas en el sitio vistahigherlearning.com.

- Ciudades en España
- Ciudades en México, el Caribe y Centroamérica
- Ciudades en América del Sur

Antes de leer

You can understand a narrative more completely if you identify the point of view of the narrator. You can do this by simply asking yourself from whose perspective the story is being told. Some stories are narrated in the first person. That is, the narrator is a character in the story, and everything you read is filtered through that person's thoughts, emotions, and opinions. Other stories have an omniscient narrator who is not one of the story's characters, but reports the thoughts and actions of all the characters. This reading selection consists of an excerpt from the novel *La muerte de Artemio Cruz*, by Carlos Fuentes. Is this selection narrated in the first person or by an omniscient narrator? How can you tell?

_____

_____

Sobre el autor

Carlos Fuentes (1928–) es un renombrado escritor mexicano que ha ganado varios premios (*has won several prizes*) internacionales. Sus escritos demuestran una profunda preocupación por las cuestiones sociales y políticas.

La muerte de Artemio Cruz

(fragmento)

Carlos Fuentes

En la Ciudad de México, un hombre de negocios va en limusina al edificio donde trabaja.

Él vio pasar el domo naranja y las columnas blancas, gordas, del Palacio de Bellas Artes (...), la portada ocre, veneciana del Correo y las esculturas frondosas, las ubres plenas y las cornucopias vaciadas del Banco de México:

acarició la banda de seda del sombrero de fieltro marrón (...): los mosaicos azules de Sanborn's y la piedra labrada y negruzca del convento de San Francisco. El automóvil se detuvo en la esquina de Isabel la Católica y el chófer le abrió la puerta y se quitó la gorra y él, en cambio, se colocó el fieltro, peinándose con los dedos (...).

(…) y esa corte de vendedores (…) y mujeres enrebozadas y niños con el labio superior embarrado de moco lo rodearon hasta que pasó las puertas giratorias y se ajustó la corbata frente al vidrio del vestíbulo y atrás, en el segundo vidrio, el que daba a la calle de Madero, un hombre idéntico a él (…) se arreglaba el nudo de la corbata también, con los mismos dedos manchados de nicotina, el mismo traje cruzado, pero sin color, rodeado de los mendigos y dejaba caer la mano al mismo tiempo que él y luego le daba la espalda y caminaba al centro de la calle, mientras él buscaba el ascensor, desorientado por un instante.

portada ocre *ochre-colored façade*   **esculturas… plenas** *luxuriant sculptures, full udders*   **acarició** *gently touched*   **fieltro marrón** *brown felt*   **piedra labrada** *carved stone*   **se detuvo** *stopped*   **gorra** *cap*   **se colocó** *put on*   **enrebozadas** *wrapped up in shawls*   **embarrado de moco** *covered with snot*   **rodearon** *surrounded* **giratorias** *revolving*   **atrás** *behind*   **daba a** *faced*   **manchados** *stained* **mendigos** *beggars*

Después de leer

¿Comprendiste?

Indica si las oraciones son **ciertas** o **falsas**. Corrige las oraciones falsas.

Cierto	Falso	
_____	_____	**1.** El hombre de negocios condujo su carro al centro.
_____	_____	**2.** El hombre de negocios tiene un sombrero que es de seda.
_____	_____	**3.** Mientras va al trabajo, el hombre ve el Palacio de Bellas Artes.
_____	_____	**4.** Mientras entraba en el edificio, lo rodeó un grupo de mendigos.
_____	_____	**5.** El hombre buscaba las escaleras.

Preguntas

1. ¿Es rico o pobre el hombre de negocios?

_____

2. Cuando entra en el edificio donde trabaja, el hombre ve un grupo de mendigos. ¿Es indiferente a su sufrimiento?

_____

3. El hombre ve su propio reflejo en el vidrio, caminando hacia los pobres, y se siente desorientado. ¿Por qué?

_____

4. En tu opinión, ¿representa el reflejo otro aspecto de su personalidad?

_____

Coméntalo

¿Hay lugares mencionados en la lectura que tengan un valor (*value*) simbólico? ¿Qué simbolizan las personas? ¿Hay un comentario social en esta lectura? ¿Cuál es?

En la ciudad

el banco	bank
la carnicería	butcher shop
el correo	post office
la frutería	fruit store
la heladería	ice cream shop
la joyería	jewelry store
la lavandería	laundromat
la panadería	bakery
la pastelería	pastry shop
la peluquería	hairdressing salon
la pescadería	fish market
el salón de belleza	beauty salon
el supermercado	supermarket
la zapatería	shoe store
hacer cola	to stand in line
hacer diligencias	to run errands

En el correo

el cartero	mail carrier
el correo	mail
las estampillas	stamps
el paquete	package
los sellos	stamps
el sobre	envelope
echar (una carta) al buzón	to put (a letter) in the mailbox; to mail (a letter)
enviar	to send
mandar	to send

En el banco

el cajero automático	automatic teller machine, ATM
el cheque	check
el cheque de viajero	traveler's check
la cuenta corriente	checking account
la cuenta de ahorros	savings account
ahorrar	to save (money)
cobrar	to cash (a check); to charge (for a product or service)
depositar	to deposit
firmar	to sign
llenar (un formulario)	to fill out (a form)
pagar a plazos	to pay in installments
pagar al contado	to pay in cash
pedir prestado	to borrow
pedir un préstamo	to apply for a loan
ser gratis	to be free of charge

Las direcciones

la cuadra	(city) block
la dirección	address
la esquina	corner
el letrero	sign
cruzar	to cross
dar direcciones	to give directions
doblar	to turn
estar perdido/a	to be lost
quedar	to be located
(al) este	(to the) east
(al) oeste	(to the) west
(al) norte	(to the) north
(al) sur	(to the) south
derecho	straight (ahead)
enfrente de	opposite; facing
hacia	toward

Expresiones útiles	See page 311.

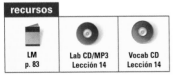

recursos

| LM p. 83 | Lab CD/MP3 Lección 14 | Vocab CD Lección 14 |

América Central II

El Canal de Panamá conecta los océanos Pacífico y Atlántico. Se construyó en 1903 y se terminó diez años después. La construcción costó 639 millones de dólares. Actualmente lo usan 38 barcos por día y por él pasan más de 12.000 barcos por año. Es la fuente (*source*) principal de ingresos (*income*) de Panamá. Cada barco paga aproximadamente $40.000 dólares de peaje (*toll*).

Nicaragua

Área: 129.494 km² (49.998 millas²)
Población: 5.774.000
Capital: Managua–1.166.000
Ciudades principales: León, Masaya, Granada
Moneda: córdoba

SOURCE: Population Division, UN Secretariat

Costa Rica

Área: 51.100 km² (19.730 millas²)
Población: 4.454.000
Capital: San José–1.080.000
Ciudades principales: Alajuela, Cartago, Puntarenas, Heredia
Moneda: colón costarricense

SOURCE: Population Division, UN Secretariat

Panamá

Área: 78.200 km² (30.193 millas²)
Población: 3.067.000
Capital: Ciudad de Panamá–1.299.000
Ciudades principales: Colón, David
Moneda: balboa

SOURCE: Population Division, UN Secretariat

Sociedad

Costa Rica: nación progresista

Costa Rica es uno de los países más progresistas del mundo. Da servicios médicos gratis a todos sus ciudadanos (*citizens*) y también a los turistas. En 1870, Costa Rica abolió (*abolished*) la pena de muerte (*death penalty*). En 1948, disolvió el ejército (*army*) e hizo obligatoria y gratis la educación para todos los costarricenses.

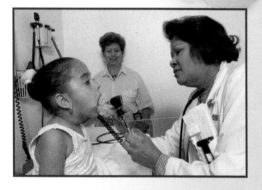

Indígenas

La mola

La mola es un tejido de los kunas, una tribu indígena que vive en las islas San Blas de Panamá. Las molas se hacen con piezas de tela (*material*) de muchos colores. Las molas tradicionales tienen dibujos (*patterns*) geométricos. Antes se usaban como ropa y hoy también se usan para decorar casas.

HONDURAS

Río Coco

Cordillera
Isabela

NICARAGUA

Río Tuma

Sierra Madre

Cordillera
de Yolaina

León
Lago de Managua

⭐ Managua

Masaya
Granada

Lago de Nicaragua
Isla Zapatera
Isla Ometepe

Río San Juan

Océano Pacífico

Cordillera de
Guanacaste

COSTA RICA

Puntarenas

San José ⭐

Río Reventazón

Limó

Cartago

Cordille
Talamar

Ernesto Cardenal

El nicaragüense Ernesto Cardenal es poeta, escultor y sacerdote (*priest*) católico. Es uno de los escritores más famosos de Latinoamérica. Ha escrito más de treinta y cinco libros. Estudió en México y Estados Unidos. Cree en el poder (*power*) de la poesía para mejorar la sociedad y el mundo. Siempre ha trabajado para establecer la igualdad (*equality*) y la justicia en su país.

Política

Óscar Arias

Óscar Arias, político costarricense, fue presidente de su país desde 1986 hasta 1990. Estudió en Costa Rica, Estados Unidos e Inglaterra. Fue profesor de Ciencias Políticas en la Universidad de Costa Rica. Cuando fue presidente, hizo un plan para establecer la paz (*peace*) en Centroamérica. Logró (*achieved*) un acuerdo (*agreement*) de paz con los presidentes de El Salvador, Nicaragua, Honduras y Guatemala. Por sus esfuerzos (*efforts*), ganó el Premio Nobel de la Paz en 1987.

Mar Caribe

cas del Toro

Canal de Panamá

Islas San Blas

Cordillera de San Blas

Colón

Río Chepo

Serranía de Tabasará

Ciudad de Panamá

PANAMÁ

vid

Isla del Rey

sla de Coiba

Golfo de Panamá

recursos

WB	VM	I CD-ROM	vistahigher
pp. 147–148	pp. 221–224	Lección 14	learning.com

COLOMBIA

¿Qué aprendiste?

1 **¿Cierto o falso?** Indica si las siguientes frases son **ciertas** o **falsas**.

Cierto　　Falso

——　　——　　**1.** El Canal de Panamá conecta los océanos Pacífico y Atlántico.

——　　——　　**2.** Por el Canal de Panamá pasan más de 12.000 barcos por día.

——　　——　　**3.** La población de Nicaragua es mayor que la de Panamá.

——　　——　　**4.** San José es la capital de Panamá.

——　　——　　**5.** En Costa Rica, la educación es gratis y obligatoria para todos los turistas.

——　　——　　**6.** Costa Rica disolvió el ejército en 1948.

——　　——　　**7.** La mola es una tribu indígena que vive en Panamá.

——　　——　　**8.** Las molas se usan hoy para decorar casas.

——　　——　　**9.** Ernesto Cardenal es uno de los escritores más famosos de Latinoamérica .

——　　——　　**10.** Ernesto Cardenal estudió en Inglaterra.

——　　——　　**11.** Óscar Arias fue presidente de Panamá.

——　　——　　**12.** Óscar Arias ganó el Premio Nobel de la Paz en 1987.

2 **Preguntas** Contesta las siguientes preguntas con frases completas.

1. ¿Crees que el Canal de Panamá es importante? ¿Por qué?

2. ¿Por qué crees que Costa Rica es uno de los países más progresistas del mundo?

3. ¿Qué puedes hacer con una mola hecha por los kunas?

4. ¿Cuántos libros escribió Ernesto Cardenal? ¿Qué profesiones tiene, además de ser escritor?

5. ¿Por qué ganó Óscar Arias el Premio Nobel de la Paz?

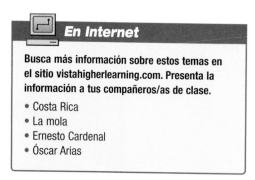

En Internet

Busca más información sobre estos temas en el sitio vistahigherlearning.com. Presenta la información a tus compañeros/as de clase.

- Costa Rica
- La mola
- Ernesto Cardenal
- Óscar Arias

15 El bienestar

Para empezar

- ¿Dónde están estas personas? ¿En una joyería?
- ¿Crees que ellos practican deportes frecuentemente?
- ¿Es probable que a ellos les importe su salud?
- ¿Crees que ellos son amigos?

El bienestar

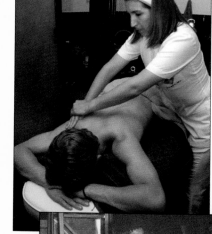

el masaje
massage

el bienestar *well-being*

aliviar el estrés/la tensión *to relieve stress/tension*

disfrutar (de) *to enjoy; to reap the benefits (of)*

llevar una vida sana *to lead a healthy lifestyle*

(no) fumar *(not) to smoke*

EN EL GIMNASIO

el/la monitor(a) *trainer*

el músculo *muscle*

calentarse (e:ie) *to warm up*

entrenarse *to practice; to train*

estar en buena forma *to be in good shape*

hacer ejercicio *to exercise*

hacer ejercicios aeróbicos *to do aerobics*

hacer gimnasia *to work out*

mantenerse en forma *to stay in shape*

sudar *to sweat*

hacer ejercicios de estiramiento
to do stretching exercises

levantar pesas
to lift weights

la clase de ejercicios aeróbicos
aerobics class

LA NUTRICIÓN

la caloría *calorie*

el colesterol *cholesterol*

la grasa *fat*

la merienda *(afternoon) snack*

los minerales *minerals*

la nutrición *nutrition*

la proteína *protein*

adelgazar *to lose weight; to slim down*

aumentar de peso *to gain weight*

comer una dieta equilibrada *to eat a balanced diet*

consumir alcohol *to consume alcohol*

engordar *to gain weight*

estar a dieta *to be on a diet*

descafeinado/a *decaffeinated*

merendar (e:ie)
to have a(n) (afternoon) snack

las vitaminas
vitamins

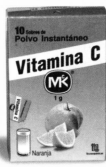

la bebida alcohólica
alcoholic beverage

ADJETIVOS

activo/a *active*

débil *weak*

flexible *flexible*

sedentario/a *sedentary*

tranquilo/a *calm; quiet*

fuerte
strong

OTRAS PALABRAS Y EXPRESIONES

la droga *drug*

el/la drogadicto/a *drug addict*

el/la teleadicto/a *couch potato*

apurarse *to hurry; to rush*

darse prisa *to hurry; to rush*

sufrir muchas presiones *to be under a lot of pressure*

tratar de (+ inf.) *to try (to do something)*

en exceso *in excess; too much*

sin *without*

Práctica y conversación

1 **¿Cómo se mantiene en buena forma?** 🎧 Maribel habla de lo que hace para mantenerse en forma. Indica las cosas que hace.

_____ 1. Hacer ejercicios de estiramiento

_____ 2. Hacer ejercicios aeróbicos

_____ 3. Levantar pesas

_____ 4. Comer una dieta equilibrada

_____ 5. Practicar tenis

_____ 6. Tomar sólo bebidas descafeinadas

_____ 7. Correr

_____ 8. Pasear en bicicleta

_____ 9. Ir al gimnasio

_____ 10. Nadar

2 **Combinar** Combina las palabras de las dos columnas para formar diez frases lógicas.

_____ 1. David levanta pesas…

_____ 2. Estás en buena forma…

_____ 3. Felipe se lastimó…

_____ 4. Mi hermano…

_____ 5. Sara hace ejercicios de…

_____ 6. Mis primos están a dieta…

_____ 7. Para llevar una vida sana…

_____ 8. Ellos sufren muchas…

a. aumentó de peso.

b. estiramiento.

c. presiones.

d. porque quieren adelgazar.

e. porque haces ejercicio.

f. un músculo de la pierna.

g. no se debe fumar.

h. y corre mucho.

3 **Describir** Describe lo que ocurre en los dibujos.

1.

2.

3.

4.

4 **Un anuncio** En grupos de cuatro, imaginen que son dueños/as de un gimnasio con un equipo (_equipment_) moderno, monitores cualificados y un(a) nutricionista. Preparen y presenten un anuncio para la televisión que hable del gimnasio y atraiga (_attracts_) a nuevos clientes.

5 **Recomendaciones** En parejas, imaginen que están preocupados por los malos hábitos de un(a) amigo/a suyo/a que no está bien últimamente (_lately_). Escriban y representen un diálogo en el cual hablan de lo que está pasando en la vida de su amigo/a y los cambios que necesita hacer para llevar una vida sana.

recursos

Text CD
Lección 15

6 **El teleadicto**  Con un(a) compañero/a, representen los papeles (*the roles*) de un(a) nutricionista y un(a) teleadicto/a. La persona sedentaria habla de sus malos hábitos de comidas y de que no hace ejercicio. También toma demasiado café y sufre de mucho estrés. El/La nutricionista le sugiere una dieta equilibrada y una rutina para mantenerse en buena forma. El/La teleadicto/a le da las gracias por su ayuda.

Ortografía Las letras **b** y **v**

Since there is no difference in pronunciation between the Spanish letters *b* and *v*, spelling words that contain these letters can be tricky. Here are some tips.

nombre **b**lusa a**b**soluto descu**b**rir

The letter *b* is always used before consonants.

bonita **bot**ella **bus**car **bien**estar

At the beginning of words, the letter **b** is usually used when it is followed by the letter combinations –on, –or, –ot, –u, –ur, –us, –ien, and –ene.

adelgaza**b**a disfruta**b**an i**b**as í**b**amos

The letter *b* is used in the verb endings of the imperfect tense for –ar verbs and ir.

voy **v**amos estu**v**o tu**v**ieron

The letter *v* is used in the present tense forms of **ir** and in the preterite forms of **estar** and **tener**.

oct**av**o hu**ev**o act**iv**a gr**av**e

The letter *v* is used in these noun and adjective endings: –avo/a, –evo/a, –ivo/a, –ave, –eve.

El ahorcado Juega al ahorcado (*hangman*) para adivinar las palabras.

1. __ u __ __ s Están en el cielo.
2. __ u __ __ n Relacionado con el correo.
3. __ o __ e __ __ a Está llena de líquido.
4. __ i __ e Fenómeno meteorológico.
5. __ e __ __ __ __ s Los "ojos" de la casa.

recursos

LM
p. 86

Lab CD/MP3
Lección 15

I CD-ROM
Lección 15

trescientos treinta y tres **333**

¡Qué buena excursión!

Martín y los estudiantes van de excursión.

Personajes

DON FRANCISCO

JAVIER

INÉS

ÁLEX

MAITE

MARTÍN

MARTÍN Buenos días, don Francisco.
DON FRANCISCO ¡Hola, Martín!
MARTÍN Ya veo que han traído lo que necesitan. ¡Todos han venido muy bien equipados!

MARTÍN Muy bien. ¡Atención, chicos! Primero hagamos algunos ejercicios de estiramiento...

MARTÍN Es bueno que se hayan mantenido en buena forma. Entonces, jóvenes, ¿ya están listos?
JAVIER ¡Sí, listísimos! No puedo creer que finalmente haya llegado el gran día.

MARTÍN ¡Fabuloso! ¡En marcha, pues!
DON FRANCISCO ¡Adiós! ¡Cuídense!

Martín y los estudiantes pasan ocho horas caminando en las montañas. Hablan, sacan fotos y disfrutan del paisaje. Se divierten muchísimo.

recursos

VM pp. 197–198 | I CD-ROM Lección 15 | Es V CD-ROM Lección 15

DON FRANCISCO ¡Hola! ¡Qué alegría verlos! ¿Cómo les fue en la excursión?

JAVIER Increíble, don Efe. Nunca había visto un paisaje tan espectacular. Es un lugar estupendo. Saqué mil fotos y tengo montones de escenas para dibujar.

MAITE Nunca había hecho una excursión. ¡Me encantó! Cuando vuelva a España, voy a tener mucho que contarle a mi familia.

INÉS Ha sido la mejor excursión de mi vida. Amigos, Martín, don Efe, mil gracias.

ÁLEX Sí, gracias, Martín. Gracias por todo.

MARTÍN No hay de qué. Ha sido un placer.

DON FRANCISCO Chicos, pues es hora de volver. Creo que la señora Vives nos ha preparado una cena muy especial.

Expresiones útiles

Getting ready to start a hike

Ya veo que han traído lo que necesitan.
I see that you have brought what you need.

¡Todos han venido muy bien equipados!
Everyone has come very well-equipped!

¿(Están) listos?
(Are you) ready?

¡En marcha, pues!
Let's get going, then!

Talking about a hike

¿Cómo les fue en la excursión?
How did the hike go?

Nunca había visto un paisaje tan espectacular.
I had never seen such spectacular scenery.

Nunca había hecho una excursión. ¡Me encantó!
I had never gone on a hike before. I loved it!

Ha sido la mejor excursión de mi vida.
It's been the best hike of my life.

Courtesy expressions

Gracias por todo.
Thanks for everything.

Ha sido un placer.
It's been a pleasure.

¡Cuídense!
Take care!

¿Qué piensas?

1 Seleccionar Selecciona la opción que mejor completa cada frase.

1. Antes de salir, Martín les recomienda a los estudiantes que hagan
   a. ejercicios de estiramiento.   b. ejercicios aeróbicos.
   c. gimnasia.
2. Los excursionistas hablaron, _____ en las montañas.
   a. levantaron pesas y se divirtieron   b. caminaron y dibujaron
   c. sacaron fotos y disfrutaron del paisaje
3. Inés dice que ha sido la mejor excursión
   a. del viaje.   b. del año.
   c. de su vida.
4. Cuando Maite vuelva a España, va a
   a. tener montones de escenas para dibujar.   b. tener mucho que contarle a su familia.
   c. tener muchas fotos que enseñarle a su familia.
5. La señora Vives les ha preparado
   a. una cena especial.   b. un día en las montañas muy especial.
   c. una excursión espectacular.

2 Completar Completa las frases.

1. A Javier le duelen los músculos después de caminar tanto.
   Hoy lo que necesita es _____.
2. Don Francisco a veces sufre presiones y estrés en su trabajo.
   Debe hacer ejercicio para _____.
3. A Inés le encanta salir con amigos o leer un buen libro.
   Ella nunca va a ser una _____.
4. Álex trata de comer una dieta equilibrada.
   Por ejemplo, trata de llevar una dieta sin
   mucha _____.
5. A Maite no le duelen los músculos. Cuatro veces
   por semana hace gimnasia para _____.

aliviar el estrés	un masaje
grasa	teleadicta
mantenerse en forma	vitamina

3 Minidrama Usando el episodio de **Escenas** como fuente (*source*) de ideas, trabaja con dos o tres amigos/as para preparar un minidrama en tres partes, en el que hacen una excursión por una montaña. El minidrama debe incluir los siguientes elementos.

• Una breve conversación antes de comenzar la excursión.
• Una conversación durante la excursión, mencionando algunas de las cosas que ven y hacen.
• Después de la excursión, una conversación en la que comentan las cosas que ocurrieron.

Exploración

El bienestar en el mundo hispano

España es conocida por su dieta mediterránea, caracterizada por el arroz, los productos lácteos, las frutas y las verduras frescas. El uso del aceite de oliva y el consumo de pescado reducen el colesterol y las proteínas animales en la dieta.

La yerba mate, una bebida similar al té, es popular en Argentina, Uruguay y Paraguay. Se dice que controla el estrés y la obesidad, y que estimula el sistema inmunológico. Tradicionalmente, se toma en una calabaza (*gourd*) con una bombilla filtrante (*tea-filtering straw*).

De origen vasco, el deporte jai alai se diseminó por España antes de llegar a México y a Florida. Parecido a la pelota de frontón (*handball*), tiene fama de ser el deporte más rápido del mundo. También era uno de los más peligrosos, antes de la introducción de los cascos (*helmets*), en 1968.

Observaciones

• Según leyendas indígenas, la yerba mate tiene orígenes divinos.

• El vino tinto, consumido con moderación en las comidas de países como Chile, Argentina y España, combate las enfermedades cardiovasculares.

• Chile tiene mucha actividad geotérmica y una gran cantidad de centros termales para reducir el estrés y mantenerse en forma.

Coméntalo

Con un(a) compañero/a, contesta las siguientes preguntas.

• ¿Te interesa seguir alguna de las estrategias mencionadas aquí? ¿Cuál y por qué?

• ¿Prefieres lograr (*achieve*) tu bienestar con una dieta, con ejercicios, con métodos alternativos o con un poco de todo?

recursos

vistahigher
learning.com

15.1 Past participles used as adjectives

Forming past participles

Sólo tomo café descafeinado.

▶ The past participles of English verbs often end in –ed (*to turn* ➔ *turned*), but many are also irregular (*to buy* ➔ *bought*; *to drive* ➔ *driven*).

▶ In Spanish, regular **–ar** verbs form the past participle with **–ado**. Regular **–er** and **–ir** verbs form the past participle with **–ido**.

INFINITIVE	STEM	PAST PARTICIPLE
bailar	bail–	bailado
comer	com–	comido
vivir	viv–	vivido

Estoy cansada.

▶ You already know several past participles used as adjectives: **aburrido, interesado, nublado, perdido,** etc.

▶ Note that all irregular past participles, except for those of **decir (dicho)** and **hacer (hecho)**, end in **–to.**

Irregular past participles

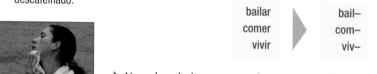

abrir	abierto	escribir	escrito	resolver	resuelto
decir	dicho	hacer	hecho	romper	roto
describir	descrito	morir	muerto	ver	visto
descubrir	descubierto	poner	puesto	volver	vuelto

La ventana está rota.

▶ The past participles of **–er** and **–ir** verbs whose stems end in **–a**, **–e**, or **–o** carry a written accent mark on the **i** of the **–ido** ending.

caer	caído	oír	oído	sonreír	sonreído
creer	creído	reír	reído	traer	traído
leer	leído				

La puerta está abierta.

Past participles used as adjectives

▶ Past participles can be used as adjectives. They are often used with the verb **estar** to describe a condition or state that results from an action. When used as adjectives, past participles must agree in gender and number with the nouns they modify.

En la entrada, hay algunos letreros **escritos** en español.
In the entrance, there are some signs written in Spanish.

Tenemos la mesa **puesta** y la cena **hecha.**
We have the table set and dinner made.

El gimnasio **está cerrado.**
The gym is closed.

El cheque ya **está firmado.**
The check is already signed.

Práctica y conversación

1 Completar Completa estas frases con la forma adecuada del participio pasado.

1. El hombre _____ [describir] en ese panfleto es un monitor del gimnasio.

2. Serena Williams es una atleta muy _____ [conocer].

3. ¿Está _____ [descubrir] ya todo el petróleo del mundo?

4. Los libros _____ [usar] son más baratos que los nuevos.

5. Los documentos están _____ [firmar].

6. Creo que el gimnasio está _____ [abrir] veinticuatro horas al día.

2 Describir Completa las frases con las palabras indicadas.

está cerrada	están aburridos
está muerto	están descritos
está rota	están firmados
están abiertas	no está hecha

1. Los estudiantes
_____.

2. La ventana
_____.

3. La puerta
_____.

4. Los cheques
_____.

5. La cama
_____.

6. El señor Vargas
_____.

3 Preguntas En parejas, túrnense para hacerse estas preguntas.

1. ¿Qué haces cuando no estás preparado/a para una clase?

2. ¿Qué haces cuando estás perdido/a en una ciudad?

3. ¿Está ordenado tu cuarto?

4. ¿Dejas la luz prendida en tu cuarto?

5. ¿Prefieres comprar libros usados o nuevos? ¿Por qué?

6. ¿Tienes mucho dinero ahorrado?

7. ¿Necesitas pedirles dinero prestado a tus padres?

8. ¿Quiénes están aburridos en la clase?

9. ¿Hay alguien que esté dormido en la clase?

10. ¿Cuándo está abierto el gimnasio de la universidad?

4 Encuesta Circula por la clase y haz las siguientes preguntas a tus compañeros hasta que encuentres a las personas que correspondan a cada descripción. Anota sus respuestas, y luego informa a la clase de los resultados.

Descripciones	Nombres	Otra información
1. Tiene algo roto en casa. (¿Qué es?)	_____	_____
2. Lleva algo hecho en Europa o en un país hispano. (¿Qué es?)	_____	_____
3. Tiene su libro abierto. (¿Qué libro?)	_____	_____
4. Toma café descafeinado. (¿Cuándo?)	_____	_____
5. Está interesado/a en trabajar en un banco. (¿Por qué?)	_____	_____
6. Hace ejercicios aeróbicos todos los días. (¿Dónde y por qué?)	_____	_____
7. Tiene un pariente o un(a) amigo/a muy conocido/a. (¿Quién?)	_____	_____
8. Es teleadicto/a. (¿Cuáles son sus programas favoritos?)	_____	_____

15.2 The present perfect

Ya veo que han traído todo lo que necesitan.

Todos han venido muy bien equipados.

▸ The present perfect indicative tense (**el pretérito perfecto de indicativo**) is used to talk about what someone *has done.* It is formed with the present tense of **haber** and a past participle.

Present indicative of *haber*			
Singular forms		**Plural forms**	
yo	he	nosotros/as	hemos
tú	has	vosotros/as	habéis
Ud./él/ella	ha	Uds./ellos/ellas	han

Tú no **has cerrado** la puerta.
You haven't closed the door.

Yo ya **he leído** esos libros.
I've already read those books.

¿**Ha asistido** Juan a la clase?
Has Juan attended class?

Hemos presentado el proyecto.
We have presented the project.

▸ The past participle agrees with the noun when it functions as an adjective, but not when it is part of the present perfect tense.

Clara **ha abierto** las ventanas.
Clara has opened the windows.

Las ventanas están **abiertas**.
The windows are open.

▸ The present perfect is generally used just as in English: to talk about what *has occurred.* It usually refers to the recent past.

He trabajado cuarenta horas.
I have worked forty hours.

¿Cuál es el último libro que **has leído**?
What is the last book that you have read?

▸ **Haber** and the past participle cannot be separated.

Siempre **hemos vivido** en Bolivia.
We have always lived in Bolivia.

Usted nunca **ha venido** a mi oficina.
You have never come to my office.

▸ The word **no** and any object or reflexive pronouns are placed immediately before **haber**.

La señora Vives nos ha preparado una cena.

Yo **no he cobrado** el cheque.
I have not cashed the check.

Susana ya **lo ha hecho**.
Susana has already done it.

¿Por qué **no lo has cobrado**?
Why haven't you cashed it?

Ellos **no lo han arreglado**.
They haven't fixed it.

▸ *To have* can be a main verb or an auxiliary verb. As a main verb, it corresponds to **tener**, while as an auxiliary, it corresponds to **haber**.

Tengo un problema.
I have a problem.

He resuelto mi problema.
I have resolved my problem.

No hay de qué.
Ha sido un placer.

▸ The present perfect of **hay** is **ha habido**.

Ha habido muchos problemas.
There have been a lot of problems.

Ha habido un accidente.
There has been an accident.

Práctica y conversación

1 Completar Estas oraciones describen el estilo de vida (*lifestyle*) de unos estudiantes. Complétalas con el pretérito perfecto del indicativo de los verbos indicados.

adelgazar	comer	llevar
aumentar	hacer	sufrir

1. Luisa _____ muchas presiones este año.
2. Juan y Raúl _____ de peso porque no hacen ejercicio.
3. Pero María Luisa _____ porque trabaja demasiado y siempre se olvida de comer.
4. Hasta ahora, yo _____ una vida muy sana.
5. Pero tú y yo no _____ gimnasia este semestre.
6. Tampoco _____ una dieta equilibrada recientemente.

2 Estilos de vida Marisela ha cambiado su estilo de vida porque quiere llevar una vida sana. Explica lo que ha hecho según el modelo. Luego explica lo que tú has hecho al respecto (*in that regard*).

MODELO

Encontrar un buen gimnasio

Marisela ha encontrado un buen gimnasio. Yo no he encontrado un gimnasio, pero sé que debo buscar uno.

1. Tratar de estar en forma
2. Estar a dieta los últimos dos meses
3. Dejar de tomar refrescos
4. Hacerse una prueba de colesterol
5. Entrenar cinco días a la semana este año
6. Cambiar de una vida sedentaria a una vida activa
7. Tomar vitaminas por la noche y por la mañana
8. Hacer ejercicio para relajarse
9. Consumir mucha proteína este mes
10. Dejar de fumar
11. Levantar pesas tres días a la semana
12. Aliviar el estrés

3 ¿Qué han hecho estas personas? En parejas, describan lo que han hecho y lo que no han hecho las personas en cada dibujo. Usen su imaginación.

Jorge y Raúl

Natalia y Diego

Luisa

Ricardo

Jacobo

Carmen

4 Describir En parejas, identifiquen a una persona que lleva una vida muy sana. Puede ser una persona que conocen o un personaje que aparece en una película o programa de televisión. Entre los dos, escriban una descripción de lo que la persona ha hecho para llevar una vida sana.

MODELO

Pedro Martínez ha llevado una vida muy sana. Ha hecho todo lo posible para mantenerse en forma. Para jugar muy bien al béisbol, él ha...

15.3 The past perfect

Nunca había
visto un paisaje tan
espectacular.

Nunca había hecho
una excursión.

▶ The past perfect indicative (**el pretérito pluscuamperfecto de indicativo**) is used to talk about what someone *had done* or what *had occurred* before another past action or state. The past perfect uses the imperfect of **haber** plus the past participle.

Past perfect indicative		
	cerrar	**perder**	**asistir**
yo	había cerrado	había perdido	había asistido
tú	habías cerrado	habías perdido	habías asistido
Ud./él/ella	había cerrado	había perdido	había asistido
nosotros/as	habíamos cerrado	habíamos perdido	habíamos asistido
vosotros/as	habíais cerrado	habíais perdido	habíais asistido
Uds./ellos/ellas	habían cerrado	habían perdido	habían asistido

Antes de 2003, **había vivido** aquí.
Before 2003, I had lived here.

Cuando llegamos, Luis ya **había salido**.
When we arrived, Luis had left already.

▶ The past perfect is often used with the word **ya** (*already*). Note that **ya** cannot be placed between **haber** and the past participle.

Ella **ya había empezado** cuando llamaron.
She had begun already when they called.

Cuando llegué a casa, Raúl **ya se había acostado.**
When I arrived home, Raúl had already gone to bed.

Práctica y conversación

1 Completar Completa los minidiálogos con las formas correctas del pretérito pluscuamperfecto del indicativo.

SARA Antes de cumplir los 15 años, ¿_____ [estudiar] tú otra lengua?

JOSÉ Sí, _____ [tomar] clases de inglés y de italiano.

• • •

DOLORES Antes del 2000, ¿_____ [viajar] tú y tu familia a Europa?

TOMÁS Sí, _____ [visitar] Europa tres veces.

• • •

ANTONIO Antes de este año, ¿_____ [correr] usted en un maratón?

SRA. VERA No, nunca lo _____ [hacer].

• • •

SOFÍA Antes de su enfermedad, ¿_____ [sufrir] muchas presiones tu tío?

IRENE Sí... y mi tío nunca _____ [mantenerse] en buena forma.

2 Quehaceres Indica lo que ya había hecho cada miembro de la familia antes de la llegada de la madre, la señora Ferrer.

3 Tu vida Indica si ya habías hecho las siguientes cosas antes de cumplir los dieciséis años.

1. Escalar una montaña
2. Escribir un poema
3. Leer una novela
4. Enamorarse
5. Montar a caballo
6. Ir de pesca
7. Manejar un carro
8. Navegar en Internet

4 Oraciones En parejas, conversen sobre los siguientes temas, usando el pretérito pluscuamperfecto del indicativo.

1. Cuando yo llamé a mi mejor amigo/a la semana pasada, él/ella ya...
2. Antes de este año, mis amigos y yo nunca...
3. Hasta el año pasado, yo siempre...
4. Antes de cumplir los veinte años, mi mejor amigo/a...
5. Antes de cumplir los treinta años, mis padres ya...
6. Hasta que cumplí los dieciocho años, yo no...
7. Antes de este semestre, el/la profesor(a) de español no...
8. Antes de tomar esta clase, yo nunca...

5 Lo dudo Escribe cinco oraciones, algunas ciertas y otras falsas, sobre cosas que habías hecho antes de venir a la universidad. Luego, en grupos, túrnense para leer sus oraciones. Cada miembro del grupo debe decir "es cierto" o "lo dudo" después de cada una. Escribe la reacción de cada compañero/a. ¿Quién obtuvo más respuestas ciertas?

MODELO

Estudiante 1: Cuando tenía 10 años, ya había manejado el carro de mi papá.

Estudiante 2: Lo dudo.

Estudiante 3: Es cierto.

6 Entrevista En parejas, preparen una conversación en la que un(a) periodista de televisión está entrevistando (*interviewing*) a un(a) actor/actriz famoso/a que está haciendo un video de ejercicios aeróbicos. El/la periodista le hace preguntas para descubrir la siguiente información:

• Si siempre se había mantenido en forma antes de hacer este video
• Si había seguido una dieta especial antes de hacer este video
• Qué le recomienda a la gente que quiere mantenerse en forma
• Qué le recomienda a la gente que quiere adelgazar
• Qué va a hacer cuando termine este video

Ampliación

1 Escuchar 🎧

A Escucha lo que dice Ofelia Cortez de Bauer. Anota algunos de los cognados que escuchas y también la idea general del discurso.

TIP **Listen for the gist/cognates.** By listening for the gist, you can get the general idea of what you're hearing. Listening for cognates will help you to fill in the details.

Cognados	Idea general
_____	_____
_____	_____
_____	

Ahora indica si las siguientes frases son **ciertas** o **falsas**.

Cierto   Falso

_____ _____ **1.** La señora Bauer habla de la importancia de estar en buena forma.

_____ _____ **2.** Según la señora Bauer, es importante que todos sigan el mismo programa.

_____ _____ **3.** La señora Bauer participa en actividades individuales y de grupo.

_____ _____ **4.** Según la señora Bauer, el objetivo más importante de cada persona debe ser adelgazar.

B ¿Sigues los consejos de la señora Bauer? Explica tu respuesta. ¿Qué piensas de los consejos que ella da? ¿Hay otra información que ella debía haber incluido?

2 Conversar 🎲

Con un(a) compañero/a, preparen una conversación entre el/la enfermero/a de la clínica de la universidad y un(a) estudiante que no se siente bien. Incluyan la siguiente información en su conversación. Luego preséntenla a la clase.

- ¿De dónde viene el problema?
- ¿Tiene buenos hábitos el/la estudiante?
- ¿Qué ha hecho el/la estudiante en los últimos meses? ¿Cómo se ha sentido?
- ¿Qué recomendaciones tiene el/la enfermero/a para el/la estudiante?
- ¿Qué va a hacer el/la estudiante para llevar una vida más sana?

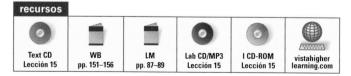

recursos					
Text CD Lección 15	WB pp. 151–156	LM pp. 87–89	Lab CD/MP3 Lección 15	I CD-ROM Lección 15	vistahigher learning.com

3 Escribir Desarrolla un plan personal para mejorar tu bienestar físico y emocional. Considera la nutrición, el ejercicio y el estrés.

TIP Organize your information logically. To make your writing and message clearer to your readers, organize information chronologically or in order of importance.

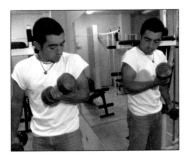

Organízalo Escribe tus objetivos. Anota lo que has hecho hasta ahora, lo que no has hecho, y lo que todavía tienes que hacer para conseguir tus objetivos.

Escríbelo Organiza tus apuntes y escribe el primer borrador de tu plan personal.

Corrígelo Intercambia tu plan personal con un(a) compañero/a. Ofrécele sugerencias para mejorar la organización. ¿Incluye toda la información pertinente? ¿Es lógica la organización? Si ves algunos errores, coméntaselos.

Compártelo Prepara la versión final, tomando en cuenta los comentarios de tu compañero/a. Luego júntate con otro/a compañero/a y comparen lo que han escrito. ¿En qué son similares sus planes? ¿En qué son diferentes?

4 Un paso más Imagina que estás a cargo de (*in charge of*) promocionar una excursión de aventuras con actividades deportivas en algún país hispano. Crea un folleto (*brochure*) atractivo para vender la idea de la excursión; compara tu folleto con los de tus compañeros/as.

- Escoge el país y los lugares que van a visitar.
- Describe las actividades deportivas y de aventura que van a hacer en cada lugar.
- Explica los aspectos de la excursión que son importantes para la salud.
- Incluye el costo del viaje.

En Internet

Investiga estos temas en el sitio vistahigherlearning.com.

- Actividades deportivas en el mundo hispano
- Turismo alternativo en el mundo hispano

Antes de leer

For dramatic effect and to achieve a smoother writing style, authors often do not explicitly supply the reader with all the details of a story. Clues in the text can help you infer those things the writer chooses not to state in a direct manner. You simply "read between the lines" to fill in the missing information and draw conclusions about the story.

Sobre la autora

Cristina Peri Rossi (1941–) Nació en Uruguay, pero ahora vive en España. En sus cuentos, novelas y poemas explora las pasiones, el aislamiento (*isolation*) y las incertidumbres (*uncertainties*) que sentimos como seres humanos (*human beings*).

14 (De Indicios pánicos)

Cristina Peri Rossi

Ella me ha entregado la felicidad dentro de una caja bien cerrada, y me la ha dado, diciéndome:

—Ten cuidado, no vayas a perderla, no seas distraída, me ha costado un gran esfuerzo conseguirla: los mercados estaban cerrados, en las tiendas ya no había y los pocos vendedores ambulantes que existían se han jubilado, porque

recursos

vistahigher
learning.com

Después de leer

tenían los pies cansados. Ésta es la única que pude hallar en la plaza, pero es de las legítimas. Tiene un poco menos brillo que aquella que consumíamos mientras éramos jóvenes y está un poco arrugada, pero si caminas bien, no notarás la diferencia. Si la apoyas en alguna parte, por favor, recógela antes de irte, y si decides tomar un ómnibus, apriétala bien entre las manos: la ciudad está llena de ladrones y fácilmente te la podrían arrebatar.

Después de todas estas recomendaciones soltó la caja y me la puso entre las manos. Mientras caminaba, noté que no pesaba mucho pero que era un poco incómoda de usar: mientras la sostenía no podía tocar otra cosa, ni me animaba a dejarla depositada, para hacer las compras. De manera que no podía entretenerme, y menos aún, detenerme a explorar, como era mi costumbre. A la mitad de la tarde tuve frío. Quería abrirla, para saber si era de las legítimas, pero ella me dijo que se podía evaporar. Cuando desprendí el papel, noté que en la etiqueta venía una leyenda:

"Consérvese sin usar."

Desde ese momento tengo la felicidad guardada en una caja. Los domingos de mañana la llevo a pasear, por la plaza, para que los demás me envidien y lamenten su situación; de noche la guardo en el fondo del ropero. Pero se aproxima el verano y tengo un temor: ¿cómo la defenderé de las polillas?

¿Comprendiste?

1. La persona que narra el cuento, ¿es hombre o es mujer?

2. El regalo, la felicidad, ¿fue fácil o difícil de conseguir?

3. ¿La felicidad se compró en la calle o en una tienda?

4. Según la persona que la dio, ¿esta felicidad es de mejor o de peor calidad que la que tenía de joven?

5. Según ella, ¿hay mucho o poco riesgo de perder la felicidad?

6. ¿Cuál es el problema con la felicidad?

7. Al final, ¿qué hace la narradora con la felicidad?

Preguntas

1. ¿Qué debe hacer la narradora para cuidar la felicidad?

2. ¿Qué límites le impone la felicidad a la narradora?

3. ¿Cómo quiere la narradora que su felicidad afecte a otras personas?

4. ¿Por qué tiene miedo de las polillas la narradora?

Coméntalo

Para ti, ¿qué significa este cuento? ¿Qué dice de la felicidad? ¿Qué dice de la sociedad y las relaciones humanas? ¿Te parecen importantes la edad y el sexo de la persona que narra? ¿Y de la persona que le dio la felicidad? ¿Qué relación tienen las dos personas? En el cuento, ¿cuáles son las ventajas (*advantages*) y desventajas de tener la felicidad? ¿Te parece un buen regalo? ¿Qué recomendaciones tienes para la narradora del cuento?

me… caja *handed me happiness in a box* esfuerzo *effort*
la única que pude hallar *the only one I could find* brillo *shine*
arrugada *wrinkled* no notarás *you won't notice* Si… parte *If you set it down*
somewhere apriétala *hold* ladrones *thieves* arrebatar *to snatch*
soltó *let go of* pesaba *weighed* desprendí *I took off* etiqueta *label*
leyenda *inscription* envidien *envy* en… ropero *in the back of the closet*
defenderé *will I defend* polillas *moths*

El bienestar

el bienestar	well-being
la clase de ejercicios aeróbicos	aerobics class
la droga	drug
el/la drogadicto/a	drug addict
el masaje	massage
el/la monitor(a)	trainer
el músculo	muscle
el/la teleadicto/a	couch potato
adelgazar	to lose weight; to slim down
aliviar el estrés/ la tensión	to relieve stress/ tension
apurarse	to hurry; to rush
aumentar de peso	to gain weight
calentarse (e:ie)	to warm up
darse prisa	to hurry; to rush
disfrutar (de)	to enjoy; to reap the benefits (of)
engordar	to gain weight
entrenarse	to practice; to train
estar a dieta	to be on a diet
estar en buena forma	to be in good shape
(no) fumar	(not) to smoke
hacer ejercicio	to exercise
hacer ejercicios aeróbicos	to do aerobics
hacer ejercicios de estiramiento	to do stretching exercises
hacer gimnasia	to work out
levantar pesas	to lift weights
llevar una vida sana	to lead a healthy lifestyle
mantenerse en forma	to stay in shape
sudar	to sweat
sufrir muchas presiones	to be under a lot of pressure
tratar de (+ inf.)	to try (to do something)
activo/a	active
débil	weak
flexible	flexible
fuerte	strong
sedentario/a	sedentary
tranquilo/a	calm; quiet

La nutrición

la bebida alcohólica	alcoholic beverage
la caloría	calorie
el colesterol	cholesterol
la grasa	fat
la merienda	(afternoon) snack
los minerales	minerals
la nutrición	nutrition
la proteína	protein
las vitaminas	vitamins
comer una dieta equilibrada	to eat a balanced diet
consumir alcohol	to consume alcohol
merendar (e:ie)	to have a(n) (afternoon) snack
descafeinado/a	decaffeinated

Otras palabras y expresiones

en exceso	in excess; too much
sin	without

Expresiones útiles	See page 335.
Irregular past participles	See page 338.

recursos

LM
p. 89

Lab CD/MP3
Lección 15

Vocab CD
Lección 15

16 El mundo del trabajo

Communicative Goals

You will learn how to:
- discuss the world of work
- talk about future plans
- reminisce
- express hopes

PREPARACIÓN

pages 350–353
- Words related to working
- Occupations
- The letters *y*, *ll*, and *h*

ESCENAS

pages 354–357
- Inés, Javier, Álex, and Maite reminisce about the trip and comment on their new friendships in this summary of the video module.

GRAMÁTICA

pages 358–365
- The future tense
- The conditional tense
- The past subjunctive

LECTURA

pages 366–367
- Short story:
  Imaginación y Destino

Para empezar

- ¿Están las personas estudiando o trabajando?
- ¿Está la mujer en buena forma?
- ¿Llevan ellos ropa profesional?
- ¿Crees que ella está casada?
- ¿Crees que él sufre de mucho estrés?

El mundo del trabajo

el científico
scientist

LAS OCUPACIONES

el/la abogado/a *lawyer*

la actriz *actress*

el/la arqueólogo/a *archaeologist*

el/la arquitecto/a *architect*

el bailarín *dancer*

la bailarina *dancer*

el/la cantante *singer*

el/la carpintero/a *carpenter*

el/la consejero/a *counselor; advisor*

el/la contador(a) *accountant*

el/la corredor(a) de bolsa *stockbroker*

el/la diseñador(a) *designer*

el/la electricista *electrician*

el/la escritor(a) *writer*

el/la escultor(a) *sculptor*

el/la gerente *manager*

el hombre/la mujer de negocios
businessperson

el/la jefe/a *boss*

el/la maestro/a *elementary
school teacher*

el/la pintor(a) *painter*

el/la poeta *poet*

el/la político/a *politician*

el/la reportero/a *reporter*

el/la secretario/a *secretary*

el/la técnico/a *technician*

el cocinero
cook; chef

la peluquera
hairdresser

el actor
actor

el bombero
firefighter

el psicólogo
psychologist

Se busca

diseñador gráfico.

Ofrecemos excelentes beneficios.
Para mayor información,
diríjase a nuestra oficina principal,
Calle Castilla, no. 44.

el anuncio
advertisement

LAS ENTREVISTAS

el/la aspirante *candidate; applicant*
los beneficios *benefits*
el/la entrevistador(a) *interviewer*
el puesto *position; job*
el salario *salary*
la solicitud (de trabajo) *(job) application*
el sueldo *salary*

contratar *to hire*
entrevistar *to interview*
ganar *to earn*
obtener *to obtain; to get*
solicitar *to apply (for a job)*

el currículum
résumé

DATOS PERSONALES
Nombre y apellidos: **Carmelo Roca González**
Fecha de nacimiento: **14 de diciembre de 1978**
Lugar de nacimiento: **Salamanca**
D.N.I.: **7885270-R**
Dirección: **Calle Ferrara 17, 5**
37500 Salamanca
Teléfono: **923 270 118**
Correo electrónico: **rocac@teleline.com**

FORMACIÓN ACADÉMICA
• 2001-2002 Máster en Administración y Dirección de Empresas, Universidad Autónoma de Madrid
• 1996-2001 Licenciado en Administración y Dirección de Empresas por la Universidad de Salamanca

CURSOS Y SEMINARIOS
• 2001 "Gestión y Creación de Empresas", Universidad de Córdoba

EXPERIENCIA PROFESIONAL
• 1999-2000 Contrato de un año en la empresa RAMA, S.L., realizando tareas administrativas
• 1998-1999 Contrato de trabajo haciendo prácticas en Banco Sol

IDIOMAS
• INGLÉS Nivel alto. Título de la Escuela Oficial de Idiomas
• ITALIANO Nivel Medio

INFORMÁTICA/COMPUTACIÓN
• Conocimientos de usuario de Mac / Windows
• MS Office

EL MUNDO DEL TRABAJO

el ascenso *promotion*
el aumento de sueldo *raise*
la carrera *career*
la compañía *company; firm*
el empleo *job; employment*
la empresa *company; firm*
la especialización *field of study*
los negocios *business; commerce*
la ocupación *occupation*
el oficio *trade*
la profesión *profession*
el teletrabajo *telecommuting*
el trabajo *job; work*
la videoconferencia *videoconference*

dejar *to quit; to leave behind*
despedir (e:i) *to fire*
invertir (e:ie) *to invest*
renunciar (a) *to resign (from)*
tener éxito *to be successful*

comercial *commercial; business-related*

la reunión
meeting

la entrevista
interview

Práctica y conversación

1 **¿Lógico o ilógico?** 🎧 Escucha las frases e indica si cada frase es **lógica** o **ilógica**.

	1.	2.	3.	4.	5.	6.	7.	8.
Lógico								
Ilógico								

2 **Asociaciones** ¿Qué profesiones asocias con las siguientes palabras? Escoge de la lista.

1. pelo _____
2. novelas _____
3. emociones _____
4. teatro _____
5. periódico _____

6. pinturas _____
7. elecciones _____
8. baile _____
9. leyes _____
10. consejos _____

abogado	escritor
actriz	peluquera
arqueólogo	pintor
bailarín	pintor
consejero	psicóloga
electricista	reportero

3 **Completar** Completa las frases.

1. Quiero conseguir un puesto con
   a. oficios.　　b. beneficios.　　c. ocupación.
2. Luisa tiene la oportunidad de ____ la empresa donde trabaja.
   a. despedir　　b. entrevistar　　c. invertir en
3. Mi vecino dejó su ____ porque no le gustaba su jefe.
   a. puesto　　b. anuncio　　c. ascenso
4. Raúl va a ____ su empleo antes de empezar su propia empresa.
   a. solicitar　　b. tener éxito　　c. renunciar a
5. Mi madre ____ su carrera como escultora.
   a. tuvo éxito en　　b. invirtió　　c. entrevistó
6. ¿Cuándo obtuviste ____ más reciente?
   a. la reunión　　b. la videoconferencia　　c. el aumento de sueldo
7. Jorge llegó tarde a la ____ esta mañana.
   a. reunión　　b. especialización　　c. carrera

4 **Conversación** 🎴 Contesta las preguntas con un(a) compañero/a.

1. ¿Te gusta tu especialización? ¿Cuál es tu carrera ideal? ¿Por qué?
2. ¿Cómo te preparas para una entrevista? ¿Obtienes siempre los puestos que quieres?
3. ¿Qué características tiene un(a) jefe/a bueno/a?
4. ¿Te gustaría más tener tu propia empresa o trabajar en una oficina? ¿Por qué?

recursos

Text CD
Lección 16

5 **Una feria de trabajo** Organicen una feria (*fair*) de trabajo. Unos estudiantes son los representantes de las compañías y otros son los/las aspirantes que están buscando nuevos puestos de trabajo.

Representantes

- Preparan carteles con el nombre de su compañía.
- Escriben los puestos de trabajo que ofrecen.
- Contestan las preguntas de los aspirantes y describen los puestos disponibles.
- Consiguen los datos de los aspirantes.

Aspirantes

- Visitan la feria de trabajo.
- Hablan con tres representantes y formulan preguntas sobre los puestos que tienen.
- Muestran sus referencias y currículums.
- Escogen su puesto favorito.

Ortografía Las letras y, ll y h

The letters *ll* and *y* were not pronounced alike in Old Spanish. Nowadays, however, *ll* and *y* have the same or similar pronunciations in many parts of the Spanish-speaking world. This similarity results in frequent misspellings. The letter *h*, as you already know, is silent in Spanish, and it is often difficult to know whether words should be written with or without it. Here are some of the word groups that are spelled with each letter.

ta**ll**a	se**ll**o	bote**ll**a	amari**ll**o

The letter *ll* is used in these endings: **–allo/a, –ello/a, –illo/a**.

llave	**ll**ega	**ll**orar	**ll**uvia

The letter *ll* is used at the beginning of words in these combinations: **lla–, lle–, llo–, llu–**.

ca**y**endo	le**y**eron	o**y**e	inclu**y**e

The letter *y* is used in some forms of the verbs **caer, leer,** and **oír,** and of verbs ending in **–uir**.

hiperactivo	**h**ospital	**h**ipopótamo	**h**umor

The letter *h* is used at the beginning of words in these combinations: **hiper–, hosp–, hidr–, hipo–, hum–**.

hiato	**h**ierba	**h**ueso	**h**uir

The letter *h* is also used in words that begin with these combinations: **hia–, hie–, hue–, hui–**.

Adivinanza Aquí tienes una adivinanza (*riddle*).
Intenta descubrir de qué se trata.

Una cajita chiquita,
blanca como la nieve:
todos la saben abrir,
nadie la sabe cerrar.[1]

Pista: Es una comida.

1 El huevo

recursos

LM
p. 92

Lab CD/MP3
Lección 16

I CD-ROM
Lección 16

Memorias del viaje

Los viajeros recuerdan sus experiencias.

Personajes

JAVIER

INÉS

ÁLEX

MAITE

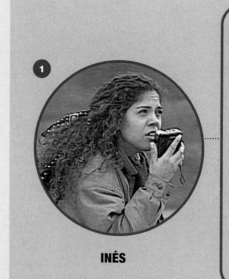

1

INÉS

La excursión a las montañas fue lo que más me gustó del viaje. ¡El paisaje era tan hermoso! Me encantó que mis amigos pudieran disfrutar de la belleza de mi país. Además, fue una oportunidad para que Javier y yo pudiéramos conocernos. Sé que muy pronto será un artista famoso. Nos llevamos muy bien durante el viaje y creo que seremos buenos amigos.

2

JAVIER

Para mí, el paisaje de las montañas fue lo mejor del viaje. Tomé varias fotos e hice muchos dibujos cuando estábamos allí. El próximo verano volveré para pintar más cuadros de lo que vi durante este viaje. Ahora soy un pintor desconocido... pero, cuando la gente vea esos cuadros, seré famoso. Estoy casi seguro de ello. Cuando vuelva, me gustaría que Inés, Maite y Álex vinieran conmigo. El viaje no sería tan divertido sin ellos.

ÁLEX

3

Hola, Mario:

Anoche volvimos a Quito. No quería que el viaje se acabara. Nos lo pasamos muy bien, incluso cuando se nos dañó el autobús cerca de Ibarra. Además, conocí a gente interesante, como Maite, que estudia para ser periodista. Es una chica guapa y muy inteligente. Durante el viaje, salimos juntos en varias ocasiones y creo que volveremos a vernos otra vez. Nunca se sabe, es posible que nos casemos un día de estos.

Tu amigo, Álex

MAITE

4

El viaje fue estupendo y me divertí muchísimo. Me sorprendió que mis amigos me organizaran una fiesta de cumpleaños en el restaurante El Cráter. Además, conocí a un chico encantador que se llama Álex. Me dijo que estaba pensando en empezar un negocio en Internet. En un primer momento, dudé que llegáramos a ser buenos amigos. Pero ahora me gustaría conocerlo mejor. ¿Quién sabe? Quizás nos convirtamos en algo más que amigos…

Expresiones útiles

Talking about future plans

Sé que muy pronto será famoso.
I know that soon he will be famous.

Creo que seremos buenos amigos.
I think we'll be good friends.

El próximo verano volveré para pintar más cuadros de lo que vi durante este viaje.
Next summer I'll return to paint more paintings of what I saw during this trip.

Cuando la gente vea esos cuadros, seré famoso.
When people see those paintings, I'll be famous.

Nunca se sabe, es posible que nos casemos un día de estos.
You never know, it's possible that we'll get married one of these days.

Reminiscing

Además, fue una oportunidad para que Javier y yo pudiéramos conocernos.
Besides, it was an opportunity for Javier and me to get to know each other.

Me sorprendió que mis amigos me organizaran una fiesta de cumpleaños en el restaurante El Cráter.
It surprised me that my friends organized a birthday party for me in the El Cráter restaurant.

Dudé que llegáramos a ser amigos.
I doubted that we would become friends.

No quería que el viaje se acabara.
I didn't want the trip to end.

Expressing hopes and wishes

Me gustaría conocerlo mejor.
I would like to get to know him better.

Cuando vuelva, me gustaría que Inés, Maite y Álex vinieran conmigo.
When I return, I would like Inés, Maite, and Álex to come with me.

¿Qué piensas?

1 Seleccionar Selecciona la respuesta más lógica para cada frase.

1. Inés cree que Javier será
   a. un bombero. b. un artista famoso.
   c. un científico.

2. Maite estaba sorprendida de que sus amigos le hubieran organizado
   a. una fiesta de cumpleaños. b. una excursión.
   c. una cena con Álex.

3. Javier volverá el próximo verano para
   a. correr. b. viajar. c. pintar.

4. Álex no quería que el viaje se acabara porque
   a. se le dañó la computadora. b. lo pasó muy bien.
   c. le gustó la comida de doña Rita.

2 Preguntas Responde a las siguientes preguntas.

1. ¿Se habían conocido Inés y Javier antes del viaje? ¿Cómo lo sabes?
   _____

2. ¿Qué piensa Maite de Álex?
   _____

3. ¿Qué le gustó más del viaje a Javier?
   _____

4. ¿Qué opina Álex sobre su futuro con Maite?
   _____

3 La reunión En 20 años Maite, Álex, Inés y Javier se vuelven a reunir. En grupos, escriban un diálogo explicando qué ha pasado en sus vidas personales y profesionales después del viaje. Luego, representen el diálogo delante de la clase.

Exploración

Las mujeres en el mundo del trabajo

La indígena guatemalteca Rigoberta Menchú Tum recibió el Premio Nobel de la Paz en 1992. Es conocida por su trabajo en la defensa de los derechos de los pueblos indígenas. En 1983, publicó *Yo, Rigoberta Menchú,* un libro sobre su lucha (*fight*).

La diseñadora venezolana Carolina Herrera es considerada una de las figuras más importantes en el campo de la moda. Tiene mucho éxito en los Estados Unidos y en Latinoamérica. Su ropa es muy popular entre las mujeres profesionales por su estilo clásico y funcional.

La primera mujer que gobernó un país de América Central fue Violeta Barrios de Chamorro. Fue presidenta de Nicaragua desde 1990 hasta 1997. Después, escribió sus memorias en un libro llamado *Sueños del corazón.*

Observaciones

- **Gabriela Mistral** fue una poeta y diplomática chilena. En 1945 tuvo el honor de ser la primera escritora latinoamericana en recibir el Premio Nobel de Literatura.
- En 1996, el 49% de los estudiantes que se matricularon (*registered*) en los colegios técnicos públicos de Costa Rica eran mujeres.
- En 1999, **Mireya Moscoso** fue la primera mujer elegida (*elected*) presidenta de Panamá.

Coméntalo

Con un(a) compañero/a, contesta las siguientes preguntas.

- ¿Por qué son importantes estas mujeres en el mundo en general?
- En parejas, escojan una mujer profesional que admiran. ¿Qué cualidades admiran en esta persona?

recursos

vistahigher
learning.com

16.1 The future tense

▸ You have already learned how to use **ir a** + [infinitive] to express the near future. You will now learn the future tense. Compare these different ways of expressing the future.

PRESENT INDICATIVE

Voy al cine mañana.
I'm going to the movies tomorrow.

PRESENT SUBJUNCTIVE

Ojalá **vaya al cine** mañana.
I hope I will go to the movies tomorrow.

IR A + INFINITIVE

Voy a ir al cine.
I'm going to go to the movies.

FUTURE

Iré al cine.
I will go to the movies.

Future tense of regular verbs

	estudiar	aprender	recibir
yo	estudiaré	aprenderé	recibiré
tú	estudiarás	aprenderás	recibirás
Ud./él/ella	estudiará	aprenderá	recibirá
nosotros/as	estudiaremos	aprenderemos	recibiremos
vosotros/as	estudiaréis	aprenderéis	recibiréis
Uds./ellos/ellas	estudiarán	aprenderán	recibirán

▸ In Spanish, the future tense consists of one word, whereas in English it is made up of *will* or *shall* and a main verb.

¿Cuándo **recibirás** el ascenso?
When will you receive the promotion?

Mañana **aprenderemos** más.
Tomorrow we will learn more.

▸ The future endings are the same for all verbs. For regular verbs, add the endings to the infinitive. For irregular verbs, add the endings to the irregular stem.

Irregular verbs in the future

INFINITIVE	STEM	FUTURE FORMS	INFINITIVE	STEM	FUTURE FORMS
decir	dir–	diré	saber	sabr–	sabré
hacer	har–	haré	salir	saldr–	saldré
poder	podr–	podré	tener	tendr–	tendré
poner	pondr–	pondré	venir	vendr–	vendré
querer	querr–	querré			

▸ Although *will* can refer to future time, it also refers to someone's willingness to do something. In this case, Spanish uses **querer** + [infinitive].

¿**Quieres llamarme**, por favor?
Will you please call me?

¿**Quieren ustedes escucharnos**, por favor?
Will you please listen to us?

▶ English sentences involving expressions such as *I wonder, I bet, must be, may, might,* and *probably* are often conveyed in Spanish using the future of probability, a use of the future that expresses conjecture about present conditions, events, or actions.

¿Dónde **estarán** mis llaves?
I wonder where my keys are?

Estarán en la cocina.
They're probably in the kitchen.

▶ The future may be used in sentences in which the present subjunctive follows a conjunction of time such as **cuando, después (de) que, en cuanto, hasta que,** and **tan pronto como.**

Cuando llegues a la oficina, **hablaremos**.
When you arrive at the office, we will talk.

Saldremos tan pronto como termine su trabajo.
We will leave as soon as you finish your work.

Práctica y conversación

1 Planes Celia está hablando de sus planes. Repite lo que dice con el tiempo futuro.

MODELO
Voy a consultar un diccionario en la biblioteca.
Consultaré un diccionario en la biblioteca.

1. Julián me va a decir dónde puedo buscar trabajo.
2. Voy a buscar un puesto que ofrezca ascensos.
3. Voy a leer los anuncios clasificados todos los días.
4. Voy a obtener un puesto en mi especialización.
5. Mis amigos van a intentar obtener un teletrabajo.

2 Preguntas En parejas, túrnense para hablar del puesto que prefieren y por qué, basándose en los anuncios. Usen las preguntas como guía.

SE BUSCA DIRECTOR
de mercadeo para empresa privada. Mínimo de 5 años de experiencia en turismo y conexiones con INTUR (Instituto Nicaragüense de Turismo) y ANTUR (Asociación Nicaragüense de Turismo Receptivo). Debe hablar inglés, español y alemán. Salario anual: 306,000 córdobas. Horario flexible. Buenos beneficios. Envíe currículum por fax al 492-38-67.

MUEBLERÍA MANAGUA
busca carpintero/a. Experiencia en fabricación de muebles finos. Horario: lunes a viernes de 7:30 a 11:30 y de 1:30 a 5:30. Sueldo semanal: 462 córdobas (y beneficios). Comenzará inmediatamente. Solicite en persona: Calle El Lago, Managua.

1. ¿Cuál será tu trabajo?
2. ¿Cuánto te pagarán?
3. ¿Te ofrecerán beneficios?
4. ¿Qué horario tendrás?
5. ¿Crees que te gustará?
6. ¿Cuándo comenzarás?

3 Conversar Tú y tu compañero/a viajarán a la República Dominicana. Conversen sobre dónde, cómo, con quién o cuándo harán las actividades escogidas.

MODELO
Estudiante 1: ¿Qué haremos el martes?
Estudiante 2: Visitaremos el Jardín Botánico.

¡Bienvenido a la República Dominicana!

Se divertirá desde que llegue al Aeropuerto de las Américas.

- Visite la ciudad colonial de **Santo Domingo** con su interesante arquitectura.
- Vaya al **Jardín Botánico** y disfrute de nuestra abundante naturaleza.
- En el **Mercado Modelo,** no va a poder resistir la tentación de comprar artesanías.
- ¿Le gusta bucear? **Cabarete** tiene todo el equipo que Ud. necesita.
- ¿Desea nadar? **Punta Cana** le ofrece hermosas playas.

4 Una empresa privada En grupos pequeños, desarrollen planes para formar una empresa privada. Usen las preguntas como guía. Después presenten su plan a la clase.

1. ¿Cómo se llamará y qué tipo de empresa será?
2. ¿Cuántos empleados tendrá y cuáles serán sus oficios?
3. ¿Qué tipo de beneficios se ofrecerán?
4. ¿Quién será el/la gerente y quién será el/la jefe/a?
5. ¿Permitirá su empresa el teletrabajo? ¿Por qué?
6. ¿Dónde pondrá anuncios para buscar empleados?

5 Predicciones Con dos o tres compañeros/as, especula sobre lo que ocurrirá en los siguientes años: 2010, 2030 y 2050. Usen su imaginación. Luego compartan sus predicciones con la clase.

16.2 The conditional tense

▶ The conditional tense expresses what you would do or what would happen under certain circumstances. In Lesson 7, you learned the polite expression **me gustaría...** (*I would like...*), which uses a conditional form of **gustar**.

	The conditional tense		
	visitar	**comer**	**aplaudir**
yo	visitaría	comería	aplaudiría
tú	visitarías	comerías	aplaudirías
Ud./él/ella	visitaría	comería	aplaudiría
nosotros/as	visitaríamos	comeríamos	aplaudiríamos
vosotros/as	visitaríais	comeríais	aplaudiríais
Uds./ellos/ellas	visitarían	comerían	aplaudirían

▶ The conditional endings are the same for all verbs and all forms carry a written accent. For regular verbs, add the endings to the infinitive. For irregular verbs, add the endings to the irregular stem.

INFINITIVE	STEM	CONDITIONAL	INFINITIVE	STEM	CONDITIONAL
decir	dir–	diría	querer	querr–	querría
haber	habr–	habría	saber	sabr–	sabría
hacer	har–	haría	salir	saldr–	saldría
poder	podr–	podría	tener	tendr–	tendría
poner	pondr–	pondría	venir	vendr–	vendría

▶ In English, the conditional is made up of *would* and a main verb, but in Spanish, it consists of one word.

Este aspirante **sería** perfecto para el puesto.
This candidate would be perfect for the job.

¿**Vivirían** ustedes en otro país por un trabajo?
Would you live in another country for a job?

Querría un puesto con un buen salario.
I would like a job with a good salary.

Ganarían más en otra compañía.
They would earn more in another company.

▶ The conditional is commonly used to make polite requests.

¿**Podrías** llamar al gerente, por favor?
Would you call the manager, please?

¿**Sería** tan amable de venir ahora?
Would you be so kind as to come now?

▶ In both Spanish and English, the conditional expresses the future in relation to a past action or state of being. The future indicates what *will happen*, whereas the conditional indicates what *would happen*. The future tense is often used if the main verb is in the present tense. The conditional is often used if the main verb is in one of the past tenses.

Creo que mañana **hará** sol.
I think it will be sunny tomorrow.

Creía que hoy **haría** sol.
I thought it would be sunny today.

▶ The English *would* can also mean *used to*, in the sense of past habitual action. To express past habitual actions, Spanish uses the imperfect.

Íbamos al parque los sábados.
We would go to the park on Saturdays.

De adolescentes, **comíamos** mucho.
As teenagers, we used to eat a lot.

▶ English sentences involving expressions such as *I wondered if, probably*, and *must have been* are often conveyed in Spanish using the conditional of probability, a use of the conditional that expresses conjecture or probability about *past* conditions, events, or actions.

Serían las nueve cuando el jefe me llamó.
It must have been 9 o'clock when the boss called.

Sonó el teléfono. ¿**Llamaría** Tina para cancelar la cita?
The phone rang. Could it be Tina calling to cancel the appointment?

Práctica y conversación

1 **Un viaje** A la empresa Día le gustaría tener una conferencia en Puerto Rico. Los empleados nos cuentan sus planes de viaje. Complétalos con el condicional.

1. Me _____ [gustar] venir unos días antes de la conferencia para viajar por el país.

2. Ana _____ [salir] primero a la playa.

3. Yo _____ [decir] que fuéramos a San Juan.

4. Nosotras _____ [preferir] tener las reuniones por la mañana. Por la tarde _____ [poder] visitar la ciudad y los alrededores.

5. Y nosotros _____ [ver] la zona comercial de la ciudad. Y tú, Luisa, ¿qué _____ [hacer]?

6. El jefe _____ [tener] interés en hacer una videoconferencia. Él _____ [visitar] los museos.

2 **Preguntas** Forma preguntas con las palabras que se dan en cada ocasión. Inventa las respuestas. Usa el condicional.

MODELO
Hacer (ustedes) / videoconferencia / con / empresa en Chile
—¿Harían ustedes una videoconferencia con una empresa en Chile?
—Sí, haríamos una videoconferencia con una empresa en Chile.

1. contratar (tú) / primo / para / puesto nuevo

2. invertir (ellos) / dinero / en / compañía nueva

3. solicitar (ella) / trabajo / de abogado

4. renunciar (tú) / puesto / trabajo con más beneficios

3 **En tu lugar…** Lee las situaciones. Responde usando la frase **Yo en tu lugar…** (*If I were you…*). Después, compara tus ideas con las de un(a) compañero/a.

MODELO
Me encanta mi puesto, pero mi jefe es muy pesado.
Estudiante 1: Me encanta mi puesto, pero mi jefe es muy pesado. ¡Nunca me deja hablar!
Estudiante 2: Pues, yo en tu lugar hablaría con mi jefe sobre este problema.

1. El año pasado escogí la contabilidad como mi especialización, pero ahora he descubierto que no me gusta trabajar con números todo el día.

2. Me ofrecen un puesto interesantísimo, pero tiene un horario horrible. No volveré a ver a mis amigos jamás.

3. Mi peluquero es maravilloso, pero se va de viaje por dos meses a San Juan. Los otros peluqueros que trabajan en su salón no me gustan. Y tengo que hacer varias presentaciones durante esos dos meses.

4 **¿Qué harías?** Quieres saber qué harían tus compañeros por un millón de dólares. Escribe ocho preguntas en el tiempo condicional. Circula por la clase y pregúntales a tus compañeros. Anota las respuestas e informa a la clase de los resultados de la encuesta.

MODELO
Estudiante 1: ¿Trabajarías como cantante en Las Vegas?
Estudiante 2: Sí, lo haría. Sería muy interesante.

16.3 The past subjunctive

▶ The past subjunctive (**el imperfecto del subjuntivo**) is also called the imperfect subjunctive. Like the present subjunctive, it is used mainly in multiple-clause sentences that express will, influence, emotion, commands, indefiniteness, and non-existence.

The past subjunctive

	estudiar	aprender	recibir
yo	estudiara	aprendiera	recibiera
tú	estudiaras	aprendieras	recibieras
Ud./él/ella	estudiara	aprendiera	recibiera
nosotros/as	estudiáramos	aprendiéramos	recibiéramos
vosotros/as	estudiarais	aprendierais	recibierais
Uds./ellos/ellas	estudiaran	aprendieran	recibieran

No pensé que pudiera terminar la excursión.

▶ For *all* verbs, the past subjunctive is formed with the **Uds./ellos/ellas** form of the preterite. By dropping the **–ron** ending, you establish the stem for all the past subjunctive forms. You then add the past subjunctive endings.

INFINITIVE	PRETERITE FORM	STEM	PAST SUBJUNCTIVE
hablar	ellos habla~~ron~~	habla–	hablara, hablaras, habláramos
beber	ellos bebie~~ron~~	bebie–	bebiera, bebieras, bebiéramos
escribir	ellos escribie~~ron~~	escribie–	escribiera, escribieras, escribiéramos

Martín mostró mucho interés en que aprendiéramos sobre el medio ambiente.

▶ Verbs with irregular preterites use the same stems and endings in the past subjunctive.

INFINITIVE	PRETERITE FORM	STEM	PAST SUBJUNCTIVE
dar	die~~ron~~	die–	diera, dieras, diéramos
decir	dije~~ron~~	dije–	dijera, dijeras, dijéramos
estar	estuvie~~ron~~	estuvie–	estuviera, estuvieras, estuviéramos
hacer	hicie~~ron~~	hicie–	hiciera, hicieras, hiciéramos
ir/ser	fue~~ron~~	fue–	fuera, fueras, fuéramos
poder	pudie~~ron~~	pudie–	pudiera, pudieras, pudiéramos
poner	pusie~~ron~~	pusie–	pusiera, pusieras, pusiéramos
querer	quisie~~ron~~	quisie–	quisiera, quisieras, quisiéramos
saber	supie~~ron~~	supie–	supiera, supieras, supiéramos
tener	tuvie~~ron~~	tuvie–	tuviera, tuvieras, tuviéramos
venir	vinie~~ron~~	vinie–	viniera, vinieras, viniéramos

▶ **–Ir** stem-changing verbs and other verbs with spelling changes follow a similar process.

INFINITIVE	PRETERITE FORM	STEM	PAST SUBJUNCTIVE
conducir	condujeron	conduje–	condujera, condujeras, condujéramos
creer	creyeron	creye–	creyera, creyeras, creyéramos
destruir	destruyeron	destruye–	destruyera, destruyeras, destruyéramos
dormir	durmieron	durmie–	durmiera, durmieras, durmiéramos
oír	oyeron	oye–	oyera, oyeras, oyéramos
preferir	prefirieron	prefirie–	prefiriera, prefirieras, prefiriéramos
repetir	repitieron	repitie–	repitiera, repitieras, repitiéramos

▶ The past subjunctive is used the same as the present subjunctive, except that it describes actions or conditions that have already happened. The verb in the main clause is usually in the preterite or the imperfect.

Me pidieron que no **llegara** tarde.
They asked me not to arrive late.

Salió antes de que yo **pudiera** llamar.
He left before I could call.

Práctica y conversación

1 Conversaciones Completa los minidiálogos con el imperfecto del subjuntivo.

PACO ¿Qué le dijo el consejero a Andrés?

JULIA Le aconsejó que _____ [dejar] los estudios de arte y que _____ [estudiar] una carrera que _____ [pagar] mejor.

PACO ¿No se enojó él de que le _____ [aconsejar] eso?

JULIA Sí, y le dijo que no creía que ninguna carrera le _____ [ir] a gustar más.

• • •

EVA Qué lástima que ellos no te _____ [ofrecer] el puesto de gerente.

LUIS Querían a alguien que _____ [tener] experiencia.

EVA ¿No te molestó que te _____ [decir] eso?

LUIS No, me pidieron que _____ [volver] en un año y _____ [solicitar] el puesto otra vez.

• • •

CARLA Cuánto me alegro de que tus hijas _____ [venir] ayer a visitarte. ¿Cuándo se van?

ANA Bueno, yo esperaba que se _____ [quedar] dos semanas, pero no pueden. Ojalá _____ [poder]. Hace muchísimo tiempo que no las veo.

2 Transformar Cambia las frases al pasado.

MODELO
Temo que Juanita no consiga el trabajo.
Temía que Juanita no consiguiera el trabajo.

1. Esperamos que Miguel no renuncie.
2. No hay nadie que responda al anuncio.
3. Me sorprende que ellos no inviertan su dinero.
4. Te piden que no llegues tarde a la oficina.

3 Minidiálogos Trabajen en parejas. Uno/a ha comprado una casa; el/la otro/a es el/la responsable de las reformas (*improvements*) de la casa. El/la cliente/a llama para quejarse (*to complain*) de que no han hecho algunas reformas.

MODELO
el/la técnico/a / conectar / módem
Estudiante 1: Le pedí al técnico que conectara el módem, pero todavía no ha venido.
Estudiante 2: Yo también le pedí que fuera a su casa.

1. el/la electricista / conectar / electricidad
2. el/la carpintero/a / construir / balcón
3. el/la diseñador(a) / escoger / muebles
4. el/la pintor(a) / pintar / paredes

Ampliación

1 Escuchar

A Escucha la entrevista de la señora Sánchez y Rafael Ventura Romero. Antes de escucharla, prepara una lista de la información que esperas oír, según tu conocimiento previo (*prior knowledge*) del tema.

TIP **Use background knowledge/Listen for specific information.** Knowing the subject of what you're going to hear will help you use your background knowledge to anticipate words and phrases you're likely to hear, and to determine important information you should listen for.

Llena el formulario con la información necesaria. Si no oyes un dato (*piece of information*) que necesitas, escribe *Buscar en el currículum.* ¿Oíste toda la información de tu lista?

> **Puesto solicitado**_____
> **Nombre y apellidos del solicitante**_____
> **Dirección** _____   **Tel.**_____
>
> Educación _____
> Experiencia profesional: Puesto_____
> Empresa _____
> ¿Cuánto tiempo?_____
>
> **Referencias:**
> Nombre_____
> Dirección _____   **Tel.**_____
> Nombre _____
> Dirección _____   **Tel.**_____

B ¿Cómo sabes si los resultados de la entrevista han sido positivos para Rafael Ventura?

_____

2 Conversar
Con un(a) compañero/a, conversen sobre sus planes para el futuro. Incluyan la siguiente información en su conversación.

> • ¿Qué profesión u oficio seguirás en el futuro?
>
> • ¿Qué harás para tener éxito?
>
> • ¿Te mudarías de país por un puesto excelente?
>
> • ¿Estudiarás una especialización?
>
> • ¿Crees que serás multimillonario?

recursos

Text CD
Lección 16

WB
pp. 159–164

LM
pp. 93–95

Lab CD/MP3
Lección 16

I CD-ROM
Lección 16

vistahigher
learning.com

364 *trescientos sesenta y cuatro*

3 Escribir Escribe una composición sobre tus planes para el futuro. Formula planes para tu vida personal, profesional y financiera. Termina tu composición con una lista de metas.

TIP Use note cards. Note cards (**fichas**) can help you organize your information. Label the top of each card with a general subject, such as **lugar** or **empleo**. Number the cards so you can easily flip through them to find information.

Organízalo	Utiliza fichas para apuntar cada plan o meta para el futuro. Asigna un año a cada meta.
Escríbelo	Organiza tus fichas y escribe el primer borrador de tu composición.
Corrígelo	Intercambia tu composición con un(a) compañero/a. Léela y anota sus mejores aspectos. ¿Habla de las metas específicas para su futuro? Ofrécele sugerencias para mejorar la organización. Si ves algunos errores, coméntaselos.
Compártelo	Revisa el primer borrador de tu composición según las indicaciones de tu compañero/a. Incorpora nuevas ideas y/o más información si es necesario, antes de escribir la versión final.

4 Un paso más Imagina que en el futuro trabajarás para una empresa multinacional que tiene sus oficinas más importantes en algún país hispano. Crea una cronología con texto y fotos de tu futura carrera profesional y compártela con la clase.

- Escoge el país y busca información sobre las industrias y las compañías que operen allá.
- Describe la empresa y sus productos.
- Incluye fotos relacionadas con la empresa y con sus productos.
- Describe tu carrera, desde el comienzo hasta tu jubilación.
- Incluye los puestos que vas a tener en la empresa, y también fotos relacionadas con tu carrera.

En Internet

Investiga estos temas en el sitio
vistahigherlearning.com.

- Empresas en el mundo hispano
- Industrias en el mundo hispano
- Compañías multinacionales en el mundo hispano

Antes de leer

Summarizing a text in your own words can help you understand it better. Before summarizing a text, you may find it helpful to skim it and jot down a few notes about its general meaning. You can then read the text again, writing down important details or noting special characteristics that occur in the text. Your notes will help you summarize what you have read.

The reading selection for this lesson consists of a brief story by Augusto Monterroso. What special characteristics in this text could help you summarize it? Skim the short story and jot down your ideas.

_____

_____

_____

Sobre el autor

Augusto Monterroso (1921–), escritor guatemalteco. Monterroso tiene un estilo conciso, sencillo (*simple*) y accesible. Su trabajo incluye la parodia, el humor negro, la fábula y el ensayo.

Imaginación y Destino

Augusto Monterroso

En la calurosa tarde de verano un hombre descansa acostado, viendo al cielo, bajo un árbol; una manzana cae sobre su cabeza; tiene imaginación, se va a su casa y escribe la Oda a Eva.

En la calurosa tarde de verano un hombre descansa acostado, viendo al cielo, bajo un árbol; una manzana cae sobre su cabeza; tiene imaginación, se va a su casa y establece la Ley de la Gravitación Universal.

recursos

vistahigher
learning.com

En la calurosa tarde de verano un hombre descansa acostado, viendo al cielo, bajo un árbol; una manzana cae sobre su cabeza; tiene imaginación, observa que el árbol no es un manzano sino una encina y descubre, oculto entre las ramas, al muchacho travieso del pueblo que se entretiene arrojando manzanas a los señores que descansan bajo los árboles, viendo al cielo, en las calurosas tardes del verano.

El primero era, o se convierte entonces para siempre en el poeta sir James Calisher; el segundo era, o se convierte entonces para siempre en el físico sir Isaac Newton[1]; el tercero pudo ser o convertirse entonces para siempre en el novelista sir Arthur Conan Doyle[2]; pero se convierte, o era ya irremediablemente desde niño, en el Jefe de Policía de San Blas, S.B.[3]

[1] Sir Isaac Newton (1642–1727), matemático y físico británico. Es considerado uno de los científicos más importantes de la historia. Formuló la Ley de la Gravitación Universal.
[2] Sir Arthur Conan Doyle (1859–1930), escritor británico. Sus más famosos protagonistas son Sherlock Holmes y su ayudante, el doctor Watson.
[3] S.B. Abreviatura para San Blas, una isla en Panamá. Una de las novelas de Monterroso tiene lugar en San Blas.

Después de leer

¿Comprendiste?

1. ¿Qué estación del año es y qué tiempo hace?

2. ¿Qué hace el primer hombre después de descansar?

3. ¿Qué hace el segundo hombre después de descansar?

4. ¿Qué encuentra el tercer hombre en el árbol?

5. ¿Cuáles son las profesiones de estos tres hombres al final del cuento?

Preguntas

1. ¿Por qué lleva el cuento el título "Imaginación y Destino"?
2. ¿Por qué utiliza el autor tanta repetición?
3. La misma cosa les ocurre a los tres hombres, pero tienen reacciones distintas. ¿Por qué?
4. El autor escribe "o era ya irremediablemente desde niño". ¿Qué significa esta frase en relación con el resto del cuento?
5. Imagina que hay una cuarta persona en la historia. Escribe un párrafo en el estilo del autor sobre qué le pasa a esta persona "cuando una manzana cae sobre su cabeza..."

Coméntalo

En el cuento, los tres personajes tienen la misma experiencia con distintos resultados. ¿Has tenido una experiencia así? Un ejemplo es la graduación: un grupo de personas se gradúa el mismo día, pero ¿qué pasa después? ¿Crees que podemos controlar nuestros destinos? ¿Afectarán tus experiencias actuales tu futuro? ¿Cómo sabes qué profesión quieres ejercer (carry out) en el futuro?

acostado *lying down* viendo *looking up* Ley *law* encina *oak tree* oculto *hidden* ramas *branches* travieso *mischievous* se entretiene *entertains himself* arrojando *throwing*

Las ocupaciones

el/la abogado/a	lawyer
el actor	actor
la actriz	actress
el/la arqueólogo/a	archaeologist
el/la arquitecto/a	architect
el bailarín	dancer
la bailarina	dancer
el/la bombero/a	firefighter
el/la cantante	singer
el/la carpintero/a	carpenter
el/la científico/a	scientist
el/la cocinero/a	cook; chef
el/la consejero/a	counselor; advisor
el/la contador(a)	accountant
el/la corredor(a) de bolsa	stockbroker
el/la diseñador(a)	designer
el/la electricista	electrician
el/la escritor(a)	writer
el/la escultor(a)	sculptor
el/la gerente	manager
el hombre/la mujer de negocios	businessperson
el/la jefe/a	boss
el/la maestro/a	elementary school teacher
el/la peluquero/a	hairdresser
el/la pintor(a)	painter
el/la poeta	poet
el/la político/a	politician
el/la psicólogo/a	psychologist
el/la reportero/a	reporter
el/la secretario/a	secretary
el/la técnico/a	technician

Las entrevistas

el anuncio	advertisement
el/la aspirante	candidate; applicant
los beneficios	benefits
el currículum	résumé
la entrevista	interview
el/la entrevistador(a)	interviewer
el puesto	position; job
el salario	salary
la solicitud (de trabajo)	(job) application
el sueldo	salary
contratar	to hire
entrevistar	to interview
ganar	to earn
obtener	to obtain; to get
solicitar	to apply (for a job)

El mundo del trabajo

el ascenso	promotion
el aumento de sueldo	raise
la carrera	career
la compañía	company; firm
el empleo	job; employment
la empresa	company; firm
la especialización	field of study
los negocios	business; commerce
la ocupación	occupation
el oficio	trade
la profesión	profession
la reunión	meeting
el teletrabajo	telecommuting
el trabajo	job; work
la videoconferencia	videoconference
dejar	to quit; to leave behind
despedir (e:i)	to fire
invertir (e:ie)	to invest
renunciar (a)	to resign (from)
tener éxito	to be successful
comercial	commercial; businessrelated

Otras palabras y expresiones

dentro de (diez años)	within (ten years)
en el futuro	in the future
el porvenir	the future
próximo/a	next

Expresiones útiles	See page 355.

Una mujer baila flamenco en Sevilla. El flamenco, el baile y su música, expresa las pasiones de la gente de España. Tiene raíces (*roots*) judías (*Jewish*), árabes y africanas. Hoy es popular en todo el mundo. ¿Te gusta la música flamenca?

España
y Guinea Ecuatorial

España

Área: 504.750 km^2 (194.884 millas^2), incluyendo las islas Baleares y las islas Canarias

Población: 39.874.000

Capital: Madrid–3.976.000

Ciudades principales: Barcelona, Valencia, Sevilla, Zaragoza

Moneda: euro

SOURCE: Population Division, UN Secretariat

Guinea Ecuatorial

Área: 28.051 km^2 (10.831 millas^2)

Población: 526.000

Capital: Malabo–30.418

Ciudades principales: Bata, Ela-Nguema, Campo Yaunde

Moneda: franco C.F.A.

SOURCE: Population Division, UN Secretariat

Lugares

Madrid: La Plaza Mayor

La Plaza Mayor de Madrid es uno de los lugares turísticos más importantes de Madrid. Fue construida (*was built*) en 1617 y está totalmente rodeada (*surrounded*) por edificios (*buildings*) de tres pisos con balcones y pórticos antiguos. En la Plaza Mayor hay muchas cafeterías, donde la gente pasa el tiempo bebiendo café y hablando con amigos.

Celebraciones

La Tomatina

En Buñol, un pequeño pueblo de Valencia, la producción de tomates es un recurso (*resource*) muy importante. Cada año en agosto se celebra el festival de La Tomatina. Durante todo un día, miles de personas se arrojan (*throw*) tomates unas a otras. Llegan turistas de todo el mundo y se usan varias toneladas (*tons*) de tomates.

Mar Cantábric

La Coruña

Salamanca

PORTUGAL

Madrid

ESPAÑA

Sevilla

Estrecho de Gibraltar

Ceuta

Islas Canarias

La Palma

Tenerife

Gran Canaria

Lanzarote

Fuerteventura

Gomera

Hierro

MARRUECOS

FRANCIA

ANDORRA

Pirineos

Zaragoza

Barcelona

Sebastián

Islas
Baleares

Menorca

Valencia

Mallorca

Ibiza

Mar
Mediterráneo

ÁFRICA

CAMERÚN

Malabo

GUINEA
ECUATORIAL

GABÓN

lla

Artes

Velázquez y el Prado

El Prado, en Madrid, es uno de los museos más famosos del mundo. En el Prado hay miles de pinturas importantes, incluyendo obras (*works*) de Botticelli, el Greco y los españoles Goya y Velázquez. Diego Velázquez pintó *Las Meninas* en 1656 y es su obra más famosa. Actualmente, *Las Meninas* está en el Museo del Prado.

Lenguaje

El español en África

La presencia del idioma español en África es legado (*legacy*) de la historia colonial del continente. En la costa del Mar Mediterráneo, al noroeste de África, se encuentran Ceuta y Melilla y cerca de la costa de Marruecos están las islas Canarias. En estas tres comunidades se habla español porque son territorio de España.

En la costa oeste del continente africano se encuentra Guinea Ecuatorial, conocida como Guinea Española hasta su independencia de España en 1968. En este país el español es uno de los idiomas oficiales, junto al francés, el fang, el ibo y el bubi. La isla Bioko es donde predomina el uso del español y donde está la capital del país.

¿Qué aprendiste?

1 **¿Cierto o falso?** Indica si las siguientes frases son **ciertas** o **falsas**.

Cierto   Falso

_____ _____ **1.** La moneda de España es la peseta.

_____ _____ **2.** El flamenco es un instrumento musical.

_____ _____ **3.** El flamenco es hoy popular en todo el mundo.

_____ _____ **4.** En la Plaza Mayor no hay cafeterías.

_____ _____ **5.** La Plaza Mayor fue construida en 1617.

_____ _____ **6.** En Buñol, los tomates son un recurso importante.

_____ _____ **7.** Durante La Tomatina, se arrojan pelotas.

_____ _____ **8.** El español es una de las lenguas oficiales de Guinea Ecuatorial.

_____ _____ **9.** En el Museo del Prado hay miles de pinturas importantes.

_____ _____ **10.** *Las Meninas* es la obra más famosa de Botticelli.

2 **Preguntas** Contesta las siguientes preguntas con frases completas.

1. ¿Qué expresa el flamenco?

2. ¿Qué hace la gente en las cafeterías de la Plaza Mayor?

3. ¿Crees que el festival de La Tomatina es triste? ¿Crees que es divertido (*fun*)? ¿Por qué?

4. ¿En qué país africano se habla español?

5. ¿Por qué crees que el Prado es uno de los museos más importantes del mundo?

6. ¿Por qué se habla español en África?

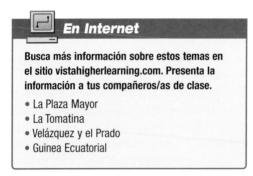

En Internet

Busca más información sobre estos temas en el sitio vistahigherlearning.com. Presenta la información a tus compañeros/as de clase.

- La Plaza Mayor
- La Tomatina
- Velázquez y el Prado
- Guinea Ecuatorial

Glossary of Grammatical Terms

ADJECTIVE A word that modifies or describes a noun or pronoun.

muchos libros	un hombre **rico**
many books	*a rich man*
las mujeres **altas**	
the tall women	

Demonstrative adjective An adjective that points out a specific noun.

esta fiesta	**ese** chico
this party	*that boy*
aquellas flores	
those flowers	

Possessive adjective An adjective that indicates ownership or possession.

mi mejor vestido	Éste es **mi** hermano.
my best dress	*This is my brother.*

Stressed possessive adjective A possessive adjective that emphasizes the owner or possessor.

Es un libro **mío**.
It's my book./It's a book of mine.

Es amiga **tuya**; yo no la conozco.
She's a friend of yours; I don't know her.

ADVERB A word that modifies or describes a verb, adjective, or another adverb.

Pancho escribe **rápidamente**.
Pancho writes quickly.

Este cuadro es **muy** bonito.
This picture is very pretty.

ARTICLE A word that points out either a specific (definite) noun or a non-specific (indefinite) noun.

Definite article An article that points out a specific noun.

el libro	**la** maleta
the book	*the suitcase*
los diccionarios	**las** palabras
the dictionaries	*the words*

Indefinite article An article that points out a noun in a general, non-specific way.

un lápiz	**una** computadora
a pencil	*a computer*
unos pájaros	**unas** escuelas
some birds	*some schools*

CLAUSE A group of words that contains both a conjugated verb and a subject, either expressed or implied.

Main (or Independent) clause A clause that can stand alone as a complete sentence.

Pienso ir a cenar pronto.
I plan to go to dinner soon.

Subordinate (or Dependent) clause A clause that does not express a complete thought and therefore cannot stand alone as a sentence.

Trabajo en la cafetería **porque necesito dinero para la escuela**.
I work in the cafeteria because I need money for school.

COMPARATIVE A word or construction used with an adjective or adverb to express a comparison between two people, places, or things.

Este programa es **más interesante que** el otro.
This program is more interesting than the other one.

Tomás no es **tan alto como** Alberto.
Tomás is not as tall as Alberto.

CONJUGATION A set of the forms of a verb for a specific tense or mood or the process by which these verb forms are presented.

Preterite conjugation of **cantar**

cant**é**	cant**amos**
cant**aste**	cant**asteis**
cant**ó**	cant**aron**

CONJUNCTION A word or phrase used to connect words, clauses, or phrases.

Susana es de Cuba **y** Pedro es de España.
*Susana is from Cuba **and** Pedro is from Spain.*

No quiero estudiar, **pero** tengo que hacerlo.
*I don't want to study, **but** I have to do it.*

CONTRACTION The joining of two words into one. The only contractions in Spanish are **al** and **del**.

Mi hermano fue **al** concierto ayer.
*My brother went **to the** concert yesterday.*

Saqué dinero **del** banco.
*I took money **from the** bank.*

DIRECT OBJECT A noun or pronoun that directly receives the action of the verb.

Tomás lee **el libro**.   **La** pagó ayer.
*Tomás reads **the book**.*   *She paid **it** yesterday.*

GENDER The grammatical categorizing of certain kinds of words, such as nouns and pronouns, as masculine, feminine, or neuter.

Masculine
articles **el**, un**o**
pronouns **él**, **lo**, mí**o**, ést**e**, és**e**, aquell**o**
adjective simpátic**o**

Feminine
articles **la**, un**a**
pronouns **ella**, **la**, mí**a**, ést**a**, és**a**, aquéll**a**
adjective simpátic**a**

IMPERSONAL EXPRESSION A third-person expression with no expressed or specific subject.

Es muy importante.   **Llueve** mucho.
It's very important.   *It's raining hard.*

INDIRECT OBJECT A noun or pronoun that receives the action of the verb indirectly; the object, often a living being, to or for whom an action is performed.

Eduardo **le** dio un libro **a Linda**.
*Eduardo gave a book **to Linda**.*

La profesora **me** dio una C en el examen.
*The professor gave **me** a C on the test.*

INFINITIVE The basic form of a verb. Infinitives in Spanish end in –**ar**, –**er**, or –**ir**.

hablar	correr	abrir
to speak	*to run*	*to open*

INTERROGATIVE An adjective or pronoun used to ask a question.

¿**Quién** habla?   ¿**Cuántos** compraste?
***Who** is speaking?*   ***How many** did you buy?*

¿**Qué** piensas hacer hoy?
***What** do you plan to do today?*

INVERSION Changing the word order of a sentence, often to form a question.

Statement: Elena pagó la cuenta del restaurante.

Inversion: ¿Pagó Elena la cuenta del restaurante?

MOOD A grammatical distinction of verbs that indicates whether the verb is intended to make a statement or command, or to express a doubt, emotion, or condition contrary to fact.

Imperative mood Verb forms used to make commands.

Di la verdad.   **Caminen ustedes conmigo.**
Tell the truth.   *Walk with me.*

¡Comamos ahora!
Let's eat now!

Indicative mood Verb forms used to state facts, actions, and states considered to be real.

Sé que **tienes** el dinero.
*I know that **you have** the money.*

Subjunctive mood Verb forms used principally in subordinate (or dependent) clauses to express wishes, desires, emotions, doubts, and certain conditions, such as contrary-to-fact situations.

Prefieren que **hables** en español.
*They prefer that **you speak** in Spanish.*

Dudo que Luis **tenga** el dinero necesario.
*I doubt that Luis **has** the necessary money.*

NOUN A word that identifies people, animals, places, things, and ideas.

hombre	gato	México
man	*cat*	*Mexico*
casa	libertad	
house	*freedom*	

NUMBER A grammatical term that refers to singular or plural. Nouns in Spanish and English have number. Other parts of a sentence, such as adjectives, articles, and verbs, can also have number.

Singular	Plural
una cosa	**unas** cosas
a thing	*some things*
el profesor	**los** profesores
the professor	*the professors*

NUMBERS Words that represent amounts.

Cardinal numbers Words that show specific amounts.

cinco minutos	el año **dos mil dos**
five minutes	*the year 2002*

Ordinal numbers Words that indicate the order of a noun in a series.

el **cuarto** jugador	la **décima** hora
the fourth player	*the tenth hour*

PAST PARTICIPLE A past form of the verb used in compound tenses. The past participle may also be used as an adjective, but it must then agree in number and gender with the word it modifies.

Han **buscado** por todas partes.
They have searched everywhere.

Yo no había **estudiado** para el examen.
I hadn't studied for the exam.

Hay una **ventana rota** en la sala.
There is a broken window in the living room.

PERSON The form of the verb or pronoun that indicates the speaker, the one spoken to, or the one spoken about. In Spanish, as in English, there are three persons: first, second, and third.

Person	Singular	Plural
1st	yo *I*	nosotros/as *we*
2nd	tú, Ud. *you*	vosotros/as, Uds. *you*
3rd	él, ella *he/she*	ellos, ellas *they*

PREPOSITION A word that describes the relationship, most often in time or space, between two other words.

Anita es **de** California.
Anita is from California.

La chaqueta está **en** el carro.
The jacket is in the car.

¿Quieres hablar **con** ella?
Do you want to talk to her?

PRESENT PARTICIPLE In English, a verb form that ends in *–ing*. In Spanish, the present participle ends in **–ndo**, and is often used with **estar** to form a progressive tense.

Mi hermana está **hablando** por teléfono ahora mismo.
My sister is talking on the phone right now.

PRONOUN A word that takes the place of a noun or nouns.

Demonstrative pronoun A pronoun that takes the place of a specific noun.

Quiero **ésta**.
I want this one.

¿Vas a comprar **ése**?
Are you going to buy that one?

Juan prefirió **aquéllos**.
Juan preferred those (over there).

Object pronoun A pronoun that functions as a direct or indirect object of the verb.

Te digo la verdad.	**Me lo** trajo Juan.
I'm telling you the truth.	*Juan brought it to me.*

Reflexive pronoun A pronoun that indicates that the action of a verb is performed by the subject on itself. These pronouns are often expressed in English with –self: *myself, yourself*, etc.

Yo **me bañé** antes de salir.
*I bathed (**myself**) before going out.*

Elena **se acostó** a las once y media.
*Elena **went to bed** at eleven-thirty.*

Relative pronoun A pronoun that connects a subordinate clause to a main clause.

El chico **que** nos escribió viene a visitarnos mañana.
*The boy **who** wrote us is coming to visit us tomorrow.*

Ya sé **lo que** tenemos que hacer.
*I already know **what** we have to do.*

Subject pronoun A pronoun that replaces the name or title of a person or thing and acts as the subject of a verb.

Tú debes estudiar más.   **Él** llegó primero.
***You** should study more.*   ***He** arrived first.*

SUBJECT A noun or pronoun that performs the action of a verb and is often implied by the verb.

María va al supermercado.
***María** goes to the supermarket.*

(Ellos) Trabajan mucho.
***They** work hard.*

Esos **libros** son muy caros.
*Those **books** are very expensive.*

SUPERLATIVE A word or construction used with an adjective or adverb to express the highest or lowest degree of a specific quality among three or more people, places, or things.

Entre todas mis clases, ésta es la **más interesante**.
*Among all my classes, this is the **most interesting**.*

Raúl es el **menos simpático** de los chicos.
*Raúl is the **least pleasant** of the boys.*

TENSE A set of verb forms that indicates the time of an action or state: past, present, or future.

Compound tense A two-word tense made up of an auxiliary verb and a present or past participle. In Spanish, there are two auxiliary verbs: **estar** and **haber**.

En este momento, **estoy estudiando**.
*At this time, **I am studying**.*

El paquete no **ha llegado** todavía.
*The package **has** not **arrived** yet.*

Simple tense A tense expressed by a single verb form.

María **estaba** mal anoche.
*María **was** ill last night.*

Juana **hablará** con su mamá mañana.
*Juana **will** speak with her mom tomorrow.*

VERB A word that expresses actions or states of being.

Auxiliary verb A verb used with a present or past participle to form a compound tense. **Haber** is the most commonly used auxiliary verb in Spanish.

Los chicos **han** visto los elefantes.
*The children **have** seen the elephants.*

Espero que **hayas** comido.
*I hope you **have** eaten.*

Reflexive verb A verb that describes an action performed by the subject on itself and is always used with a reflexive pronoun.

Me **compré** un carro nuevo.
*I bought **myself** a new car.*

Pedro y Adela **se levantan** muy temprano.
*Pedro and Adela **get (themselves) up** very early.*

Spelling change verb A verb that undergoes a predictable change in spelling in order to reflect its actual pronunciation in the various conjugations.

practicar	c → qu	practico	practi**qué**
dirigir	g → j	diri**jo**	dirigí
almorzar	z → c	almorzó	almor**cé**

Stem-changing verb A verb whose stem vowel undergoes one or more predictable changes in the various conjugations.

entender (i:ie)	ent**ie**ndo
pedir (e:i)	p**i**den
dormir (o:ue, u)	d**ue**rmo, d**u**rmieron

Verb Conjugation Tables

The verb lists

The list of verbs below and the model-verb tables that start on page 380 show you how to conjugate every verb taught in **¡VIVA!** Each verb in the list is followed by a model verb conjugated according to the same pattern. The number in parentheses indicates where in the tables you can find the conjugated forms of the model verb. If you want to find out how to conjugate **divertirse**, for example, look up number 33, **sentir**, the model for verbs that follow the **i:ie** stem-change pattern.

How to use the verb tables

In the tables you will find the infinitive, past and present participles, and all the simple forms of each model verb. The formation of the compound tenses of any verb can be inferred from the table of compound tenses, pages 380–387, either by combining the past participle of the verb with a conjugated form of **haber** or combining the present participle with a conjugated form of **estar**.

---

abrazar (z:c) like cruzar (37)

abrir like vivir (3) *except* past participle is abierto

aburrir(se) like vivir (3)

acabar de like hablar (1)

acampar like hablar (1)

acompañar like hablar (1)

aconsejar like hablar (1)

acordarse (o:ue) like contar (24)

acostarse (o:ue) like contar (24)

adelgazar (z:c) like cruzar (37)

afeitarse like hablar (1)

ahorrar like hablar (1)

alegrarse like hablar (1)

aliviar like hablar (1)

almorzar (o:ue) like contar (24) *except* (z:c)

alquilar like hablar (1)

anunciar like hablar (1)

apagar (g:gu) like llegar (41)

aplaudir like vivir (3)

apreciar like hablar (1)

aprender like comer (2)

apurarse like hablar (1)

arrancar (c:qu) like tocar (43)

arreglar like hablar (1)

asistir like vivir (3)

aumentar like hablar (1)

ayudar(se) like hablar (1)

bailar like hablar (1)

bajar(se) like hablar (1)

bañarse like hablar (1)

barrer like comer (2)

beber like comer (2)

besar(se) like hablar (1)

brindar like hablar (1)

bucear like hablar (1)

buscar (c:qu) like tocar (43)

caber (4)

caer(se) (5)

calentarse (e:ie) like pensar (30)

calzar (z:c) like cruzar (37)

cambiar like hablar (1)

caminar like hablar (1)

cantar like hablar (1)

casarse like hablar (1)

celebrar like hablar (1)

cenar like hablar (1)

cepillarse like hablar (1)

cerrar (e:ie) like pensar (30)

chocar (c:qu) like tocar (43)

cobrar like hablar (1)

cocinar like hablar (1)

comenzar (e:ie) (z:c) like empezar (26)

comer (2)

compartir like vivir (3)

comprar like hablar (1)

comprender like comer (2)

comprometerse like comer (2)

comunicarse (c:qu) like tocar (43)

conducir (c:zc) (6)

confirmar like hablar (1)

conocer (c:zc) (35)

conseguir (e:i) like seguir (32)

conservar like hablar (1)

consumir like vivir (3)

contaminar like hablar (1)

contar (o:ue) (24)

controlar like hablar (1)

correr like comer (2)

costar (o:ue) like contar (24)

creer (y) (36)

cruzar (z:c) (37)

cubrir like vivir (3) *except* past participle is cubierto

cuidar like hablar (1)

cumplir like vivir (3)

dañar like hablar (1)

dar(se) (7)

deber like comer (2)

decidir like vivir (3)

decir (e:i) (8)

declarar like hablar (1)

dejar like hablar (1)

depositar like hablar (1)

desarrollar like hablar (1)

desayunar like hablar (1)

descansar like hablar (1)

describir like vivir (3) *except* past participle is descrito

descubrir like vivir (3) *except* past participle is descubierto

desear like hablar (1)

despedirse (e:i) like pedir (29)

despertarse (e:ie) like pensar (30)

destruir (y) (38)

dibujar like hablar (1)

disfrutar like hablar (1)

divertirse (e:ie) like sentir (33)

divorciarse like hablar (1)

doblar like hablar (1)

doler (o:ue) like volver (34) *except* past participle is regular

dormir(se) (o:ue) (25)

ducharse like hablar (1)

dudar like hablar (1)

durar like hablar (1)

echar like hablar (1)

elegir (e:i) like pedir (29) *except* (g:j)

emitir like vivir (3)

empezar (e:ie) (z:c) (26)

enamorarse like hablar (1)

encantar like hablar (1)

encontrar(se) (o:ue) like contar (24)

enfermarse like hablar (1)

enojarse like hablar (1)

enseñar like hablar (1)

ensuciar like hablar (1)

entender (e:ie) (27)

entrenarse like hablar (1)

entrevistar like hablar (1)

enviar (envío) (39)

escalar like hablar (1)

escribir like vivir (3) *except* past participle is escrito

escuchar like hablar (1)

esculpir like vivir (3)

esperar like hablar (1)

esquiar (esquío) like enviar (39)

establecer (c:zc) like conocer (35)

estacionar like hablar (1)

estar (9)

estornudar like hablar (1)

estudiar like hablar (1)

evitar like hablar (1)

explicar (c:qu) like tocar (43)

explorar like hablar (1)

faltar like hablar (1)

fascinar like hablar (1)

firmar like hablar (1)

fumar like hablar (1)

funcionar like hablar (1)

ganar like hablar (1)

gastar like hablar (1)

graduarse (gradúo) (40)

guardar like hablar (1)

gustar like hablar (1)

haber (hay) (10)

hablar (1)

hacer (11)

importar like hablar (1)

imprimir like vivir (3)

informar like hablar (1)

insistir like vivir (3)

interesar like hablar (1)

invertir (e:ie) like sentir (33)

invitar like hablar (1)

ir(se) (12)

jubilarse like hablar (1)

jugar (u:ue) (g:gu) (28)

lastimarse like hablar (1)

lavar(se) like hablar (1)

leer (y) like creer (36)

levantar(se) like hablar (1)

limpiar like hablar (1)

llamar(se) like hablar (1)

llegar (g:gu) (41)

llenar like hablar (1)

llevar(se) like hablar (1)

llover (o:ue) like volver (34) *except* past participle is regular

luchar like hablar (1)

mandar like hablar (1)

manejar like hablar (1)

mantener(se) (e:ie) like tener (20)

maquillarse like hablar (1)

mejorar like hablar (1)

merendar (e:ie) like pensar (30)

mirar like hablar (1)

molestar like hablar (1)

montar like hablar (1)

morir (o:ue) like dormir (25) *except* past participle is muerto

mostrar (o:ue) like contar (24)

mudarse like hablar (1)

nacer (c:zc) like conocer (35)

nadar like hablar (1)

navegar (g:gu) like llegar (41)

necesitar like hablar (1)

negar (e:ie) like pensar (30) *except* (g:gu)

nevar (e:ie) like pensar (30)

obedecer (c:zc) like conocer (35)

obtener (e:ie) like tener (20)

ocurrir like vivir (3)

odiar like hablar (1)

ofrecer (c:zc) like conocer (35)

oír (y) (13)

olvidar like hablar (1)

pagar (g:gu) like llegar (41)

parar like hablar (1)

parecer (c:zc) like conocer (35)

pasar like hablar (1)

pasear like hablar (1)

patinar like hablar (1)

pedir (e:i) (29)

peinarse like hablar (1)

pensar (e:ie) (30)

perder (e:ie) like entender (27)

pescar (c:qu) like tocar (43)

pintar like hablar (1)

planchar like hablar (1)

poder (o:ue) (14)

poner(se) (15)

practicar (c:qu) like tocar (43)

preferir (e:ie) like sentir (33)

preguntar like hablar (1)

preocuparse like hablar (1)

preparar like hablar (1)

presentar like hablar (1)

prestar like hablar (1)

probar(se) (o:ue) like contar (24)

prohibir like vivir (3)

proteger (g:j) (42)

publicar (c:qu) like tocar (43)

quedar(se) like hablar (1)

querer (e:ie) (16)

quitar(se) like hablar (1)

recetar like hablar (1)

recibir like vivir (3)

reciclar like hablar (1)

recoger (g:j) like proteger (42)

recomendar (e:ie) like pensar (30)

recordar (o:ue) like contar (24)

reducir (c:zc) like conducir (6)

regalar like hablar (1)

regatear like hablar (1)

regresar like hablar (1)

reír(se) (e:i) (31)

relajarse like hablar (1)

renunciar like hablar (1)

repetir (e:i) like pedir (29)

resolver (o:ue) like volver (34)

respirar like hablar (1)

revisar like hablar (1)

rogar (o:ue) like contar (24) *except* (g:gu)

romper(se) like comer (2) *except* past participle is roto

saber (17)

sacar (c:qu) like tocar (43)

sacudir like vivir (3)

salir (18)

saludar(se) like hablar (1)

seguir (e:i) (gu:g) (32)

sentarse (e:ie) like pensar (30)

sentir(se) (e:ie) (33)

separarse like hablar (1)

ser (19)

servir (e:i) like pedir (29)

solicitar like hablar (1)

sonar (o:ue) like contar (24)

sonreír (e:i) like reír(se) (31)

sorprender like comer (2)

subir like vivir (3)

sudar like hablar (1)

sufrir like vivir (3)

sugerir (e:ie) like sentir (33)

suponer like poner (15)

temer like comer (2)

tener (e:ie) (20)

terminar like hablar (1)

tocar (c:qu) (43)

tomar like hablar (1)

torcerse (o:ue) like volver (34) *except* (c:z) and past participle is regular

toser like comer (2)

trabajar like hablar (1)

traducir (c:zc) like conducir (6)

traer (21)

transmitir like vivir (3)

tratar like hablar (1)

usar like hablar (1)

vender like comer (2)

venir (e:ie) (22)

ver (23)

vestirse (e:i) like pedir (29)

viajar like hablar (1)

visitar like hablar (1)

vivir (3)

volver (o:ue) (34)

votar like hablar (1)

Regular verbs: simple tenses

Infinitive	INDICATIVE					SUBJUNCTIVE		IMPERATIVE
	Present	Imperfect	Preterite	Future	Conditional	Present	Past	
1 hablar	hablo	hablaba	hablé	hablaré	hablaría	hable	hablara	
	hablas	hablabas	hablaste	hablarás	hablarías	hables	hablaras	habla tú (no hables)
	habla	hablaba	habló	hablará	hablaría	hable	hablara	hable Ud.
Participles:	hablamos	hablábamos	hablamos	hablaremos	hablaríamos	hablemos	habláramos	hablemos
hablando	habláis	hablabais	hablasteis	hablaréis	hablaríais	habléis	hablarais	hablad (no habléis)
hablado	hablan	hablaban	hablaron	hablarán	hablarían	hablen	hablaran	hablen Uds.
2 comer	como	comía	comí	comeré	comería	coma	comiera	
	comes	comías	comiste	comerás	comerías	comas	comieras	come tú (no comas)
	come	comía	comió	comerá	comería	coma	comiera	coma Ud.
Participles:	comemos	comíamos	comimos	comeremos	comeríamos	comamos	comiéramos	comamos
comiendo	coméis	comíais	comisteis	comeréis	comeríais	comáis	comierais	comed (no comáis)
comido	comen	comían	comieron	comerán	comerían	coman	comieran	coman Uds.
3 vivir	vivo	vivía	viví	viviré	viviría	viva	viviera	
	vives	vivías	viviste	vivirás	vivirías	vivas	vivieras	vive tú (no vivas)
	vive	vivía	vivió	vivirá	viviría	viva	viviera	viva Ud.
Participles:	vivimos	vivíamos	vivimos	viviremos	viviríamos	vivamos	viviéramos	vivamos
viviendo	vivís	vivíais	vivisteis	viviréis	viviríais	viváis	vivierais	vivid (no viváis)
vivido	viven	vivían	vivieron	vivirán	vivirían	vivan	vivieran	vivan Uds.

All verbs: compound tenses

PERFECT TENSES

INDICATIVE								SUBJUNCTIVE			
Present Perfect		Past Perfect		Future Perfect		Conditional Perfect		Present Perfect		Past Perfect	
he		había		habré		habría		haya		hubiera	
has	hablado	habías	hablado	habrás	hablado	habrías	hablado	hayas	hablado	hubieras	hablado
ha	comido	había	comido	habrá	comido	habría	comido	haya	comido	hubiera	comido
hemos	vivido	habíamos	vivido	habremos	vivido	habríamos	vivido	hayamos	vivido	hubiéramos	vivido
habéis		habíais		habréis		habríais		hayáis		hubierais	
han		habían		habrán		habrían		hayan		hubieran	

PROGRESSIVE TENSES

INDICATIVE				SUBJUNCTIVE	
Present Progressive	Past Progressive	Future Progressive	Conditional Progressive	Present Progressive	Past Progressive
estoy estás está estamos estáis estan + hablando comiendo viviendo	estaba estabas estaba estábamos estabais estaban + hablando comiendo viviendo	estaré estarás estará estaremos estaréis estarán + hablando comiendo viviendo	estaría estarías estaría estaríamos estaríais estarían + hablando comiendo viviendo	esté estés esté estemos estéis estén + hablando comiendo viviendo	estuviera estuvieras estuviera estuviéramos estuvierais estuvieran + hablando comiendo viviendo

Irregular verbs

Infinitive	INDICATIVE					SUBJUNCTIVE		IMPERATIVE
	Present	Imperfect	Preterite	Future	Conditional	Present	Past	
4 caber Participles: cabiendo cabido	**quepo** cabes cabe cabemos cabéis caben	cabía cabías cabía cabíamos cabíais cabían	**cupe** **cupiste** **cupo** **cupimos** **cupisteis** **cupieron**	**cabré** **cabrás** **cabrá** **cabremos** **cabréis** **cabrán**	**cabría** **cabrás** **cabría** **cabríamos** **cabríais** **cabrían**	**quepa** **quepas** **quepa** **quepamos** **quepáis** **quepan**	**cupiera** **cupieras** **cupiera** **cupiéramos** **cupierais** **cupieran**	cabe tú (no **quepas**) **quepa** Ud. **quepamos** cabed (no **quepáis**) **quepan** Uds.
5 caer(se) Participles: cayendo caído	**caigo** caes cae caemos caéis caen	caía caías caía caíamos caíais caían	**caí** **caíste** **cayó** **caímos** **caísteis** **cayeron**	caeré caerás caerá caeremos caeréis caerán	caería caerías caería caeríamos caeríais caerían	**caiga** **caigas** **caiga** **caigamos** **caigáis** **caigan**	**cayera** **cayeras** **cayera** **cayéramos** **cayerais** **cayeran**	cae tú (no **caigas**) **caiga** Ud. (no **caiga**) **caigamos** caed (no **caigáis**) **caigan** Uds.
6 conducir (c:zc) Participles: conduciendo conducido	conduzco conduces conduce conducimos conducís conducen	conducía conducías conducía conducíamos conducíais conducían	**conduje** **condujiste** **condujo** **condujimos** **condujisteis** **condujeron**	conduciré conducirás conducirá conduciremos conduciréis conducirán	conduciría conducirías conduciría conduciríamos conduciríais conducirían	**conduzca** **conduzcas** **conduzca** **conduzcamos** **conduzcáis** **conduzcan**	**condujera** **condujeras** **condujera** **condujéramos** **condujerais** **condujeran**	conduce tú (no **conduzcas**) **conduzca** Ud. (no **conduzca**) **conduzcamos** conducid (no **conduzcáis**) **conduzcan** Uds.

Infinitive	Present	Imperfect	Preterite	Future	Conditional	Present	Past	IMPERATIVE
			INDICATIVE			SUBJUNCTIVE		

7 dar(se)
Participles: dando, dado

	Present	Imperfect	Preterite	Future	Conditional	Present (Subj.)	Past (Subj.)	Imperative
	doy	daba	**di**	daré	daría	**dé**	diera	
	das	dabas	**diste**	darás	darías	**des**	dieras	da tú (no **des**)
	da	daba	**dio**	dará	daría	**dé**	diera	**dé** Ud.
	damos	dábamos	**dimos**	daremos	daríamos	demos	diéramos	**demos**
	dais	dabais	**disteis**	daréis	daríais	deis	dierais	dad (no **deis**)
	dan	daban	**dieron**	darán	darían	den	dieran	**den** Uds.

8 decir (e:i)
Participles: **diciendo**, **dicho**

	Present	Imperfect	Preterite	Future	Conditional	Present (Subj.)	Past (Subj.)	Imperative
	digo	decía	**dije**	**diré**	**diría**	**diga**	**dijera**	
	dices	decías	**dijiste**	**dirás**	**dirías**	**digas**	**dijeras**	**di** tú (no **digas**)
	dice	decía	**dijo**	**dirá**	**diría**	**diga**	**dijera**	**diga** Ud.
	decimos	decíamos	**dijimos**	**diremos**	**diríamos**	**digamos**	**dijéramos**	**digamos**
	decís	decíais	**dijisteis**	**diréis**	**diríais**	**digáis**	**dijerais**	decid (no **digáis**)
	dicen	decían	**dijeron**	**dirán**	**dirían**	**digan**	**dijeran**	**digan** Uds.

9 estar
Participles: estando, estado

	Present	Imperfect	Preterite	Future	Conditional	Present (Subj.)	Past (Subj.)	Imperative
	estoy	estaba	**estuve**	estaré	estaría	esté	estuviera	
	estás	estabas	**estuviste**	estarás	estarías	estés	estuvieras	**está** tú (no **estés**)
	está	estaba	**estuvo**	estará	estaría	esté	estuviera	esté Ud.
	estamos	estábamos	**estuvimos**	estaremos	estaríamos	estemos	estuviéramos	**estemos**
	estáis	estabais	**estuvisteis**	estaréis	estaríais	estéis	estuvierais	estad (no **estéis**)
	están	estaban	**estuvieron**	estarán	estarían	estén	estuvieran	estén Uds.

10 haber (hay)
Participles: habiendo, habido

	Present	Imperfect	Preterite	Future	Conditional	Present (Subj.)	Past (Subj.)	Imperative
	he	había	**hube**	**habré**	**habría**	**haya**	**hubiera**	
	has	habías	**hubiste**	**habrás**	**habrías**	**hayas**	**hubieras**	
	ha	había	**hubo**	**habrá**	**habría**	**haya**	**hubiera**	
	hemos	habíamos	**hubimos**	**habremos**	**habríamos**	**hayamos**	**hubiéramos**	
	habéis	habíais	**hubisteis**	**habréis**	**habríais**	**hayáis**	**hubierais**	
	han	habían	**hubieron**	**habrán**	**habrían**	**hayan**	**hubieran**	

11 hacer
Participles: haciendo, **hecho**

	Present	Imperfect	Preterite	Future	Conditional	Present (Subj.)	Past (Subj.)	Imperative
	hago	hacía	**hice**	**haré**	**haría**	**haga**	**hiciera**	
	haces	hacías	**hiciste**	**harás**	**harías**	**hagas**	**hicieras**	**haz** tú (no **hagas**)
	hace	hacía	**hizo**	**hará**	**haría**	**haga**	**hiciera**	**haga** Ud.
	hacemos	hacíamos	**hicimos**	**haremos**	**haríamos**	**hagamos**	**hiciéramos**	**hagamos**
	hacéis	hacíais	**hicisteis**	**haréis**	**haríais**	**hagáis**	**hicierais**	haced (no **hagáis**)
	hacen	hacían	**hicieron**	**harán**	**harían**	**hagan**	**hicieran**	**hagan** Uds.

12 ir(se)
Participles: **yendo**, ido

	Present	Imperfect	Preterite	Future	Conditional	Present (Subj.)	Past (Subj.)	Imperative
	voy	**iba**	**fui**	iré	iría	**vaya**	**fuera**	
	vas	**ibas**	**fuiste**	irás	irías	**vayas**	**fueras**	**ve** tú (no **vayas**)
	va	**iba**	**fue**	irá	iría	**vaya**	**fuera**	**vaya** Ud.
	vamos	**íbamos**	**fuimos**	iremos	iríamos	**vayamos**	**fuéramos**	**vamos**
	vais	**ibais**	**fuisteis**	iréis	iríais	**vayáis**	**fuerais**	id (no **vayáis**)
	van	**iban**	**fueron**	irán	irían	**vayan**	**fueran**	**vayan** Uds.

13 oír (y)
Participles: **oyendo**, **oído**

	Present	Imperfect	Preterite	Future	Conditional	Present (Subj.)	Past (Subj.)	Imperative
	oigo	oía	**oí**	oiré	oiría	**oiga**	**oyera**	
	oyes	oías	**oíste**	oirás	oirías	**oigas**	**oyeras**	**oye** tú (no **oigas**)
	oye	oía	**oyó**	oirá	oiría	**oiga**	**oyera**	**oiga** Ud.
	oímos	oíamos	**oímos**	oiremos	oiríamos	**oigamos**	**oyéramos**	**oigamos**
	oís	oíais	**oísteis**	oiréis	oiríais	**oigáis**	**oyerais**	oíd (no **oigáis**)
	oyen	oían	**oyeron**	oirán	oirían	**oigan**	**oyeran**	**oigan** Uds.

Infinitive	INDICATIVE Present	Imperfect	Preterite	Future	Conditional	SUBJUNCTIVE Present	Past	IMPERATIVE
14 poder (o:ue) Participles: **pudiendo** podido	**puedo** **puedes** **puede** podemos podéis **pueden**	podía podías podía podíamos podíais podían	**pude** **pudiste** **pudo** **pudimos** **pudisteis** **pudieron**	**podré** **podrás** **podrá** **podremos** **podréis** **podrán**	**podría** **podrías** **podría** **podríamos** **podríais** **podrían**	**pueda** **puedas** **pueda** podamos podáis **puedan**	**pudiera** **pudieras** **pudiera** **pudiéramos** **pudierais** **pudieran**	**puede** tú (no **puedas**) **pueda** Ud. podamos poded (no **podáis**) **puedan** Uds.
15 poner(se) Participles: poniendo **puesto**	**pongo** pones pone ponemos ponéis ponen	ponía ponías ponía poníamos poníais ponían	**puse** **pusiste** **puso** **pusimos** **pusisteis** **pusieron**	**pondré** **pondrás** **pondrá** **pondremos** **pondréis** **pondrán**	**pondría** **pondrías** **pondría** **pondríamos** **pondríais** **pondrían**	**ponga** **pongas** **ponga** **pongamos** **pongáis** **pongan**	**pusiera** **pusieras** **pusiera** **pusiéramos** **pusierais** **pusieran**	**pon** tú (no **pongas**) **ponga** Ud. **pongamos** poned (no **pongáis**) **pongan** Uds.
16 querer (e:ie) Participles: queriendo querido	**quiero** **quieres** **quiere** queremos queréis **quieren**	quería querías quería queríamos queríais querían	**quise** **quisiste** **quiso** **quisimos** **quisisteis** **quisieron**	**querré** **querrás** **querrá** **querremos** **querréis** **querrán**	**querría** **querrías** **querría** **querríamos** **querríais** **querrían**	**quiera** **quieras** **quiera** queramos queráis **quieran**	**quisiera** **quisieras** **quisiera** **quisiéramos** **quisierais** **quisieran**	**quiere** tú (no **quieras**) **quiera** Ud. **queramos** quered (no **queráis**) **quieran** Uds.
17 saber Participles: sabiendo sabido	**sé** sabe sabemos sabéis saben	sabía sabías sabía sabíamos sabíais sabían	**supe** **supiste** **supo** **supimos** **supisteis** **supieron**	**sabré** **sabrás** **sabrá** **sabremos** **sabréis** **sabrán**	**sabría** **sabrías** **sabría** **sabríamos** **sabríais** **sabrían**	**sepa** **sepas** **sepa** **sepamos** **sepáis** **sepan**	**supiera** **supieras** **supiera** **supiéramos** **supierais** **supieran**	sabe tú (no **sepas**) **sepa** Ud. **sepamos** sabed (no **sepáis**) **sepan** Uds.
18 salir Participles: saliendo salido	**salgo** sales sale salimos salís salen	salía salías salía salíamos salíais salían	salí saliste salió salimos salisteis salieron	**saldré** **saldrás** **saldrá** **saldremos** **saldréis** **saldrán**	**saldría** **saldrías** **saldría** **saldríamos** **saldríais** **saldrían**	**salga** **salgas** **salga** **salgamos** **salgáis** **salgan**	saliera salieras saliera saliéramos salierais salieran	**sal** tú (no **salgas**) **salga** Ud. **salgamos** salid (no **salgáis**) **salgan** Uds.
19 ser Participles: siendo sido	**soy** **eres** **es** **somos** **sois** **son**	**era** **eras** **era** **éramos** **erais** **eran**	**fui** **fuiste** **fue** **fuimos** **fuisteis** **fueron**	seré serás será seremos seréis serán	sería serías sería seríamos seríais serían	**sea** **seas** **sea** **seamos** **seáis** **sean**	**fuera** **fueras** **fuera** **fuéramos** **fuerais** **fueran**	**sé** tú (no **seas**) **sea** Ud. **seamos** sed (no **seáis**) **sean** Uds.
20 tener (e:ie) Participles: teniendo tenido	**tengo** **tienes** **tiene** tenemos tenéis **tienen**	**tenía** **tenías** **tenía** **teníamos** **teníais** **tenían**	**tuve** **tuviste** **tuvo** **tuvimos** **tuvisteis** **tuvieron**	**tendré** **tendrás** **tendrá** **tendremos** **tendréis** **tendrán**	**tendría** **tendrías** **tendría** **tendríamos** **tendríais** **tendrían**	**tenga** **tengas** **tenga** **tengamos** **tengáis** **tengan**	**tuviera** **tuvieras** **tuviera** **tuviéramos** **tuvierais** **tuvieran**	**ten** tú (no **tengas**) **tenga** Ud. **tengamos** tened (no **tengáis**) **tengan** Uds.

21. traer
Participles: trayendo, traído

	INDICATIVE					SUBJUNCTIVE		IMPERATIVE
	Present	Imperfect	Preterite	Future	Conditional	Present	Past	
	traigo	traía	traje	traeré	traería	traiga	trajera	
	traes	traías	trajiste	traerás	traerías	traigas	trajeras	trae tú (no traigas)
	trae	traía	trajo	traerá	traería	traiga	trajera	traiga Ud.
	traemos	traíamos	trajimos	traeremos	traeríamos	traigamos	trajéramos	traigamos
	traéis	traíais	trajisteis	traeréis	traeríais	traigáis	trajerais	traed (no traigáis)
	traen	traían	trajeron	traerán	traerían	traigan	trajeran	traigan Uds.

22. venir (e:ie)
Participles: viniendo, venido

	INDICATIVE					SUBJUNCTIVE		IMPERATIVE
	Present	Imperfect	Preterite	Future	Conditional	Present	Past	
	vengo	venía	vine	vendré	vendría	venga	viniera	
	vienes	venías	viniste	vendrás	vendrías	vengas	vinieras	ven tú (no vengas)
	viene	venía	vino	vendrá	vendría	venga	viniera	venga Ud.
	venimos	veníamos	vinimos	vendremos	vendríamos	vengamos	viniéramos	vengamos
	venís	veníais	vinisteis	vendréis	vendríais	vengáis	vinierais	venid (no vengáis)
	vienen	venían	vinieron	vendrán	vendrían	vengan	vinieran	vengan Uds.

23. ver
Participles: viendo, visto

	INDICATIVE					SUBJUNCTIVE		IMPERATIVE
	Present	Imperfect	Preterite	Future	Conditional	Present	Past	
	veo	veía	vi	veré	vería	vea	viera	
	ves	veías	viste	verás	verías	veas	vieras	ve tú (no veas)
	ve	veía	vio	verá	vería	vea	viera	vea Ud.
	vemos	veíamos	vimos	veremos	veríamos	veamos	viéramos	veamos
	veis	veíais	visteis	veréis	veríais	veáis	vierais	ved (no veáis)
	ven	veían	vieron	verán	verían	vean	vieran	vean Uds.

Stem-changing verbs

24. contar (o:ue)
Participles: contando, contado

	INDICATIVE					SUBJUNCTIVE		IMPERATIVE
	Present	Imperfect	Preterite	Future	Conditional	Present	Past	
	cuento	contaba	conté	contaré	contaría	cuente	contara	
	cuentas	contabas	contaste	contarás	contarías	cuentes	contaras	cuenta tú (no cuentes)
	cuenta	contaba	contó	contará	contaría	cuente	contara	cuente Ud.
	contamos	contábamos	contamos	contaremos	contaríamos	contemos	contáramos	contemos
	contáis	contabais	contasteis	contaréis	contaríais	contéis	contarais	contad (no contéis)
	cuentan	contaban	contaron	contarán	contarían	cuenten	contaran	cuenten Uds.

25. dormir(se) (o:ue)
Participles: durmiendo, dormido

	INDICATIVE					SUBJUNCTIVE		IMPERATIVE
	Present	Imperfect	Preterite	Future	Conditional	Present	Past	
	duermo	dormía	dormí	dormiré	dormiría	duerma	durmiera	
	duermes	dormías	dormiste	dormirás	dormirías	duermas	durmieras	duerme tú (no duermas)
	duerme	dormía	durmió	dormirá	dormiría	duerma	durmiera	duerma Ud.
	dormimos	dormíamos	dormimos	dormiremos	dormiríamos	durmamos	durmiéramos	durmamos
	dormís	dormíais	dormisteis	dormiréis	dormiríais	durmáis	durmierais	dormid (no durmáis)
	duermen	dormían	durmieron	dormirán	dormirían	duerman	durmieran	duerman Uds.

26. empezar (e:ie) (z:c)
Participles: empezando, empezado

	INDICATIVE					SUBJUNCTIVE		IMPERATIVE
	Present	Imperfect	Preterite	Future	Conditional	Present	Past	
	empiezo	empezaba	empecé	empezaré	empezaría	empiece	empezara	
	empiezas	empezabas	empezaste	empezarás	empezarías	empieces	empezaras	empieza tú (no empieces)
	empieza	empezaba	empezó	empezará	empezaría	empiece	empezara	empiece Ud.
	empezamos	empezábamos	empezamos	empezaremos	empezaríamos	empecemos	empezáramos	empecemos
	empezáis	empezabais	empezasteis	empezaréis	empezaríais	empecéis	empezarais	empezad (no empecéis)
	empiezan	empezaban	empezaron	empezarán	empezarían	empiecen	empezaran	empiecen Uds.

Infinitive	INDICATIVE					SUBJUNCTIVE		IMPERATIVE
	Present	Imperfect	Preterite	Future	Conditional	Present	Past	
27 entender (e:ie) Participles: entendiendo entendido	entiendo entiendes entiende entendemos entendéis entienden	entendía entendías entendía entendíamos entendíais entendían	entendí entendiste entendió entendimos entendisteis entendieron	entenderé entenderás entenderá entenderemos entenderéis entenderán	entendería entenderías entendería entenderíamos entenderíais entenderían	entienda entiendas entienda entendamos entendáis entiendan	entendiera entendieras entendiera entendiéramos entendierais entendieran	entiende tú (no entiendas) entienda Ud. entendamos entended (no entendáis) entiendan Uds.
28 jugar (u:ue) (g:gu) Participles: jugando jugado	juego juegas juega jugamos jugáis juegan	jugaba jugabas jugaba jugábamos jugabais jugaban	jugué jugaste jugó jugamos jugasteis jugaron	jugaré jugarás jugará jugaremos jugaréis jugarán	jugaría jugarías jugaría jugaríamos jugaríais jugarían	juegue juegues juegue juguemos juguéis jueguen	jugara jugaras jugara jugáramos jugarais jugaran	juega tú (no juegues) juegue Ud. juguemos jugad (no juguéis) jueguen Uds.
29 pedir (e:i) Participles: pidiendo pedido	pido pides pide pedimos pedís piden	pedía pedías pedía pedíamos pedíais pedían	pedí pediste pidió pedimos pedisteis pidieron	pediré pedirás pedirá pediremos pediréis pedirán	pediría pedirías pediría pediríamos pediríais pedirían	pida pidas pida pidamos pidáis pidan	pidiera pidieras pidiera pidiéramos pidierais pidieran	pide tú (no pidas) pida Ud. pidamos pedid (no pidáis) pidan Uds.
30 pensar (e:ie) Participles: pensando pensado	pienso piensas piensa pensamos pensáis piensan	pensaba pensabas pensaba pensábamos pensabais pensaban	pensé pensaste pensó pensamos pensasteis pensaron	pensaré pensarás pensará pensaremos pensaréis pensarán	pensaría pensarías pensaría pensaríamos pensaríais pensarían	piense pienses piense pensemos penséis piensen	pensara pensaras pensara pensáramos pensarais pensaran	piensa tú (no pienses) piense Ud. pensemos pensad (no penséis) piensen Uds.
31 reír(se) (e:i) Participles: riendo reído	río ríes ríe reímos reís ríen	reía reías reía reíamos reíais reían	reí reíste rió reímos reísteis rieron	reiré reirás reirá reiremos reiréis reirán	reiría reirías reiría reiríamos reiríais reirían	ría rías ría riamos riáis rían	riera rieras riera riéramos rierais rieran	ríe tú (no rías) ría Ud. riamos reíd (no riáis) rían Uds.
32 seguir (e:i) (gu:g) Participles: siguiendo seguido	sigo sigues sigue seguimos seguís siguen	seguía seguías seguía seguíamos seguíais seguían	seguí seguiste siguió seguimos seguisteis siguieron	seguiré seguirás seguirá seguiremos seguiréis seguirán	seguiría seguirías seguiría seguiríamos seguiríais seguirían	siga sigas siga sigamos sigáis sigan	siguiera siguieras siguiera siguiéramos siguierais siguieran	sigue tú (no sigas) siga Ud. sigamos seguid (no sigáis) sigan Uds.
33 sentir(se) (e:ie) Participles: sintiendo sentido	siento sientes siente sentimos sentís sienten	sentía sentías sentía sentíamos sentíais sentían	sentí sentiste sintió sentimos sentisteis sintieron	sentiré sentirás sentirá sentiremos sentiréis sentirán	sentiría sentirías sentiría sentiríamos sentiríais sentirían	sienta sientas sienta sintamos sintáis sientan	sintiera sintieras sintiera sintiéramos sintierais sintieran	siente tú (no sientas) sienta Ud. sintamos sentid (no sintáis) sientan Uds.

34. volver (o:ue)
Participles: volviendo, vuelto

	Indicative Present	Imperfect	Preterite	Future	Conditional	Subjunctive Present	Past	Imperative
	vuelvo	volvía	volví	volveré	volvería	**vuelva**	volviera	
	vuelves	volvías	volviste	volverás	volverías	**vuelvas**	volvieras	**vuelve** tú (no **vuelvas**)
	vuelve	volvía	volvió	volverá	volvería	**vuelva**	volviera	**vuelva** Ud.
	volvemos	volvíamos	volvimos	volveremos	volveríamos	volvamos	volviéramos	volvamos
	volvéis	volvíais	volvisteis	volveréis	volveríais	volváis	volvierais	volved (no **volváis**)
	vuelven	volvían	volvieron	volverán	volverían	**vuelvan**	volvieran	**vuelvan** Uds.

Verbs with spelling changes only

35. conocer (c:zc)
Participles: conociendo, conocido

	Indicative Present	Imperfect	Preterite	Future	Conditional	Subjunctive Present	Past	Imperative
	conozco	conocía	conocí	conoceré	conocería	**conozca**	conociera	
	conoces	conocías	conociste	conocerás	conocerías	**conozcas**	conocieras	conoce tú (no **conozcas**)
	conoce	conocía	conoció	conocerá	conocería	**conozca**	conociera	**conozca** Ud.
	conocemos	conocíamos	conocimos	conoceremos	conoceríamos	**conozcamos**	conociéramos	**conozcamos**
	conocéis	conocíais	conocisteis	conoceréis	conoceríais	**conozcáis**	conocierais	conoced (no **conozcáis**)
	conocen	conocían	conocieron	conocerán	conocerían	**conozcan**	conocieran	**conozcan** Uds.

36. creer (y)
Participles: **creyendo**, **creído**

	Indicative Present	Imperfect	Preterite	Future	Conditional	Subjunctive Present	Past	Imperative
	creo	creía	**creí**	creeré	creería	crea	**creyera**	
	crees	creías	**creíste**	creerás	creerías	creas	**creyeras**	cree tú (no creas)
	cree	creía	**creyó**	creerá	creería	crea	**creyera**	crea Ud.
	creemos	creíamos	**creímos**	creeremos	creeríamos	creamos	**creyéramos**	creamos
	creéis	creíais	**creísteis**	creeréis	creeríais	creáis	**creyerais**	creed (no creáis)
	creen	creían	**creyeron**	creerán	creerían	crean	**creyeran**	crean Uds.

37. cruzar (z:c)
Participles: cruzando, cruzado

	Indicative Present	Imperfect	Preterite	Future	Conditional	Subjunctive Present	Past	Imperative
	cruzo	cruzaba	**crucé**	cruzaré	cruzaría	**cruce**	cruzara	
	cruzas	cruzabas	cruzaste	cruzarás	cruzarías	**cruces**	cruzaras	cruza tú (no **cruces**)
	cruza	cruzaba	cruzó	cruzará	cruzaría	**cruce**	cruzara	**cruce** Ud.
	cruzamos	cruzábamos	cruzamos	cruzaremos	cruzaríamos	**crucemos**	cruzáramos	**crucemos**
	cruzáis	cruzabais	cruzasteis	cruzaréis	cruzaríais	**crucéis**	cruzarais	cruzad (no **crucéis**)
	cruzan	cruzaban	cruzaron	cruzarán	cruzarían	**crucen**	cruzaran	**crucen** Uds.

38. destruir (y)
Participles: **destruyendo**, destruido

	Indicative Present	Imperfect	Preterite	Future	Conditional	Subjunctive Present	Past	Imperative
	destruyo	destruía	destruí	destruiré	destruiría	**destruya**	**destruyera**	
	destruyes	destruías	destruiste	destruirás	destruirías	**destruyas**	**destruyeras**	**destruye** tú (no **destruyas**)
	destruye	destruía	**destruyó**	destruirá	destruiría	**destruya**	**destruyera**	**destruya** Ud.
	destruimos	destruíamos	destruimos	destruiremos	destruiríamos	**destruyamos**	**destruyéramos**	**destruyamos**
	destruís	destruíais	destruisteis	destruiréis	destruiríais	**destruyáis**	**destruyerais**	destruid (no **destruyáis**)
	destruyen	destruían	**destruyeron**	destruirán	destruirían	**destruyan**	**destruyeran**	**destruyan** Uds.

39. enviar (envío)
Participles: enviando, enviado

	Indicative Present	Imperfect	Preterite	Future	Conditional	Subjunctive Present	Past	Imperative
	envío	enviaba	envié	enviaré	enviaría	**envíe**	enviara	
	envías	enviabas	enviaste	enviarás	enviarías	**envíes**	enviaras	**envía** tú (no **envíes**)
	envía	enviaba	envió	enviará	enviaría	**envíe**	enviara	**envíe** Ud.
	enviamos	enviábamos	enviamos	enviaremos	enviaríamos	**enviemos**	enviáramos	enviemos
	enviáis	enviabais	enviasteis	enviaréis	enviaríais	**enviéis**	enviarais	enviad (no **enviéis**)
	envían	enviaban	enviaron	enviarán	enviarían	**envíen**	enviaran	**envíen** Uds.

	INDICATIVE					SUBJUNCTIVE		IMPERATIVE
Infinitive	Present	Imperfect	Preterite	Future	Conditional	Present	Past	

40 graduarse (gradúo)
Participles: graduando, graduado

	Present	Imperfect	Preterite	Future	Conditional	Present	Past	IMPERATIVE
	gradúo	graduaba	gradué	graduaré	graduaría	gradúe	graduara	
	gradúas	graduabas	graduaste	graduarás	graduarías	gradúes	graduaras	gradúa tú (no gradúes)
	gradúa	graduaba	graduó	graduará	graduaría	gradúe	graduara	gradúe Ud.
	graduamos	graduábamos	graduamos	graduaremos	graduaríamos	graduemos	graduáramos	graduemos
	graduáis	graduabais	graduasteis	graduaréis	graduaríais	graduéis	graduarais	graduad (no graduéis)
	gradúan	graduaban	graduaron	graduarán	graduarían	gradúen	graduaran	gradúen Uds.

41 llegar (g:gu)
Participles: llegando, llegado

	Present	Imperfect	Preterite	Future	Conditional	Present	Past	IMPERATIVE
	llego	llegaba	llegué	llegaré	llegaría	llegue	llegara	
	llegas	llegabas	llegaste	llegarás	llegarías	llegues	llegaras	llega tú (no llegues)
	llega	llegaba	llegó	llegará	llegaría	llegue	llegara	llegue Ud.
	llegamos	llegábamos	llegamos	llegaremos	llegaríamos	lleguemos	llegáramos	lleguemos
	llegáis	llegabais	llegasteis	llegaréis	llegaríais	lleguéis	llegarais	llegad (no lleguéis)
	llegan	llegaban	llegaron	llegarán	llegarían	lleguen	llegaran	lleguen Uds.

42 proteger (g:j)
Participles: protegiendo, protegido

	Present	Imperfect	Preterite	Future	Conditional	Present	Past	IMPERATIVE
	protejo	protegía	protegí	protegeré	protegería	proteja	protegiera	
	proteges	protegías	protegiste	protegerás	protegerías	protejas	protegieras	protege tú (no protejas)
	protege	protegía	protegió	protegerá	protegería	proteja	protegiera	proteja Ud.
	protegemos	protegíamos	protegimos	protegeremos	protegeríamos	protejamos	protegiéramos	protejamos
	protegéis	protegíais	protegisteis	protegeréis	protegeríais	protejáis	protegierais	proteged (no protejáis)
	protegen	protegían	protegieron	protegerán	protegerían	protejan	protegieran	protejan Uds.

43 tocar (c:qu)
Participles: tocando, tocado

	Present	Imperfect	Preterite	Future	Conditional	Present	Past	IMPERATIVE
	toco	tocaba	toqué	tocaré	tocaría	toque	tocara	
	tocas	tocabas	tocaste	tocarás	tocarías	toques	tocaras	toca tú (no toques)
	toca	tocaba	tocó	tocará	tocaría	toque	tocara	toque Ud.
	tocamos	tocábamos	tocamos	tocaremos	tocaríamos	toquemos	tocáramos	toquemos
	tocáis	tocabais	tocasteis	tocaréis	tocaríais	toquéis	tocarais	tocad (no toquéis)
	tocan	tocaban	tocaron	tocarán	tocarían	toquen	tocaran	toquen Uds.

Guide to Vocabulary

Note on alphabetization

Formerly, **ch**, **ll**, and **ñ** were considered separate letters in the Spanish alphabet, **ch** appearing after **c**, **ll** after **l**, and **ñ** after **n**. In current practice, for purposes of alphabetization, **ch** and **ll** are not treated as separate letters, but **ñ** still follows **n**. Therefore, in this glossary you will find that **año**, for example, appears after **anuncio**.

Abbreviations used in this glossary

adj.	adjective	*interj.*	interjection	*poss.*	possessive
adv.	adverb	*i.o.*	indirect object	*prep.*	preposition
conj.	conjunction	*m.*	masculine	*pron.*	pronoun
d.o.	direct object	*n.*	noun	*ref.*	reflexive
f.	feminine	*obj.*	object	*sing.*	singular
fam.	familiar	*p.p.*	past participle	*sub.*	subject
form.	formal	*pl.*	plural	*v.*	verb

Spanish-English

A

a *prep.* at; to 1
  ¿A qué hora...? At what time...? 1, 9
  a bordo aboard 1
  a dieta on a diet 15
  a la derecha de to the right of 2
  a la izquierda de to the left of 2
  a la plancha grilled 8
  a la(s) + *time* at + *time* 1
  a menos que unless 13
  a menudo often 10
  a mi nombre in my name 5
  a nombre de in the name of 5
  a plazos in installments 14
  A sus órdenes. At your
    service. 11
  a tiempo on time 10
  a veces sometimes 10
  a ver let's see 2
¡Abajo! *adv.* Down!
abeja *f.* bee
abierto/a *adj.* open 5; *p.p.* opened 15
abogado/a *m., f.* lawyer 16
abrazar(se) *v.* to hug; to embrace
  (each other)
abrazo *m.* hug
abrigo *m.* coat 6
abril *m.* April 5
abrir *v.* to open 3
abuelo/a *m., f.* grandfather;
  grandmother 3
abuelos *pl.* grandparents 3
aburrido/a *adj.* bored; boring 5
aburrir *v.* to bore 7
aburrirse *v.* to get bored
acabar de (+ *inf.*) *v.* to have just (*done*

something) 6
acampar *v.* to camp 5
accidente *m.* accident 10
acción *f.* action
aceite *m.* oil 8
ácido/a *adj.* acid 13
acompañar *v.* to go with; to accompany 14
aconsejar *v.* to advise 12
acontecimiento *m.* event
acordarse (de) (o:ue) *v.* to remember 7
acostarse (o:ue) *v.* to lie down;
  to go to bed 7
activo/a *adj.* active 15
actor *m.* actor 16
actriz *f.* actress 16
actualidades *f., pl.* news; current events
acuático/a *adj.* aquatic 4
adelgazar *v.* to lose weight; to slim
  down 15
además (de) *adv.* furthermore; besides 10;
  in addition (to)
adicional *adj.* additional
adiós *m.* goodbye 1
adjetivo *m.* adjective
administración de empresas *f.* business
  administration 2
adolescencia *f.* adolescence 9
¿adónde? *adv.* where (to)?
  (*destination*) 2, 9
aduana *f.* customs 5
aeróbico/a *adj.* aerobic 15
aeropuerto *m.* airport 5
afectado/a *adj.* affected 13
afeitarse *v.* to shave 7
aficionado/a *adj.* fan 4
afirmativo/a *adj.* affirmative
afueras *f., pl.* suburbs; outskirts 12
agencia de bienes raíces *f.* real estate
  agency 12
agencia de viajes *f.* travel agency 5

agente de viajes *m., f.* travel agent 5
agosto *m.* August 5
agradable *adj.* pleasant
agrio/a *adj.* sour 8
agua *f.* water 8
  agua mineral mineral water 8
ahora *adv.* now
  ahora mismo right now 5
ahorrar *v.* to save money 14
ahorros *m., pl.* savings 14
aire *m.* air 6
ajo *m.* garlic
al (*contraction of* a + el) 4
  al aire libre open-air 6
  al contado in cash 14
  (al) este (to the) east 14
  al fondo (de) at the end (of) 12
  al lado de next to; beside 2
  (al) norte (to the) north 14
  (al) oeste (to the) west 14
  (al) sur (to the) south 14
alcoba *f.* bedroom 12
alcohol *m.* alcohol 15
alcohólico/a *adj.* alcoholic 15
alegrarse (de) *v.* to be happy 13
alegre *adj.* happy; joyful 5
alegría *f.* happiness 9
alemán, alemana *adj.* German 3
alérgico/a *adj.* allergic 10
alfombra *f.* rug 12; carpet
algo *pron.* something; anything 7
algodón *m.* cotton 6
alguien *pron.* someone; anyone 7
algún, alguno/a(s) *adj.* any; some 7
aliviar *v.* to relieve 15
  aliviar el estrés/la tensión
    to relieve stress/tension 15
allí *adv.* there 5
  allí mismo right there 14
almacén *m.* department store 6

almohada *f.* pillow 12
almorzar (o:ue) *v.* to have lunch 8
almuerzo *m.* lunch 8
¿Aló? *interj.* Hello?
   (*on the telephone*) 11
alojamiento *m.* lodging 5
alquilar *v.* to rent 12
alquiler *m.* rent 12
alternador *m.* alternator 11
altillo *m.* attic 12
alto/a *adj.* tall 3
aluminio *m.* aluminum 13
amable *adj.* nice; friendly 5
ama *m., f.* **de casa** housekeeper; caretaker
   12; housewife
amarillo/a *adj.* yellow 6
amigo/a *m., f.* friend 3
amistad *f.* friendship 9
amor *m.* love 9
anaranjado/a *adj.* orange 6
animal *m.* animal 13
aniversario (de bodas) *m.* (wedding)
   anniversary 9
anoche *adv.* last night 6
anteayer *adv.* the day before yesterday 6
antes *adv.* before 7
   antes de *prep.* before 7
   antes (de) que *conj.* before 13
antibiótico *m.* antibiotic 10
antipático/a *adj.* unpleasant 3
anunciar *v.* to announce; to advertise
anuncio *m.* advertisement 16
año *m.* year 5
   el año pasado last year 6
apagar *v.* to turn off 11
aparato *m.* appliance 12
apartamento *m.* apartment 12
apellido *m.* last name 9
apenas *adv.* hardly; scarcely; just 10
aplaudir *v.* to applaud
apreciar *v.* to appreciate
aprender *v.* to learn 3
apurarse *v.* to hurry; to rush 15
aquel, aquella *adj.* that; those (over
   there) 6
aquél, aquélla *pron.* that; those (over
   there) 6
aquello *neuter, pron.* that; that thing; that
   fact 6
aquellos/as *pl. adj.* that; those
   (over there) 6
aquéllos/as *pl. pron.* those (ones)
   (over there) 6
aquí *adv.* here 1
   Aquí está... Here it is... 5
   Aquí estamos en... Here we are
      at/in... 2
   aquí mismo right here 11
árbol *m.* tree 13
archivo *m.* file 11
armario *m.* closet 12

arqueólogo/a *m., f.* archaeologist 16
arquitecto/a *m., f.* architect 16
arrancar *v.* to start (*a car*) 11
arreglar *v.* to fix; to arrange 11;
   to neaten; to straighten up 12
arriba *adv.* up
arroz *m.* rice 8
arte *m.* art 2
artes *f., pl.* arts
artesanía *f.* craftsmanship; crafts
artículo *m.* article
artista *m., f.* artist 3
artístico/a *adj.* artistic
arveja *m.* pea 8
asado/a *adj.* roasted 8
ascenso *m.* promotion 16
ascensor *m.* elevator 5
así *adj.* like this; so (*in such a way*) 10
   así así so-so
asistir (a) *v.* to attend 3
aspiradora *f.* vacuum cleaner 12
aspirante *m., f.* candidate; applicant 16
aspirina *f.* aspirin 10
atún *m.* tuna 8
aumentar *v.* **de peso** to gain weight 15
aumento *m.* increase 16
   aumento de sueldo pay raise 16
aunque *conj.* although
autobús *m.* bus 1
automático/a *adj.* automatic 14
auto(móvil) *m.* auto(mobile) 5
autopista *f.* highway
ave *f.* bird
avenida *f.* avenue
aventura *f.* adventure
avergonzado/a *adj.* embarrassed 5
avión *m.* airplane 5
¡Ay! *interj.* Oh!
   ¡Ay, qué dolor! Oh, what pain!
ayer *adv.* yesterday 6
ayudar *v.* to help 12
ayudarse *v.* to help each other
azúcar *m.* sugar 8
azul *adj.* blue 6

B

bailar *v.* to dance 2
bailarín/bailarina *m., f.* dancer 16
baile *m.* dance
bajar *v.* to go down 11
bajar(se) de *v.* to get off of/out of
   (a vehicle) 11
bajo/a *adj.* short (*in height*) 3
   bajo control under control
balcón *m.* balcony 12
ballet *m.* ballet
baloncesto *m.* basketball 4
banana *f.* banana 8
banco *m.* bank 14

banda *f.* band
bandera *f.* flag
bañarse *v.* to bathe; to take a bath 7
baño *m.* bathroom 7
barato/a *adj.* cheap 6
barco *m.* boat 5
barrer *v.* to sweep 12
   barrer el suelo to sweep the floor 12
barrio *m.* neighborhood 12
bastante *adv.* enough; quite 10; pretty
basura *f.* trash 12
baúl *m.* trunk 11
beber *v.* to drink 3
bebida *f.* drink 8
   bebida alcohólica alcoholic
      beverage 15
béisbol *m.* baseball 4
bellas artes *f., pl.* fine arts
belleza *f.* beauty 14
beneficio *m.* benefit 16
besar(se) *v.* to kiss (each other)
beso *m.* kiss 6
biblioteca *f.* library 2
bicicleta *f.* bicycle 4
bien *adj.* good; well 1
bienestar *m.* well-being 15
¡Bienvenido(s)/a(s)! *adj.* Welcome! 12
billete *m.* paper money 8
billón trillion 6
biología *f.* biology 2
bistec *m.* steak 8
bizcocho *m.* biscuit
blanco/a *adj.* white 6
bluejeans *m., pl.* jeans 6
blusa *f.* blouse 6
boca *f.* mouth 10
boda *f.* wedding 9
boleto *m.* ticket
bolsa *f.* bag; purse 6
bombero/a *m., f.* firefighter 16
bonito/a *adj.* pretty 3
borrador *m.* eraser 1
bosque *m.* forest 13
   bosque tropical tropical forest;
      rainforest 13
bota *f.* boot 6
botella *f.* bottle 9
   botella de vino bottle of
      wine 9
botones *m., f., sing.* bellhop 5
brazo *m.* arm 10
brindar *v.* to toast (*drink*) 9
bucear *v.* to scuba dive 4
bueno *adv.* well 2
buen, bueno/a *adj.* good 3, 6
   ¡Buen viaje! Have a good trip! 1
   buena forma good shape (*physical*) 15
   ¡Buena idea! Good idea! 4
   Buenas noches. Good evening;
      Good night. 1
   Buenas tardes. Good afternoon. 1

buenísimo extremely good
¿Bueno? Hello? (*on telephone*) 11
Buenos días. Good morning. 1
bulevar *m.* boulevard
buscar *v.* to look for 2
buzón *m.* mailbox 14

C

caballo *m.* horse 5
cabaña *f.* cabin 5
cabe: no cabe duda de there's no
doubt 13
cabeza *f.* head 10
cada *adj.* each 6
caerse *v.* to fall (down) 10
café *m.* café 4; *adj.* brown 6; coffee 8
cafetera *f.* coffee maker
cafetería *f.* cafeteria 2
caído/a *p.p.* fallen 15
caja *f.* cash register 6
cajero/a *m., f.* cashier
cajero automático automatic teller
machine (ATM) 14
calcetín *m.* sock 6
calculadora *f.* calculator 11
caldo *m.* soup 8
caldo de patas beef soup 8
calentarse (e:ie) *v.* to warm up 15
calidad *f.* quality 6
calle *f.* street 11
calor *m.* heat 3
caloría *f.* calorie 15
calzar *v.* to take size … shoes 6
cama *f.* bed 5
cámara *f.* camera 11
cámara de video videocamera 11
camarero/a *m., f.* waiter 8
camarón *m.* shrimp 8
cambiar (de) *v.* to change 9
cambio *m.* **de moneda** currency exchange
caminar *v.* to walk 2
camino *m.* route 11
camión *m.* truck; bus
camisa *f.* shirt 6
camiseta *f.* t-shirt 6
campo *m.* countryside 5
canadiense *adj.* Canadian 3
canal *m.* channel (TV)
canción *f.* song
candidato/a *m., f.* candidate
cansado/a *adj.* tired 5
cantante *m., f.* singer 16
cantar *v.* to sing 2
capital *f.* capital city 1
capó *m.* (car) hood 11
cara *f.* face 7
caramelo *m.* caramel
carne *f.* meat 8
carne de res beef 8

carnicería *f.* butcher shop 14
caro/a *adj.* expensive 6
carpintero/a *m., f.* carpenter 16
carrera *f.* career 16
carretera *f.* highway
carro *m.* car; automobile 11
carta *f.* letter 4; (playing) card
cartel *m.* poster
cartera *f.* wallet 6
cartero *m.* mail carrier 14
casa *f.* house 4; home
casado/a *adj.* married 9
casarse (con) *v.* to get married (to) 9
casi *adv.* almost 10
catorce *adj., pron.* fourteen 1
cebolla *f.* onion 8
celebrar *v.* to celebrate 9
celular *adj.* cellular 11
cena *f.* dinner 8
cenar *v.* to have dinner 8
centro *m.* downtown 4
centro comercial shopping mall 6
cepillarse los dientes/el pelo *v.* to brush
one's teeth/one's hair 7
cerámica *f.* pottery
cerca de *prep.* near 2
cerdo *m.* pork 8
cereales *m., pl.* cereal; grains 8
cero *m.* zero 1
cerrado/a *adj.* closed 5
cerrar (e:ie) *v.* to close 4
cerveza *f.* beer 8
césped *m.* grass
ceviche *m.* lemon-marinated fish dish 8
ceviche de camarón
lemon-marinated shrimp 8
chaleco *m.* vest
champán *m.* champagne 9
champiñón *m.* mushroom 8
champú *m.* shampoo 7
chaqueta *f.* jacket 6
chau *fam., interj.* bye 1
cheque *m.* (bank) check 14
cheque de viajero traveler's check 14
chévere *adj., fam.* terrific
chico/a *m., f.* boy/girl 1
chino/a *adj.* Chinese
chocar (con) *v.* to run into; to crash 11
chocolate *m.* chocolate
choque *m.* collision
chuleta *f.* chop (food) 8
chuleta de cerdo pork chop 8
ciclismo *m.* cycling 4
cielo *m.* sky 13
cien(to) *adj., pron.* one hundred 2, 6
ciencia *f.* science
ciencia ficción science fiction
científico/a *m., f.* scientist 16
cierto *m.* certain; true 13
es cierto it's true/certain 13
no es cierto it's not true/certain 13

cifra *f.* figure
cinco *adj., pron.* five 1
cincuenta *adj., pron.* fifty 2
cine *m.* movie theater 4
cinta *f.* (audio) tape 11
cinturón *m.* belt 6
circulación *f.* traffic
cita *f.* date; appointment 9
ciudad *f.* city 4
ciudadano/a *adj.* citizen
claro que sí *fam.* of course
clase *f.* class 2
clase de ejercicios aeróbicos
aerobics class 15
clásico/a *adj.* classical
cliente/a *m., f.* client 6
clínica *f.* clinic 10
cobrar *v.* to cash a check 14;
to charge for a product or service 14
coche *m.* car; automobile 11
cocina *f.* kitchen 12; stove
cocinar *v.* to cook 12
cocinero/a *m., f.* cook, chef 16
cola *f.* line 14
colesterol *m.* cholesterol 15
color *m.* color 6
comedia *f.* comedy; play
comedor *m.* dining room 12
comenzar (e:ie) *v.* to begin 4
comer *v.* to eat 3
comercial *adj.* commercial;
business-related 16
comida *f.* food; meal 8
como *prep.* like, as 8
¿cómo? what?; how? 1, 9
¿Cómo es…? What's… like? 3
¿Cómo está usted? How are you?
(*form.*) 1
¿Cómo estás? How are you? (*fam.*) 1
¿Cómo les fue…? *pl.* How did… go
for you? 15
¿Cómo se llama usted?
What's your name? (*form.*) 1
¿Cómo te llamas (tú)?
What's your name? (*fam.*) 1
cómoda *f.* chest of drawers 12
cómodo/a *adj.* comfortable 5
compañero/a de clase *m., f.* classmate 2
compañero/a de cuarto *m., f.*
roommate 2
compañía *f.* company; firm 16
compartir *v.* to share 3
completamente *adv.* completely
compositor(a) *m., f.* composer
comprar *v.* to buy 2
compras *f., pl.* purchases
ir de compras go shopping
comprender *v.* to understand 3
comprobar *v.* to check
comprometerse (con) *v.* to get engaged
(to) 9

computación *f.* computer science 2
computadora *f.* computer 1, 11
computadora portátil *f.* laptop 11; portable computer
comunicación *f.* communication
comunicarse (con) *v.* to communicate (with)
comunidad *f.* community 1
con *prep.* with 2
   Con él/ella habla. This is he/she. (*on telephone*) 11
   con frecuencia *adv.* frequently 10
   Con permiso. Pardon me., Excuse me. 1
   con tal (de) que provided that 13
concierto *m.* concert
concordar *v.* to agree
concurso *m.* contest; game show
conducir *v.* to drive 8, 11
conductor(a) *m., f.* driver, chauffeur 1
confirmar *v.* to confirm 5
confirmar *v.* **una reservación** *f.* to confirm a reservation 5
congelador *m.* freezer
congestionado/a *adj.* congested; stuffed-up 10
conmigo *pron.* with me 4
conocer *v.* to know; to be acquainted with 8
conocido/a *adj.* known
conseguir (e:i) *v.* to get; to obtain 4
consejero/a *m., f.* counselor; advisor 16
consejo *m.* advice 9
conservación *f.* conservation 13
conservar *v.* to conserve 13
construir *v.* to build
consultorio *m.* doctor's office 10
consumir *v.* to consume 15
contabilidad *f.* accounting 2
contador(a) *m., f.* accountant 16
contaminación *f.* pollution 13; contamination
   contaminación del aire/del agua air/water pollution 13
contaminado/a *adj.* polluted 13
contaminar *v.* to pollute 13
contar (con) *v.* to count (on) 12
contento/a *adj.* happy; content 5
contestadora *f.* answering machine 11
contestar *v.* to answer 2
contigo *pron.* with you
contratar *v.* to hire 16
control *m.* control
   control remoto remote control 11
controlar *v.* to control 13
conversación *f.* conversation 1
conversar *v.* to talk; to chat 2
copa *f.* wineglass; goblet 12
corazón *m.* heart 10
corbata *f.* tie 6
corredor(a) *m., f.* **de bolsa** stockbroker 16
correo *m.* post office; mail 14

correo electrónico e-mail 4
correr *v.* to run 3
cortesía *f.* courtesy
cortinas *f., pl.* curtains 12
corto/a *adj.* short (*in length*) 6
cosa *f.* thing 1
costar (o:ue) *f.* to cost 6
cráter *m.* crater 13
creer *v.* to believe 13
   creer (en) *v.* to believe (in) 3
creído/a *p.p.* believed 15
crema de afeitar *f.* shaving cream 7
crimen *m.* crime; murder
cruzar *v.* to cross 14
cuaderno *m.* notebook 1
cuadra *f.* city block 14
cuadro *m.* painting 12; picture
cuadros *m., pl.* plaid 6
¿cuál(es)? which?; which one(s)? 2; what? 9
   ¿Cuál es la fecha de hoy? What is today's date? 5
cuando *conj.* when 7
¿cuándo? *adv.* when? 2, 9
¿cuánto(s)/a(s)? *adv.* how much?, how many? 1, 9
   ¿Cuánto cuesta…? How much does… cost? 6
   ¿Cuántos años tienes? How old are you? 3
cuarenta *adj., pron.* forty 2
cuarto *m.* room
cuarto/a *adj.* fourth 5
   menos cuarto quarter to (time)
   y cuarto quarter after (time)
cuarto de baño *m.* bathroom
cuatro *adj., pron.* four 1
cuatrocientos/as *adj., pron.,* four hundred 6
cubiertos *m., pl.* silverware
cubierto/a *p.p.* covered
cubrir *v.* to cover
cuchara *f.* spoon 12
cuchillo *m.* knife 12
cuello *m.* neck 10
cuenta *f.* bill 9; account 14
   cuenta corriente *f.* checking account 14
   cuenta de ahorros *f.* savings account 14
cuento *m.* story
cuerpo *m.* body 10
cuidado *m.* care 3
cuidar *v.* to take care of 13
¡Cuídense! Take care! 15
cultura *f.* culture
cumpleaños *m., sing.* birthday 9
cumplir años *v.* to have a birthday 9
cuñado/a *m., f.* brother-in-law; sister-in-law 3
currículum *m.* résumé 16;

curriculum vitae
curso *m.* course 2

D

danza *f.* dance
dañar *v.* to damage; to breakdown 11
dar *v.* to give 6
   dar direcciones to give directions 14
   dar un consejo to give advice
   darse con *v.* to bump into; to run into
   darse prisa to hurry; to rush 15
de *prep.* of; from 1
   ¿de dónde? from where? 9
   ¿De dónde eres? *fam.* Where are you from? 1
   ¿De dónde es usted? *form.* Where are you from? 1
   ¿De parte de quién? Who is calling? (*on telephone*) 11
   ¿de quién…? whose…? (*sing.*) 1
   ¿de quiénes…? whose…? (*pl.*) 1
   de algodón (made of) cotton 6
   de aluminio (made of) aluminum 13
   de compras shopping
   de cuadros plaid 6
   de excursión hiking 4
   de hecho in fact
   de ida y vuelta round-trip 5
   de la mañana in the morning; A.M. 1
   de la noche in the evening; at night; P.M. 1
   de la tarde in the afternoon; in the early evening; P.M. 1
   de lana (made of) wool 6
   de lunares polka-dotted 6
   de mi vida of my life 15
   de moda in fashion 6
   De nada. You're welcome. 1
   de ninguna manera no way
   de niño/a as a child 10
   de parte de on behalf of 11
   de plástico (made of) plastic 13
   de rayas striped 6
   de repente suddenly 6
   de seda (made of) silk 6
   de vaqueros western (genre)
   de vez en cuando from time to time 10
   de vidrio (made of) glass 13
debajo de *prep.* below; under 2
deber (+ inf.) *v.* to have to (*do something*), should (*do something*) 3
   Debe ser… It must be… 6
deber *m.* responsibility; obligation
debido a due to; the fact that
débil *adj.* weak 15
decidido/a *adj.* decided
decidir *v.* to decide 3
décimo/a *adj.* tenth 5
decir *v.* to say; to tell 6

declarar *v.* to declare; to say
dedo *m.* finger **10**
deforestación *f.* deforestation **13**
dejar *v.* to let **12**; to quit; to leave behind **16**
  dejar de (**+ inf.**) to stop (*doing something*) **13**
  dejar una propina to leave a tip **9**
del (*contraction of* **de + el**) of the; from the
delante de *prep.* in front of **2**
delgado/a *adj.* thin; slender **3**
delicioso/a *adj.* delicious **8**
demás *pron.* the rest
demasiado *adv.* too much **6**
dentista *m., f.* dentist **10**
dentro de *adv.* within **16**
dependiente/a *m., f.* clerk **6**
deporte *m.* sport **4**
deportista *m.* sports person
deportivo/a *adj.* sports-related **4**
depositar *v.* to deposit **14**
derecha *f.* right **2**
derecho *adj.* straight **14**
derechos *m., pl.* rights
desarrollar *v.* to develop **13**
desastre natural *m.* natural disaster
desayunar *v.* to have breakfast **8**
desayuno *m.* breakfast **8**
descafeinado/a *adj.* decaffeinated **15**
descansar *v.* to rest **2**
descompuesto/a *adj.* not working; out of order **11**
describir *v.* to describe **3**
descrito/a *p.p.* described **15**
descubierto/a *p.p.* discovered **15**
descubrir *v.* to discover **13**
desde *prep.* from; since **6**
desear *v.* to want; to wish **2**; to desire **12**
desempleo *m.* unemployment
desierto *m.* desert **13**
desigualdad *f.* inequality
desordenado/a *adj.* disorderly; messy **5**
despacio *adj.* slowly
despedida *f.* farewell; goodbye
despedir (e:i) *v.* to fire **16**
despedirse (de) (e:i) *v.* to say goodbye (to) **7**
despejado/a *adj.* clear (*weather*)
despertador *m.* alarm clock **7**
despertarse (e:ie) *v.* to wake up **7**
después *adv.* afterwards; then **7**
  después de after **7**
  después (de) que *conj.* after **13**
destruir *v.* to destroy **13**
detrás de *prep.* behind **2**
día *m.* day **1**
  día de fiesta holiday **9**
diario *m.* diary **1**; newspaper
  diario/a *adj.* daily **7**
dibujar *v.* to draw **2**

dibujo *m.* drawing
  dibujos animados *m., pl.* cartoons
diccionario *m.* dictionary **1**
dicho/a *p.p.* said **15**
diciembre *m.* December **5**
dictadura *f.* dictatorship
diecinueve *adj., pron.* nineteen **1**
dieciocho *adj., pron.* eighteen **1**
dieciséis *adj., pron.* sixteen **1**
diecisiete *adj., pron.* seventeen **1**
diente *m.* tooth **7**
dieta *f.* diet **15**
  dieta equilibrada balanced diet **15**
diez *adj., pron.* ten **1**
difícil *adj.* difficult; hard **3**
¿Diga? Hello? (*on telephone*) **11**
diligencia *f.* errand **14**
dinero *m.* money **6**
dirección *f.* address **14**
direcciones *f., pl.* directions **14**
director(a) *m., f.* director; (*musical*) conductor
disco *m.* disk **11**
disco compacto compact disc (CD) **11**
discriminación *f.* discrimination
discurso *m.* speech
diseñador(a) *m., f.* designer **16**
diseño *m.* design
disfrutar (de) *v.* to enjoy; to reap the benefits (of) **13**
diversión *f.* entertainment; fun activity **4**
divertido/a *adj.* fun **7**
divertirse (e:ie) *v.* to have fun **9**
divorciado/a *adj.* divorced **9**
divorciarse (de) *v.* to get divorced (from) **9**
divorcio *m.* divorce **9**
doblar *v.* to turn **14**
doce *adj., pron.* twelve **1**
doble *adj.* double
doctor(a) *m., f.* doctor **10**
documental *m.* documentary
documentos de viaje *m., pl.* travel documents
doler (o:ue) *v.* to hurt **10**
dolor *m.* ache; pain **10**
dolor de cabeza *m.* headache **10**
doméstico/a *adj.* domestic
domingo *m.* Sunday **2**
don/doña *title of respect used with a person's first name*
donde *prep.* where
  ¿dónde? where? **1, 9**
  ¿Dónde está...? Where is...? **2**
dormir (o:ue) *v.* to sleep **4**
dormirse (o:ue) *v.* to go to sleep; to fall asleep **7**
dos *adj., pron.* two **1**
  dos veces twice; two times **6**
doscientos/as *adj., pron.* two hundred **6**
drama *m.* drama; play

dramático/a *adj.* dramatic
dramaturgo/a *m., f.* playwright
droga *f.* drug **15**
drogadicto/a *m., f.* drug addict **15**
ducha *f.* shower
ducharse *v.* to shower; to take a shower **7**
duda *f.* doubt **13**
dudar *v.* to doubt **13**
dueño/a *m., f.* owner **8**; landlord
dulce *adj.* sweet
dulces *m., pl.* sweets; candy **9**
durante *prep.* during **7**
durar *v.* to last

E

e *conj.* (*used instead of* **y** *before words beginning with* **i** *and* **hi**) and
echar *v.* to throw
  echar una carta al buzón to put a letter in the mailbox; to mail a letter **14**
ecología *f.* ecology **13**
economía *f.* economics
ecoturismo *m.* ecotourism **13**
Ecuador *m.* Ecuador **1**
ecuatoriano/a *adj.* Ecuadorian **3**
edad *f.* age
edificio *m.* building **12**
  edificio de apartamentos apartment building **12**
efectivo *m.* cash
ejercicio *m.* exercise **15**
  ejercicios aeróbicos aerobic exercises **15**
  ejercicios de estiramiento stretching exercises **15**
ejército *m.* army
el *m., sing., def. art.* the **1**
él *sub. pron.* he **1**; *adj. pron.* him
elección *f.* election
electricista *m., f.* electrician **16**
electrodoméstico *m.* electric appliance **12**
elegante *adj. m., f.* elegant **6**
elegir *v.* to elect
ella *sub. pron.* she **1**; *obj. pron.* her
ellos/as *sub. pron.* they **1**; them
embarazada *adj.* pregnant **10**
emergencia *f.* emergency **10**
emitir *v.* to broadcast
emocionante *adj.* exciting
empezar (e:ie) *v.* to begin **4**
empleado/a *m., f.* employee **5**
empleo *m.* job; employment **16**
empresa *f.* company; firm **16**
en *prep.* in; on; at **2**
  en casa at home **7**
  en caso (de) que in case (that) **13**
  en cuanto as soon as **13**
  en efectivo in cash
  en exceso in excess; too much **15**

en línea in-line 4
¡En marcha! Let's get going! 15
en mi nombre in my name
en punto on the dot; exactly; sharp (*time*) 1
en qué in which; in what; how 2
¿En qué puedo servirles? How can I help you? 5
enamorado/a *adj.* **(de)** in love (with) 5
enamorarse (de) *v.* to fall in love (with) 9
encantado/a *adj.* delighted; pleased to meet you 1
encantar *v.* to like very much; to love (*inanimate objects*) 7
encima de *prep.* on top of 2
encontrar (o:ue) *v.* to find 4
encontrar(se) *v.* to meet (each other); to find (each other)
encuesta *f.* poll; survey
energía *f.* energy 13
energía nuclear nuclear energy 13
energía solar solar energy 13
enero *m.* January 5
enfermarse *v.* to get sick 10
enfermedad *f.* illness; sickness 10
enfermero/a *m., f.* nurse 10
enfermo/a *adj.* sick 10
enfrente de *adv.* opposite; facing; in front of 14
engordar *v.* to gain weight 15
enojado/a *adj.* mad; angry 5
enojarse (con) *v.* to get angry (with) 7
ensalada *f.* salad 8
enseguida *adv.* right away 9
enseñar *v.* to teach 2
ensuciar *v.* to get (something) dirty 12; to dirty
entender (e:ie) *v.* to understand 4
entonces *adv.* then 7
entrada *f.* entrance 12; ticket
entre *prep.* between; among 2
entremeses *m., pl.* hors d'oeuvres 8; appetizers
entrenarse *v.* to practice; to train 15
entrevista *f.* interview 16
entrevistador(a) *m., f.* interviewer 16
entrevistar *v.* to interview 16
envase *m.* container 13
enviar *v.* to send 14; to mail
equilibrado/a *adj.* balanced 15
equipado/a *adj.* equipped 15
equipaje *m.* luggage 5
equipo *m.* team 4
equivocado/a *adj.* wrong; mistaken 5
eres you are *fam.* 1
es you are *form.* ; he/she/it is 1
Es una lástima... It's a shame... 13
Es bueno que... It's good that... 12
Es de... He/She is from . . . 1
Es extraño... It's strange... 13
Es importante que... It's

important that . . . 12
Es imposible... It's impossible... 13
Es improbable... It's improbable... 13
Es la una. It's one o'clock. 1
Es malo que... It's bad that... 12
Es mejor que... It's better that... 12
Es necesario que... It's necessary that... 12
Es obvio... It's obvious... 13
Es ridículo... It's ridiculous... 13
Es seguro... It's sure... 13
Es terrible... It's terrible... 13
Es triste... It's sad... 13
Es urgente que... It's urgent that... 12
Es verdad... It's true... 13
esa(s) *f., adj.* that; those 6
ésa(s) *f., pron.* those (ones) 6
escalar *v.* to climb 4
escalar montañas *f., pl.* to climb mountains 4
escalera *f.* stairs; stairway 12
escoger *v.* choose
escribir *v.* to write 3
escribir una carta to write a letter 4
escribir un mensaje electrónico to write an e-mail message 4
escribir una (tarjeta) postal to write a postcard 4
escrito/a *p.p.* written 15
escritor(a) *m., f.* writer 16
escritorio *m.* desk 2
escuchar *v.* to listen 2
escuchar la radio to listen to the radio
escuchar música to listen to music
escuela *f.* school 1
esculpir *v.* to sculpt
escultor(a) *m., f.* sculptor 16
escultura *f.* sculpture
ese *m., sing., adj.* that 6
ése *m., sing., pron.* that (one) 6
eso *neuter, pron.* that; that thing 6
esos *m., pl., adj.* those 6
ésos *m., pl., pron.* those (ones) 6
España *f.* Spain 1
español *m.* Spanish (*language*) 2
español(a) *m., f., adj.* Spanish 3
espárragos *m., pl.* asparagus
especialización *f.* field of study 16; specialization
espectacular *adj.* spectacular 15
espectáculo *m.* show
espejo *m.* mirror 7
esperar *v.* to wait (for); to hope 2; to wish 13
esposo/a *m., f.* husband/wife; spouse 3
esquí (acuático) *m.* (water) skiing 4
esquiar *v.* to ski 4
esquina *m.* corner 14
está he/she/it is, you are *form.* 1

Está despejado. It's clear. (*weather*) 5
Está (muy) nublado. It's (very) cloudy. (*weather*) 5
Está bien. That's fine. 11
esta(s) *f., adj.* this; these 6
esta noche tonight 4
ésta(s) *f., pron.* this (one); these (ones) 6
Ésta es... *f.* This is... (*introducing someone*) 1
establecer *v.* to establish
estación *f.* station; season 5
estación de autobuses bus station 5
estación del metro subway station 5
estación del tren train station 5
estacionar *v.* to park 11
estadio *m.* stadium 2
estado civil *m.* marital status 9
Estados Unidos *m.* (EE.UU.; E.U.) United States 1
estadounidense *adj.* from the United States 3
estampado/a *adj.* print
estampilla *f.* stamp 14
estante *m.* bookcase; bookshelf 12
estar *v.* to be 2
estar a (veinte kilómetros) de aquí to be (20 kilometers) from here 11
estar a dieta to be on a diet 15
estar aburrido/a to be bored 5
estar afectado/a (por) to be affected (by) 13
estar bajo control to be under control
estar cansado/a to be tired 5
estar contaminado/a to be polluted 13
estar de acuerdo to agree
estar de moda to be in fashion 6
estar de vacaciones to be on vacation 5
estar en buena forma to be in good shape 15
estar enfermo/a to be sick 10
estar listo/a to be ready 15
estar perdido/a to be lost 14
estar roto/a to be broken 10
estar seguro/a (de) to be sure (of) 5, 13
estar torcido/a to be twisted; to be sprained 10
estatua *f.* statue
este *m.* east 14; umm
este *m., sing., adj.* this 6
éste *m., sing., pron.* this (one) 6
Éste es... *m.* This is... (*introducing someone*) 1
estéreo *m.* stereo 11
estilo *m.* style
estiramiento *m.* stretching 15
esto *neuter pron.* this; this thing 6
estómago *m.* stomach 10
estornudar *v.* to sneeze 10

estos *m., pl., adj.* these 6
éstos *m., pl., pron.* these (ones) 6
estrella *f.* star 13
    estrella de cine *m., f.* movie star
estrés *m.* stress 15
estudiante *m., f.* student 1
estudiantil *adj. m., f.* student
estudiar *v.* to study 2
estufa *f.* stove 12
estupendo/a *adj.* stupendous 5
etapa *f.* stage 9; step
evitar *v.* to avoid 13
examen *m.* test; exam 2
    examen médico physical exam 10
excelente *adj.* excellent 5
exceso *m.* excess; too much 15
excursión *f.* hike; tour; excursion 4
excursionista *m., f.* hiker 4
éxito *m.* success 16
experiencia *f.* experience
explicar *v.* to explain 2
explorar *v.* to explore
    explorar un pueblo to explore a town
    explorar una ciudad to explore a city
expresión *f.* expression
extinción *f.* extinction 13
extranjero/a *adj.* foreign
extraño/a *adj.* strange 13

F

fabuloso/a *adj* fabulous 5
fácil *adj.* easy 3
    facilísimo extremely easy 8
falda *f.* skirt 6
faltar *v.* to lack; to need 7
familia *f.* family 3
famoso/a *adj.* famous 16
farmacia *f.* pharmacy 10
fascinar *v.* to fascinate 7
favorito/a *adj.* favorite 4
fax *m.* fax (machine) 11
febrero *m.* February 5
fecha *f.* date 5
feliz *adj.* happy 5
    ¡Felicidades! Congratulations!
        (*for an event such as a birthday*
        or anniversary) 9
    ¡Felicitaciones!
        Congratulations! (*for an event such as*
        an engagement or a good grade on a
        test) 9
    ¡Feliz cumpleaños! Happy birthday! 9
fenomenal *adj.* great 5; phenomenal
feo/a *adj.* ugly 3
festival *m.* festival
fiebre *f.* fever 10
fiesta *f.* party 9
fijo/a *adj.* set, fixed 6
fin *m.* end 4

fin de semana weekend 4
finalmente *adv.* finally
firmar *v.* to sign (*a document*) 14
física *f.* physics 2
flan *m.* baked custard 9
flexible *adj.* flexible 15
flor *f.* flower 13
folklórico/a *adj.* folk; folkloric
folleto *m.* brochure
fondo *m.* end 12
forma *f.* shape 15
formulario *m.* form 14
foto(grafía) *f.* photograph 1
francés, francesa *adj.* French 3
frecuentemente *adv.* frequently 10
frenos *m., pl.* brakes 11
fresco/a *adj.* cool
frijoles *m., pl.* beans 8
frío/a *adj.* cold
fritada *f.* fried dish (pork, fish, etc.)
frito/a *adj.* fried 8
fruta *f.* fruit 8
frutería *f.* fruit store 14
frutilla *f.* strawberry 8
fuente de fritada *f.* platter of fried food
fuera *adv.* outside
fuerte *adj.* strong 15
fumar *v.* to smoke 15
    no fumar not to smoke 15
funcionar *v.* to work 11; to function
fútbol *m.* soccer 4
    fútbol americano football 4
futuro/a *adj.* future 16
    en el futuro in the future 16

G

gafas (de sol) *f., pl.* (sun)glasses 6
gafas (oscuras) *f., pl.* (sun)glasses 14
galleta *f.* cookie 9
ganar *v.* to win 4; to earn (money) 16
ganga *f.* bargain 6
garaje *m.* mechanic's shop 11; garage 12
garganta *f.* throat 10
gasolina *f.* gasoline 11
gasolinera *f.* gas station 11
gastar *v.* to spend (money) 6
gato/a *m., f.* cat 13
gente *f.* people 3
geografía *f.* geography 2
gerente *m., f.* manager 16
gimnasio *m.* gym, gymnasium 4
gobierno *m.* government 13
golf *m.* golf 4
gordo/a *adj.* fat 3
grabadora *f.* tape recorder 1
gracias *f., pl.* thank you; thanks 1
    Gracias por todo. Thanks for
        everything. 9
    Gracias una vez más. Thanks once

again. 9
graduarse (de) *v.* to graduate (from) 9
gran, grande *adj.* big; large; great 3
grasa *f.* fat 15
gratis *adj.* free of charge 14
grave *adj.* grave; serious 10
gravísimo/a *adj.* extremely serious 13
grillo *m.* cricket
gripe *f.* flu 10
gris *adj.* gray 6
gritar *v.* to scream
guantes *m., pl.* gloves 6
guapo/a *adj.* handsome; good-looking 3
guardar *v.* to save (on a computer) 11
guerra *f.* war
guía *m., f.* guide
gustar *v.* to be pleasing to; to like 7
    Me gustaría(n)… I would like 7
gusto *m.* pleasure 1
    El gusto es mío. The pleasure
        is mine. 1
    Gusto de (+ *inf.*) It's a pleasure to…
    Mucho gusto. Pleased to meet you. 1

H

haber (*aux.*) *v.* to have (*done*
    something) 15
    ha sido un placer it's been a
        pleasure 15
habitación *f.* room 5
    habitación doble double room 5
    habitación individual single room 5
habitantes *m., pl.* inhabitants 13
hablar *v.* to talk; to speak 2
hacer *v.* to do; to make 4
    Hace buen tiempo. It's nice weather. 5;
        The weather is good.
    Hace (mucho) calor. It's (very) hot.
        (*weather*) 5
    Hace fresco. It's cool. (*weather*) 5
    Hace (mucho) frío. It's (very) cold.
        (*weather*) 5
    Hace mal tiempo. It's bad weather. 5;
        The weather is bad.
    Hace sol. It's sunny. (*weather*) 5
    Hace (mucho) viento. It's (very)
        windy. (*weather*) 5
    hacer cola to stand in line 14
    hacer diligencias to do errands;
        to run errands 14
    hacer ejercicio to exercise 15
    hacer ejercicios aeróbicos to do
        aerobics 15
    hacer ejercicios de estiramiento
        to do stretching exercises 15
    hacer el papel to play a role
    hacer gimnasia to work out 15
    hacer juego (con) to match 6
    hacer la cama to make the bed 12

hacer las maletas to pack (one's suitcases) 5
hacer los quehaceres domésticos to do household chores 12
hacer turismo to go sightseeing 5
hacer un viaje to take a trip 5
hacer una excursión to go on a hike; to go on a tour 5
hacha *f.* ax
hacia *prep.* toward 14
hambre *f.* hunger 3
hamburguesa *f.* hamburger 8
hasta *prep.* until 6; toward
   Hasta la vista. See you later. 1
   Hasta luego. See you later. 1
   Hasta mañana. See you tomorrow. 1
   hasta que until 13
   Hasta pronto. See you soon. 1
hay there is; there are 1
   Hay (mucha) contaminación. It's (very) smoggy.
   Hay (mucha) niebla. It's (very) foggy. 5
   Hay que It is necessary that 14
   No hay duda de There's no doubt 13
   No hay de qué. You're welcome. 1
hecho/a *p.p.* done 15
heladería *f.* ice cream shop 14
helado/a *adj.* iced 8
helado *m.* ice cream 9
hermanastro/a *m., f.* stepbrother/ stepsister 3
hermano/a *m., f.* brother/sister 3
hermano/a mayor/menor *m., f.* older/younger brother/sister 3
hermanos *m., pl.* siblings (brothers and sisters) 3
hermoso/a *adj.* beautiful 6
hierba *f.* grass 13
hijastro/a *m., f.* stepson/stepdaughter 3
hijo/a *m., f.* son/daughter 3
   hijo/a único/a only child 3
   hijos *m., pl.* children 3
historia *f.* history 2; story
hockey *m.* hockey 4
hogar *m.* home 12
hola *interj.* hello; hi 1
hombre *m.* man 1
   hombre de negocios businessman 16
hora *f.* hour 1
horario *m.* schedule 2
horno *m.* oven 12
   horno de microondas microwave oven 12
horror *m.* horror
hospital *m.* hospital 10
hotel *m.* hotel 5
hoy *adv.* today 2
   hoy día nowadays
   Hoy es... Today is... 2
huelga *f.* strike (labor)
hueso *m.* bone 10

huésped *m., f.* guest 5
huevo *m.* egg 8
humanidades *f., pl.* humanities
huracán *m.* hurricane

I

ida *f.* one way (*travel*)
idea *f.* idea 4
iglesia *f.* church 4
igualdad *f.* equality
igualmente *adv.* likewise 1
impermeable *m.* raincoat 6
importante *adj.* important 3
importar *v.* to be important (to); to matter 7, 12
imposible *adj.* impossible 13
impresora *f.* printer 11
imprimir *v.* to print 11
improbable *adj.* improbable 13
impuesto *m.* tax
incendio *m.* fire
increíble *adj.* incredible 5
individual *adj.* private (*room*) 5
infección *f.* infection 10
informar *v.* to inform
informe *m.* report; paper (*written work*)
ingeniero/a *m., f.* engineer 3
inglés *m.* English (*language*) 2
inglés, inglesa *adj.* English 3
insistir (en) *v.* to insist (on) 12
inspector(a) de aduanas *m., f.* customs inspector 5
inteligente *adj.* intelligent 3
intercambiar *v.* exchange
interesante *adj.* interesting 3
interesar *v.* to be interesting to; to interest 7
internacional *adj.* international
Internet *m.* Internet 11
inundación *f.* flood
invertir (e:ie) *v.* to invest 16
invierno *m.* winter 5
invitado/a *m., f.* guest (*at a function*) 9
invitar *v.* to invite 9
inyección *f.* injection 10
ir *v.* to go 4
   ir a (+ *inf.*) to be going to do something 4
   ir a la playa to go to the beach 5
   ir de compras to go shopping 6
   ir de excursión (a las montañas) to go for a hike (in the mountains) 4
   ir de pesca to go fishing 5
   ir de vacaciones to go on vacation 5
   ir en autobús to go by bus 5
   ir en auto(móvil) to go by car 5; to go by auto(mobile)
   ir en avión to go by plane 5
   ir en barco to go by ship 5

   ir en metro to go by subway
   ir en motocicleta to go by motorcycle 5
   ir en taxi to go by taxi 5
   ir en tren to go by train
irse *v.* to go away; to leave 7
italiano/a *adj.* Italian 3
izquierdo/a *adj.* left 2
   a la izquierda de to the left of 2

J

jabón *m.* soap 7
jamás *adv.* never; not ever 7
jamón *m.* ham 8
japonés, japonesa *adj.* Japanese 3
jardín *m.* garden; yard 12
jefe, jefa *m., f.* boss 16
joven *adj.* young 3
joven *m., f.* youth; young person 1
joyería *f.* jewelry store 14
jubilarse *v.* to retire (*from work*) 9
juego *m.* game
jueves *m., sing.* Thursday 2
jugador(a) *m., f.* player 4
jugar (u:ue) *v.* to play 4
   jugar a las cartas to play cards
jugo *m.* juice 8
   jugo de fruta fruit juice 8
julio *m.* July 5
jungla *f.* jungle
junio *m.* June 5
juntos/as *adj.* together 9
juventud *f.* youth 9

K

kilómetro *m.* kilometer 11

L

la *f., sing., d.o. pron.* her, it, *form.* you 5
la *f., sing., def. art.* the 1
laboratorio *m.* laboratory 2
lago *m.* lake 13
lámpara *f.* lamp 12
lana *f.* wool 6
langosta *f.* lobster 8
lápiz *m.* pencil 1
largo/a *m.* long (*in length*) 6
las *f., pl., def. art.* the 1
las *f., pl., d.o. pron.* them; *form.* you 5
lástima *f.* shame 13
lastimarse *v.* to injure oneself 10
   lastimarse el pie to injure one's foot 10
lata *f.* (*tin*) can 13
lavabo *m.* sink
lavadora *f.* washing machine 12

lavandería *f.* laundromat 14
lavaplatos *m., sing.* dishwasher 12
lavar *v.* to wash 12
lavarse *v.* to wash oneself 7
  lavarse la cara to wash one's face 7
  lavarse las manos to wash one's hands 7
le *sing., i.o. pron.* to/for him, her, you *form.* 6
Le presento a… I would like to introduce… to you. *form.* 1
lección *f.* lesson 1
leche *f.* milk 8
lechuga *f.* lettuce 8
leer *v.* to read 3
  leer el correo electrónico to read e-mail 4
  leer un periódico to read a newspaper 4
  leer una revista to read a magazine 4
leído/a *p.p.* read 15
lejos de *prep.* far from 2
lengua *f.* language 2
  lenguas extranjeras *f., pl.* foreign languages 2
lentes de contacto *m., pl.* contact lenses
  lentes de sol sunglasses
lento/a *adj.* slow 11
les *pl., i.o. pron.* to/for them, you *form.* 6
letrero *m.* sign 14
levantar *v.* to lift 15
  levantar pesas to lift weights 15
levantarse *v.* to get up 7
ley *f.* law 13
libertad *f.* liberty; freedom 13
libre *adj.* free 4
librería *f.* bookstore 2
libro *m.* book 2
licencia de conducir *f.* driver's license 11
limón *m.* lemon 8
limpiar *v.* to clean 12
  limpiar la casa to clean the house 12
limpio/a *adj.* clean 5
línea *f.* line 4
listo/a *adj.* smart; ready 5
literatura *f.* literature
llamar *v.* to call 11
  llamar por teléfono to call on the phone
  llamarse to be called; to be named 7
llanta *f.* tire 11
llave *f.* key 5
llegada *f.* arrival 5
llegar *v.* to arrive 2
llenar *v.* to fill
  llenar el tanque to fill up the tank 11
  llenar un formulario to fill out a form 14
lleno/a *adj.* full 11
llevar *v.* to carry 2; to take; to wear 6

llevar una vida sana to lead a healthy lifestyle 15
llevarse bien/mal (con) to get along well/badly (with) 9
llover (o:ue) *v.* to rain 5
  Llueve. It's raining. 5
lluvia *f.* rain 13
  lluvia ácida acid rain 13
lo *m., sing. d.o. pronoun.* him, it, you *form.* 5
  lo mejor the best (thing)
  Lo pasamos de película. We had a great time.
  lo peor the worst (thing)
  lo que what; that; which 9
  Lo siento. I'm sorry. 1
  Lo siento muchísimo. I'm so sorry.
loco/a *adj.* crazy 6
locutor(a) *m., f.* TV or radio announcer
lomo a la plancha *m.* grilled flank steak 8
los *m., pl., do. pron.* them, you *form.* 5
los *m., pl., def. art.* the 5
luchar (contra), (por) *v.* to fight; to struggle (against), (for)
luego *adv.* afterwards, then 7; *adv.* later 1
lugar *m.* place 4
luna *f.* moon 13
lunar *m.* polka dot 6; mole
lunes *m., sing.* Monday 2
luz *f.* light 12; electricity

M

madrastra *f.* stepmother 3
madre *f.* mother 3
madurez *f.* maturity; middle age 9
maestro/a *m., f.* teacher (*elementary school*) 16
magnífico/a *adj.* magnificent 5
maíz *m.* corn 8
mal, malo/a *adj.* bad 3; sick 5
  malísimo very bad 8
maleta *f.* suitcase 1
mamá *f.* mom 3
mandar *v.* to order 12; to send 14; to mail
manejar *v.* to drive 11
manera *f.* way
mano *f.* hand 1
  ¡Manos arriba! Hands up!
manta *f.* blanket 12
mantener *v.* to maintain 15
  mantenerse en forma to stay in shape 15
mantequilla *f.* butter 8
manzana *f.* apple 8
mañana *f.* morning, A.M. 1; tomorrow 1
mapa *m.* map 1
maquillaje *m.* makeup 7
maquillarse *v.* to put on makeup 7
mar *m.* ocean; sea 5

maravilloso/a *adj.* marvelous 5
mareado/a *adj.* dizzy; nauseated 10
margarina *f.* margarine 8
mariscos *m., pl.* seafood 8
marrón *adj. m., f.* brown
martes *m., sing.* Tuesday 2
marzo *m.* March 5
más *adj.* more 2
  el/la/los/las más the most 8
  más de (+ *number*) more than (+ *number*) 8
  más tarde later 7
  más… que more… than 8
masaje *m.* massage 15
matemáticas *f., pl.* mathematics 2
materia *f.* course
matrimonio *m.* marriage; married couple 9
máximo/a *m., f.* maximum 11
mayo *m.* May 5
mayonesa *f.* mayonnaise 8
mayor *adj.* older 3; bigger 8
  el/la mayor *adj.* the oldest; the biggest 8
me *pron.* me 5
  Me duele mucho. It hurts me a lot. 10
  Me gusta… I like… 2
  No me gustan nada. I don't like… at all. 2
  Me gustaría(n)… I would like… 7
  Me llamo… My name is… 1
  Me muero por… I'm dying to (for)…
mecánico/a *m., f.* mechanic 11
mediano/a *adj.* medium
medianoche *f.* midnight 1
medias *f., pl.* pantyhose, stockings 6
medicamento *m.* medication 10
medicina *f.* medicine 10
médico/a *m., f.* doctor; physician 3; *adj.* medical 10
medio/a *m. adj.* half 3
  medio ambiente environment 13
  medio/a hermano/a half-brother/half-sister 3
  medios de comunicación *m., pl.* means of communication; media
  y media thirty minutes past the hour (*time*) 1
mediodía *m.* noon 1
mejor *adj.* better 8
  el/la mejor *m., f.* the best 8
mejorar *v.* to improve 13
melocotón *m.* peach
menor *adj.* younger 3; smaller 8
  el/la menor *m., f.* the youngest; the smallest 8
menos *adv.* less 10
  el/la/los/las menos the least 8
  menos cuarto/menos quince quarter to (*time*) 1
  menos de (+ *number*) less than (+ *number*) 8

menos... que less... than 8

mensaje electrónico *m.* e-mail message 4

mentira *f.* lie

menú *m.* menu 8

mercado *m.* market 6

mercado al aire libre open-air market 6

merendar (e:ie) *v.* to snack in the afternoon; to have a(n) (afternoon) snack 15

merienda *f.* (afternoon) snack 15

mes *m.* month 5

mesa *f.* table 2

mesita *f.* side/end table 12

mesita de noche night stand 12

metro *m.* subway 5

mexicano/a *adj.* Mexican 3

México *m.* Mexico 1

mí *pron. obj. of prep.* me

mi(s) *poss. adj.* my 3

microonda *f.* microwave 12

horno de microondas microwave oven 12

miedo *m.* fear 3

mientras *adv.* while 10

miércoles *m., sing.* Wednesday 2

mil *adj., pron.* one thousand

mil millones billion

Mil perdones. I'm so sorry. (*lit.* A thousand pardons.) 4

milla *f.* mile 11

millón million 6

millones (de) millions (of) 6

mineral *m.* mineral 15

minuto *m.* minute 1

mío(s)/a(s) *poss.* my; (of) mine 11

mirar *v.* to look (at); to watch 2

mirar (la) televisión to watch television 2

mismo/a *adj.* same 3

mochila *f.* backpack 1

moda *f.* fashion 6

módem *m.* modem 11

moderno/a *adj.* modern

molestar *v.* to bother; to annoy 7

monitor *m.* monitor 11

monitor(a) *m., f.* trainer 15

montaña *f.* mountain 4

montar *v.* **a caballo** to ride a horse 5

monumento *m.* monument 4

mora *f.* blackberry 8

morado/a *adj.* purple 6

moreno/a *adj.* dark-haired 3

morir (o:ue) *v.* to die 8

mostrar (o:ue) *v.* to show 4

moto(cicleta) *f.* motorcycle 5

motor *m.* motor 11

muchacho/a *m., f.* boy; girl 3

mucho/a *adj., adv.* many; a lot of; much 2, 3

muchas veces a lot; many times 10

Muchísimas gracias. Thank you very, very much. 9

muchísimo *adj., adv.* very much 2, 8

Mucho gusto. Pleased to meet you. 1

(Muchas) gracias. Thank you (very much); Thanks (a lot). 1

mudarse *v.* to move (from one house to another) 12

muebles *m., pl.* furniture 12

muela *f.* tooth 10

muerte *f.* death 9

muerto/a *p.p.* died 15

mujer *f.* woman 1

mujer de negocios business woman 16

mujer policía female police officer 11

multa *f.* fine 11

mundial *adj.* worldwide

mundo *m.* world 13

municipal *adj.* municipal

músculo *m.* muscle 15

museo *m.* museum 4

música *f.* music

musical *adj.* musical

músico/a *m., f.* musician

muy *adv.* very 1

Muy amable. That's very kind of you. 5

(Muy) bien, gracias. (Very) well, thanks. 1

N

nacer *v.* to be born 9

nacimiento *m.* birth 9

nacional *adj.* national

nacionalidad *f.* nationality 1

nada *pron., adv.* nothing 1; not anything 7

nada mal not bad at all 5

nadar *v.* to swim 4

nadie *pron.* no one, not anyone 7

naranja *m.* orange 8

nariz *f.* nose 10

natación *f.* swimming 4

natural *adj.* natural 13

naturaleza *f.* nature 13

navegar en Internet *v.* to surf the Internet 11

Navidad *f.* Christmas 9

necesario/a *adj.* necessary 12

necesitar *v.* to need 2, 12

negar (e:ie) *v.* to deny 13

negativo/a *m.* negative 7

negocios *m., pl.* business; commerce 16

negro/a *adj.* black 6

nervioso/a *adj.* nervous 5

nevar (e:ie) *v.* to snow 5

Nieva. It's snowing. 5

ni...ni *conj.* neither... nor 7

niebla *f.* fog

nieto/a *m., f.* grandson/granddaughter 3

nieve *f.* snow

ningún, ninguno/a(s) *adj.* no; none; not any 7

Ningún problema. No problem. 7

niñez *f.* childhood 9

niño/a *m., f.* child; boy/girl 3

no *adv.* no; not 1

No cabe duda de There is no doubt 13

No es así. That's not the way it is.

No es para tanto. It's not a big deal. 12

No es seguro... It's not sure... 13

No es verdad... It's not true... 13

No está. It's not here. 5

No está nada mal. It's not bad at all. 5

no estar de acuerdo to disagree

no estar seguro/a (de) not to be sure (of) 13

No estoy seguro. I'm not sure.

no hay there is not; there are not 1

No hay de qué. You're welcome. 1

No hay duda de There is no doubt 13

¡No me diga(s)! You don't say! 11

No me gustan nada. I don't like them at all. 2

no muy bien not very well 1

¿no? right? 1

no quiero I don't want to 4

no sé I don't know

No te/se preocupe(s). Don't worry. 7

no tener razón to be wrong 3

noche *f.* night 1

nombre *m.* name 5

norte *m.* north 14

norteamericano/a *adj.* (North) American 3

nos *pron.* us 5

Nos vemos. See you. 1

nosotros/as *sub. pron.* we 1; *ob. pron.* us 8

noticias *f., pl.* news

noticiero *m.* newscast

novecientos/as *adj, pron.* nine hundred 6

noveno/a *adj.* ninth 5

noventa *adj., pron.* ninety 2

noviembre *m.* November 5

novio/a *m., f.* boyfriend/girlfriend 3

nube *f.* cloud 13

nublado/a *adj.* cloudy

Está (muy) nublado. It's (very) cloudy.

nuclear *adj.* nuclear 13

nuera *f.* daughter-in-law 3

nuestro(s)/a(s) *poss. adj.* our 3; of ours 11

nueve *adj., pron.* nine 1

nuevo/a *adj.* new 6

número *m.* number 1
  número (shoe) size 6
nunca *adj.* never; not ever 7
nutrición *f.* nutrition 15

O

o *conj.* or 7
o... o *conj.* either ... or 7
obedecer (c:zc) *v.* to obey
obra *f.* work (*of art, literature, music, etc.*)
  obra maestra masterpiece
obtener *v.* to obtain; to get 16
obvio/a *adj.* obvious 13
océano *m.* ocean 13; sea
ochenta eighty 2
ocho *m.* eight 1
ochocientos/as *adj., pron.* eight
  hundred 6
octavo/a *adj.* eighth 5
octubre *m.* October 5
ocupación *f.* occupation 16
ocupado/a *adj.* busy 5
ocurrir *v.* to occur; to happen
odiar *v.* to hate 9
oeste *m.* west 14
oferta *f.* offer 12
oficina *f.* office 12
oficio *m.* trade 16
ofrecer (c:zc) *v.* to offer 8
oído *m.* sense of hearing; inner ear
oído *p.p.* heard 15
oír *v.* to hear 4
  oigan *form., pl.* listen (*in conversation*)
  Oye. *fam., sing.* Listen. (*in
   conversation*) 1
ojalá (que) *interj.* I hope (that); I wish
  (that) 13
ojo *m.* eye 10
olvidar *v.* to forget 10
once *adj., pron.* eleven 1
ópera *f.* opera
operación *f.* operation 10
ordenado/a *adj.* orderly 5; well organized
ordinal *adj.* ordinal (*number*)
oreja *f.* (outer) ear 10
orquesta *f.* orchestra
ortográfico/a *adj.* spelling
os *fam., pl. pron.* you 5
otoño *m.* fall, autumn 5
otro/a *adj.* other; another 6
  otra vez again

P

paciente *m., f.* patient 10
padrastro *m.* stepfather 3
padre *m.* father 3
  padres *m., pl.* parents 3

pagar *v.* to pay 9
  pagar a plazos to pay in
   installments 14
  pagar al contado to pay in cash 14
  pagar en efectivo to pay in cash
  pagar la cuenta to pay the bill 9
página *f.* page 11
  página principal home page 11
país *m.* country 1
paisaje *m.* landscape 13; countryside
pájaro *m.* bird 13
palabra *f.* word 1
pan *m.* bread 8
  pan tostado toasted bread 8; toast
panadería *f.* bakery 14
pantalla *f.* screen 11
pantalones *m., pl.* pants 6
  pantalones cortos shorts 6
papa *f.* potato 8
papas fritas *f., pl.* French fries 8
papá *m.* dad 3
  papás *m., pl.* parents 3
papel *m.* paper 2; role
paquete *m.* package 14
par *m.* pair 6
para *prep.* for; in order to; toward;
  in the direction of; by; used for;
  considering 11
  para que so that 13
parabrisas *m., sing.* windshield 11
parar *v.* to stop 11
parecer *v.* to seem; to appear 8
pared *f.* wall 12
pareja *f.* couple; partner 9
parientes *m., pl.* relatives 3
parque *m.* park 4
párrafo *m.* paragraph
parte: de parte de on behalf of 11
partido *m.* game 4; match (*sports*)
pasado/a *adj.* last; past 6
pasado *p.p.* passed
pasaje *m.* ticket 5
  pasaje de ida y vuelta *m.*
   round-trip ticket 5
pasajero/a *m., f.* passenger 1
pasaporte *m.* passport 5
pasar *v.* to go through 5; to pass
  pasar la aspiradora to vacuum 12
  pasar por el banco to go by
   the bank 14
  pasar por la aduana to go
   through customs 5
  pasar el tiempo to spend time 4
  pasarlo bien/mal to have a
   good/bad time 9
pasatiempo *m.* pastime, hobby 4
pasear *v.* to take a walk; to stroll 4
  pasear en bicicleta to ride a
   bicycle 4
  pasear por la ciudad/el pueblo to
   walk around the city/town 4

pasillo *m.* hallway 12
pastel *m.* cake 9
  pastel de chocolate chocolate cake
  pastel de cumpleaños birthday cake 9
pastelería *f.* pastry shop 14
pastilla *f.* pill; tablet 10
patata *f.* potato 8
patatas fritas *f., pl.* French fries 8
patinar (en línea) *v.* to skate (in-line) 4
patio *m.* patio 12; yard
pavo *m.* turkey 8
paz *f.* peace
pedir (e:i) *v.* to ask for; to request 4, 12; to
  order (*food*) 8
  pedir prestado to borrow 14
  pedir un préstamo to apply for
   a loan 14
peinarse *v.* to comb one's hair 7
película *f.* movie 4
peligro *m.* danger 13
peligroso/a *adj.* dangerous
pelirrojo/a *adj.* red-haired 3
pelo *m.* hair 7
pelota *f.* ball 4
peluquería *f.* hairdressing salon 14
peluquero/a *m., f.* hairdresser 16
penicilina *f.* penicillin 10
pensar (e:ie) *v.* to think 4
  pensar (+ inf.) to intend;
   to plan (*to do something*) 4
  pensar en to think about 4
pensión *f.* boarding house 5
peor *adj.* worse 8
  el/la peor the worst 8
pequeño/a *adj.* small 3
pera *f.* pear
perder (e:ie) *v.* to lose; to miss 4
perdido/a *adj.* lost
Perdón. Pardon me.; Excuse me. 1
perezoso/a *adj.* lazy
perfecto/a *adj.* perfect 5
periódico *m.* newspaper 4
periodismo *m.* journalism 2
periodista *m., f.* journalist 3
permiso *m.* permission
pero *conf.* but 2
perro *m.* dog 13
persona *f.* person 3
personaje *m.* character
  personaje principal main
   character
pesas *f., pl.* weights 15
pesca *f.* fishing 5
pescadería *f.* fish market 14
pescado *m.* fish (*cooked*) 8
pescador(a) *m., f.* fisherman/
  fisherwoman
pescar *v.* to fish 5
peso *m.* weight 15
pez *m.* fish (*live*) 13
picante *adj.* hot, spicy 8

pie *m.* foot 10
piedra *f.* rock; stone 13
pierna *f.* leg 10
pimienta *f.* pepper 8
piña *f.* pineapple 8
pintar *v.* to paint
pintor(a) *m., f.* painter 16
pintura *f.* painting; picture 12
piscina *f.* swimming pool 4
piso *m.* floor (*of a building*) 5
pizarra *f.* blackboard 2
placer *m.* pleasure 15
   Ha sido un placer. It's been a pleasure. 15
planchar la ropa *v.* to iron clothes 12
planes *m., pl.* plans 4
planta *f.* plant 13
   planta baja ground floor 5
plástico *m.* plastic 13
plato *m.* dish (*in a meal*) 8; *m.* plate 12
   plato principal main dish 8
playa *f.* beach 5
plazos *m., pl.* periods; time
pluma *f.* pen 2
población *f.* population 13
pobre *adj.* poor 6
pobreza *f.* poverty
poco/a *adj.* little 5, 10; few
poder (o:ue) *v.* to be able to; can 4
poema *m.* poem
poesía *f.* poetry
poeta *m., f.* poet 16
policía *f.* police (force) 11; *m.* (male) police officer 11
política *f.* politics
político/a *m., f.* politician 16
pollo *m.* chicken 8
   pollo asado roast chicken 8
ponchar *v.* to deflate; to get a flat (*tire*)
poner *v.* to put; to place 4; to turn on (*electrical appliances*) 11
   poner la mesa to set the table 12
   poner una inyección to give an injection 10
ponerse (+ adj.) to become (+ *adj.*) 7; to put on 7
por *prep.* in exchange for; for; by; in; through; by means of; along; during; around; in search of; by way of; per 11
   por aquí around here 11
   por avión by plane
   por ejemplo for example 11
   por eso that's why; therefore 11
   Por favor. Please. 1
   por fin finally 11
   por la mañana in the morning 7
   por la noche at night 7
   por la tarde in the afternoon; in the (early) evening 7
   por lo menos at least 10
   ¿por qué? why? 2
   por supuesto of course

por teléfono by phone; on the phone
por último finally 7
porque *conj.* because 2
portátil *adj.* portable 11
porvenir *m.* future 16
posesivo/a *adj.* possessive 3
posible *adj.* possible 13
   es posible it's possible 13
   no es posible it's not possible 13
postal *f.* postcard 4
postre *m.* dessert 9
practicar *v.* to practice 2
   practicar deportes *m., pl.* to play sports 4
precio (fijo) *m.* (fixed, set) price 6
preferir (e:ie) *v.* to prefer 4, 12
pregunta *f.* question
preguntar *v.* to ask (*a question*) 2
premio *m.* prize; award
prender *v.* to turn on 11
prensa *f.* press
preocupado/a (por) *adj.* worried (about) 5
preocuparse (por) *v.* to worry (about) 7
preparar *v.* to prepare 2
preposición *f.* preposition
presentación *f.* introduction
presentar *v.* to introduce; to put on (*a performance*)
presiones *f., pl.* pressure 15
prestado/a *adj.* borrowed
préstamo *m.* loan 14
prestar *v.* to lend 6
primavera *f.* spring 5
primer, primero/a *adj.* first 5
primo/a *m., f.* cousin 3
principal *adj.* main 8
prisa *f.* haste 3
probable *adj. m., f.* probable 13
   es probable it's probable 13
   no es probable it's not probable 13
probar (o:ue) *v.* to taste; to try 8
probarse (o:ue) *v.* to try on 7
problema *m.* problem 1
profesión *f.* profession 3, 16
profesor(a) *m., f.* teacher 1; professor 2
programa *m.* 1
   programa de computación software 11
   programa de entrevistas talk show
programador(a) *m., f.* programmer 3
prohibir *v.* to prohibit 10, 12; to forbid
pronombre *m.* pronoun 8
pronto *adj.* soon 10
propina *f.* tip 9
propio/a *adj.* own
proteger *v.* to protect 13
proteína *f.* protein 15
próximo/a *adj.* next 16
prueba *f.* test; quiz 2
psicología *f.* psychology 2
psicólogo/a *m., f.* psychologist 16
publicar *v.* to publish

público *m.* audience
pueblo *m.* town 4
puerta *f.* door 2
Puerto Rico *m.* Puerto Rico 1
puertorriqueño/a *adj.* Puerto Rican 3
pues *conj.* well 2; then 15
puesto *m.* position; job 16
puesto/a *p.p.* put 15
puro/a *adj.* pure 13

Q

que *pron.* that; who; which 9
   ¡Qué…! How…! 3
   ¡Qué dolor! What pain!
   ¡Qué gusto (+ inf.)! What a pleasure to… !
   ¡Qué ropa más bonita! What pretty clothes! 6
   ¡Qué sorpresa! What a surprise!
   ¿qué? what? 1; which? 9
   ¿Qué día es hoy? What day is it?
   ¿Qué es? What is it? 1
   ¿Qué hay de nuevo? What's new? 1
   ¿Qué hicieron ellos/ellas? What did they do? 6
   ¿Qué hicieron ustedes? What did you (*form., pl.*) do? 6
   ¿Qué hiciste? What did you (*fam., sing.*) do? 6
   ¿Qué hizo él/ella? What did he/she do? 6
   ¿Qué hizo usted? What did you (*form., sing.*) do? 6
   ¿Qué hora es? What time is it? 1
   ¿Qué les parece? What do you guys think? 9
   ¿Qué pasa? What's happening?; What's going on? 1
   ¿Qué pasó? What happened? 11; What's wrong?
   ¿Qué precio tiene? What is the price?
   ¿Qué tal? How are you?; How is it going? 1; How is/are…? 2
   ¿Qué talla lleva/usa? What size do you wear? 6
   ¿Qué tiempo hace? How's the weather?, What's the weather like? 5
quedar *v.* to be left over; to fit (*clothing*) 7; to be left behind 10; to be located 14
quedarse *v.* to stay; to remain 7
quehaceres domésticos *m., pl.* household chores 12
quemado/a *adj.* burned (out) 11
querer (e:ie) *v.* to want; to love 4
queso *m.* cheese 8
quien(es) *pron.* who 1; whom; that 9
   ¿Quién es...? Who is…? 1

¿Quién habla? Who is speaking? (*telephone*) 11
¿quién(es)? who?; whom? 1, 9
química *f.* chemistry 2
quince *adj., pron.* fifteen 1
   menos quince quarter to (time) 1
   y quince quarter after (time) 1
quinceañera *f.* young woman's fifteenth birthday celebration 9
quinientos/as *adj.* five hundred 6
quinto/a *adj.* fifth 5
quisiera *v.* I would like 8
quitar la mesa *v.* to clear the table 12
quitarse *v.* to take off 7
quizás *adv.* maybe 5

R

racismo *m.* racism
radio *f.* radio (*medium*)
radio *m.* radio (set) 11
radiografía *f.* X-ray 10
rápido/a *adj.* fast
ratón *m.* mouse 11
ratos libres *m., pl.* spare time 4
raya *f.* stripe 6
razón *f.* reason 3
rebaja *f.* sale 6
recado *m.* (telephone) message 11
receta *f.* prescription 10
recetar *v.* to prescribe 10
recibir *v.* to receive 3
reciclaje *m.* recycling 13
reciclar *v.* to recycle 13
recién casado/a *m., f.* newlywed 9
recoger *v.* to pick up 13
recomendar (e:ie) *v.* to recommend 8, 12
recordar (o:ue) *v.* to remember 4
recorrer *v.* to tour an area
recurso *m.* resource 13
   recurso natural natural resource 13
red *f.* the Web; the Internet 11
reducir *v.* to reduce 13
refresco *m.* soft drink 8
refrigerador *m.* refrigerator 12
regalar *v.* to give (*as a gift*) 9
regalo *m.* gift 6
regatear *v.* to bargain 6
región *f.* region; area 13
regresar *v.* to return 2
regular *adj. m., f.* so-so; OK 1
reído *p.p.* laughed 15
reírse (e:i) *v.* to laugh 9
relaciones *f., pl.* relationships
relajarse *v.* to relax 9
reloj *m.* clock; watch 2
renunciar (a) *v.* to resign (from) 16
repetir (e:i) *v.* to repeat 4
reportaje *m.* report
reportero/a *m., f.* reporter 16; journalist

representante *m., f.* representative
resfriado *m.* cold (*illness*) 10
residencia estudiantil *f.* dormitory 2
resolver (o:ue) *v.* to resolve; to solve 13
respirar *v.* to breathe 13
respuesta *f.* answer 9
restaurante *m.* restaurant 4
resuelto/a *p.p.* resolved 15
reunión *f.* meeting 16
revisar *v.* to check 11
   revisar el aceite to check the oil 11
revista *f.* magazine 4
rico/a *adj.* rich 6; *adj.* tasty; delicious 8
ridículo *adj.* ridiculous 13
río *m.* river 13
riquísimo/a *adj.* extremely delicious 8
rodilla *f.* knee 10
rogar (o:ue) *v.* to beg; to plead 12
rojo/a *adj.* red 6
romántico/a *adj.* romantic
romper (con) *v.* to break up (with) 9
romper(se) *v.* to break 10
   romperse la pierna to break one's leg 10
ropa *f.* clothing; clothes 6
   ropa interior underwear 6
rosado/a *adj.* pink 6
roto/a *adj.* broken 10; *p.p.* broken 15
rubio/a *adj.* blond(e) 3
ruso/a *adj.* Russian
rutina *f.* routine 7
   rutina diaria daily routine 7

S

sábado *m.* Saturday 2
saber *v.* to know; to know how 8
sabrosísimo/a *adj.* extremely delicious
sabroso/a *adj.* tasty; delicious 8
sacar *v.* to take out 12
   sacar fotos to take pictures 5
   sacar la basura to take out the trash 12
   sacar(se) una muela to have a tooth pulled 10
sacudir *v.* to dust 12
   sacudir los muebles dust the furniture 12
sal *f.* salt 8
sala *f.* living room 12; room
   sala de emergencia(s) emergency room 10
salado/a *adj.* salty 8
salario *m.* salary 16
salchicha *f.* sausage 8
salida *f.* departure; exit 5
salir *v.* to leave 4; to go out
   salir con to leave with; to go out with 4; to date (*someone*) 9
   salir de to leave from 4

salir para to leave for (*a place*) 4
salmón *m.* salmon 8
salón de belleza *m.* beauty salon 14
salud *f.* health 10
saludable *adj.* healthy 10
saludar(se) *v.* to greet (each other)
saludo *m.* greeting 1
   saludos a... greetings to... 1
sandalia *f.* sandal 6
sándwich *m.* sandwich 8
sano/a *adj.* healthy 10
se *ref.pron.* himself, herself, itself, *form.* yourself, themselves, yourselves 7
se *impersonal* one 10
   Se nos dañó... The... broke down. 11
   Se hizo... He/she/it became...
   Se nos pinchó una llanta. We got a flat tire. 11
secadora *f.* clothes dryer 12
sección de (no) fumadores *f.* (non) smoking section 8
secretario/a *m., f.* secretary 16
secuencia *f.* sequence
sed *f.* thirst 3
seda *f.* silk 6
sedentario/a *adj.* sedentary 15; related to sitting
seguir (e:i) *v.* to follow; to continue; to keep (doing something) 4
según *prep.* according to
segundo/a *adj.* second 5
seguro/a *adj.* sure; safe 5
seis *adj., pron.* six 1
seiscientos/as *adj., pron.* six hundred 6
sello *m.* stamp 14
selva *f.* jungle 13
semáforo *m.* traffic light 11
semana *f.* week 2
   fin *m.* **de semana** weekend 4
   la semana pasada last week 6
semestre *m.* semester 2
sendero *m.* trail 13; trailhead
sentarse (e:ie) *v.* to sit down 7
sentir(se) (e:ie) *v.* to feel 7; to be sorry; to regret 13
señor (Sr.) *m.* Mr.; sir 1
señora (Sra.) *f.* Mrs.; ma'am 1
señorita (Srta.) *f.* Miss 1; young woman 2
separado/a *adj.* separated 9
separarse (de) *v.* to separate (from) 9
septiembre *m.* September 5
séptimo/a *adj.* seventh 5
ser *v.* to be 1
   ser aficionado/a (a) to be a fan (of) 4
   ser alérgico/a (a) to be allergic (to) 10
   ser gratis to be free of charge 14
serio/a *adj.* serious
servilleta *f.* napkin 12
servir (e:i) *v.* to help 5; to serve 8
sesenta *adj., pron.* sixty 2

setecientos/as *adj., pron.* seven hundred 6
setenta *adj., pron.* seventy 2
sexismo *m.* sexism
sexto/a *adj.* sixth 5
sí *adv.* yes 1
si *conj.* if 13
SIDA *m.* AIDS
sido *p.p.* been 15
siempre *adv.* always 7
siete *adj., pron.* seven 1
silla *f.* chair 2
sillón *m.* armchair 12
similar *adj. m., f.* similar
simpático/a *adj.* nice; likeable 3
sin *prep.* without 13, 15
    sin duda without a doubt
    sin embargo *adv.* however
    sin que *conj.* without 13
sino *conj.* but
síntoma *m.* symptom 10
sitio *m.* **Web** website 11
situado/a *p.p.* located
sobre *m.* envelope 14; *prep.* on; over 2
sobrino/a *m., f.* nephew/niece 3
sociología *f.* sociology 2
sofá *m.* couch; sofa 12
sois *fam.* you are 1
sol *m.* sun 4, 13
solar *adj.* solar 13
solicitar *v.* to apply (*for a job*) 16
solicitud (de trabajo) *f.* (job) application 16
sólo *adv.* only 3
soltero/a *adj.* single 9; unmarried
solución *f.* solution 13
sombrero *m.* hat 6
somos we are 1
son you/they are 1
Son las... It's... o'clock. 1
sonar (o:ue) *v.* to ring 11
sonreído *p.p.* smiled 15
sonreír (e:i) *v.* to smile 9
sopa *f.* soup 8
sorprender *v.* to surprise 9
sorpresa *f.* surprise 9
sótano *m.* basement; cellar 12
soy I am 1
    Soy yo. That's me. 1
    soy de... I'm from... 1
su(s) *poss. adj.* his; her; its; *form.* your; their 3
subir *v.* to go up 11
subir(se) a to get on/into (a vehicle) 11
sucio/a *adj.* dirty 5
sucre *m.* former Ecuadorian currency 6
sudar *v.* to sweat 15
suegro/a *m., f.* father-in-law; mother-in-law 3
sueldo *m.* salary 16
suelo *m.* floor 12

sueño *n.* sleep 3
suerte *f.* luck 3
suéter *m.* sweater 6
sufrir *v.* to suffer 13
    sufrir muchas presiones to be under a lot of pressure 15
    sufrir una enfermedad to suffer (from) an illness 13
sugerir (e:ie) *v.* to suggest 12
supermercado *m.* supermarket 14
suponer *v.* to suppose 4
sur *m.* south 14
sustantivo *m.* noun
suyo(s)/a(s) *poss.* (of) his/her; (of) hers; (of) its; (of) *form.* your, (of) yours, (of) theirs; their 11

T

tal vez *adv.* maybe 5
talentoso/a *adj.* talented
talla *f.* size 6
    talla grande large 6
taller *m.* **(mecánico)** (mechanic's) garage; repairshop 11
también *adv.* also; too 2; 7
tampoco *adv.* neither; not either 7
tan *adv.* so 5
    tan pronto como as soon as 13
    tan... como as... as 8
tanque *m.* tank 11
tanto *adv.* so much
    tanto... como as much... as 8
    tantos/as... como as many... as 8
tarde *adv.* late 7
tarde *f.* afternoon; evening; P.M. 1
tarea *f.* homework 2
tarjeta *f.* (post) card 4
    tarjeta de crédito credit card 6
    tarjeta postal postcard 4
taxi *m.* taxi(cab) 5
taza *f.* cup 12
te *fam. pron.* you 5
    Te presento a... I would like to introduce... to you. (*fam.*) 1
    ¿Te gustaría? Would you like to?
    ¿Te gusta(n)... ? Do you like...? 2
té *m.* tea 8
    té helado iced tea 8
teatro *m.* theater
teclado *m.* keyboard 11
técnico/a *m., f.* technician 16
tejido *m.* weaving
teleadicto/a *m., f.* couch potato 15
teléfono (celular) *m.* (cellular) telephone 11
telenovela *f.* soap opera
teletrabajo *m.* tele-commuting 16
televisión *f.* television 11

televisión por cable cable television 11
televisor *m.* television set 11
temer *v.* to be afraid; to fear 13
temperatura *f.* temperature 10
temprano *adv.* early 7
tenedor *m.* fork 12
tener *v.* to have 3
    tener... años to be... years old 3
    Tengo... años. I'm... years old. 3
    tener (mucho) calor to be (very) hot 3
    tener (mucho) cuidado to be (very) careful 3
    tener dolor de to have a pain in
    tener éxito to be successful 16
    tener fiebre to have a fever 10
    tener (mucho) frío to be (very) cold 3
    tener ganas de (+ *inf.*) to feel like (*doing something*) 3
    tener (mucha) hambre *f.* to be (very) hungry 3
    tener (mucho) miedo to be (very) afraid/scared of 3
    tener miedo (de) que to be afraid that
    tener planes to have plans 4
    tener (mucha) prisa to be in a (big) hurry 3
    tener que (+ *inf.*) *v.* to have to (*do something*) 3
    tener razón to be right 3
    tener (mucha) sed to be (very) thirsty 3
    tener (mucho) sueño to be (very) sleepy 3
    tener (mucha) suerte to be (very) lucky 3
    tener tiempo to have time
    tener una cita to have a date; an appointment 9
tenis *m.* tennis 4
tensión *f.* tension
tercer, tercero/a *adj.* third 5
terminar *v.* to end; to finish 2
    terminar de (+ *inf.*) to finish (*doing something*)
terremoto *m.* earthquake
terrible *adj.* terrible 13
ti *prep., obj. of prep., fam.* you
tiempo *m.* time 4; weather
    tiempo libre free time 4
tienda *f.* shop; store 6
    tienda de campaña *f.* tent 5
tierra *f.* land; soil 13
tinto/a *adj.* red (wine) 8
tío/a *m., f.* uncle/aunt 3
tíos *m.* aunts and uncles 3
título *m.* title
tiza *f.* chalk 2
toalla *f.* towel 7
tobillo *m.* ankle 10
tocadiscos compacto *m.* compact-disc player 11

tocar *v.* to play (*a musical instrument*); to touch **13**
todavía *adv.* yet; still **5**
todo *m.* everything **5**
  en todo el mundo throughout the world **13**
  Todo está bajo control. Everything is under control.
  (todo) derecho straight ahead **14**
  ¡Todos a bordo! All aboard! **1**
todo/a *adj.* all **4**; whole
todos *m., pl.* all of us; *m., pl.* everybody; everyone
  todos los días every day **10**
tomar *v.* to take; to drink **2**
  tomar clases to take classes **2**
  tomar el sol to sunbathe **4**
  tomar en cuenta to take into account **8**
  tomar fotos to take pictures **13**
  tomar(le) la temperatura (a alguien) to take (someone's) temperature **10**
tomate *m.* tomato **8**
tonto/a *adj.* silly; foolish **3**
torcerse (el tobillo) *v.* to sprain (one's ankle) **10**
torcido/a *adj.* twisted; sprained **10**
tormenta *f.* storm
tornado *m.* tornado
tortilla *f.* tortilla **8**
  tortillas de maíz tortilla made of corn flour **8**
tos *f., sing.* cough **10**
toser *v.* to cough **10**
tostado/a *adj.* toasted **8**
tostadora *f.* toaster
trabajador(a) *adj.* hardworking **3**
trabajar *v.* to work **2**
trabajo *m.* job; work **16**; written work
traducir *v.* to translate **8**
traer *v.* to bring **4**
tráfico *m.* traffic **11**
tragedia *f.* tragedy
traído/a *p.p.* brought **15**
traje *m.* suit **6**
  traje de baño bathing suit **6**
tranquilo/a *adj.* calm; quiet **15**
  ¡Tranquilo! Stay calm!
transmitir to broadcast
tratar de (+ inf.) *v.* to try (*to do something*) **15**
  Trato hecho. It's a deal.
trece *adj., pron.* thirteen **1**
treinta *adj., pron.* thirty **1**
  y treinta thirty minutes past the hour (time) **1**
tren *m.* train **5**
tres *adj., pron.* three **1**
trescientos/as *adj., pron.* three hundred **6**
trimestre *m.* trimester; quarter **2**
triste *adj.* sad **5**
tú *fam. sing. sub. pron.* you **1**

Tú eres… You are… **1**
tu(s) *fam. poss. adj. fam.* your **3**
turismo *m.* tourism **5**
turista *m., f.* tourist **1**
turístico/a *adj.* touristic
tuyo(s)/a(s) *fam. poss. pron.* your; (of) yours **11**

Ud. *form., sing. sub. pron.* you **1**
Uds. *form., pl. sub. pron.* you **1**
último/a *adj.* last
un, uno/a *indef. art.* a; one **1**
  una vez once; one time **6**
  una vez más once again **9**
único/a *adj.* only **3**
universidad *f.* university **2**; college
unos/as *pron.* some **1**
urgente *adj.* urgent **12**
usar *v.* to wear; to use **6**
usted *form., sing. sub. pron.* you **1**
ustedes *form., pl. sub. pron.* you **1**
útil *adj.* useful
uva *f.* grape **8**

vaca *f.* cow **13**
vacaciones *f., pl.* vacation **5**
valle *m.* valley **13**
vamos let's go **4**
vaquero *m.* cowboy
  de vaqueros *m., pl.* western
varios/as *adj., pl.* several **8**
vaso *m.* glass **8**
veces *f., pl.* times **6**
vecino/a *m., f.* neighbor **12**
veinte *adj., pron.* twenty **1**
veinticinco *adj., pron.* twenty-five **1**
veinticuatro *adj., pron.* twenty-four **1**
veintidós *adj., pron.* twenty-two **1**
veintinueve *adj., pron.* twenty-nine **1**
veintiocho *adj., pron.* twenty-eight **1**
veintiséis *adj., pron.* twenty-six **1**
veintisiete *adj., pron.* twenty-seven **1**
veintitrés *adj., pron.* twenty-three **1**
veintiún, veintiuno/a *adj., pron.* twenty-one **1**
vejez *f.* old age **9**
velocidad *f.* speed **11**
  velocidad máxima speed limit **11**
vendedor(a) *m., f.* salesperson **6**
vender *v.* to sell **6**
venir *v.* to come **3**
ventana *f.* window **2**
ver *v.* to see **4**
  ver películas *f., pl.* to see movies **4**
  a ver let's see **2**

verano *m.* summer **5**
verbo *m.* verb
verdad *f.* truth **6**
  ¿verdad? right? **1**
verde *adj.*, green; ripe **5**
verduras *pl., f.* vegetables **8**
vestido *m.* dress **6**
vestirse (e:i) *v.* to get dressed **7**
vez *f.* time **6**
viajar *v.* to travel **2**
viaje *m.* trip **5**
viajero/a *m., f.* traveler **5**
vida *f.* life **9**
video *m.* video **1**
videocasete *m.* video cassette **11**
videocasetera *f.* VCR **11**
videoconferencia *f.* video conference **16**
vidrio *m.* glass **13**
viejo/a *adj.* old **3**
viento *m.* wind
viernes *m., sing.* Friday **5**
vinagre *m.* vinegar **8**
vino *m.* wine **8**
  vino blanco white wine **8**
  vino tinto red wine **8**
violencia *f.* violence
visitar *v.* to visit **4**
  visitar un monumento to visit a monument **4**
visto/a *p.p.* seen **15**
vitamina *f.* vitamin **15**
viudo/a *adj.* widowed **9**
vivienda *f.* housing **12**
vivir *v.* to live **3**
vivo/a *adj.* lively; alive **5**; bright
volante *m.* steering wheel **11**
volcán *m.* volcano **13**
voleibol *m.* volleyball **4**
volver (o:ue) *v.* to return **4**
volver a ver(te, lo, la) *v.* to see (you) again
vos *pron.* you
vosotros/as *fam., pl. sub. pron.* you **1**
votar *v.* to vote
vuelta *f.* return trip
vuelto/a *p.p.* returned **15**
vuestro(s)/a(s) *poss. adj.* your **3**; (of) yours **11**

walkman *m.* Walkman

y *conj.* and **1**
  y cuarto quarter after (time) **1**
  y media half-past (time) **1**
  y quince quarter after (time) **1**

y treinta thirty (minutes past the hour) 1

¿Y tú? *fam.* And you? 1

¿Y usted? *form.* And you? 1

ya *adv.* already 6

yerno *m.* son-in-law 3

yo *sub. pron.* I 1

Yo soy... I'm... 1

yogur *m.* yogurt

Z

zanahoria *f.* carrot 8

zapatería *f.* shoe store 14

zapatos *m., pl.* shoes 6

zapatos de tenis sneakers 6

English-Spanish

A

A.M. **mañana** *f.* 1
able: be able to **poder (o:ue)** *v.* 4
aboard **a bordo** 1
accident **accidente** *m.* 10
accompany **acompañar** *v.* 14
account **cuenta** *f.* 14
accountant **contador(a)** *m., f.* 16
accounting **contabilidad** *f.* 2
ache **dolor** *m.* 10
acid **ácido/a** *adj.* 13
　acid rain **lluvia ácida** 13
acquainted: be acquainted with
　conocer *v.* 8
action **acción** *f.*
active **activo/a** *adj.* 15
actor **actor** *m.* 16
actress **actriz** *f.* 16
addict (*drug*) **drogadicto/a** *adj.* 15
additional **adicional** *adj.*
address **dirección** *f.* 14
adjective **adjetivo** *m.*
adolescence **adolescencia** *f.* 9
adventure **aventura** *f.*
advertise **anunciar** *v.*
advertisement **anuncio** *m.* 16
advice **consejo** *m.* 9
　give advice **dar** *v.* **un consejo**
advise **aconsejar** *v.* 12
advisor **consejero/a** *m., f.* 16
aerobic **aeróbico/a** *adj.* 15
　aerobic exercises **ejercicios
　　aeróbicos** 15
　aerobics class **clase de
　　ejercicios aeróbicos** 15
affected **afectado/a** *adj.* 13
　be affected (by) **estar** *v.*
　　afectado/a (por) 13
affirmative **afirmativo/a** *adj.*
afraid: be (very) afraid **tener (mucho)
　miedo** 3
　be afraid **temer** *v.* 13
after **después de** *prep.* 7; **después (de) que**
　conj. 13
afternoon **tarde** *f.* 1
afterward **después** *adv.* 7; **luego** *adv.* 7
again **otra vez** *adv.*
age **edad** *f.*
agree **concordar** *v.* agree; **estar** *v.* **de
　acuerdo**
agreement **acuerdo** *m.*
AIDS **SIDA** *m.*
air **aire** *m.* 6
　air pollution **contaminación del
　　aire** 13
airplane **avión** *m.* 5
airport **aeropuerto** *m.* 5

alarm clock **despertador** *m.* 7
alcohol **alcohol** *m.* 15
alcoholic **alcohólico/a** *adj.* 15
　alcoholic beverage **bebida alcohólica** 15
all **todo/a** *adj.* 4
　All aboard! **¡Todos a bordo!** 1
　all of us **todos**
　all over the world **en todo el
　　mundo**
allergic **alérgico/a** *adj.* 10
　be allergic (to) **ser alérgico/a (a)** 10
alleviate **aliviar** *v.*
almost **casi** *adv.* 10
alone **solo/a** *adj.*
along **por** *prep.* 11
already **ya** *adv.* 6
also **también** *adv.* 2; 7
alternator **alternador** *m.* 11
although **aunque** *conj.*
aluminum **aluminio** *m.* 13
　(made of) aluminum **de aluminio** 13
always **siempre** *adv.* 7
American (*North*)
　norteamericano/a *adj.* 3
among **entre** *prep.* 2
amusement **diversión** *f.*
and **y** 1, **e** (*before words beginning with* **i**
　or **hi**)
　And you? **¿Y tú?** *fam.* 1;
　　¿Y usted? *form.* 1
angry **enojado/a** *adj.* 5
　get angry (with) **enojarse** *v.* **(con)** 7
animal **animal** *m.* 13
ankle **tobillo** *m.* 10
anniversary **aniversario** *m.* 9
　wedding anniversary **aniversario de
　　bodas** 9
announce **anunciar** *v.*
announcer (*TV/radio*) **locutor(a)** *m., f.*
annoy **molestar** *v.* 7
another **otro/a** *adj.* 6
answer **contestar** *v.* 2; **respuesta** *f.* 9
answering machine **contestadora** *f.* 11
antibiotic **antibiótico** *m.* 10
any **algún, alguno/a(s)** *adj.* 7
anyone **alguien** *pron.* 7
anything **algo** *pron.* 7
apartment **apartamento** *m.* 12
apartment building **edificio de
　apartamentos** 12
appear **parecer** *v.* 8
appetizers **entremeses** *m., pl.*
applaud **aplaudir** *v.*
apple **manzana** *f.* 8
appliance (electric) **electrodoméstico**
　m. 12
applicant **aspirante** *m., f.* 16
application **solicitud** *f.* 16
　job application **solicitud de
　　trabajo** 16
apply (*for a job*) **solicitar** *v.* 16

apply for a loan **pedir** *v.* **un
　préstamo** 14
appointment **cita** *f.* 9
　have an appointment **tener** *v.*
　　una cita 9
appreciate **apreciar** *v.*
April **abril** *m.* 5
aquatic **acuático/a** *adj.* 4
archaeologist **arqueólogo/a** *m., f.* 16
architect **arquitecto/a** *m., f.* 16
area **región** *f.* 13
arm **brazo** *m.* 10
armchair **sillón** *m.* 12
army **ejército** *m.*
around **por** *prep.* 11
around here **por aquí** 11
arrange **arreglar** *v.* 11
arrival **llegada** *f.* 5
arrive **llegar** *v.* 2
art **arte** *m.* 2
　fine arts **bellas artes** *f., pl.*
article *m.* **artículo**
artist **artista** *m., f.* 3
artistic **artístico/a** *adj.*
arts **artes** *f., pl.*
as **como** *conj.* 8
　as… as **tan… como** 8
　as a child **de niño/a** 10
　as many… as **tantos/as… como** 8
　as much… as **tanto… como** 8
　as soon as **en cuanto** *conj.* 13;
　　tan pronto como *conj.* 13
ask (*a question*) **preguntar** *v.* 2
　ask for **pedir (e:i)** *v.* 4, 12
asparagus **espárragos** *m., pl.*
aspirin **aspirina** *f.* 10
at **a** *prep.* 1; **en** *prep.* 2
　at + *time* **a la(s)** + *time* 1
　at home **en casa** 7
　at least **por lo menos** 10
　at night **por la noche** 7
　at the end (of) **al fondo (de)** 12
　At what time… ? **¿A qué hora…?** 1, 9
　At your service. **A sus órdenes.** 11
attend **asistir (a)** *v.* 3
attic **altillo** *m.* 12
attract **atraer** *v.*
audience **público** *m.*
August **agosto** *m.* 5
aunt **tía** *f.* 3
　aunts and uncles **tíos** *m., pl.* 3
automatic **automático/a** *adj.* 14
　automatic teller machine (ATM)
　　cajero automático 14
automobile **automóvil** *m.* 5; **carro** *m.*;
　coche *m.* 11
autumn **otoño** *m.* 5
avenue **avenida** *f.*
avoid **evitar** *v.* 13
award **premio** *m.*

B

backpack **mochila** *f.* 1
bad **mal, malo/a** *adj.* 3
  It's bad that… **Es malo que…** 12
  It's not bad at all. **No está nada mal.** 5
bag **bolsa** *f.* 6
bakery **panadería** *f.* 14
balanced **equilibrado/a** *adj.* 15
  balanced diet **dieta equilibrada** 15
balcony **balcón** *m.* 12
ball **pelota** *f.* 4
ballet **ballet** *m.*
banana **banana** *f.* 8
band **banda** *f.*
bank **banco** *m.* 14
bargain **ganga** *f.* 6; **regatear** *v.* 6
baseball (*game*) **béisbol** *m.* 4
basement **sótano** *m.* 12
basketball (*game*) **baloncesto** *m.* 4
bath **baño** *m.*
  take a bath **bañarse** *v.* 7
bathe **bañarse** *v.* 7
bathing suit **traje** *m.* **de baño** 6
bathroom **baño** *m.* 7; **cuarto de baño** *m.*
be **ser** *v.* 1; **estar** *v.* 2
be… years old **tener… años** 3
beach **playa** *f.* 5
  go to the beach **ir a la playa** 5
beans **frijoles** *m., pl.* 8
beautiful **hermoso/a** *adj.* 6
beauty **belleza** *f.* 14
  beauty salon **peluquería** *f.*;
    salón *m.* **de belleza** 14
because **porque** *conj.* 2
  because of **por** *prep.*
become (+ *adj.*) **ponerse** (+ *adj.*) 7;
  convertirse *v.*
bed **cama** *f.* 5
  go to bed **acostarse (o:ue)** *v.* 7
bedroom **alcoba** *f.* 12; **cuarto** *m.*;
  recámara *f.*
beef **carne** *f.* **de res** 8
  beef soup **caldo** *m.* **de patas** 8
been **sido** *p.p.* 15
beer **cerveza** *f.* 8
before **antes** *adv.* 7; **antes de** *prep.* 7; **antes
  (de) que** *conj.* 13
beg **rogar (o:ue)** *v.* 12
begin **comenzar (e:ie)** *v.* 4; **empezar (e:ie)**
  v. 4
behalf: on behalf of **de parte de** 11
behind **detrás de** *prep.* 2
believe **creer** *v.* 13
  believe (in) **creer** *v.* **(en)** 3
  believed **creído** *p.p.* 15
bellhop **botones** *m., f., sing.* 5
beloved **enamorado/a** *adj.*
below **debajo de** *prep.* 2
belt **cinturón** *m.* 6

benefit **beneficio** *m.* 16
beside **al lado de** *prep.* 2
besides **además (de)** *adv.* 10
best **mejor** *adj.* 8
  the best **el/la mejor** *m., f.* 8;
    lo mejor *neuter*
better **mejor** *adj.* 8
  It's better that… **Es mejor que…** 12
between **entre** *prep.* 2
bicycle **bicicleta** *f.* 4
big **gran, grande** *adj.* 3
  bigger **mayor** *adj.* 8
  biggest, (the) **el/la mayor** *m., f.* 8
bill **cuenta** *f.* 9
billion **mil millones** 6
biology **biología** *f.* 2
bird **pájaro** *m.* 13; **ave** *f.*
birth **nacimiento** *m.* 9
birthday **cumpleaños** *m., sing.* 9
  birthday cake **pastel de cumpleaños** 9
  have a birthday **cumplir** *v.* **años** 9
biscuit **bizcocho** *m.*
black **negro/a** *adj.* 6
blackberry **mora** *f.* 8
blackboard **pizarra** *f.* 2
blanket **manta** *f.* 12
block (city) **cuadra** *f.* 14
blond **rubio/a** *adj.* 3
blouse **blusa** *f.* 6
blue **azul** *adj.* 6
boarding house **pensión** *f.* 5
boat **barco** *m.* 5
body **cuerpo** *m.* 10
bone **hueso** *m.* 10
book **libro** *m.* 2
bookcase **estante** *m.* 12
bookshelves **estante** *m.* 12
bookstore **librería** *f.* 2
boot **bota** *f.* 6
bore **aburrir** *v.* 7
bored **aburrido/a** *adj.* 5
  be bored **estar** *v.* **aburrido/a** 5
  get bored **aburrirse** *v.*
boring **aburrido/a** *adj.* 5
born: be born **nacer** *v.* 9
borrow **pedir prestado** 14
borrowed **prestado/a** *adj.*
boss **jefe** *m.*, **jefa** *f.* 16
bottle **botella** *f.* 9
  bottle of wine **botella de vino** 9
bother **molestar** *v.* 7
bottom **fondo** *m.*
boulevard **bulevar** *m.*
boy **chico** *m.* 1; **muchacho**; **niño** *m.* 3
boyfriend **novio** *m.* 3
brakes **frenos** *m., pl.* 11
bread **pan** *m.* 8
break **romper(se)** *v.* 10
  break (one's leg) **romperse (la
    pierna)** 10
breakdown **dañar** *v.* 10

The bus broke down. **Se nos dañó
  el autobús.** 11
break up (with) **romper** *v.* **(con)** 9
breakfast **desayuno** *m.* 8
  have breakfast **desayunar** *v.* 8
breathe **respirar** *v.* 13
bring **traer** *v.* 4
broadcast **transmitir** *v.*; **emitir** *v.*
brochure **folleto** *m.*
broken **roto/a** *adj.* 10; **roto/a** *p.p.* 15
  be broken **estar roto/a** 10
brother **hermano** *m.* 3
  brother-in-law **cuñado** *m., f.* 3
  brothers and sisters **hermanos** *m., pl.* 3
brought **traído/a** *p.p.* 15
brown **café** *adj.* 6; **marrón** *adj.*
brunet(te) **moreno/a** *adj.*
brush **cepillar** *v.* 7
  brush one's hair **cepillarse el pelo** 7
  brush one's teeth **cepillarse los
    dientes** 7
build **construir** *v.*
building **edificio** *m.* 12
bullfight **corrida** *f.* **de toros**
bump into (*meet accidentally*) **darse con**
burned (out) **quemado/a** *adj.* 11
bus **autobús** *m.* 1
  bus station **estación** *f.* **de autobuses** 5
business **negocios** *m., pl.* 16
  business administration
    administración *f.* **de empresas** 2
  business-related **comercial** *adj.* 16
businessman **hombre** *m.* **de negocios** 16
businesswoman **mujer** *f.* **de negocios** 16
busy **ocupado/a** *adj.* 5
but **pero** *conj.* 2; **sino** *conj.*
  (*in negative sentences*)
butcher shop **carnicería** *f.* 14
butter **mantequilla** *f.* 8
buy **comprar** *v.* 2
by **por** *conj.* 11; **para** *prep.* 11
  by means of **por** *prep.* 11
  by phone **por teléfono**
  by plane **en avión** 5
  by way of **por** *prep.* 11
bye **chau** *interj. fam.* 1

C

cabin **cabaña** *f.* 5
cable television **televisión** *f.*
  por cable *m.* 11
café **café** *m.* 4
cafeteria **cafetería** *f.* 2
cake **pastel** *m.* 9
calculator **calculadora** *f.* 11
call **llamar** *v.* 11
  call on the phone **llamar por teléfono**
  be called **llamarse** *v.* 7
calm **tranquilo/a** *adj.* 15

Stay calm! ¡Tranquilo/a!
calorie **caloría** f. 15
camera **cámara** f. 11
camp **acampar** v. 5
can **lata** f. 13
can **poder (o:ue)** v. 4
Canadian **canadiense** adj. 3
candidate **aspirante** m. f. 16;
   candidate **candidato/a** m., f.
candy **dulces** m., pl. 9
capital city **capital** f. 1
car **coche** m. 11; **carro** 11; **auto(móvil)**
   m. 5
caramel **caramelo** m.
card **tarjeta** f. 4; (playing) **carta** f.
care **cuidado** m. 3
   take care of **cuidar** v. 13
career **carrera** f. 16
careful: be (very) careful **tener** v.
   (mucho) **cuidado** 3
caretaker **ama** m., f. **de casa** 12
carpenter **carpintero/a** m., f. 16
carpet **alfombra** f.
carrot **zanahoria** f. 8
carry **llevar** v. 2
cartoons **dibujos** m., pl. **animados**
case: in case (that) **en caso (de) que** 13
cash (a check) **cobrar** v. 14; **efectivo** m.
   cash register **caja** f. 6
   pay in cash **pagar** v. **al contado pagar**
     en efectivo
cashier **cajero/a** m., f.
cat **gato/a** m., f. 13
celebrate **celebrar** v. 9
cellar **sótano** m. 12
cellular **celular** adj. 11
   cellular telephone **teléfono** m.
     celular 11
cereal **cereales** m., pl. 8
certain **cierto** m.; **seguro** m. 13
   it's (not) certain **(no) es**
     seguro/cierto 13
chair **silla** f. 2
chalk **tiza** f. 2
champagne **champán** m. 9
change **cambiar** v. **(de)** 9
channel (TV) **canal** m. 11
character (fictional) **personaje** m.
   main character **personaje principal**
charge (for a product or service)
   cobrar v. 14
chauffeur **conductor(a)** m., f. 1
chat **conversar** v. 2
cheap **barato/a** adj. 6
check **comprobar** v.; **revisar** v. 11; (bank)
   cheque 14
   check the oil **revisar el aceite** 11
checking account **cuenta** f. **corriente** 14
cheese **queso** m. 8
chef **cocinero/a** m., f. 16
chemistry **química** f. 2

chest of drawers **cómoda** f. 12
chicken **pollo** m. 8
child **niño/a** m., f. 3
childhood **niñez** f. 9
children **hijos** m., pl. 3
Chinese **chino/a** adj.
chocolate **chocolate** m.
   chocolate cake **pastel** m. **de chocolate**
cholesterol **colesterol** m. 15
choose **escoger** v.
chop (food) **chuleta** f. 8
Christmas **Navidad** f. 9
church **iglesia** f. 4
citizen **ciudadano/a** m., f.
city **ciudad** f. 4
class **clase** f. 2
   take classes **tomar** v. **clases** 2
classical **clásico/a** adj.
classmate **compañero/a** m., f. **de clase** 2
clean **limpio/a** adj. 5; **limpiar** v. 12
   clean the house **limpiar la casa** 12
clear (weather) **despejado/a** adj. 5
   clear the table **quitar** v. **la mesa** 12
   It's clear. (weather) **Está despejado.** 5
clerk **dependiente/a** m., f. 6
client **cliente/a** m., f. 6
climb **escalar** v. 4
   climb mountains **escalar montañas** 4
clinic **clínica** f. 10
clock **reloj** m. 2
close **cerrar (e:ie)** v. 4
closed **cerrado/a** adj. 5
closet **armario** m. 12
clothes **ropa** f. 6
   clothes dryer **secadora** f. 12
clothing **ropa** f. 6
cloud **nube** f. 13
cloudy **nublado/a** adj. 5
   It's (very) cloudy. **Está (muy)**
     nublado. 5
coat **abrigo** m. 6
coffee **café** m. 8
   coffee maker **cafetera** f.
cold **frío** m. 3; (disease) **resfriado** m. 10
   be (very) cold (feel) **tener (mucho)**
     frío 3
   It's (very) cold. (weather) **Hace (mucho)**
     frío. 5
college **universidad** f.
collision **choque** m.
color **color** m. 6
comb one's hair **peinarse** v. 7
come **venir** v. 3
comedy **comedia** f.
comfortable **cómodo/a** adj. 5
commerce **negocios** m., pl. 16
commercial **comercial** adj. 16
communicate (with) **comunicarse** v. **(con)**
communication **comunicación** f.
   means of communication
     medios m., pl. **de comunicación**

community **comunidad** f. 1
compact disc (CD) **disco** m. **compacto** 11
   compact disc player **tocadiscos** m.
     sing. **compacto** 11
company **compañía** f. 16; **empresa** f. 16
comparison **comparación** f.
completely **completamente** adv.
composer **compositor(a)** m., f.
computer **computadora** f. 1, 11
   computer disc **disco** m. 11
   computer monitor **monitor** m. 11
   computer programmer
     programador(a) m., f. 3
   computer science **computación** f. 2
concert **concierto** m.
conductor (musical) **director(a)** m., f.
confirm **confirmar** v. 5
   confirm a reservation **confirmar una**
     reservación 5
congested **congestionado/a** adj. 10
Congratulations! (for an event such as a
   birthday or anniversary)
   ¡Felicidades! 9; (for an event such as an
   engagement or a good grade on a test)
   f., pl. **¡Felicitaciones!** 9
conservation **conservación** f. 13
conserve **conservar** v. 13
considering **para** prep. 11
consume **consumir** v. 15
contact lenses **lentes** m. pl. **de contacto**
container **envase** m. 13
contamination **contaminación** f.
content **contento/a** adj. 5
contest **concurso** m.
continue **seguir (e:i)** v. 4
control **control** m.; **controlar** v. 13
   be under control **estar bajo control**
conversation **conversación** f. 2
converse **conversar** v.
cook **cocinar** v. 12; **cocinero/a** m., f. 16
cookie **galleta** f. 9
cool **fresco/a** adj. 5
   It's cool. (weather) **Hace fresco.** 5
corn **maíz** m.
corner **esquina** m. 14
cost **costar (o:ue)** v. 6
cotton **algodón** m. 6
   (made of) cotton **de algodón** 6
couch **sofá** m. 12
couch potato **teleadicto/a** m., f. 15
cough **tos** f. 10; **toser** v. 10
counselor **consejero/a** m., f. 16
count (on) **contar** v. **(con)** 12
country (nation) **país** m. 1
countryside **campo** m. 5; **paisaje** m.
couple **pareja** f. 9
   couple (married) **matrimonio** m. 9
course **curso** m. 2; **materia** f.
courtesy **cortesía** f.
cousin **primo/a** m., f. 3
cover **cubrir** v.

covered **cubierto** *p.p.*
cow **vaca** *f.* 13
cowboy **vaquero** *m.*
crafts **artesanía** *f.*
craftsmanship **artesanía** *f.*
crash **chocar** *v.* (con) 11
crater **cráter** *m.* 13
crazy **loco/a** *adj.* 6
create **crear** *v.*
credit **crédito** *m.* 6
   credit card **tarjeta** *f.* **de crédito** 6
crime **crimen** *m.*
cross **cruzar** *v.* 14
culture **cultura** *f.*
cup **taza** *f.* 12
currency exchange **cambio** *m.* **de moneda**
current events **actualidades** *f., pl.*
curriculum vitae **currículum** *m.*
curtains **cortinas** *f., pl.* 12
custard (*baked*) **flan** *m.* 9
custom **costumbre** *f.*
customer **cliente/a** *m., f.*
customs **aduana** *f.* 5
   customs inspector **inspector(a)**
     m., f. **de aduanas** 5
cycling **ciclismo** *m.* 4

D

dad **papá** *m.* 3
daily **diario/a** *adj.* 7
   daily routine **rutina** *f.* **diaria** 7
damage **dañar** *v.* 10
dance **bailar** *v.* 2; **danza** *f.* **baile** *m.*
dancer **bailarín/bailarina** *m., f.* 16
danger **peligro** *m.* 13
dangerous **peligroso/a** *adj.*
dark-haired **moreno/a** *adj.* 3
date (*appointment*) **cita** *f.* 9; (*calendar*)
   fecha *f.* 5; (*someone*) **salir** *v.* **con**
   (alguien) 9
   date: have a date **tener** *v.* **una cita** 9
daughter **hija** *f.* 3
   daughter-in-law **nuera** *f.* 3
day **día** *m.* 1
   day before yesterday **anteayer** *adv.* 6
deal **trato** *m.*
   It's a deal. **Trato hecho.**
   It's not a big deal. **No es para tanto.** 12
death **muerte** *f.* 9
decaffeinated **descafeinado/a** *adj.* 15
December **diciembre** *m.* 5
decide **decidir** *v.* 3
decided **decidido/a** *adj.*
declare **declarar** *v.*
deforestation **deforestación** *f.* 13
delicious **delicioso/a** *adj.* 8; **rico/a** *adj.* 8;
   sabroso/a *adj.* 8
delighted **encantado/a** *adj.* 1
dentist **dentista** *m., f.* 10

deny **negar (e: ie)** *v.* 13
department store **almacén** *m.* 6
departure **salida** *f.* 5
deposit **depositar** *v.* 14
describe **describir** *v.* 3
described **descrito/a** *p.p.* 15
desert **desierto** *m.* 13
design **diseño** *m.*
designer **diseñador(a)** *m., f.* 16
desire **desear** *v.* 12
desk **escritorio** *m.* 2
dessert **postre** *m.* 9
destroy **destruir** *v.* 13
develop **desarrollar** *v.* 13
diary **diario** *m.* 1
dictatorship **dictadura** *f.*
dictionary **diccionario** *m.* 1
die **morir (o:ue)** *v.* 8
died **muerto/a** *p.p.* 15
diet **dieta** *f.* 15
   balanced diet **dieta equilibrada** 15
   be on a diet **estar** *v.* **a dieta** 15
difficult **difícil** *adj.* 3
dining room **comedor** *m.* 12
dinner **cena** *f.* 8
   have dinner **cenar** *v.* 8
direction: in the direction of **para** *prep.* 11
directions **direcciones** *f., pl.* 14
   give directions **dar direcciones** 14
director **director(a)** *m., f.*
dirty **ensuciar** *v.*; **sucio/a** *adj.* 5
   get (something) dirty **ensuciar** *v.* 12
disagree **no estar de acuerdo**
disaster **desastre** *m.*
discover **descubrir** *v.* 13
discovered **descubierto/a** *p.p.* 15
discrimination **discriminación** *f.*
dish **plato** *m.* 8
   main dish **plato principal** 8
dishwasher **lavaplatos** *m., sing.* 12
disk **disco** *m.* 11
disorderly **desordenado/a** *adj.* 5
dive **bucear** *v.* 4
divorce **divorcio** *m.* 9
divorced **divorciado/a** *adj.* 9
   get divorced (from) **divorciarse** *v.*
     (de) 9
dizzy **mareado/a** *adj.* 10
do **hacer** *v.* 4
   do aerobics **hacer ejercicios**
     aeróbicos 15
   do errands **hacer diligencias**
   do household chores **hacer**
     quehaceres domésticos 12
   do stretching exercises **hacer**
     ejercicios de estiramiento 15
doctor **médico/a** *m., f.* 3;
   doctor(a) *m., f.* 10
documentary (*film*) **documental** *m.*
dog **perro/a** *m., f.* 13
domestic **doméstico/a** *adj.*

domestic appliance
   electrodoméstico *m.* 12
done **hecho/a** *p.p.* 15
door **puerta** *f.* 2
dormitory **residencia** *f.* **estudiantil** 2
double **doble** *adj.* 5
   double room **habitación** *f.* **doble** 5
doubt **duda** *f.* 13; **dudar** *v.* 13
   There is no doubt… **No cabe duda**
     de… 13; **No hay duda de…** 13
Down with… ! **¡Abajo el/la…!**
downtown **centro** *m.* 4
drama **drama** *m.*
dramatic **dramático/a** *adj.*
draw **dibujar** *v.* 2
drawing **dibujo** *m.*
dress **vestido** *m.* 6
   get dressed **vestirse (e:i)** *v.* 7
drink **beber** *v.* 3; **bebida** *f.* 8; **tomar** *v.* 2
   Do you want something to drink?
     ¿Quieres algo de tomar?
drive **conducir** *v.* 8; **manejar** *v.* 11
driver **conductor(a)** *m., f.* 1
drug *f.* **droga** 15
   drug addict **drogadicto/a** *adj.* 15
due to **por** *prep.*
   due to the fact that **debido a**
during **durante** *prep.* 7; **por** *prep.* 11
dust **sacudir** *v.* 12
   dust the furniture **sacudir los**
     muebles 12
dying: I'm dying to (for)… **me**
   muero por…

E

each **cada** *adj.* 6
eagle **águila** *f.*
ear (outer) **oreja** *f.* 10
early **temprano** *adv.* 7
earn **ganar** *v.* 16
earthquake **terremoto** *m.*
ease **aliviar** *v.*
east **este** *m.* 14
   to the east **al este** 14
easy **fácil** *adj.* 3
   extremely easy **facilísimo** 8
eat **comer** *v.* 3
ecology **ecología** *f.* 13
economics **economía** *f.*
ecotourism **ecoturismo** *m.* 13
Ecuador **Ecuador** *m.* 1
Ecuadorian **ecuatoriano/a** *adj.* 3
effective **eficaz** *adj. m., f.*
egg **huevo** *m.* 8
eight **ocho** 1
eight hundred **ochocientos/as** 6
eighteen **dieciocho** 1
eighth **octavo/a** 5
eighty **ochenta** 2

either... or **o... o** *conj.* 7
elect **elegir** *v.*
election **elecciones** *f., pl.*
electrician **electricista** *m., f.* 16
electricity **luz** *f.*
elegant **elegante** *adj.* 6
elevator **ascensor** *m.* 5
eleven **once** 1
e-mail **correo** *m.* **electrónico** 4
    e-mail message **mensaje** *m.*
      electrónico 4
    read e-mail **leer** *v.* **el correo**
      electrónico 4
embarrassed **avergonzado/a** *adj.* 5
embrace (each other) **abrazar(se)** *v.*
emergency **emergencia** *f.* 10
    emergency room **sala** *f.* **de**
      emergencia(s) 10
employee **empleado/a** *m., f.* 5
employment **empleo** *m.* 16
end **fin** *m.* 4; **terminar** *v.* 2
    end table **mesita** *f.* 12
energy **energía** *f.* 13
engaged: get engaged (to)
    comprometerse *v.* **(con)** 9
engineer **ingeniero/a** *m., f.* 3
English (*language*) **inglés** *m.* 2; **inglés,**
    inglesa *adj.* 3
enjoy **disfrutar** *v.* **(de)** 15
enough **bastante** *adj.* 10
entertainment **diversión** *f.* 4
entrance **entrada** *f.* 12
envelope **sobre** *m.* 14
environment **medio ambiente** *m.* 13
equality **igualdad** *f.*
equipped **equipado/a** *adj.* 15
eraser **borrador** *m.* 2
errand *f.* **diligencia** 14
establish **establecer** *v.*
evening **tarde** *f.* 1
event **acontecimiento** *m.*
every day **todos los días** 10
everybody **todos** *m., pl.*
everything **todo** *m.* 5
    Everything is under control. **Todo está**
      bajo control.
exactly **en punto** *adv.* 1
exam **examen** *m.* 2
excellent **excelente** *adj.* 5
excess **exceso** *m.* 15
    in excess **en exceso** 15
exchange **intercambiar** *v.*
    in exchange for **por** 11
exciting **emocionante** *adj. m., f.*
excursion **excursión** *f.* 4
excuse **disculpar** *v.*
Excuse me. (*May I?*) **Con permiso.** 1; (*I beg*
    your pardon.) **Perdón.** 1
exercise **ejercicio** *m.* 15
    hacer *v.* **ejercicio** 15
exit **salida** *f.* 5

expensive **caro/a** *adj.* 6
experience **experiencia** *f.*
explain **explicar** *v.* 2
explore **explorar** *v.*
    explore a city/town **explorar una**
      ciudad/pueblo
expression **expresión** *f.*
extinction **extinción** *f.* 13
eye **ojo** *m.* 10

F

fabulous **fabuloso/a** *adj* 5
face **cara** *f.* 7
facing **enfrente de** *prep.* 14
fact: in fact **de hecho**
fall (down) **caerse** *v.* 10
    fall asleep **dormirse (o:ue)** *v.* 7
    fall in love (with) **enamorarse** *v.* **(de)** 9
fall (season) **otoño** *m.* 5
fallen **caído/a** *p.p.* 15
family **familia** *f.* 3
famous **famoso/a** *adj.* 16
fan **aficionado/a** *adj.* 4
    be a fan (of) **ser aficionado/a (a)** 4
far from **lejos de** *prep.* 2
farewell **despedida** *f.*
fascinate **fascinar** *v.* 7
fashion **moda** *f.* 6
    be in fashion **estar** *v.* **de moda** 6
fast **rápido/a** *adj.*
fat **gordo/a** *adj.* 3; **grasa** *f.* 15
father **padre** *m.* 3
father-in-law **suegro** *m.* 3
favorite **favorito/a** *adj.* 4
fax (machine) **fax** *m.* 11
fear **miedo** *m.* 3; **temer** *v.* 13
February **febrero** *m.* 5
feel *v.* **sentir(se) (e:ie)** 7
    feel like (*doing something*) **tener**
      ganas de (+ *inf.***)** 3
festival **festival** *m.*
fever **fiebre** *f.* 10
    have a fever **tener** *v.* **fiebre** 10
few **pocos/as** *adj. pl.*
field: field of study **especialización** *f.* 16
fifteen **quince** 1
    young woman's fifteenth birthday
      celebration **quinceañera** *f.* 9
fifth **quinto/a** *adj.* 5
fifty **cincuenta** 2
fight **luchar** *v.* **(por)**
figure (*number*) **cifra** *f.*
file **archivo** *m.* 11
fill **llenar** *v.*
    fill out a form **llenar un formulario** 14
    fill up the tank **llenar el tanque** 11
finally **finalmente** *adv*; **por último** 7;
    por fin 11
find **encontrar (o:ue)** *v.* 4

find (each other) **encontrar(se)** *v.*
fine arts **bellas artes** *f., pl.*
fine **multa** *f.* 11
    That's fine. **Está bien.** 11
finger **dedo** *m.* 10
finish **terminar** *v.* 4
    finish (*doing something*)
      terminar *v.* **de (+** *inf.***)**
fire **incendio** *m.*; **despedir (e:i)** *v.* 16
firefighter **bombero/a** *m., f.* 16
firm **compañía** *f.* 16; **empresa** *f.* 16
first **primer, primero/a** *adj.* 5
fish (*food*) **pescado** *m.* 8; **pescar** *v.* 5; (*live*)
    pez *m.* 13
    fish market **pescadería** *f.* 14
fisherman **pescador** *m.*
fisherwoman **pescadora** *f.*
fishing **pesca** *f.* 5
fit (*clothing*) **quedar** *v.* 7
five **cinco** *adj., pron.* 1
five hundred **quinientos/as** 6
fix (*put in working order*) **arreglar** *v.* 11
fixed **fijo/a** *adj.* 6
flag **bandera** *f.*
flank steak **lomo** *m.* 8
flat tire: We got a flat tire. **Se nos pinchó**
    una llanta. 11
flexible **flexible** *adj.* 15
flood **inundación** *f.*
floor (*story in a building*) **piso** *m.* 5; **suelo**
    m. 12
    ground floor **planta** *f.* **baja** 5
    top floor **planta** *f.* **alta**
flower **flor** *f.* 13
flu **gripe** *f.* 10
fog **niebla** *f.*
foggy: It's (very) foggy. **Hay (mucha) niebla.** 5
folk **folklórico/a** *adj.*
follow **seguir (e:i)** *v.* 4
food **comida** *f.* 8
foolish **tonto/a** *adj.* 3
foot **pie** *m.* 10
football **fútbol** *m.* **americano** 4
for **para** *prep.* 11; **por** *prep.* 11
    for example **por ejemplo** 11
    for me **para mí**
forbid **prohibir** *v.*
foreign **extranjero/a** *adj.*
    foreign languages **lenguas**
      f., pl. **extranjeras** 2
forest **bosque** *m.* 13
forget **olvidar** *v.* 10
fork **tenedor** *m.* 12
form **formulario** *m.* 14
forty **cuarenta** *m.* 2
forward **en marcha** *adv.*
four **cuatro** *adj., pron.* 1
four hundred **cuatrocientos/as** *adj., pron.* 6
fourteen **catorce** *adj., pron.* 1
fourth **cuarto/a** *adj.* 5
free **libre** *adj.* 4

be free of charge **ser gratis** 14
free time **tiempo** *m.* **libre** 4;
 ratos *m., pl.* **libres**
freedom **libertad** *f.*
freezer **congelador** *m.*
French **francés, francesa** *adj.* 3
 French fries **papas** *f., pl* **fritas** 8;
 patatas *f., pl* **fritas** 8
frequently **frecuentemente** *adv.* 10; **con frecuencia** 10
Friday **viernes** *m., sing.* 2
fried **frito/a** *adj.*8
 fried potatoes **papas** *f., pl.* **fritas**;
 patatas *f., pl.* **fritas**
friend **amigo/a** *m., f.* 3
friendly **amable** *adj.* 5
friendship **amistad** *f.* 9
from **de** *prep.* 1; **desde** *prep.* 6
 from where? **¿de donde?** 9
 from the United States
 estadounidense *adj.* 3
 from time to time **de vez en cuando** 10
 He/She/It is from… **Es de…** 1
 I'm from… **Soy de…** 1
fruit **fruta** *f.* 8
 fruit juice **jugo** *m.* **de fruta** 8
 fruit store **frutería** *f.* 14
full **lleno/a** *adj.*11
fun **divertido/a** *adj.* 7
 fun activity **diversión** *f.* 4
 have fun **divertirse (e:ie)** *v.* 9
function **funcionar** *v.*
furniture **muebles** *m., pl.* 12
furthermore **además (de)** *adv.* 10
future **futuro** *m.* 16; **porvenir** *m.* 16
 in the future **en el futuro** 16

gain weight **aumentar** *v.* **de peso** 15;
 engordar *v.* 15
game (*match*) **partido** *m.* 4; **juego** *m.* 5
 game show **concurso** *m.*
garage **garaje** *m.* 12
garden **jardín** *m.* 12
garlic **ajo** *m.* 8
gas station **gasolinera** *f.* 11
gasoline **gasolina** *f.* 11
geography **geografía** *f.* 2
German **alemán, alemana** *adj.* 3
get **conseguir (e:i)** *v.* 4; **obtener** *v.* 16
 get along well/badly (with)
 llevarse bien/mal (con) 9
 get bored **aburrirse** *v.*
 get off of/out of (a vehicle)
 bajar(se) *v.* **de** 11
 get on/into (a vehicle) **subir(se)** *v.* **a** 11
 get up **levantarse** *v.* 7
gift **regalo** *m.* 6
girl **chica** *f.* 1; **muchacha; niña** *f.* 3

girlfriend **novia** *f.* 3
give **dar** *v.* 6; (*as a gift*) **regalar** 9
glass (*drinking*) **vaso** *m.* 12; **vidrio** *m.* 13
 (made of) glass **de vidrio** 13
glasses **gafas** *f., pl.* 6
 sunglasses **gafas de sol** 6
gloves **guantes** *m., pl.* 6
go **ir** *v.* 4
 go away **irse** 7
 go by boat **ir en barco** 5
 go by bus **ir en autobús** 5
 go by car **ir en auto(móvil)** 5
 go by motorcycle **ir en motocicleta** 5
 go by plane **ir en avión** 5
 go by subway **ir en metro**
 go by taxi **ir en taxi** 5
 go by the bank **pasar por el banco** 14
 go by train **ir en tren**
 go by **pasar** *v.* **por**
 go down; **bajar** *v.* 11
 go fishing **ir de pesca** 5
 go for a hike (in the mountains) **ir de excursión (a las montañas)** 4
 go out **salir** *v.* 9
 go out with **salir con** 4, 9
 go through customs **pasar por la aduana** 5
 go up **subir** *v.* 11
 go with **acompañar** *v.* 14
 Let's get going. **En marcha.** 15
 Let's go. **Vamos.** 4
goblet **copa** *f.* 12
going to: be going to (*do something*) **ir a (+ inf.)** 4
golf **golf** *m.* 4
good **buen, bueno/a** *adj.* 1, 3
 Good afternoon. **Buenas tardes.** 1
 Good evening. **Buenas noches.** 1
 Good idea! **¡Buena idea!** 4
 Good morning. **Buenos días.** 1
 Good night. **Buenas noches.** 1
 I'm good, thanks. **Bien, gracias.**
 It's good that… **Es bueno que…** 12
goodbye **adiós** *m.* 1
 say goodbye (to) **despedirse** *v.*
 (de) (e:i) 7
good-looking **guapo/a** *adj.* 3
government **gobierno** *m.* 13
graduate (from) **graduarse** *v.* **(de)** 9
grains **cereales** *m., pl.* 8
granddaughter **nieta** *f.* 3
grandfather **abuelo** *m.* 3
grandmother **abuela** *f.* 3
grandparents **abuelos** *m., pl.* 3
grandson **nieto** *m.* 3
grape **uva** *f.* 8
grass **hierba** *f.* 13; **césped** *m.*
grave **grave** *adj.* 10
gray **gris** *adj. m., f.* 6
great **gran, grande** *adj.* 3;

fenomenal *adj.* 5
green **verde** *adj. m., f.* 5
greet (each other) **saludar(se)** *v.*
greeting **saludo** *m.* 1
 Greetings to… **Saludos a…** 1
grilled (*food*) **a la plancha** 8
 grilled flank steak **lomo a la plancha** 8
ground floor **planta** *f.* **baja** 5
guest (*at a house/hotel*) **huésped** *m., f.* 5;
 (*invited to a function*) **invitado/a** *m., f.* 9
guide **guía** *m., f.*
gym **gimnasio** *m.* 4
gymnasium **gimnasio** *m.* 4

hair **pelo** *m.* 7
hairdresser **peluquero/a** *m., f.* 16
 hairdressing salon **peluquería** *f.* 14;
half **medio/a** *adj.* 3
 half-brother **medio hermano** 3;
 half-sister **media hermana** 3
 half-past (*time*) **y media** 1
hallway **pasillo** *m.* 12
ham **jamón** *m.* 8
hamburger **hamburguesa** *f.* 8
hand **mano** *f.* 1
 Hands up! **¡Manos arriba!**
handsome **guapo/a** *adj.* 3
happen **ocurrir** *v.*
happiness **alegría** *f.* 9
 Happy birthday! **¡Feliz cumpleaños!** 9
happy **alegre** *adj.* 5; **contento/a** *adj.* 5; **feliz** *adj.* 5
 be happy **alegrarse** *v.* **(de)** 13
hard **difícil** *adj.* 3
hard-working **trabajador(a)** *adj.* 3
hardly **apenas** *adv.* 10
haste **prisa** *f.* 3
hat **sombrero** *m.* 6
hate **odiar** *v.* 9
have **tener** *v.* 3
 Have a good trip! **¡Buen viaje!** 1
 have a tooth pulled **sacar(se) una muela** 10
 have to (*do something*) **tener que (+ inf.)** 3; **deber (+ inf.)** 3
he **él** *sub. pron.* 1
he is **él es** 1
he/she/it is, you (*form., sing.*) are **está** 2
head **cabeza** *f.* 10
headache **dolor de cabeza** *m.* 10
health **salud** *f.* 10
healthful **saludable** *adj.*
healthy **sano/a, saludable** *adj.* 10
 lead a healthy life **llevar** *v.* **una vida sana** 15
hear **oír** *v.* 4
heard **oído/a** *p.p.* 15
hearing: sense of hearing **oído** *m.*

heart **corazón** *m.* 10
heat **calor** *m.* 3
Hello. **Hola.** *interj.* 1; *(on the telephone)* **Aló.** 11; **¿Bueno?** 11; **Diga.** 11
help **ayudar** *v.* 12; **servir (e:i)** *v.* 5
  help each other **ayudarse** *v.*
her **su(s)** *poss. adj.* 3; **la** *pron.* 5; **le** *pron.* 6; hers **suyo(s)/a(s)** *poss. pron.* 11
here **aquí** *adv.* 1
  Here it is… **Aquí está…** 5
  Here we are at/in… **Aquí estamos en…** 2
  It's not here. **No está.** 5
Hi. **Hola.** *interj.* 1
highway **autopista** *f.*; **carretera** *f.*
hike **excursión** *f.* 4
  go on a hike **hacer una excursión** 5; **ir de excursión** 4
hiker **excursionista** *m., f.* 4
hiking **de excursión** 4
him **lo** *pron.* 5; **le** *pron.* 6
hire **contratar** *v.* 16
his **su(s)** *poss. adj.* 3; **suyo(s)/a(s)** *poss. pron.* 11
history **historia** *f.* 2
hobby **pasatiempo** *m.* 4
hockey **hockey** *m.* 4
holiday **día** *m.* **de fiesta** 9
home **hogar** *m.* 12
  home page **página** *f.* **principal** 11
homework **tarea** *f.* 2
hood (car) **capó** *m.* 11
hope **esperar** *v.* 2, 13
  I hope (that) **Ojalá (que)** *interj.* 13
horror **horror** *m.*
hors d'oeuvres **entremeses** *m., pl.* 8
horse **caballo** *m.* 5
hospital **hospital** *m.* 10
hot **picante** *adj.* 8
hot: be (very) hot *(feel)* **tener (mucho) calor** 3; *(weather)* **hacer (mucho) calor** 5
hotel **hotel** *m.* 5
hour **hora** *f.* 1
house **casa** *f.* 4
household chores **quehaceres** *m., pl.* **domésticos** 12
housekeeper **ama** *m., f.* **de casa** 12
housing **vivienda** *f.* 12
How…! **¡Qué…!** 3
  how **¿cómo?** *adv.* 1, 9
  How are you? **¿Qué tal?** 1
  How are you? **¿Cómo estás?** *fam.* 1
  How are you? **¿Cómo está usted?** *form.* 1
  How can I help you? **¿En qué puedo servirles?** 5
  How did… go for you? **¿Cómo les fue…?** 15
  How is it going? **¿Qué tal?** 1
  How is/are . . . ? **¿Qué tal…?** 2
  How much/many? **¿Cuánto(s)/a(s)?** 1, 9

How much does… cost? **¿Cuánto cuesta…?** 6
How old are you? **¿Cuántos años tienes?** *fam.* 3
How's the weather? **¿Qué tiempo hace?** 5
however **sin embargo** *adv.*
hug (each other) **abrazar(se)** *v.*
humanities **humanidades** *f., pl.*
hunger **hambre** *f.* 3
hundred **cien, ciento** *m.* 2
hungry: be (very) hungry **tener** *v.* **(mucha) hambre** 3
hurricane **huracán** *m.*
hurry **apurarse; darse prisa** *v.* 15
  be in a (big) hurry **tener** *v.* **(mucha) prisa** 3
hurt **doler (o:ue)** *v.* 10
  It hurts me a lot. **Me duele mucho.** 10
husband **esposo** *m.* 3

I

I **yo** *sub. pron.* 1
  I am… **Yo soy…** 1
  I don't like them at all. **No me gustan nada.** 2
  I hope (that) **Ojalá (que)** *interj.* 13
  I wish (that) **Ojalá (que)** *interj.* 13
  I would like… **me gustaría(n)…** 7
  I would like to introduce… to you. **Le presento a…** *form.* 1; **Te presento a…** *fam.* 1
ice cream **helado** *m.* 9
  ice cream shop **heladería** *f.* 14
iced **helado/a** *adj.* 9
  iced tea **té helado** 8
idea **idea** *f.* 4
if **si** *conj.* 13
illness **enfermedad** *f.* 10
important **importante** *adj.* 3
  be important to **importar** *v.* 7, 12
  It's important that… **Es importante que…** 12
impossible **imposible** *adj.* 13
  It's impossible… **Es imposible…** 13
improbable **improbable** *adj.* 13
  It's improbable… **Es improbable…** 13
improve **mejorar** *v.* 13
in **en** *prep.* 2; **por** *prep.* 11
  in the afternoon **de la tarde** 1; **por la tarde** 7
  in the evening **de la noche** 1; *(early)* **por la tarde** 7
  in the morning **de la mañana** 1; **por la mañana** 7
  in love (with) **enamorado/a (de)** 5
  in which **en qué** 2
  in front of **delante de** *prep.* 2; **enfrente** 14

increase **aumento** *m.* 16
incredible **increíble** *adj.* 5
inequality **desigualdad** *f.*
infection **infección** *f.* 10
inform **informar** *v.*
inhabitants **habitantes** *m., pl* 13
injection **inyección** *f.* 10
  give an injection **poner** *v.* **una inyección** 10
injure (oneself) **lastimarse** *v.* 10
  injure (one's foot) **lastimarse (el pie)** 10
inner ear **oído** *m.*
insist (on) **insistir** *v.* **(en)** 12
installments: pay in installments **pagar** *v.* **a plazos** 14
intelligent **inteligente** *adj.* 3
intend **pensar** *v.* **(+ inf.)** 4
interest **interesar** *v.* 7
interesting **interesante** *adj.* 3
  be interesting to **interesar** *v.* 7
international **internacional** *adj. m., f.*
Internet **red** *f.*; **Internet** *m.* 11
interview **entrevista** *f.* 16; interview **entrevistar** *v.* 16
interviewer **entrevistador(a)** *m., f.* 16
introduction **presentación** *f.*
invest **invertir (e:ie)** *v.* 16
invite **invitar** *v.* 9
iron clothes **planchar** *v.* **la ropa** 12
it **lo/la** *pron.* 5
Italian **italiano/a** *adj.* 3
its **su(s)** *poss. adj.* 3 , **suyo(s)/a(s)** *poss. pron.* 11

J

jacket **chaqueta** *f.* 6
January **enero** *m.* 5
Japanese **japonés, japonesa** *adj.* 3
jeans **bluejeans** *m., pl.* 6
jewelry store **joyería** *f.* 14
job **empleo** *m.* 16; **puesto** *m.* 16; **trabajo** *m.* 16
  job application **solicitud** *f.* **de trabajo** 16
jog **correr** *v.*
journalism **periodismo** *m.* 2
journalist **periodista** *m., f.* 3; **reportero/a** *m., f.*
joy **alegría** *f.*
  give joy **dar** *v.* **alegría**
joyful **alegre** *adj.* 5
juice **jugo** *m.* 8
July **julio** *m.* 5
June **junio** *m.* 5
jungle **selva** *f.* 13, **jungla** *f.*
just **apenas** *adv.* 10
  have just done something **acabar de (+ inf.)** 6

K

keep (doing something) **seguir (e:ie)** *v.* 4
key **llave** *f.* 5
keyboard **teclado** *m.* 11
kilometer **kilómetro** *m.* 11
kind: That's very kind of you. **Muy amable.** *adj.* 5
kiss (each other) **besar(se)** *v.*; **beso** *m.* 6
kitchen **cocina** *f.* 12
knee **rodilla** *f.* 10
knife **cuchillo** *m.* 12
know **saber** *v.* 8; **conocer** *v.* 8
know how **saber** *v.* 8

L

laboratory **laboratorio** *m.* 2
lack **faltar** *v.* 7
lake **lago** *m.* 13
lamp **lámpara** *f.* 12
land **tierra** *f.* 13
landlord **dueño/a** *m., f.*
landscape **paisaje** *m.* 13
language **lengua** *f.* 2
laptop (computer) **computadora** *f.* **portátil** 11
large **gran, grande** *adj.* 3
large (clothing size) **talla** *f.* **grande** *adj.* 6
last **durar** *v.*; **pasado/a** *adj.* 6; **último/a** *adj.*
last name **apellido** *m.* 9
last night **anoche** *adv.* 6
last week **la semana pasada** 6
last year **el año pasado** 6
late **tarde** *adv.* 7
later **más tarde** *adv.* 7
See you later. **Hasta la vista.** 1; **Hasta luego.** 1
laugh **reírse (e:i)** *v.* 9
laughed **reído** *p.p.* 15
laundromat **lavandería** *f.* 14
law **ley** *f.* 13
lawyer **abogado/a** *m., f.* 16
lazy **perezoso/a** *adj.*
learn **aprender** *v.* 3
least, (the) **el/la/los/las menos** 8
leave **salir** *v.* 4; **irse** *v.* 7
leave a tip **dejar una propina** 9
leave for (a place) **salir para** 4
leave from **salir de** 4
leave behind **dejar** *v.* 16
left **izquierdo/a** *adj.* 2
be left behind **quedar** *v.* 10
be left over **quedar** *v.* 7
to the left of **a la izquierda de** 2
leg **pierna** *f.* 10
lemon **limón** *m.* 8
lend **prestar** *v.* 6

less **menos** *adv.* 10
less… than **menos… que** 8
less than (+ number) **menos de (+ number)** 8
lesson **lección** *f.* 1
let **dejar** *v.* 12
let's see **a ver** 2
letter **carta** *f.* 4
lettuce **lechuga** *f.* 8
liberty **libertad** *f.*
library **biblioteca** *f.* 2
license (driver's) **licencia** *f.* **de conducir** 11
lie **mentira** *f.* 6
lie down **acostarse (o:ue)** *v.* 7
life **vida** *f.* 9
of my life **de mi vida** 15
lifestyle: lead a healthy lifestyle **llevar una vida sana** 15
lift **levantar** *v.* 15
lift weights **levantar pesas** 15
light **luz** *f.* 12
like **como** *prep.* 8; **gustar** *v.* 7
like this **así** *adv.* 10
like very much **encantar** *v.* 7
I like… **me gusta(n)…** 2
I like… very much *v.* **Me encanta…**
Do you like… ? **¿Te gusta(n)…?** 2
likeable **simpático/a** *adj.* 3
likewise **igualmente** *adv.* 1
line **línea** *f.* 4; **cola** (queue) *f.* 14
listen to **escuchar** *v.* 2
Listen! (command) **¡Oye!** *fam., sing.* 1; **¡Oigan!** *form., pl.*
listen to music **escuchar música**
listen to the radio **escuchar la radio**
literature **literatura** *f.*
little (quantity) **poco/a** *adj.* 5; **poco** *adv.* 10
live **vivir** *v.* 3
living room **sala** *f.* 12
loan **préstamo** *m.* 14; **prestar** *v.* 6
lobster **langosta** *f.* 8
located **situado/a** *adj.*
be located **quedar** *v.* 14
lodging **alojamiento** *m.* 5
long **largo/a** *adj.* 6
look (at) **mirar** *v.* 2
look for **buscar** *v.* 2
lose **perder (e:ie)** *v.* 4
lose weight **adelgazar** *v.* 15
lost **perdido/a** *adj.* 14
be lost **estar perdido/a** 14
lot, a **muchas veces** 10
lot of, a **mucho/a** *adj.* 2
love (another person) **querer (e:ie)** *v.* 4; (things) **encantar** *v.* 7; **amor** *m.* 9
in love (with) **enamorado/a (de)** *adj.* 5
luck **suerte** *f.* 3
lucky: be (very) lucky **tener (mucha) suerte** 3
luggage **equipaje** *m.* 5
lunch **almuerzo** *m.* 8

have lunch **almorzar (o:ue)** *v.* 8

M

ma'am **señora (Sra.)** *f.* 1
mad **enojado/a** *adj.* 5
magazine **revista** *f.*
read a magazine **leer una revista** 4
magnificent **magnífico/a** *adj.* 5
mail **correo** *m.* 14; **enviar** *v.*, **mandar** *v.*
mail a letter **echar una carta al buzón** 14
mail carrier **cartero/a** *m.* 14
mailbox **buzón** *m.* 14
main **principal** *adj. m., f.* 8
maintain **mantener** *v.* 15
make **hacer** *v.* 4
make the bed **hacer la cama** 12
makeup **maquillaje** *m.* 7
man **hombre** *m.* 1
manager **gerente** *m., f.* 16
many **mucho/a** *adj.* 3
many times **muchas veces** 10
map **mapa** *m.* 1
March **marzo** *m.* 5
margarine **margarina** *f.* 8
marinated fish **ceviche** *m.* 8
lemon-marinated shrimp **ceviche de camarón** 8
marital status **estado** *m.* **civil** 9
market **mercado** *m.* 6
open-air market **mercado al aire libre** 6
marriage **matrimonio** *m.* 9
married **casado/a** 9
get married (to) **casarse** *v.* **(con)** 9
marvelous **maravilloso/a** *adj.* 5
marvelously **maravillosamente** *adv.*
massage **masaje** *m.* 15
masterpiece **obra** *f.* **maestra**
match (sports) **partido** *m.*
match **hacer** *v.* **juego (con)** 6
mathematics **matemáticas** *f., pl.* 2
matter **importar** *v.* 7, 12
maturity **madurez** *f.* 9
maximum **máximo/a** *m.* 11
May **mayo** *m.* 5
maybe **tal vez** *adv.* 5; **quizás** *adv.* 5
mayonnaise **mayonesa** *f.* 8
me **me** *pron.* 1
meal **comida** *f.* 8
means of communication **medios** *m., pl.* **de comunicación**
meat **carne** *f.* 8
mechanic **mecánico/a** *m., f.* 11
mechanic's garage/repair shop **taller** *m.* **mecánico** 11
mechanic's shop **garaje** *m.* 11
media **medios** *m., pl.* **de comunicación**

medical **médico/a** *adj.* 10
medication **medicamento** *m.* 10
medicine **medicina** *f.* 10
medium **mediano/a** *adj.*
meet (each other) **encontrar(se)** *v.*
meeting **reunión** *f.* 16
menu **menú** *m.* 8
message (*telephone*) **recado** *m.* 11
messy **desordenado/a** *adj.* 5
Mexican **mexicano/a** *adj.* 3
Mexico **México** *m.* 1
microwave **microonda** *f.* 12
   microwave oven **horno** *m.* **de**
   microondas 12
middle age **madurez** *f.* 9
midnight **medianoche** *f.* 1
mile **milla** *f.* 11
milk **leche** *f.* 8
million **millón** 6
   million of **millón de** 6
mine **mío/a(s)** *poss. pron.* 11
mineral **mineral** *m.* 15
   mineral water **agua** *f.* **mineral** 8
minute **minuto** *m.* 1
mirror **espejo** *m.* 7
Miss **señorita (Srta.)** *f.* 1
miss **perder (e:ie)** *v.* 4
mistaken **equivocado/a** *adj.* 5
modem **módem** *m.* 11
modern **moderno/a** *adj.*
mom **mamá** *f.* 3
Monday **lunes** *m., sing.* 2
money **dinero** *m.* 6
monitor **monitor** *m.* 11
month **mes** *m.* 5
monument **monumento** *m.* 4
moon **luna** *f.* 13
more **más** *adj.* 2
   more… than **más… que** 8
   more than (+ *number*) **más de**
   (+ number) 8
morning **mañana** *f.* 1
most, (the) **el/la/los/las más** 8
mother **madre** *f.* 3
mother-in-law **suegra** *f.* 3
motor **motor** *m.* 11
motorcycle **moto(cicleta)** *f.* 5
mountain **montaña** *f.* 4
mouse **ratón** *m.* 11
mouth **boca** *f.* 10
move (*to another house/city/country*)
   mudarse *v.* 12
movie **película** *f.* 4
   movie star **estrella** *f.* **de cine**
   movie theater **cine** *m.* 4
Mr. **señor (Sr.)** *m.* 1
Mrs. **señora (Sra.)** *f.* 1
much **mucho/a** *adj.* 2, 3
municipal **municipal** *adj.*
murder **crimen** *m.*
muscle **músculo** *m.* 15

museum **museo** *m.* 4
mushroom **champiñón** *m.* 8
music **música** *f.*
musical **musical** *adj.*
musician **músico/a** *m., f.*
must: It must be … **Debe ser…** 6
my **mi(s)** *poss. adj.* 3; **mío(s)/a(s)**
   poss. pron. 11

N

name **nombre** *m.* 5
   in my name **a mi nombre** 5
   in the name of **a nombre de** 5
   last name **apellido** *m.* 9
   My name is… **Me llamo…** 1
   be named **llamarse** *v.* 7
napkin **servilleta** *f.* 12
national **nacional** *adj., m., f.*
nationality **nacionalidad** *f.* 1
natural **natural** *adj., m., f.* 13
   natural disaster **desastre** *m.* **natural**
   natural resource **recurso** *m.* **natural** 13
nature **naturaleza** *f.* 13
nauseated **mareado/a** *adj.* 10
near **cerca de** *prep.* 2
neaten **arreglar** *v.* 12
necessary **necesario/a** *adj.* 12
   It's necessary that… **Es necesario que…**
   12; **Hay que…** 14
neck **cuello** *m.* 10
need **faltar** *v.* 7; **necesitar** *v.* 2, 12
negative **negativo/a** *adj.*
neighbor **vecino/a** *m., f.* 12
neighborhood **barrio** *m.* 12
neither… nor **ni… ni** *conj.* 7; neither
   tampoco *adv.* 7
nephew **sobrino** *m.* 3
nervous **nervioso/a** *adj.* 5
network **red** *f.*
never **nunca** *adv.* 7; **jamás** *adv.* 7
new **nuevo/a** *adj.* 6
newlywed **recién casado/a** *m., f.* 9
news **noticias** *f., pl.;* **actualidades** *f., pl.*
newscast **noticiero** *m.*
newspaper **periódico** *m.* 4; **diario** *m.*
   read a newspaper **leer un periódico** 4
next **próximo/a** *adj.* 16
next to **al lado de** 2
nice **simpático/a** *adj.* 3; **amable** *adj.* 5
niece **sobrina** *f.* 3
night **noche** *f.* 1
   night stand **mesita** *f.* **de noche** 12
nine **nueve** 1
nine hundred **novecientos/as** 6
nineteen **diecinueve** 1
ninety **noventa** 2
ninth **noveno/a** 5
no **no** 1; **ningún, ninguno/a(s)** *adj.* 7
   no one **nadie** *pron.* 7

No problem. **Ningún problema.** 7
no way **de ninguna manera**
none **ningún, ninguno/a(s)** *adj.* 7
noon **mediodía** *m.* 1
nor **ni** *conj.* 7
north **norte** *m.* 14
   to the north **al norte** 14
nose **nariz** *f.* 10
not **no** 1
   not any **ningún, ninguno/a(s)** *adj.* 7
   not anyone **nadie** *pron.* 7
   not anything **nada** *pron.* 7
   not bad at all **nada mal** 5
   not either **tampoco** *adv.* 7
   not ever **nunca** *adv.* 7; **jamás** *adv.* 7
   not very well **no muy bien** 1
   not working **descompuesto/a** *adj.* 11
notebook **cuaderno** *m.* 1
nothing **nada** *pron.* 1; 7
noun **sustantivo** *m.*
November **noviembre** *m.* 5
now **ahora** *adv.*
nowadays **hoy día** *adv.*
nuclear energy **energía nuclear** 13
number **número** *m.* 1
nurse **enfermero/a** *m., f.* 10
nutrition **nutrición** *f.* 15

O

o'clock: It's… o'clock **Son las…** 1
   It's one o'clock. **Es la una.** 1
obey **obedecer (c:zc)** *v.*
obligation **deber** *m.*
obtain **conseguir (e:i)** *v.* 4; **obtener** *v.* 16
obvious **obvio** *adj.* 13
   it's obvious **es obvio** 13
occupation **ocupación** *f.* 16
occur **ocurrir** *v.*
ocean **mar** *m.* 5; **océano** *m.* 13
October **octubre** *m.* 5
of **de** *prep.* 1
   of course **claro que sí; por supuesto**
offer **oferta** *f.* 12; **ofrecer (c:zc)** *v.* 8
office **oficina** *f.* 12
   doctor's office **consultorio** *m.* 10
often **a menudo** *adv.* 10
Oh! **¡Ay!**
oil **aceite** *m.* 8
okay **regular** *adj.* 1
   It's okay. **Está bien.**
old **viejo/a** *adj.* 3; old age **vejez** *f.* 9
older **mayor** *adj., m., f.* 3
   older brother, sister **hermano/a**
   mayor *m., f.* 3
oldest **el/la mayor** 8
on **en** *prep.* 2; **sobre** *prep.* 2
   on behalf of **de parte de** *prep.* 11
   on the dot **en punto** *adv.* 1
   on time **a tiempo** *adv.* 10

on top of **encima de** *prep.* 2
once **una vez** 6
once again **una vez más** 9
one **un, uno/a** *adj., pron.* 1
   one hundred **cien(to)** 2
   one million **un millón**
   one thousand **mil**
   one time **una vez** 6
   one way (*travel*) **ida** *f.*
onion **cebolla** *f.* 8
only **sólo** *adv.* 3; **único/a** *adj.* 3
   only child **hijo/a único/a** *m., f.* 3
open **abrir** *v.* 3; **abierto/a** *adj.* 5
open-air **al aire libre** 6
opened **abierto/a** *p.p.* 15
opera **ópera** *f.*
operation **operación** *f.* 10
opposite **en frente de** *prep.* 14
or **o** *conj.* 7
orange **anaranjado/a** *adj.* 6; **naranja** *f.* 8
orchestra **orquesta** *f.*
order **mandar** 12; (*food*) **pedir (e:i)** *v.* 8
   in order to **para** *prep.* 11
orderly **ordenado/a** *adj.* 5
ordinal (*numbers*) **ordinal** *adj.*
other **otro/a** *adj.* 6
our **nuestro(s)/a(s)** *poss. adj.* 3; *poss. pron.* 11
out of order **descompuesto/a** *adj.* 11
outside **fuera** *adv.*
outskirts **afueras** *f., pl.* 12
oven **horno** *m.* 12
over **sobre** *prep.* 2
own **propio/a** *adj.*
owner **dueño/a** *m., f.* 8

P

P.M. **tarde** *f.* 1
pack (one's suitcases) **hacer** *v.* **las maletas** 5
package **paquete** *m.* 14
page **página** *f.* 11
pain **dolor** *m.* 10
   have a pain in the (knee) **tener** *v.* **dolor de (rodilla)**
paint **pintar** *v.*
painter **pintor(a)** *m., f.* 16
painting **cuadro** *m.* 12; **pintura** *f.* 12
pair **par** *m.* 6
pants **pantalones** *m., pl.* 6
pantyhose **medias** *f., pl.* 6
paper **papel** *m.* 2; (*report*) **informe** *m.*
   paper money **billete** *m.*
paragraph **párrafo** *m.*
Pardon me. (*May I?*) **Con permiso.** 1; (*Excuse me.*) Pardon me. **Perdón.** 1
parents **padres** *m., pl.* 3; **papás** *m., pl.* 3
park **parque** *m.* 4; **estacionar** *v.* 11
partner (*one of a couple*) **pareja** *f.* 9
party **fiesta** *f.* 9

pass **pasar** *v.*
passed **pasado/a** *p.p.*
passenger **pasajero/a** *m., f.* 1
passport **pasaporte** *m.* 5
past **pasado/a** *adj.* 6
pastime **pasatiempo** *m.* 4
pastry shop **pastelería** *f.* 14
patient **paciente** *m., f.* 10
patio **patio** *m.* 12
pay in cash **pagar** *v.* **al contado** 14; **pagar en efectivo**
pay in installments **pagar** *v.* **a plazos** 14
pay the bill **pagar** *v.* **la cuenta** 9
pea **arveja** *m.* 8
peace **paz** *f.*
peach **melocotón** *m.*
pear **pera** *f.*
pen **pluma** *f.* 2
pencil **lápiz** *m.* 1
penicillin **penicilina** *f.* 10
people **gente** *f.* 3
pepper **pimienta** *f.* 8
per **por** *prep.* 11
perfect **perfecto/a** *adj.* 5
perhaps **quizás** *adv.*; **tal vez** *adv.*
periods **plazos** *m., pl.*
permission **permiso** *m.*
person **persona** *f.* 3
pharmacy **farmacia** *f.* 10
phenomenal **fenomenal** *adj.*
photograph **foto(grafía)** *f.* 1
physical (*exam*) **examen** *m.* **médico** 10
physician **médico/a** *m., f.* 3; **doctor(a)** *m., f.*
physics **física** *f., sing.* 2
pick up **recoger** *v.* 13
picture **foto** *f.* 5; **pintura** *f.*
pie **pastel** *m.*
pill (tablet) **pastilla** *f.* 10
pillow **almohada** *f.* 12
pineapple **piña** *f.* 8
pink **rosado/a** *adj.* 6
place **lugar** *m.* 4; **poner** *v.* 4
plaid **de cuadros** *adj.* 6
plan (*to do something*) **pensar** *v.* **(+ inf.)** 4
plane **avión** *m.* 5
plans **planes** *m., pl.* 4
   have plans **tener** *v.* **planes** 4
plant **planta** *f.* 13
plastic **plástico** *m.* 13
   (made of) plastic **de plástico** 13
plate **plato** *m.* 12
   platter of fried food **fuente** *f.* **de fritada**
play **drama** *m.*; **comedia** *f.*; **jugar (u:ue)** *v.* 4; (*a musical instrument*) **tocar** *v.*; (*a role*) **hacer** *v.* **el papel**; (*cards*) **jugar** *v.* **a (las cartas)**; (*sports*) **practicar** *v.* **deportes** 4
player **jugador(a)** *m., f.* 4

playwright **dramaturgo/a** *m., f.*
plead **rogar (o:ue)** *v.* 12
pleasant **agradable** *adj.*
Please. **Por favor.** 1
Pleased to meet you. **Mucho gusto.** 1; **Encantado/a.** *adj.* 1
pleasing: be pleasing to **gustar** *v.* 7
pleasure **gusto** *m.* 1; **placer** *m.* 15
   It's a pleasure to… **Gusto de (+ inf.)**
   It's been a pleasure. **Ha sido un placer.** 15
   The pleasure is mine. **El gusto es mío.** 1
poem **poema** *m.*
poet **poeta** *m., f.* 16
poetry **poesía** *f.*
police (force) **policía** *f.* 11
   police officer **policía** *m.*, **mujer** *f.* **policía** 11
political **político/a** *adj.*
politician **político/a** *m., f.* 16
politics **política** *f.*
polka-dotted **de lunares** *adj.* 6
poll **encuesta** *f.*
pollute **contaminar** *v.* 13
polluted **contaminado/a** *adj.* 13
   be polluted **estar contaminado/a** 13
pollution **contaminación** *f.* 13
pool **piscina** *f.* 4
poor **pobre** *adj.* 6
population **población** *f.* 13
pork **cerdo** *m.* 8
   pork chop **chuleta** *f.* **de cerdo** 8
portable **portátil** *adj.* 11
   portable computer **computadora** *f.* **portátil**
position **puesto** *m.* 16
possessive **posesivo/a** *adj.* 3
possible **posible** *adj.* 13
   it's (not) possible **(no) es posible** 13
post office **correo** *m.* 14
postcard **postal** *f.* 4; **tarjeta** *f.* **postal** 4
poster **cartel** *m.*
potato **papa** *f.* 8; **patata** *f.* 8
pottery **cerámica** *f.*
practice **entrenarse** *v.* 15; **practicar** *v.* 2
prefer **preferir (e:ie)** *v.* 4, 12
pregnant **embarazada** *adj. f.* 10
prepare **preparar** *v.* 2
preposition **preposición** *f.*
prescribe (*medicine*) **recetar** *v.* 10
prescription **receta** *f.* 10
present **regalo** *m.*; **presentar** *v.*
press **prensa** *f.*
pressure: be under a lot of pressure **sufrir** *v.* **muchas presiones** 15
pretty **bonito/a** *adj.* 3; **bastante** *adv.*
price **precio** *m.* 6
   fixed price **precio** *m.* **fijo** 6
print **estampado/a** *adj.*; **imprimir** *v.* 11

printer **impresora** f. 11
private (*room*) **individual** *adj.* 5
prize **premio** m.
probable **probable** *adj.* 13
    it's (not) probable **(no) es probable** 13
problem **problema** m. 1
profession **profesión** f. 3, 16
professor **profesor(a)** m., f. 2
program **programa** m. 1
programmer **programador(a)** m., f. 3
prohibit **prohibir** v. 10, 12
promotion (*career*) **ascenso** m. 16
pronoun **pronombre** m.
protect **proteger** v. 13
protein **proteína** f. 15
provided that **con tal (de) que** *conj.* 13
psychologist **psicólogo/a** m., f. 16
psychology **psicología** f. 2
publish **publicar** v.
Puerto Rican **puertorriqueño/a** *adj.* 3
Puerto Rico **Puerto Rico** m. 1
pull a tooth **sacar** v. **una muela**
purchases **compras** f., pl.
pure **puro/a** *adj.* 13
purple **morado/a** *adj.* 6
purse **bolsa** f. 6
put **poner** v. 4; **puesto/a** p.p. 15
    put a letter in the mailbox **echar** v.
      una carta al buzón 14
    put on (*a performance*) **presentar** v.
    put on (*clothing*) **ponerse** v. 7
    put on makeup **maquillarse** v. 7

Q

quality **calidad** f. 6
quarter **trimestre** m. 2
    quarter after (*time*) **y cuarto** 1;
      y quince 1
    quarter to (*time*) **menos cuarto** 1;
      menos quince 1
question **pregunta** f.
quickly **rápido** *adv.*
quiet **tranquilo/a** *adj.* 15
quit **dejar** v. 16
quite **bastante** *adv.* 10
quiz **prueba** f. 2

R

racism **racismo** m.
radio (*medium*) **radio** f.;
    radio (*set*) **radio** m. 11
rain **llover (o:ue)** v. 5; **lluvia** f. 13
    It's raining. **Llueve.** 5
raincoat **impermeable** m. 6
rainforest **bosque** m. **tropical** 13
raise (*salary*) **aumento** v. **de sueldo** 16
read **leer** v. 3; **leído/a** p.p. 15

ready **listo/a** *adj.* 15
real estate agency **agencia** f. **de bienes**
    raíces 12
reap the benefits (of) **disfrutar** v. **(de)** 15
reason **razón** f. 3
receive **recibir** v. 3
recommend **recomendar (e:ie)** v. 8, 12
recycle **reciclar** v. 13
recycling **reciclaje** m. 13
red **rojo/a** *adj.* 6
red-haired **pelirrojo/a** *adj.* 3
reduce **reducir** v. 13
    reduce stress/tension **aliviar** v. **el**
      estrés/la tensión
refrigerator **refrigerador** m. 12
region **región** f. 13
regret **sentir (e:ie)** v. 13
related to sitting **sedentario/a** *adj.*
relationships **relaciones** f., pl.
relatives **parientes** m., pl. 3
relax **relajarse** v. 9
relieve stress/tension **aliviar el**
    estrés/la tensión 15
remain **quedarse** v. 7
remember **recordar (o:ue)** v. 4; **acordarse**
    (o:ue) v. **(de)** 7
remote control **control** m. **remoto** 11
rent **alquilar** v. 12; **alquiler** m. 12
repeat **repetir (e:i)** v. 4
report **informe** m.; **reportaje** m.
reporter **reportero/a** m., f. 16
representative **representante** m., f.
request **pedir (e:i)** v. 4
reservation **reservación** f. 5
resign (from) **renunciar (a)** v. 16
resolve **resolver (o:ue)** v. 13
resolved **resuelto/a** p.p. 15
resource **recurso** m. 13
responsibility **deber** v.
rest **descansar** v. 2
    the rest **lo/los/las demás** *pron.*
restaurant **restaurante** m. 4
résumé **currículum** m. 16
retire (from work) **jubilarse** v. 9
return **regresar** v. 2; **volver (o:ue)** v. 4
    return trip **vuelta** f.
returned **vuelto/a** p.p. 15
rice **arroz** m. 8
rich **rico/a** *adj.* 6
ride **pasear** v. 4
    ride a bicycle **pasear en bicicleta** 4
    ride a horse **montar a caballo** 5
ridiculous **ridículo/a** *adj.* 13
    it's ridiculous **es ridículo** 13
right **derecha** f. 2
    right away **enseguida** *adv.* 9
    right here **aquí mismo** 11
    right now **ahora mismo** 5
    right there **allí mismo** 14
    be right **tener** v. **razón** 3
    to the right of **a la derecha de** 2

right? (*question tag*) **¿no?** 1;
    ¿verdad? 1
rights **derechos** m., pl.
ring (*a doorbell*) **sonar (o:ue)** v. 11
river **río** m. 13
road **camino** m.
roast chicken **pollo** m. **asado** 8
roasted **asado/a** *adj.* 8
rock **piedra** f. 13
role **papel** m.
rollerblade **patinar** v. **en línea**
romantic **romántico/a** *adj.*
room **habitación** f. 5; **cuarto** m.;
    (*large, living*) **sala** f.
roommate **compañero/a** m., f.
    de cuarto 2
round-trip **de ida y vuelta** 5
    round-trip ticket **pasaje** m. **de**
      ida y vuelta 5
route **camino** m. 11
routine **rutina** f. 7
rug **alfombra** f. 12
run **correr** v. 3
    run errands **hacer diligencias** 14
    run into (*have an accident*)
      chocar v. **(con)** 11; (*meet*
      accidentally) **darse con** v.
rush **apurarse; darse prisa** v. 15
Russian **ruso/a** *adj.*

S

sad **triste** *adj.* 5
    it's sad **es triste** 13
safe **seguro/a** *adj.* 5
said **dicho/a** p.p. 15
sake: for the sake of **por** *prep.*
salad **ensalada** f. 8
salary **salario** m. 16; **sueldo** m. 16
sale **rebaja** f. 6
salesperson **vendedor(a)** m., f. 6
salmon **salmón** m. 8
salt **sal** f. 8
salty **salado/a** *adj.* 8
same **mismo/a** *adj.* 3
sandal **sandalia** f. 6
sandwich **sándwich** m. 8
Saturday **sábado** m. 2
sausage **salchicha** f. 8
save (*on a computer*) **guardar** v. 11;
    save (*money*) **ahorrar** v. 14
savings **ahorros** m., pl. 14
    savings account **cuenta** f. **de**
      ahorros 14
say **decir** v. 6; **declarar** v.
scarcely **apenas** *adv.* 10
scared: be (very) scared **tener** v. **(mucho)**
    miedo 3
schedule **horario** m. 2
school **escuela** f. 1

science **ciencia** *f.*
    science fiction **ciencia ficción** *f.*
scientist **científico/a** *m., f.* 16
scream **gritar** *v.*
screen **pantalla** *f.* 11
scuba dive **bucear** *v.* 4
sculpt **esculpir** *v.*
sculptor **escultor(a)** *m., f.* 16
sculpture **escultura** *f.*
sea **mar** *m.* 5; **océano** *m.*
seafood **mariscos** *m., pl.* 8
search: in search of **por** *prep.* 11
season **estación** *f.* 5
seat **silla** *f.*
second **segundo/a** *adj.* 5
secretary **secretario/a** *m., f.* 16
sedentary **sedentario/a** *adj.* 15
see **ver** *v.* 4
    see (you) again **volver** *v.* **a ver(te, lo, la)**
    see movies **ver películas** 4
    See you. **Nos vemos.** 1
    See you later. **Hasta la vista.** 1; **Hasta luego.**
    See you soon. **Hasta pronto.** 1
    See you tomorrow. **Hasta mañana.** 1
seem **parecer** *v.* 8
seen **visto/a** *p.p.* 15
sell **vender** *v.* 6
semester **semestre** *m.* 2
send **enviar** *v.*; **mandar** *v.* 14
separate (from) **separarse** *v.* **(de)** 9
separated **separado/a** *adj.* 9
September **septiembre** *m.* 5
sequence **secuencia** *f.*
serious **grave** *adj.* 10
    extremely serious **gravísimo/a** *adj.* 13
serve **servir (e:i)** *v.* 8
set (*fixed*) **fijo** *adj.* 6
    set the table **poner** *v.* **la mesa** 12
seven **siete** *adj., pron.* 1
seven hundred **setecientos/as** *adj., pron.* 6
seventeen **diecisiete** *adj., pron.* 1
seventh **séptimo/a** *adj.* 5
seventy **setenta** *adj., pron.* 2
several **varios/as** *adj., pl.* 8
sexism **sexismo** *m.*
shame **lástima** *f.* 13
    It's a shame. **Es una lástima.** 13
shampoo **champú** *m.* 7
shape **forma** *f.* 15
    be in good shape **estar en buena forma** 15
share **compartir** *v.* 3
sharp (*time*) **en punto** 1
shave **afeitarse** *v.* 7
shaving cream **crema** *f.* **de afeitar** 7
she **ella** *sub. pron.* 1
    she is **ella es** 1
shellfish **mariscos** *m., pl.*
ship **barco** *m.*

shirt **camisa** *f.* 6
shoe **zapato** *m.* 6
    shoe size **número** *m.* **de zapato** 6
    shoe store **zapatería** *f.* 14
    tennis shoes **zapatos** *m., pl.* **de tenis**
shop **tienda** *f.* 6
shopping, to go **ir** *v.* **de compras** 6
    shopping mall **centro** *m.* **comercial** 6
short (*in height*) **bajo/a** *adj.* 3; (*in length*) **corto/a** *adj.*
short story **cuento** *m.*
shorts **pantalones cortos** *m., pl.* 6
should (*do something*) **deber** *v.* **(+ *inf.*)** 3
show **mostrar (o:ue)** *v.* 4; **espectáculo** *m.*
shower **ducha** *f.*; **ducharse** *v.* 7; **bañarse** *v.*
shrimp **camarón** *m.* 8
siblings **hermanos** *m., pl.* 3
sick **mal, malo/a** 5; **enfermo/a** *adj.* 10
    be sick **estar enfermo/a** 10
    get sick **enfermarse** *v.* 10
sickness **enfermedad** *f.* 10
side table **mesita** *f.* 12
sightseeing: go sightseeing **hacer** *v.* **turismo** 5
sign **firmar** *v.* 14; **letrero** *m.* 14
silk **seda** *f.* 6; (*made of*) **de seda** 6
silly **tonto/a** *adj.* 3
silverware **cubierto** *m.*
similar **similar** *adj. m., f.*
since **desde** *prep.*
sing **cantar** *v.* 2
singer **cantante** *m., f.* 16
single **soltero/a** *adj.* 9
    single room **habitación** *f.* **individual** 5
sink **lavabo** *m.*
sir **señor (Sr.)** *m.* 1
sister **hermana** *f.* 3
sister-in-law **cuñada** *f.* 3
sit down **sentarse (e:ie)** *v.* 7
six **seis** *adj., pron.* 1
six hundred **seiscientos/as** *adj., pron.* 6
sixteen **dieciséis** *adj., pron.* 1
sixth **sexto/a** *adj.* 5
sixty **sesenta** *adj., pron.* 2
size **talla** *f.* 6
    shoe size **número** *m.* **de zapato** 6
skate (in-line) **patinar** *v.* **(en línea)** 4
ski **esquiar** *v.* 4
skiing **esquí** *m.* 4
    water-skiing **esquí acuático** 4
skirt **falda** *f.* 6
sky **cielo** *m.* 13
sleep **dormir (o:ue)** *v.* 4; **sueño** *m.* 3
    go to sleep **dormirse (o:ue)** *v.* 7
sleepy: be (very) sleepy **tener** *v.* **(mucho) sueño** 3
slender **delgado/a** *adj.* 3
slim down **adelgazar** *v.* 15
slow **lento/a** *adj.* 11
slowly **despacio** *adv.*

small **pequeño/a** *adj.* 3
smaller **menor** *adj.* 8
smallest, (the) **el/la menor** *m., f.* 8
smart **listo/a** *adj.* 5
smile **sonreír (e:i)** *v.* 9
smiled **sonreído** *p.p.* 15
smoggy: It's (very) smoggy. **Hay (mucha) contaminación.**
smoke **fumar** *v.* 15
    not to smoke **no fumar** *v.* 15
smoking section **sección** *f.* **de fumadores** 8
    (non) smoking section **sección de (no) fumadores** 8
snack (in the afternoon) **merendar** *v.* 15; (afternoon snack) **merienda** *f.* 15
    have a snack **merendar** *v.* 15
sneakers **zapatos de tenis** 6
sneeze **estornudar** *v.* 10
snow **nevar (e:ie)** *v.* 5; **nieve** *f.*
snowing: It's snowing. **Nieva.** 5
so (*in such a way*) **así** *adv.* 10; **tan** *adv.* 5
    so much **tanto** *adv.*
    so-so **regular** 1; **así así**
    so that **para que** *conj.* 13
soap **jabón** *m.* 7
    soap opera **telenovela** *f.*
soccer **fútbol** *m.* 4
sociology **sociología** *f.* 2
sock **calcetín** *m.* 6
sofa **sofá** *m.* 12
soft drink **refresco** *m.* 8
software **programa** *m.* **de computación** 11
soil **tierra** *f.* 13
solar energy **energía solar** 13
solution **solución** *f.* 13
solve **resolver (o:ue)** *v.* 13
some **algún, alguno/a(s)** *adj.* 7; **unos/as** *pron.* 1; **unos/as** *m., f., pl. indef. art.* 1
somebody **alguien** *pron.*
someone **alguien** *pron.* 7
something **algo** *pron.* 7
sometimes **a veces** *adv.* 10
son **hijo** *m.* 3
song **canción** *f.*
son-in-law **yerno** *m.* 3
soon **pronto** *adj.* 10
    See you soon. **Hasta pronto.** 1
sorry: be sorry **sentir (e:ie)** *v.* 13
    I'm sorry. **Lo siento.** 1
    I'm so sorry. **Mil perdones.; Lo siento muchísimo.** 4
soup **caldo** *m.* 8; **sopa** *f.* 8
sour **agrio/a** *adj.* 8
south **sur** *m.* 14
    to the south **al sur** 14
Spain **España** *f.* 1
Spanish (*language*) **español** *m.* 2; **español(a)** *adj.; m., f.* 3
spare time **ratos** *m., pl.* **libres** 4
speak **hablar** *v.* 2

specialization **especialización** *f.*
spectacular **espectacular** *adj.* 15
speech **discurso** *m.*
speed **velocidad** *f.* 11
speed limit **velocidad máxima** 11
spelling **ortográfico/a** *adj.*
spend (*money*) **gastar** *v.* 6
spend time **pasar** *v.* **el tiempo** 4
spicy **picante** *adj.* 8
spoon (*table or large*) **cuchara** *f.* 12
sport **deporte** *m.* 4
sports-loving **deportivo/a** *adj.*
sports-related **deportivo/a** *adj.* 4
spouse **esposo/a** *m., f.* 3
sprain (one's ankle) **torcerse** *v.*
(el tobillo) 10
sprained **torcido/a** *adj.* 10
be sprained **estar** *v.* **torcido/a** 10
spring **primavera** *f.* 5
stadium **estadio** *m.* 2
stage **etapa** *f.* 9
stairs **escalera** *f.* 12
stairway **escalera** *f.* 12
stamp **estampilla** *f.* 14; **sello** *m.* 14
stand in line **hacer** *v.* **cola** 14
star **estrella** *f.* 13
start (*a vehicle*) **arrancar** *v.* 11
state **estado** *m.*
station **estación** *f.* 5
statue **estatua** *f.*
status: marital status **estado** *m.* **civil** 9
stay **quedarse** *v.* 7
Stay calm! **¡Tranquilo/a!** *adj.*
stay in shape **mantenerse** *v.* **en
forma** 15
steak **bistec** *m.* 8
steering wheel **volante** *m.* 11
step **etapa** *f.*
stepbrother **hermanastro** *m.* 3
stepdaughter **hijastra** *f.* 3
stepfather **padrastro** *m.* 3
stepmother **madrastra** *f.* 3
stepsister **hermanastra** *f.* 3
stepson **hijastro** *m.* 3
stereo **estéreo** *m.* 11
still **todavía** *adv.* 5
stock broker **corredor(a)** *m., f.* **de
bolsa** 16
stockings **medias** *f., pl.* 6
stomach **estómago** *m.* 10
stone **piedra** *f.* 13
stop **parar** *v.* 11
stop (*doing something*) **dejar** *v.* **de
(+ inf.)** 13
store **tienda** *f.* 6
storm **tormenta** *f.*
story **cuento** *m.*; **historia** *f.*
stove **estufa** *f.* 12
straight **derecho** *adj.* 14
straight ahead **(todo) derecho** 14
straighten up **arreglar** *v.* 12

strange **extraño/a** *adj.* 13
It's strange… **Es extraño…** 13
strawberry **frutilla** *f.*; **fresa** *f.* 8
street **calle** *f.* 11
stress **estrés** *m.* 15
stretching **estiramiento** *m.* 15
stretching exercises **ejercicios**
m., pl. **de estiramiento** 15
strike (*labor*) **huelga** *f.*
stripe **raya** *f.* 6
striped **de rayas** *adj.* 6
stroll **pasear** *v.* 4
strong **fuerte** *adj.* 15
struggle (for) **luchar** *v.* **(por)**
student **estudiante** *m., f.* 1;
estudiantil *adj.*
study **estudiar** *v.* 2
stuffed up (*sinuses*) **congestionado/a**
adj. 10
stupendous **estupendo/a** *adj.* 5
style **estilo** *m.*
suburbs **afueras** *f., pl.* 12
subway **metro** *m.* 5
subway station **estación** *f.* **del metro** 5
success **éxito** *m.* 16
successful: be successful **tener** *v.* **éxito** 16
such as **tales como**
suddenly **de repente** *adv.* 6
suffer **sufrir** *v.* 13
suffer from an illness **sufrir una
enfermedad** 13
sufficient **bastante** *adj.*
sugar **azúcar** *m.* 8
suggest **sugerir (e:ie)** *v.* 12
suit **traje** *m.* 6
suitcase **maleta** *f.* 1
summer **verano** *m.* 5
sun **sol** *m.* 4, 13
sunbathe **tomar** *v.* **el sol** 4
Sunday **domingo** *m.* 2
sunglasses **gafas** *f., pl.* **de sol** 6; **gafas
oscuras** 14; **lentes** *m., pl.* **de sol**
sunny: It's (very) sunny. **Hace (mucho) sol.** 5
supermarket **supermercado** *m.* 14
suppose **suponer** *v.* 4
sure **seguro/a** *adj.* 5
be sure (of) **estar** *v.* **seguro/a (de)** 5, 13
surf the Internet **navegar** *v.* **en Internet** 11
surprise **sorprender** *v.* 9; **sorpresa** *f.* 9
survey **encuesta** *f.*
sweat **sudar** *v.* 15
sweater **suéter** *m.* 6
sweep the floor **barrer** *v.* **el suelo** 12
sweet **dulce** *adj.* 8
sweets **dulces** *m., pl.* 9
swim **nadar** *v.* 4
swimming **natación** *f.* 4
swimming pool **piscina** *f.* 4
symptom **síntoma** *m.* 10

table **mesa** *f.* 2
tablespoon **cuchara** *f.* 12
tablet (*pill*) **pastilla** *f.* 10
take **tomar** *v.* 2, 8; **llevar** *v.*
Take care! **¡Cuídense!** 15
take care of **cuidar** *v.* 13
take (someone's) temperature
tomar(le) *v.* **la temperatura
(a alguien)** 10
take (*wear*) a shoe size **calzar** *v.* 6
take a bath **bañarse** *v.* 7
take a shower **ducharse** *v.* 7
take into account **tomar** *v.* **en cuenta**
take off **quitarse** *v.* 7
take out the trash **sacar** *v.* **la basura** 12
take pictures **sacar** *v.* **fotos** 5;
tomar fotos 13
talented **talentoso/a** *adj.*
talk **hablar** *v.* 2; **conversar** *v.* 2
talk show **programa** *m.* **de entrevistas**
tall **alto/a** *adj.* 3
tank **tanque** *m.* 11
tape (audio) **cinta** *f.* 11
tape recorder **grabadora** *f.* 1
taste **probar (o:ue)** *v.* 8
tasty **rico/a** *adj.* 8; **sabroso/a** *adj.* 8
tax **impuesto** *m.*
taxi(cab) **taxi** *m.* 5
tea **té** *m.* 8
teach **enseñar** *v.* 2
teacher **profesor(a)** *m., f.* 1;
(*elementary school*) **maestro/a** *m., f.* 16
team **equipo** *m.* 4
technician **técnico/a** *m., f.* 16
tele-commuting **teletrabajo** *m.* 16
teleconference **videoconferencia** *f.*
telephone **teléfono** *m.* 11
cellular telephone **teléfono celular** 11
television **televisión** *f.* 11
television set **televisor** *m.* 11
tell **decir** *v.* 6
temperature **temperatura** *f.* 10
ten **diez** *adj., pron.* 1
tennis **tenis** *m.* 4
tennis shoes **zapatos** *m., pl.* **de tenis**
tension **tensión** *f.* 15
tent **tienda** *f.* **de campaña** 5
tenth **décimo/a** *adj.* 5
terrible **terrible** *adj. m., f.* 13
it's terrible **es terrible** 13
terrific **chévere** *adj.*
test **prueba** *f.* 2; **examen** *m.* 2
Thank you. **Gracias.** *f., pl.* 1
Thank you (very much).
(Muchas) gracias. 1
Thank you very, very much.
Muchísimas gracias. 9
Thanks (a lot). **(Muchas) gracias.** 1

Thanks for everything. **Gracias por todo.** 9

Thanks once again. **Gracias una vez más.** 9

that **que; quien(es); lo que** *rel. pron.* 9

that (one) **ése, ésa, eso** *pron.* 6; **ese, esa,** *adj.* 6

that (*over there*) **aquél, aquélla, aquello** *pron.* 6; **aquel, aquella** *adj.* 6

that which **lo que** *conj.* 9

That's me. **Soy yo.** 1

that's why **por eso** 11

the **el** *m.,* **la** *f. sing., def. art.;* **los** *m.,* **las** *f. pl., def. art.* 1

theater **teatro** *m.*

their **su(s)** *poss., adj.* 3; **suyo(s)/a(s)** *poss., pron.* 11

them **los/las** *pron.* 5; **les** *pron.* 6

then **después** (*afterward*) *adv.* 7; **entonces** (*as a result*) *adv.* 7; **luego** (*next*) *adv.* 7; **pues** *adv.* 15

there **allí** *adv.* 5

There is/are… **Hay…** 1; There is/are not… **No hay…** 1

therefore **por eso** *adv.* 11

these **éstos, éstas** *pron.* 6; **estos, estas** *adj.* 6

they **ellos/as** *sub. pron.* 1

they are **ellos/as son** 1

thin **delgado/a** *adj.* 3

thing **cosa** *f.* 1

think **pensar (e:ie)** *v.* 4; (believe) **creer** *v.* think about **pensar en** 4

third **tercer, tercero/a** *adj.* 5

thirst **sed** *f.* 3

thirsty: be (very) thirsty **tener** *v.* **(mucha) sed** 3

thirteen **trece** *adj., pron.* 1

thirty **treinta** *adj., pron.* 1; thirty (*minutes past the hour*) **y treinta** 1; **y media** 1

this **este, esta**; **éste, esta, esto** *pron.* 6

This is… (*introduction*) **Éste/a es…** 1

This is he/she. (*on telephone*) **Con él/ella habla.** 11

those **ésos, ésas** *pron.* 6; **esos, esas** *adj.* 6

those (*over there*) **aquéllos, aquéllas** *pron.* 6; **aquellos, aquellas** *adj.* 6

thousand **mil** *m.* 6

three **tres** 1

three hundred **trescientos/as** 6

throat **garganta** *f.* 10

through **por** *prep.* 11

throughout: throughout the world **en todo el mundo** 13

throw **echar** *v.*

Thursday **jueves** *m., sing.* 2

thus (*in such a way*) **así** *adj.*

ticket **boleto** *m*;. **entrada** *f.;* **pasaje** *m.* 5

tie **corbata** *f.* 6

time **vez** *f.* 6; time **tiempo** *m.* 4

buy on time **comprar** *v.* **a plazos** *m., pl.*

have a good/bad time **pasarlo** *v.* **bien/mal** 9

We had a great time. **Lo pasamos de película.**

times **veces** *f., pl.*

many times **muchas veces** 10

tip **propina** *f.* 9

tire **llanta** *f.* 11

tired **cansado/a** *adj.* 5

be tired **estar** *v.* **cansado/a** 5

title **título** *m.*

to **a** *prep.* 1

toast (*drink*) **brindar** *v.* 9

toast **pan** *m.* **tostado**

toasted **tostado/a** *adj.* 8

toaster **tostadora** *f.*

today **hoy** *adv.* 2

Today is… **Hoy es…** 2, 5

together **juntos/as** *adj.* 9

tomato **tomate** *m.* 8

tomorrow **mañana** *adv.* 1

See you tomorrow. **Hasta mañana.** 1

tonight **esta noche** *adv.* 4

too **también** *adv.* 2; 7

too much **demasiado** *adv.* 6; **en exceso** 15

tooth **diente** *m.* 7; tooth **muela** *f.* 10

tornado **tornado** *m.*

tortilla **tortilla** *f.* 8

touch **tocar** *v.* 13

tour an area **recorrer** *v.;* **excursión** *f.*

go on a tour **hacer** *v.* **una excursión** 5

tourism **turismo** *m.* 5

tourist **turista** *m., f.* 1; **turístico/a** *adj.*

toward **para** *prep.* 11; **hacia** *prep.* 14

towel **toalla** *f.* 7

town **pueblo** *m.* 4

trade **oficio** *m.* 16

traffic **circulación** *f.;* **tráfico** *m.* 11

traffic light **semáforo** *m.* 11

tragedy **tragedia** *f.*

trail **sendero** *m.* 13

trailhead **sendero** *m.*

train **entrenarse** *v.* 15; **tren** *m.* 5

train station **estación** *f.* **del tren** *m.* 5

trainer **monitor(a)** *m., f.* 15

translate **traducir** *v.* 8

trash **basura** *f.* 12

travel **viajar** *v.* 2

travel agency **agencia** *f.* **de viajes** 5

travel agent **agente** *m., f.* **de viajes** 5

travel documents **documentos** *pl.; m.* **de viaje**

traveler **viajero/a** *m., f.* 5

traveler's check **cheque** *m.* **de viajero** 14

tree **árbol** *m.* 13

trillion **billón** 6

trimester **trimestre** *m.* 2

trip **viaje** *m.* 5

take a trip **hacer** *v.* **un viaje** 5

tropical forest **bosque** *m.* **tropical** 13

truck **camión** *m.*

true **cierto/a; verdad** *adj.* 13

it's (not) true **(no) es cierto/verdad** 13

trunk **baúl** *m.* 11

truth **verdad** *f.* 6

try **intentar** *v.;* **probar (o:ue)** *v.* 8

try (*to do something*) **tratar** *v.* **de (+ *inf.*)** 15

try on **probarse (o:ue)** *v.* 7

t-shirt **camiseta** *f.* 6

Tuesday **martes** *m., sing.* 2

tuna **atún** *m.* 8

turkey **pavo** *m.* 8

turn **doblar** *v.* 14

turn off (*electricity/appliance*) **apagar** *v.* 11

turn on (*electricity/appliance*) **poner** *v.* 11; **prender** *v.* 11

twelve **doce** 1

twenty **veinte** 1

twenty-eight **veintiocho** 1

twenty-five **veinticinco** 1

twenty-four **veinticuatro** 1

twenty-nine **veintinueve** 1

twenty-one **veintiún, veintiuno/a** 1

twenty-seven **veintisiete** 1

twenty-six **veintiséis** 1

twenty-three **veintitrés** 1

twenty-two **veintidós** 1

twice **dos veces** 6

twisted **torcido/a** *adj.* 10

be twisted **estar** *v.* **torcido/a** 10

two **dos** 1

two hundred **doscientos/as** 6

two times **dos veces** 6

U

ugly **feo/a** *adj.* 3

uncle **tío** *m.* 3

under **debajo de** *prep.* 2; **bajo** *prep.*

understand **comprender** *v.* 3; **entender (e:ie)** *v.* 4

underwear **ropa** *f.* **interior** 6

unemployment **desempleo** *m.*

United States **Estados Unidos** *m., pl.* 1

university **universidad** *f.* 2

unless **a menos que** *adv.* 13

unmarried **soltero/a** *adj.* 9

unpleasant **antipático/a** *adj.* 3

until **hasta** *prep.* 6; **hasta que** *conj.* 13

up **arriba** *adv.*

urgent **urgente** *adj.* 12

It's urgent that… **Es urgente que…** 12

us **nos** *pron.* 5

use **usar** *v.* 6

used for **para** *prep.* 11
useful **útil** *adj.*

vacation **vacaciones** *f., pl.* 5
  be on vacation **estar** *v.* **de vacaciones** 5
  go on vacation **ir** *v.* **de vacaciones** 5
vacuum **pasar** *v.* **la aspiradora** 12
  vacuum cleaner **aspiradora** *f.* 12
valley **valle** *m.* 13
various **varios/as** *adj., pl.*
VCR **videocasetera** *f.* 11
vegetables **verduras** *f., pl.* 8
verb **verbo** *m.*
very **muy** *adv.* 1
  very bad **malísimo** 8
  very much **muchísimo** *adv.* 2
  Very good, thank you. **Muy bien, gracias.**
  (Very) well, thanks. **(Muy) bien, gracias.** 1
vest **chaleco** *m.*
video **video** *m.* 1
  videocassette **videocasete** *m.* 11
  video conference **videoconferencia** *f.* 16
  videocamera **cámara** *f.* **de video** 11
vinegar **vinagre** *m.* 8
violence **violencia** *f.*
visit **visitar** *v.* 4
  visit a monument **visitar un monumento** 4
vitamin **vitamina** *f.* 15
volcano **volcán** *m.* 13
volleyball **voleibol** *m.* 4
vote **votar** *v.*

wait (for) **esperar** *v.* 2
waiter **camarero/a** *m., f.* 8
wake up **despertarse (e:ie)** *v.* 7
walk **caminar** *v.* 2
  take a walk **pasear** *v.* 4
  walk around the city/town **pasear por la ciudad/el pueblo** 4
Walkman **walkman** *m.*
wall **pared** *f.* 12
wallet **cartera** *f.* 6
want **desear** *v.* 2; **querer (e:ie)** *v.* 4, 12
  I don't want to **no quiero** 4
war **guerra** *f.*
warm (oneself) up **calentarse** *v.* 15
wash **lavar** *v.* 12
  wash one's face/hands **lavarse** *v.* **la cara/las manos** 7
  wash oneself **lavarse** 7

washing machine **lavadora** *f.* 12
watch **mirar** *v.* 2; **reloj** *m.* 2
  watch television **mirar (la) televisión** 2
water **agua** *f.* 8
  water pollution **contaminación del agua** 13
  water-skiing **esquí** *m.* **acuático** 4
way **manera** *f.*
we **nosotros/as** *sub. pron.* 1
  we are **nosotros/as somos** 1
weak **débil** *adj.* 15
wear **llevar** *v.* 6; **usar** *v.* 6; **calzar** *v.* (shoes) 6
weather **tiempo** *m.* 5
  It's bad weather. **Hace mal tiempo.** 5
  It's nice weather. **Hace buen tiempo.** 5
weaving **tejido** *m.*
Web **red** *f.* 11
website **sitio** *m.* **Web** 11
wedding **boda** *f.* 9
Wednesday **miércoles** *m., sing.* 2
week **semana** *f.* 2
weekend **fin** *m.* **de semana** 4
weight **peso** *m.* 15
  lift weights **levantar** *v.* **pesas** *f., pl.* 15
Welcome! **¡Bienvenido(s)/a(s)!** *adj.* 12
well **pues** *adv.* 2; **bueno** *adv.* 2
well-being **bienestar** *m.* 15
well organized **ordenado/a** *adj.*
west **oeste** *m.* 14
  to the west **al oeste** 14
western (*genre*) **de vaqueros** *adj.*
what **lo que** 9
  what? **¿qué?** *adj., pron.* 1, 9; **¿cuál(es)?** 9
  At what time…? **¿A qué hora…?** 1
  What a… ! **¡Qué…!**
  What a pleasure to . . . ! **¡Qué gusto (+ inf.)…**
  What a surprise! **¡Qué sorpresa!**
  What day is it? **¿Qué día es hoy?**
  What did he/she do? **¿Qué hizo él/ella?** 6
  What did they do? **¿Qué hizieron ellos/ellas?** 6
  What did you do? **¿Qué hiziste?** *fam., sing.;* **¿Qué hizo usted?** *form., sing.;* **¿Qué hicieron ustedes?** *form., pl.* 6
  What did you say? **¿Cómo?**
  What do you guys think? **¿Qué les parece?** 9
  What happened? **¿Qué pasó?** 11
  What is it? **¿Qué es?** 1
  What is the date (today)? **¿Cuál es la fecha (de hoy)?**
  What is the price? **¿Qué precio tiene?**
  What is today's date? **¿Cuál es la fecha de hoy?** 5
  What pain! **¡Qué dolor!**
  What pretty clothes! **¡Qué ropa más bonita!** 6
  What size do you wear? **¿Qué talla**

lleva (usa)? 6
  What time is it? **¿Qué hora es?** 1
  What's going on? **¿Qué pasa?** 1
  What's happening? **¿Qué pasa?** 1
  What's… like? **¿Cómo es…?** 3
  What's new? **¿Qué hay de nuevo?** 1
  What's the weather like? **¿Qué tiempo hace?** 5
  What's wrong? **¿Qué pasó?**
  What's your name? **¿Cómo se llama usted?** *form.* 1
  What's your name? **¿Cómo te llamas (tú)?** *fam.* 1
when **cuando** *conj.* 7
  When? **¿Cuándo?** 2, 9
where **donde** *adj., conj.*
  where? (*destination*) **¿adónde?** 2, 9; (*location*)**¿dónde?** 1, 9
  Where are you from? **¿De dónde eres?** *fam.* 1; **¿De dónde es usted?** *form.* 1
  Where is…? **¿Dónde está…?** 2
  (to) where? **¿adónde?** 2
which **que; lo que** *rel. pron.* 9
which? **¿cuál(es)?** *adj., pron.;* **¿qué?** 2, 9
  which one(s)? **¿cuál(es)?** 2
while **mientras** *adv.* 10
white **blanco/a** *adj.* 6
  white wine **vino** *m.* **blanco** 8
who **que; quien(es)** *rel. pron.* 9
  who? **¿quién(es)?** 1, 9
  Who is…? **¿Quién es…?** 1
  Who is calling? (*on telephone*) **¿De parte de quién?** 11
  Who is speaking? (*on telephone*) **¿Quién habla?** 11
whole **todo/a** *adj.*
whom **quien(es)** *rel. pron.* 9
whose…? **¿de quién(es)…?** 1
why? **¿por qué?** *adv.* 2
widowed **viudo/a** *adj.* 9
wife **esposa** *f.* 3
win **ganar** *v.* 4
wind **viento** *m.*
window **ventana** *f.* 2
windshield **parabrisas** *m., sing.* 11
windy: It's (very) windy. **Hace (mucho) viento.** 5
wine **vino** *m.* 8
  red wine **vino tinto** 8
  white wine **vino blanco** 8
wineglass **copa** *f.* 12
winter **invierno** *m.* 5
wish **desear** *v.* 2; **esperar** *v.* 13
  I wish (that) **Ojalá que** 13
with **con** *prep.* 2
  with me **conmigo** 4
  with you **contigo** *fam.*
within **dentro de** *prep.* 16
without **sin** *prep.* 13, 15; **sin que** *conj.* 13
  without a doubt **sin duda**
woman **mujer** *f.* 1
wool **lana** *f.* 6

(made of) wool **de lana** 6
word **palabra** *f.* 1
work **trabajar** *v.* 2; **funcionar** *v.* 11; **trabajo**
m. 16
  work (*of art, literature, music, etc.*)
  obra *f.*
  work out **hacer** *v.* **gimnasia** 15
world **mundo** *m.* 13
worldwide **mundial** *adj. m., f.*
worried (about) **preocupado/a (por)**
adj. 5
worry (about) **preocuparse** *v.* **(por)** 7
  Don't worry. **No se preocupe.** *form.* 7;
  No te preocupes. *fam.* 7
worse **peor** *adj. m., f.* 8
worst **el/la peor** 8; **lo peor**
Would you like to? **¿Te gustaría?**
write **escribir** *v.* 3
  write a letter/post card/e-mail
  message **escribir una carta/(tarjeta)**
  postal/mensaje *m.* **electrónico** 4
writer **escritor(a)** *m., f.* 16
written **escrito/a** *p.p.* 15
wrong **equivocado/a** *adj.* 5
  be wrong **no tener** *v.* **razón** 3

X

X-ray **radiografía** *f.* 10

Y

yard **jardín** *m.* 12; **patio** *m.*
year **año** *m.* 5
  be... years old **tener** *v.* **... años** 3
yellow **amarillo/a** *adj.* 6
yes **sí** *interj.* 1
yesterday **ayer** *adv.* 6
yet **todavía** *adv.* 5
yogurt **yogur** *m.*
you **tú** *sub. pron. fam. sing.* 1; **usted** *sub.*
pron. form. sing. 1; **vosotros/as** *sub. pron.*
fam. pl. 1; **ustedes** *sub. pron. form. pl.* 1; **te**
d. o. pron. fam. sing. 5; **lo** *d. o. pron. m.*
form. sing. 5; **la** *d. o. pron. f. form. sing.* 5;
os *d. o. pron. fam. pl.* 5; **los** *d. o. pron. m.*
form. pl. 5; **las** *d. o. pron. f. form. pl.* 5; **le(s)**
i. o. pron. form. 6;
  you are **tú eres** *fam. sing.* 1; **usted es**
  form. sing. 1; **vosotros/as sois** *fam. pl.*
  1; **ustedes son** *form. pl.* 1
  You don't say! **¡No me digas!** *fam.;*
  ¡No me diga! *form.* 11
  You're welcome. **De nada.** 1; **No hay**
  de qué. 1
young **joven** *adj.* 3
  young person **joven** *m., f.* 1
  young woman **señorita** *f.* 2
younger **menor** *adj. m., f.* 3

younger brother, sister **hermano/a**
  menor *m., f.* 3
youngest **el/la menor** *m., f.* 8
your **su(s)** *poss., adj., form.* 3
  your **tu(s)** *poss., adj., fam. sing.* 3
  your **vuestro(s)/a(s)** *poss., adj.*
  form., pl.
  your(s) *form.* **suyo(s)/a(s)**
  poss. pron., form. 11
  your(s) **tuyo(s)/a(s)** *poss.,*
  fam., sing. 11
youth **juventud** *f.* 9; (young person) **joven**
m., f. 1

Z

zero **cero** *m.* 1

ÍNDICE

Text Credits

320–321 © Carlos Fuentes, un fragmento de *La Muerte de Artemio Cruz*, 1962, reprinted by permission of Carmen Ballcels Agencia Literaria.

344–345 © Cristina Peri Rossi, "14," de *Indicios Pánicos*, 1970, reprinted by permission of the author.

364–365 © Augusto Monterroso, *Imaginación y destino*, Santiago, Mosquito, 1999, reprinted by permission of International Editors' Co. Barcelona.

Fine Art

91 *Triptych of the Rains: Part 3, To Turn Green Again* by Tomás Sánchez.
94 (*Caña de azúcar*) by Diego Rivera.
369 *Las Meninas* by Diego Rodríguez de Silva y Velázquez.

Illustration Credits

Sophie Casson: 13, 15, 16, 37, 59, 61, 74, 101 (t), 109, 122, 135 (r), 148, 161, 170, 179, 183, 203, 242, 251, 262, 275, 300, 339, 341. **Debra Spina Dixon:** 3, 24, 25, 51, 72 (r), 73, 88, 98, 99, 120, 121, 129, 146, 147, 168, 169, 194, 216, 217, 240, 241, 260, 261, 286, 287, 306, 307, 330, 331, 350. **Hermann Mejía:** 227. **Sebastia Serra:** 72 (l). **Pere Virgili:** 50, 52, 65, 107, 111, 113, 114, 135 (l), 164, 165, 177, 195, 269, 332, 343. **Yayo:** 5, 27, 53, 75, 100 (b), 123, 149, 171, 197, 219, 243, 263, 289, 302, 303, 309, 333, 353.

Photography Credits

AGEfotostock: 278. **Martín Bernetti:** 1, 2 (t, l), 3, 4, 5 (l,m), 9 (l, tr), 11 (left column: all; right column: tm, tr, bl, bm, br), 14 (b), 18, 19 (t), 24, 25, 31 (bl), 33 (t, ml,bl,br), 35, 38 (bl), 40 (tr, b), 41 (t), 49, 50, 51 (t, b), 52 (tm, bl, bm, mr), 57 (tr, ml), 59 (left column: tr, bm, br), 61 (tl, mr, br), 62 (t), 63 (ml, bl, br), 66 (tr), 67, 68 (t), 69, 71, 73 (tm), 74 (tl, tmr, tr, br), 84 (t), 85 (l), 87 (left column: tl, tr, bl), 88 (tl, tr), 89, 97, 98, 99 (t), 100 (l, m), 104, 105 (b), 107, 113, 119, 121, 122 (b), 127 (tr, bl), 131, 134, 137, 138-139, 145, 146, 147 (tl, b), 148 (tml, tmr, bl, bmr), 153, 155 (tl, tr, ml, bl), 157 (t, m), 159, 162, 167, 168 (t), 169 (tl, tr, br), 181 (tm, bm, br), 184, 194 (tr), 205 (m, r), 209 (ml, mr, br), 212 (t), 213, 215, 216, 217, 223 (tr, b), 232, 240, 241, 247 (tr), 249, 253, 254, 255, 260 (tl), 261, 262 (l), 267 (tr), 285, 286 (tl, br), 330 (t, b), 287 (tr, bl), 288 (l, ml, b), 298 (t), 299, 305, 306 (tr, mr, bl), 307 (tl, b), 308, 313 (bl), 321, 331, 337 (tr), 338 (tm, bm), 345 (t), 346, 349, 350 (tr, bl, br), 351 (b), 365 (tl). **Antonio Contreras Martínez:** 31 (m), 79 (bl). **Corbis:** xxvi (b) © Kevin Schafer. 15 (ml) © Mitchell Gerber, (b) © Reuters/Mike Blake. 19 (b) © Sandy Felsenthal. 26 (l) © Bettmann, (r) © Yann Arthus-Bertrand. 31 (tr) © Jon Hicks. 38 (br) © Reuters/Marc Serota. 45 © Shaul Schwarz. 46 (tl) © Buddy Mays, (tr) © Patrick Ward, (bl) © Mitchell Gerber, (bml) © Rufus F. Folkks, (bmr) © Reuters/Jim Ruymen, (br) © Corbis. 47 (t) © Danny Lehman. 52 (tr) © LWA-Dann Tardif. 59 (left column: bl) © Catherine Karnow, (right column: © Ted Spiegel, (tl) © Manuel Zambrana, (bl) © Mark E. Gibson, (br) © Reuters/Juergen Schwarz. 72 (b) © Jeffrey L. Rotman. 73 (tl) © Galen Rowell, (tr) © Neal Preston, (bl) © David Samuel Robbins. 79 (tl) © Reuters/Desmond Boylan, (tr) © Tim De Waele. 83 (tl, tr) © Duomo/Chris Trotman, (bl) © Warren Morgan. 94 (tl) © Morton Beebe, (bl) © Bettmann. 95 (b) © Brian A. Vikander. 105 (tr) © Nik Wheeler, (ml) © Danny Lehman. 109 (t) © Duomo/Chris Trotman, (tl) © Sergio Carmona, (tm) © Reuters/Allen Fredrickson, (tr, bl) © Duomo/Steven E. Sutton, (bm) © Henry Diltz, (br) © Reuters/Gary Hershorn. 141 © Dave G. Houser. 142 (bl, br) © Reuters/Mike Segar. 143 (t, b) © Jeremy Horner, (m) © Steve Chenn. 168 (b) © Lois Ellen Frank. 175 (tl) © Owen Franken, (tr) © Reuters/Ricky Rogers. 189 © Galen Rowell. 191 (t) © Francoise de Mulder, (bl) © Rick Price, (br) © Moshe Shai. 193 © Gabe Palmer. 201 (tr) © Patrick Ward, (ml) © Danny Lehman, (b) © Reuters/Enrique Shore. 231 © Stephanie Maze. 235 © Duomo/William Sallaz. 236 (t) © Javier Pierini. 237 (tl) © Owen Franken, (tr) © Miki Kratsman. 239 © PictureNet. 247 (tl) © Abilio Lope. 256 © Naijah Feanny-Hicks. 267 (tr) © Owen Franken, (b) © K. M. Westermann. 277 © Tony Arruza. 281 © Owen Franken. 282 (l) © Dave G. Houser, (r) © Craig Lovell. 283 (tr) © Tony Arruza, (b) © Yann Arthus-Bertrand. 286 (mr) © Stephanie Maze, (r) © Roger Tidman. 293 (t) © Corbis, (bl) © Hubert Stadler. 313 (tr) © Patrick Ward. 322 © Randy Faris. 323 © Keith Dannemiller. 325 © Bettmann. 326 (tl) © Jacques M. Chenet, (br) © Bettmann. 327 (t) © Bernard Bisson, (b) © Bill Gentile. 337 (tl) © Joel W. Rogers, (b) © Pablo San Juan. 338 (b) © Westlight Stock/OZ Productions. 342 © Michael Keller. 357 (tl) © Sergio Dorantes, (tr) © Steve Azzara, (b) © Bill Gentile. 366 © Catherine Karnow. 369 © Elke Stolzenberg. 370 (t) © Patrick Ward, (b) © Reuters/ Heino Kalis. **Dominicanada:** 47 (b). **Darío Eusse Tobón:** iii, 2 (br), 5 (r), 9 (b), 11 (right column: tl), 12 (t), 23, 33 (mr), 40 (tl), 52 (tl), 57 (bl), 59 (left column: tl, tm), 61 (tr), 63 (t), 66 (b), 68 (br), 72 (tr), 73 (br), 74 (tml, bl), 87 (left column: br; right column: t), 88 (b), 99 (b), 100 (r), 122 (b), 133 (left column: l), 135, 136, 147 (tr), 148 (tl, tr, bml, br), 155 (mr, br), 157 (b), 177, 181 (tr, bl), 185, 194 (tl, br), 205 (l), 209 (t), 211, 212 (b), 223 (ml), 229, 230, 242, 259, 260 (br), 262 (r), 273, 298 (b), 306 (br), 307 (tr), 317, 319, 320, 329, 330 (m), 332, 338 (t), 344, 350 (tl), 351 (t), 365 (br). **Linde Gee:** 313 (tl). **Getty Images:** 72 (tl) © John Kelly. 90 (t) © Phil Hunt, (b) © Ghislain & Marie David de Lossy. 190 (b) © Ken Fisher. **Carlos Gaudier:** 116, 117. **Alejandro Isaza Saldarriaga:** 62 (b), 63 (mr). **Latin Focus:** 15 (t, br) © Jimmy Dorantes, (bm) © John Castillo. 59 (ml) © Vince Bucci, (mr) © Jimmy Dorantes. 293 © Scott Sady. **Carolina Patiño Andrade:** 66 (tl). **Diana Patiño de Gee:** 175 (m). **Gloria Elena Restrepo:** 51 (m), 59 (b), 209 (bl). **Doren Spinner:** 127 (l), 142 (tl, tr), 287 (tl), 301, 371 (t), 345 (br).

About the Authors

Philip Redwine Donley received his M.A. in Hispanic Literature from the University of Texas at Austin in 1986 and his Ph.D. in Foreign Language Education from the University of Texas at Austin in 1997. Dr. Donley taught Spanish at Austin Community College, Southwestern University, and the University of Texas at Austin. He published articles and conducted workshops about language anxiety management, and the development of critical thinking skills, and was involved in research about teaching languages to the visually impaired. Dr. Donley was also the co-author of **AVENTURAS**, **VISTAS** and **PANORAMA**, three other introductory college Spanish textbook programs published by Vista Higher Learning.

José A. Blanco founded Vista Higher Learning in 1998. A native of Barranquilla, Colombia, Mr. Blanco holds degrees in Literature and Hispanic Studies from Brown University and the University of California, Santa Cruz. He has worked as a writer, editor, and translator for Houghton Mifflin and D.C. Heath and Company and has taught Spanish at the secondary and university levels. Mr. Blanco is also the co-author of several other Vista Higher Learning programs: **VISTAS** and **PANORAMA** at the introductory level, **VENTANAS**, **FACETAS**, and **ENFOQUES** at the intermediate level, and **REVISTA** at the advanced conversation level.

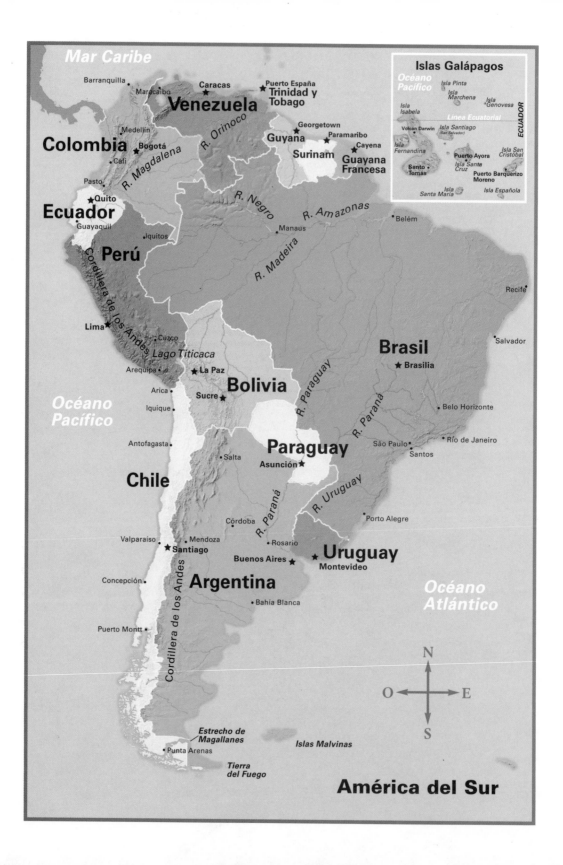

Mar Caribe

Barranquilla
Maracaibo
Caracas ★
Puerto España
Trinidad y Tobago

Venezuela

Medellín
Colombia
Bogotá ★
Cali
R. Orinoco

Georgetown
Guyana
Paramaribo
Surinam
Cayena
Guayana Francesa

Pasto
R. Magdalena

Quito ★
Ecuador
Guayaquil
Iquitos

R. Negro
R. Amazonas
Belém
Manaus

Perú
Cordillera de los Andes
R. Madeira

Lima ★
Cuzco
Recife

Lago Titicaca
Arequipa
La Paz ★
Bolivia
Sucre ★
Brasil
Brasilia ★
Salvador

Arica
Iquique
Océano Pacífico
R. Paraguay
Belo Horizonte

Antofagasta
Salta
Paraguay
Asunción ★
R. Paraná
São Paulo
Río de Janeiro
Santos

Chile
R. Uruguay
Porto Alegre

Córdoba
R. Paraná
Valparaíso
Santiago ★
Mendoza
Rosario
Buenos Aires ★
Uruguay
Montevideo

Concepción
Cordillera de los Andes
Argentina
Océano Atlántico

Bahía Blanca

Puerto Montt

N

O ← → E

S

Estrecho de Magallanes
Punta Arenas
Islas Malvinas

Tierra del Fuego

América del Sur

Islas Galápagos

Océano Pacífico
Isla Pinta
Isla Marchena
Isla Genovesa
Isla Isabela
Línea Ecuatorial
ECUADOR
Volcán Darwin
Isla Santiago (San Salvador)
Isla Fernandina
Puerto Ayora
Isla San Cristóbal
Isla Santa Cruz
Santo Tomás
Puerto Barquerizo Moreno
Isla Española
Isla Santa María